北京市高级人民法院
知识产权审判新发展
2006~2011

BEIJINGSHI GAOJI RENMIN FAYUAN
ZHISHI CHANQUAN SHENPAN XINFAZHAN
2006~2011

北京市高级人民法院知识产权庭　编

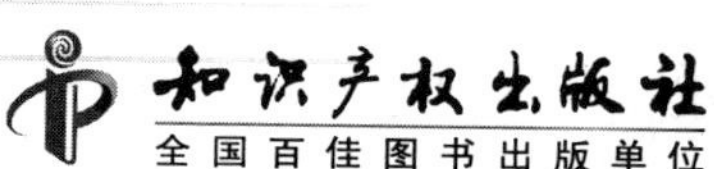

内容提要

随着经济快速发展，国内外涉及知识产权的争议和纠纷大量增加，新类型的案件层出不穷。新类型案件的出现也给审判工作提出了更高要求。北京市高级人民法院知识产权庭在回顾2006~2011年知识产权审判工作的基础上，集纳了涉及商标、专利、著作权和不正当竞争等领域的新类型案件，给出了法院对新类型案件的审理意见，对其他法院审理同类案件具有很强的借鉴意义。

责任编辑：彭小华　　**责任校对**：韩秀天
执行编辑：王丽丽　　**责任出版**：卢运霞
文字编辑：徐施峰

图书在版编目（CIP）数据

北京市高级人民法院知识产权审判新发展（2006~2011）/北京市高级人民法院知识产权庭编. —北京：知识产权出版社，2012.4

ISBN 978-7-5130-1310-9

Ⅰ.①北…　Ⅱ.①北…　Ⅲ.①知识产权-审判-工作-研究-中国
Ⅳ.①D923.404

中国版本图书馆CIP数据核字（2012）第086289号

北京市高级人民法院知识产权审判新发展（2006~2011）
北京市高级人民法院知识产权庭　编

出版发行：知识产权出版社
社　址：北京市海淀区马甸南村1号　　邮　编：100088
网　址：http：//www.ipph.cn　　邮　箱：bjb@cnipr.com
发行电话：010-82000860转8101/8102　　传　真：010-82005070/82000893
责编电话：010-82000860转8115　　责编邮箱：pengxiaohua@cnipr.com
印　刷：北京雁林吉兆印刷有限公司　　经　销：新华书店及相关销售网点
开　本：720mm×960mm　1/16　　印　张：21
版　次：2012年4月第1版　　印　次：2012年4月第1次印刷
字　数：392千字　　定　价：58.00元
ISBN 978-7-5130-1310-9/D·1485（4183）

《北京市高级人民法院
知识产权审判新发展（2006～2011）》

编 委 会

目　录

2006年

2007 年

2008 年

2009 年

2010年

2011 年

2006 年

北京市高级人民法院
2006年知识产权审判新发展

2006年，北京市高级人民法院知识产权庭共受理知识产权纠纷案件384件，其中一审案件1件，二审案件383件。在383件二审案件中，著作权案件94件，专利行政案件79件，专利民事案件64件，商标行政案件74件，商标民事案件37件，不正当竞争案件19件，技术合同案件7件，其他知识产权案件9件。全年共审结知识产权案件419件，均为二审案件。其中著作权案件124件，专利行政案件85件，专利民事案件60件，商标行政案件77件，商标民事案件38件，不正当竞争案件17件，技术合同案件8件，其他知识产权案件10件。下文拟从专利、商标、著作权诉讼案件和知识产权管辖案件的审判四个方面介绍北京市高级人民法院2006年知识产权审判工作的新发展、新动向。

一、专利行政案件

1. 关于实用新型专利权利要求中的方法、材料特征对其创造性评判的影响的认定

《中华人民共和国专利法》（以下简称《专利法》）和《中华人民共和国专利法实施细则》（以下简称《专利法实施细则》）未对实用新型专利权权利要求中含有的方法、材料特征进行限制。但依据2001年《审查指南》的规定，实用新型专利只保护产品，一切有关方法（包括产品用途）以及未经人工制造的自然存在的物品都不属于实用新型专利的保护客体；仅仅改变了成分的原材料产品，一般也得不到实用新型专利的保护。这就是说，权利要求中含有方法、材料特征，审查创造性时一般不予考虑。2006年修订的《审查指南》取消了这一规定。由此产生的问题是，对于专利复审委员会依据2001年《审查指南》的规定以权利要求含有方法、材料特征而宣告实用新型专利无效的案件，应如何处理。

在深圳市金世吉康复用品科技有限公司（以下简称金世吉公司）诉专利

复审委员会及第三人南京中脉科技发展有限公司（以下简称中脉公司）、江苏悦尔健康用品有限公司（以下简称悦尔公司）专利权无效案中，金世吉公司是名称为"复合结构的枕垫装置"的实用新型专利的权利人，中脉公司、悦尔公司请求宣告该专利权无效。无效审查决定认为，本专利是实用新型专利，其权利要求中的"泡棉"、"纤维"等属于材料特征，"粘合"属于方法特征，在审查本专利的创造性时均不予考虑，认定专利不具备创造性并宣告其无效。在本案二审过程中，2006年《审查指南》颁布并开始实施。

北京市高级人民法院认为，审查实用新型专利的创造性时，如果技术方案中的非形状、构造技术特征导致该产品的形状、构造或者其结合产生变化，则只考虑该技术特征所导致的产品形状、构造或者其结合的变化，而不考虑该非形状、构造技术特征本身。技术方案中的那些不导致产品的形状、构造或者其结合产生变化的技术特征视为不存在。涉案专利权利要求1中记载的锯齿形泡棉、纤维层、三维卷曲中空纤维是本专利产品的具体组成部件，这种组成部件是形状或结构特征，而非单纯的泡棉、纤维等材料特征。涉案专利权利要求1中记载的结合成型，应当认定是一种连接关系，属于实用新型专利需要考虑的因素，而非一种单纯的方法特征。上述技术特征共同部分组成了特定结构并实现了特定的技术效果，属于实用新型专利的保护范围，应当予以保护。专利复审委员会和一审法院以权利要求1中包含了泡棉、纤维、无纺布、三维卷曲中空纤维等材料特征以及粘合等方法特征为由，对锯齿形泡棉、纤维层、三维卷曲中空纤维、粘合成型等技术特征及其组成的特定结构未予考虑，有失妥当。[1]

2. 关于摩托车等工业产品外观设计相同或近似的判断原则

2006年《审查指南》规定的外观设计相同和近似的判断原则是，如果一般消费者经过对被比外观设计与在先设计的整体观察可以看出，二者的差别对于产品外观设计的整体视觉效果不具有显著影响，则被比外观设计与在先外观设计相近似；否则，两者既不相同也不相近似。但对于摩托车等设计复杂、要部较多的产品，在判断其外观设计是否相同或相近似时应采取什么样的判断方法，争议较大。实践中有的认为应当采用要部判断的方法；有的认为应当采用整体观察、综合判断的方法；有的认为上述两种判断方法并不冲突，可以结合起来判断外观设计的相同或相似。

在2003年5月北京市高级人民法院终审的（日本）本田技研工业株式会社诉专利复审委员会专利权无效纠纷案中，北京市高级人民法院认为，根据外

[1] 参见北京市高级人民法院（2005）高行终字第339号行政判决书。

观设计的具体对象，采用要部判断或者整体观察、综合判断的方法，但是这两种判断方法并非互相排斥。对于外观设计产品简单、消费者关注的设计要部明显的，一般可以采用要部判断的方法；对于外观设计产品复杂、消费者关注的设计要部较多的，一般可以先进行要部比较，再进行整体观察、综合判断。消费者关注的“小型摩托车”外观设计专利产品的要部较多，在进行要部对比之后，采用整体观察、综合判断的方法，将对“小型摩托车”外观设计专利的各个视图所记载的摩托车的各个组成部分一一进行观察得出的整体印象，与对在先的摩托车外观设计专利各个组成部分一一进行观察得出的整体印象进行对比，整体上可以得到“小型摩托车”外观设计专利比在先的摩托车外观设计更加简洁明快的印象，富有不同的美感；而且在进行整体观察时，通过要部对比二者呈现出的区别并不会在视觉中消失。由于二者之间的区别在视觉上多数处于明显位置，不论是采用要部判断，还是整体观察、综合判断，均足以使对摩托车产品具有一般知识水平和认知能力的消费者将“小型摩托车”外观设计专利与在先的摩托车外观设计专利区别开，不会产生美感上的混淆。因此，“小型摩托车”外观设计专利与在先的摩托车外观设计专利相比，虽然两者属同类产品，但两者的外观设计并不相同，也不相近似。[1]

但在2006年9月北京市高级人民法院终审的（日本）本田技研工业株式会社诉专利复审委员会专利权无效纠纷案中，北京市高级人民法院改变了外观设计相同或近似的判断方法。北京市高级人民法院认为，摩托车产品的构成较为复杂，涉及较多的组成部件，而且在使用中不存在特定朝向，也不存在相对于其他部位对整体视觉效果影响特别强烈的部位，各主要组成部件均系一般消费者关注的部位。在进行摩托车产品外观设计相近似判断时，通常应采用综合判断的方式，即根据外观设计产品的整体轮廓及各主要组成部件来确定是否构成相同或相近似，而不应以外观设计产品的部分细微局部出发得出是否相同或近似的结论。本案的特殊性在于，本专利及对比文件均为本田株式会社出品的同一系列摩托车产品，只是型号、规格有所不同，很明显本专利系在对比文件基础上作出的改进设计，故二者在整体、车身、车架及某些主要组成部件上均采用了相同或近似的设计。但不容否认，二者在前转向灯位置、后车体罩、仪表盘、操作部等处也存在较大差异。基于公平原则，并遵从整体观察、结合比较的判断方法，应当认为一般消费者对本专利和对比文件进行观察后，会注意到上述差别进而予以区分，不能造成混淆，两外观设计应属不相同亦不相近似

[1] 参见北京市高级人民法院（2003）高行终字第15号行政判决书。

的外观设计。❶

3. 关于域外形成的专利文献是否需要经过公证认证程序的认定

根据《最高人民法院关于行政诉讼证据若干问题的规定》第十六条的规定，当事人向人民法院提供的在我国领域外形成的证据，应当说明来源，经所在国公证机关证明，并经我国驻该国使领馆认证，或者履行我国与证据所在国订立的有关条约中规定的证明手续；当事人提供的在我国香港特别行政区、澳门特别行政区和台湾地区内形成的证据，应当具有按照有关规定办理的证明手续。在专利权无效纠纷中，对于域外形成的专利文献是否仍必须经过公证、认证手续，存在不同的认识和做法。

在东莞市众誉电子有限公司（以下简称众誉公司）诉专利复审委员会及第三人李晶专利无效案中，李晶系“二键红外遥控鼠标器”发明专利的权利人，众誉公司以本专利不具有新颖性、创造性为由向专利复审委员会提出无效宣告请求，并以两份我国台湾地区专利说明书的复印件作为对比文件。专利复审委员会认为，该证据的公开日均在本专利申请日之前，可以作为评价本专利创造性的对比文件，并据此宣告本专利权全部无效。一审法院认为，请求人提交的两份我国台湾地区专利说明书系复印件且未履行公证、认证的证明手续，不能确认这两份证据的真实性，判决撤销无效审查决定，维持“二键红外遥控鼠标器”发明专利权有效。❷

北京市高级人民法院认为，专利文献是一种域外形成的特殊证据，具有高度可信性和可检索性，在目前情况下，当事人完全可以自行核实与验证，不应要求履行公证认证手续。当事人对于专利文献进行公证、认证既无必要，也加重了当事人的诉累。遂撤销一审判决，并将本案发回重审。❸

4. 关于功能性技术特征限定的权利要求保护范围的确定

对于以功能性技术特征限定的专利权利要求究竟是应当按照其字面含义解释为涵盖了能够实现该功能的所有方式，还是应受到专利说明书中记载的实现该功能的具体方式的限制，专利法未作规定，司法实践中对此也有不同的观点。北京市高级人民法院认为，在确定以功能性技术特征限定的专利权利要求的保护范围时，应注意充分发挥说明书及其附图的解释功能，适当限制专利权的保护范围，以说明书及附图中记载的实现该功能的具体方式或其等同方式确定其保护范围，避免专利权保护范围的过分扩张。

---

❶ 参见北京市高级人民法院（2006）高行终字第176号行政判决书。

❷ 参见北京市第一中级人民法院（2005）一中行初字第249号行政民事判决书。

❸ 参见北京市高级人民法院（2006）高行终字第173号行政判决书。

在曾展翅诉河北珍誉工贸有限公司、北京双龙顺仓储购物中心侵犯专利权案中，曾展翅为"除臭吸汗鞋垫"实用新型专利的权利人，该专利的权利要求记载："一种除臭吸汗鞋垫，其特征是它是由两层防滑层于相对的内面各附设一单向渗透层，其间再叠置粘结吸汗层、透气层、除臭层组成，吸汗层与透气层相邻"，其说明书记载"单向渗透层是一种具有漏斗状孔隙的布面"。一审法院认为，原告专利的必要技术特征体现为两层防滑层、两层单向渗透层、吸汗层、透气层、除臭层等七层结构，且要求吸汗层与透气层是相邻的。被控侵权产品除具备除臭层、吸汗层、两层单向渗透层且吸汗层与透气层相邻外，首先，其干爽表面具有的凹凸不平效果与涉案专利防滑层的功能效果相同，且使用了与专利技术等同的解决手段，二者特征构成等同；其次，被控侵权产品中的抗皱弹性层是由一层尼龙纤维网构成，该网状结构决定了其在起到防止鞋垫发生褶皱作用的同时也能够实现涉案专利透气层的功能，它与原告专利对应特征构成相同；再次，涉案专利中的七层结构是以粘结的方式连接的，虽然被控侵权产品使用了线缝合的方式，但该区别是该领域普通技术人员不需要创造性劳动就能够联想到的，二者技术特征亦构成等同，故被控侵权产品落入了原告专利的保护范围。[❶]

北京市高级人民法院认为，对于采用功能性限定特征的权利要求，不应当按照其字面含义解释为涵盖了能够实现该功能的所有方式，而是应当受到专利说明书中记载的实现该功能的具体方式的限制。具体而言，在侵权判断中应当对功能性限定特征解释为仅仅涵盖了说明书中记载的具体实现方式及其等同方式。从本案专利权利要求1的必要技术特征看，均采用功能性限定特征。对该权利要求进行解释时，应当考虑说明书中记载的具体实现方式。本案专利说明书中对单向渗透层明确指明"为一种具有漏斗状孔隙的布面"，而被控侵权产品单向渗透层采用的是非织造布，并不是与具有漏斗状孔隙的布面相同或相等同的技术特征，故被控侵权产品没有落入涉案专利权的保护范围。原审法院未考虑本专利权利要求系以功能性特征限定这一情况，其关于单向渗透层的保护范围应确定为能够实现水分单向渗透的层面的认定有误，不适当地扩大了曾展翅专利权的保护范围。[❷]

5. 关于已有技术抗辩是否适用于相同侵权的认定

已有技术抗辩是否适用于相同侵权，在我国专利实践中一直存在争议。北京市高级人民法院2001年制定的《专利侵权判定若干问题的意见》认为，已

---

❶ 参见北京市第二中级人民法院（2005）二中民初字第11450号民事判决书。

❷ 参见北京市高级人民法院（2006）高民终字第367号民事判决书。

有技术抗辩仅适用于等同侵权，不适用于相同侵权的情况。当专利技术方案、被控侵权物、被引证的已有技术三者明显相同时，被告不得依已有技术进行抗辩，而应向专利复审委员会请求宣告该专利权无效。2006年终审的一起案件中，北京市高级人民法院改变了这一意见，认为已有技术抗辩也适用于相同侵权。

在施特里克斯有限公司诉宁波圣利达电气制造有限公司及华普超市有限公司专利侵权案中，一审法院认为被控侵权产品全面覆盖了原告专利的技术特征，且与已有技术既不相同也不等同，故被告有关已有技术抗辩的主张不成立，其应承担侵权责任。❶

北京市高级人民法院经审理认为，被控侵权产品虽然落入了原告专利权的保护范围，构成字面侵权，但其技术方案与已有技术构成等同技术方案，被告正当使用已有技术的行为未侵犯原告专利权，其有关已有技术的抗辩理由成立。❷

6. 关于未指定色彩的外观设计专利在侵权判定时如何考虑被控侵权产品添加的色彩及图案的问题

外观设计专利权的保护范围以表示在图片或者照片中的该外观设计专利产品为准。在外观设计专利侵权判定中，应将被控侵权产品与专利外观设计进行比较，找出两者的相同点和相异点，并以一般消费者的眼光判断是否足以导致一般消费者的混淆。审判实践中出现的问题是，如果专利外观设计未指定色彩和图案，被控侵权产品在专利外观设计的基础上添加了色彩及图案，在侵权判定时是否考虑被控侵权产品上添加的色彩及图案。

在（日本）三菱铅笔株式会社诉上海真彩文具有限公司、上海乐美文具有限公司及北京理想文仪商贸中心侵犯外观设计专利权案中，三菱铅笔株式会社系名称为“圆珠笔”的外观设计专利权人，该专利设计的笔身部由透明材料组成，未指定色彩，其保护范围是“圆珠笔”的整体形状、由线条构成的图案及其结合。被控侵权产品改为不透明设计，并用颜色、线条使之在视觉上产生了强烈效果。一审法院认为，被控侵权产品与专利外观设计的外观存有较大差别，两者在某些产品组成部分有不同的设计，被控侵权产品在整体上产生了与专利产品较明显的差异，构成不相同也不相近似的设计，故判决驳回原告诉讼请求。❸

---

❶ 参见北京市第二中级人民法院（2005）二中民初字第13号民事判决书。

❷ 参见北京市高级人民法院（2006）高民终字第571号民事判决书。

❸ 参见北京市第二中级人民法院（2006）二中民初字第5893号民事判决书。

北京市高级人民法院认为，外观设计专利权的保护范围以表示在图片或者照片中的该专利产品的外观设计为准。本专利是“圆珠笔”的外观设计，根据表示在图片中的该专利产品的外观设计判断，其保护范围是“圆珠笔”的整体形状、由线条构成的图案及其结合，本外观设计专利并未指定保护色彩。外观设计侵权的判定首先应对产品进行整体的观察和综合判定，看两者是否具有相同的美感，比较的重点应当是专利权人独创的富于美感的主要设计部分。经比对，被控侵权的“真彩尖锋911A”按动中性笔、“锐锋3051”中性笔产品的整体形状、笔夹部分细长的大椭圆环及小椭圆板的设计、笔身部与握持部的比例设计、握持部稍粗于笔身部的设计、握持部分的圆点分布设计与本专利基本相同，从整体观察看两者的外形相近似。不同点为：本专利的笔身部分、按压部分为透明设计，而“真彩尖锋911A”按动中性笔、“锐锋3051”中性笔产品的笔身部分、按压部分为不透明设计。虽然本专利的笔身部分为透明，但透明部分内可以看到的只是笔芯，并无其他图案，而圆珠笔的笔身采用透明或者不透明的材料均是常见的制造方法。此外，虽然被控侵权产品将本专利笔身、按压棒的透明设计改变为不透明，并用颜色、线条使之在视觉上产生了强烈效果；但是，由于笔身颜色、图案并不是本专利的保护范围，故笔身的图案、色彩不能作为判定两者外观设计是否相同、近似的内容。因此，虽然被控侵权产品在笔夹部上增加了细长的小椭圆形镂空孔、把笔尖部改为光滑的锥形、没有细长的椭圆形的凹进图案、将笔身改为不透明等，使之与本专利有所区别，但这些区别均属于细微的差别，不足以使之与专利产品产生明显差异。但因被控侵权产品在笔的整体形状、笔身与握持部分的比例、笔夹的长椭圆形设计、握持部分的圆点分布设计等与本专利基本相同，消费者仍容易将两者予以混淆。故被控侵权产品与三菱铅笔株式会社的专利产品是相近似的外观设计。[1]

二、商标行政案件

7. 关于《商标法》第三十一条“他人已经使用并有一定影响的商标”中的“商标”的认定

《中华人民共和国商标法》（以下简称《商标法》）第三十一条规定，申请商标注册不得以不正当手段抢先注册他人已经使用并有一定影响的商标。这一规定是基于诚实信用原则，对已经使用并有一定影响的商标予以保护，制止采

[1] 参见北京市高级人民法院（2006）高民终字第1435号民事判决书。

用不正当的抢注行为。适用该规定的前提之一是存在在先使用的商标。这里的“商标”显然是指未注册商标。那么，是不是任何标志都可成为《商标法》第三十一条规定之“商标”呢？北京市高级人民法院认为，该规定之“商标”必须具有可注册性。

在西安小肥羊烤肉馆诉商标评审委员会及第三人内蒙古小肥羊餐饮连锁有限公司（以下简称内蒙古小肥羊公司）商标异议纠纷案中，原告西安小肥羊烤肉馆首先将“小肥羊”商标使用在“涮羊肉”服务上，并申请注册“小肥羊”商标，但商标局以该商标直接表示了服务特点为由而不予注册。第三人内蒙古小肥羊公司在后使用了“小肥羊”商标，商标局以该商标经过使用已经获得了显著性为由予以注册。西安小肥羊烤肉馆依据《商标法》第三十一条主张内蒙古小肥羊公司抢先注册了其在先使用的服务商标，请求不予注册异议商标。商标评审委员会认为，《商标法》第三十一条对商标在先使用者的保护体现为禁止以不正当手段抢先注册他人已经使用并有一定影响的商标。西安小肥羊烤肉馆虽然早于内蒙古小肥羊公司使用“小肥羊”文字作为字号从事实际的经营，但其对“小肥羊”商标的使用在方式、规模、范围上都比较有限。“小肥羊”并非西安小肥羊烤肉馆独创字词，而内蒙古小肥羊公司与西安小肥羊烤肉馆又处于不同的省份，所以不能从商标的独创性和地域的相邻关系推论出内蒙古小肥羊公司是在明知他人在先使用“小肥羊”商标的情况下以不正当手段抢先注册。因此，不能认定内蒙古小肥羊公司申请注册被异议商标是《商标法》第三十一条所述以不正当手段抢先注册他人已经使用并有一定影响商标的行为。商标评审委员会裁定异议复审理由不成立，异议商标准予核准注册。

北京市高级人民法院经审理认为，《商标法》第三十一条规定，申请注册商标不得损害他人现有的在先权利，也不得以不正当手段抢先注册他人已经使用并有一定影响的商标，即任何人不得利用不合理或不合法的方式，将他人已经使用但尚未注册的商标以自己的名义向商标局注册。依据该规定，第一，该在先使用的商标应当具有可注册性，法律规定禁止注册的不在此限；第二，注册人主观上具有恶意；第三，至申请注册时该在先使用的商标具有一定的影响，以至于注册人知道或应当知道该商标的存在。依据《商标法》第十一条的规定，仅仅直接表示了本商品或服务的主要原料及其他特点的标志不得作为商标注册，但上述标志经过使用获得显著特征并便于识别的，可以作为商标注册。本案中，西安小肥羊烤肉馆主张内蒙古小肥羊公司抢先注册了其在先使用并且已经具有一定影响的“小肥羊”文字商标。“小肥羊”文字在一定程度上确实表示了“涮羊肉”这一餐饮服务行业的内容和特点，故包头市小肥羊酒店于1999年12月14日在第42类上申请“小肥羊及图”商标、西安小肥羊烤肉馆于2000年10月23日在第42类上申请“小肥羊及图”商标，商标局对于“小肥羊”文字均不予批准。这就是说，“小肥羊”文字作为商标注册缺乏固有显著性，因此，西安小肥羊烤肉馆关于内蒙古小肥羊公司违反《商标法》第三十一条，抢先注册其在先使用并具有一定影响的未注册商标的主张不能成立，但这并不排除“小肥羊”文字可以通过使用和宣传获得“第二含义”和显著性。实际上，内蒙古小肥羊公司自2001年7月成立后，采用了连锁加盟的经营方式，服务的规模和范围急剧扩张，2001年即被评为中国餐饮百强企业，2002年又位列中国餐饮百强企业第二名，至第3043421号商标于2003年审定公告时，在全国具有很高的知名度，从而使“小肥羊”标识与内蒙古小肥羊公司形成了密切联系，起到了区分服务来源的作用。故“小肥羊”文字标识通过内蒙古小肥羊公司大规模的使用与宣传，已经获得了显著性，并且便于识别，应当准予作为商标注册。商标局及商标评审委员会准予第3043421号商标注册并无不当，北京市高级人民法院终审判决维持商标评审委员会准予异议商标核准注册的裁定。[1]

8. 关于以不正当手段抢先注册他人在先使用并具有一定影响的商标的争议期限的计算

根据现行《商标法》第四十一条的规定，以损害他人在先权利或者以不正当手段抢先注册他人已经使用并有一定影响的商标的，他人有权自商标注册之日起5年内请求商标评审委员会撤销该注册商标。1993年《商标法》没有5年撤销请求期间的限制。因此，原则上应当理解为自争议商标被核准注册之日起随时都可请求撤销该注册商标。由此产生的问题是：首先，对于以不正当手段取得注册的商标，根据1993年《商标法》的规定其撤销请求权是不受期限限制的，在2001年《商标法》生效后，是否适用现行《商标法》关于5年的期限。其次，如果适用现行《商标法》关于5年期限的限制，应如何计算该5年期间。北京市高级人民法院认为，对2001年《商标法》生效前的注册商标以该法第四十一条为由请求撤销的，应自该法的生效日即2001年12月1日起计算5年的撤销请求期间。

在日本株式会社双叶社诉商标评审委员会及第三人广州市诚益眼镜有限公司商标争议纠纷案中，争议商标“蜡笔小新”于1997年12月7日取得注册，第三人广州诚益公司为其现权利人。2005年1月26日，双叶社以争议商标违反《商标法》第三十一条等理由请求商标评审委员会撤销该商标。商标评审

---

[1] 参见北京市高级人民法院（2006）高行终字第94号行政判决书。

委员会认为，以侵害他人在先权利为由提出撤销注册商标的，利害关系人应当在自商标注册之日起5年内提出撤销申请。本案争议商标取得商标专用权的时间为1997年12月7日，双叶社于2005年1月26日对该商标提出争议时争议商标注册已近8年，超出了5年的法定期限，故裁定维持争议商标。

北京市高级人民法院经审理认为，依照我国《中华人民共和国立法法》（以下简称《立法法》）第八十四条的规定，法律不溯及既往，但为了更好地保护公民、法人和其他组织的权益而作的特别规定除外。《商标法》第三十一条中有关争议期限的规定则自2001年12月1日起生效实施，此前对于已经注册的商标并无争议期限的规定。依照《最高人民法院关于审理商标案件有关管辖和法律适用范围问题的解释》第五条之规定，本案争议应当适用《商标法》中5年争议期限的规定，但5年的争议期限应当自2001年12月1日起算，否则对“享有在先权利的人”有失公平，同时也违背《立法法》关于“法不溯及既往”的原则。双叶社依据现行《商标法》第三十一条申请撤销本案争议商标并未超过法定的5年争议期限，商标评审委员会应予受理并重新进行审查。[1]

9. 关于约定俗成的商品通用名称的认定

商品的通用名称是与特有名称相对的，指为国家或者某一行业所共用的、反映一类商品与另一类商品之间根本区别的规范化称谓。《商标法》第十一条第一款第（一）项规定：“仅有本商品的通用名称、图形、型号的标志不得作为商标注册。”但对于什么是“本商品的通用名称”，有关法律、法规和司法解释均未作规定。商标局与商标评审委员会2005年发布的《商标审查及审理标准》将商品通用名称解释为“国家标准、行业标准所规定的或者约定俗成的名称”。在有国家、行业标准规定的情况下，通用名称的认定相对较为容易；但在没有国家、行业标准规定的情况下，应如何认定约定俗成的商品通用名称呢？北京市高级人民法院认为，在认定商品约定俗成的通用名称时，应坚持其地域广泛性的特点，仅在部分地区使用的名称不能认定为商品的通用名称。

在河南省柘城县豫丰种业有限责任公司（以下简称豫丰公司）诉商标评审委员会及第三人河南省柘城县三鹰种业有限公司（以下简称三鹰公司）商标确权纠纷案中，豫丰公司系争议商标“子弹头 ZiDanTou 及图”商标的权利人，三鹰公司以“子弹头”为特定形状辣椒的通用名称为由，请求撤销争议商标。商标评审委员会认为，通用名称是指某一行业内通用或公众约定俗成的

[1] 参见北京市高级人民法院（2006）高行终字第380号行政判决书。

产品名称，三鹰公司提交的证据证明“子弹头”在争议商标申请注册之前就是人们长期称呼特定形状及品种辣椒的俗称，已成为约定俗成的特定辣椒品种名称。

北京市高级人民法院经审理认为，商品的通用名称是指为国家或者某一行业所共用的，反映一类商品与另一类商品之间根本区别的规范化称谓。通用名称应具有广泛性、规范性的特征。就通用名称的广泛性而言，其应该是国家或者某一行业所共用的，仅为某一区域所使用的名称不具有广泛性；就规范性而言，其应该符合一定的标准，反映一类商品与另一类商品之间根本区别，即应指代明确。本案三鹰公司提交的证据可以证明在河南省柘城县有一种形状像子弹头的辣椒，当地通称其为“子弹头”，在贵州省遵义地区亦有一种子弹头朝天椒，两者品种有明显区别。众所周知，辣椒是我国一种常见的农业作物，在我国许多省份都有广泛的种植，然而三鹰公司并未提交证据证明在我国其他辣椒产区有将“子弹头”作为辣椒俗称的情形。因此，三鹰公司提交的证据尚不足以证明“子弹头”已经在国家或者本行业中成为广泛使用的商品名称，故商标评审委员会及一审法院认定“子弹头”是辣椒的通用名称证据不足，其将“子弹头”排除在专用权范围外是错误的。❶

10. 关于注册商标“连续三年停止使用”的认定

注册商标“连续三年停止使用”将可能导致被依法撤销的法律后果，对于何为“连续三年停止使用”，《商标审查及审理标准》具体列举了几种情形。但从相关案件的审理情况来看，如何认定“连续三年停止使用”尚存在不同的认识。

在（新加坡）健康第一有限公司诉商标评审委员会及第三人江苏省物资集团经贸发展有限公司（以下简称物资集团公司）商标撤销争议纠纷一案中，案外人富乐公司1997年11月在第30类中“非医用营养鱼油”上注册了“GNC”争议商标后，同时许可物资集团公司使用争议商标，并于2002年11月将争议商标转让给物资集团公司。物资集团公司从被许可之日起，委托他人制作了“GNC宣传单”、“GNC包装盒”、“GNC手拎袋”等宣传品，并与广告公司签订了争议商标的广告制作合同。商标评审委员会认为，综合考虑上述行为，结合非医用营养油需要行政审批的事实及立法目的，可以认定争议商标的上述使用行为已经构成商标法上的使用，决定维持争议商标的注册。

北京市高级人民法院认为，商标的使用包括将商标用于商品、商品包装或者容器以及商品交易文书上，或者将商标用于广告宣传、展览以及其他业务活

---

❶ 参见北京市高级人民法院（2006）高行终字第188号行政判决书。

动中。商标只有通过使用才能在市场竞争中发挥其功能，促进商品经济的发展，其使用应当是在商业活动中使用。经对本案涉案商标在1998年10月24日至2001年10月23日使用情况及其相关证据进行综合分析后，应认定涉案商标属于连续3年停止使用应予撤销的情形。具体理由分析如下：首先，本案富乐公司在注册涉案商标后，许可物资集团公司使用涉案商标，后又将涉案商标转让给物资集团公司，但这些行为仅是许可人或转让人与被许可人或受让人之间的行为，不具有面向消费者昭示商标的标识功能，因此商标权人对涉案商标的许可他人使用以及其后的转让行为均不属于商标的使用。其次，物资集团公司在受让涉案商标后，委托他人制作了“GNC宣传单”、“GNC包装盒”、“GNC手拎袋”等宣传品。但是，由于印制有“GNC”标识的包装盒、手拎袋均是在蜂蜜等蜂产品上的使用，并非在涉案商标核定商品——非医用营养鱼油商品上的使用，因此不属于商标法意义上的使用。此外，物资集团公司还主张其在广告上非特定商品的广告宣传应属于商标的使用，但是，由于物资集团公司只提供了其与广告公司签订的广告制作合同，并未提交相关证据证明该合同已实际履行，故物资集团公司主张其对涉案商标进行了广告宣传缺乏充分的事实依据。最后，非医用营养鱼油的生产需要进行行政审批，但物资集团公司并未提交其进行相关行政审批的证据，故亦不能表明物资集团公司有正当的理由不能使用涉案商标，且该理由在涉案商标复审时并未提出。因此，争议商标应予撤销注册。[1]

三、商标民事案件

11. 关于市场经营管理者为商户实施侵犯他人商标权行为提供便利的认定

市场经营管理者提供摊位，摊位的承租者在经营活动中侵犯他人注册商标专用权的，市场经营管理者是否承担侵权责任，在什么情况下承担责任，这是司法实践中出现的新问题。北京市高级人民法院认为，市场经营管理者负有管理职责和义务，如其未及时恰当地履行管理职责，客观上为摊位承租者从事侵权活动提供了便利，则应承担一定的侵权责任。

在普拉达有限公司（以下简称普拉达公司）诉李彩平、北京市秀水豪森服装市场有限公司（以下简称秀水豪森公司）侵犯注册商标专用权纠纷案中，李彩平从秀水豪森公司处承租摊位从事商品销售活动。原告普拉达公司是“PRADA”商标的专用权人，其在李彩平经营的摊位上购买了带有“PRADA”

---

[1] 参见北京市高级人民法院（2006）高行终字第788号行政判决书。

标识的侵权商品后，向出租摊位的秀水豪森公司发出律师函，要求其制止上述侵权行为。此后原告多次从秀水街市场内李彩平摊位处购买到了带有“PRADA”标识的手包。秀水豪森公司辩称：“李彩平具备独立经营资格，我公司无权对其进行行政管理；李彩平个人的涉案侵权行为应当由其个人负责，我公司没有为其侵权行为提供便利条件，也不具有共同侵权的故意；我公司作为市场的服务管理机构，已经为保护原告的注册商标作出了积极努力，未侵犯原告商标权。”

北京市高级人民法院经审理认为，根据《中华人民共和国商标法实施条例》（以下简称《商标法实施条例》）的有关规定，故意为侵犯他人注册商标专用权行为提供仓储、运输、邮寄、隐匿等便利条件的行为属于侵犯他人注册商标专用权的行为。秀水豪森公司作为秀水街商厦的经营管理者，负有对该市场内存在的侵犯他人注册商标专用权的行为进行及时有效制止的义务。原告在第一次购买到涉案侵权产品后，即函告了秀水豪森公司，函中已经明确指出了李彩平的租赁摊位号，但秀水豪森公司未对李彩平采取任何防治措施制止其侵权行为的继续。在此后的一段时间内，李彩平继续实施涉案侵权行为。虽然秀水豪森公司在原告起诉后解除了与李彩平的租赁合同，但是该市场内仍存在他人侵犯原告注册商标专用权的行为。通过上述事实可以看出，秀水豪森公司虽然为防止侵犯他人注册商标专用权的行为采取了一定的措施。但是从客观上分析，首先，在原告第一次函告后，其并未采取措施；其次，在诉讼期间内，其市场内仍存在侵犯原告注册商标专用权的行为。上述情况说明，秀水豪森公司对李彩平的侵权行为所采取的防治措施是不及时的，使得李彩平能够在一段时间内继续实施涉案销售侵权商品的行为，故可以认定秀水豪森公司为李彩平的涉案侵权行为提供了便利条件，其应就李彩平造成的侵权后果承担连带法律责任。[1]

12. 关于使用注册商标中的本商品通用名称构成正当使用的认定

如果注册商标含有商品通用名称，则在该商标的有效期内，他人使用该商品通用名称，是否侵犯该商标的专用权？北京市高级人民法院认为，商品通用名称被申请为注册商标或者注册商标的一部分后，商标权人虽然对该商标享有专用权，但不得限制他人对该商品通用名称的使用。

在北京汇成酒业技术开发公司（以下简称汇成公司）诉北京市华都酿酒食品工业公司（以下简称华都公司）侵犯注册商标专用权案中，汇成公司系“甑流”商标注册人，该商标核定使用的商品为第33类“含酒精的饮料（啤

---

[1] 参见北京市高级人民法院（2006）高民终字第333号民事判决书。

酒除外)”。被告华都公司擅自将与“甑流”商标相同的文字使用在其生产的白酒产品上，称为“北京甑流酒”，并在市场上长期、公开、大量销售，侵犯了原告的商标权。汇成公司于2006年4月6日提起本案诉讼。

北京市高级人民法院经审理认为，商品的通用名称，通常是指国家标准、行业标准规定的或者本行业中约定俗成的名称，包括全称、简称、缩写、俗称等。《北京市志稿》已经确切表明，净流（或称甑流、甑馏）是一种特定白酒的通用名称，此称谓通行于北京乃至华北地区，且积年已久。汇成公司虽对“甑流”文字享有注册商标专用权，但无权禁止他人在自己的产品及宣传中将“甑流”作为特定产品的通用名称加以使用。华都公司为说明产品的性质及特点而使用“北京甑流酒”字样属于正当使用，这种使用并非商标意义上的使用。[1]

13. 关于被吊销营业执照的商标权人是否可以要求赔偿的认定

商标权人被吊销营业执照后，其注册商标被他人非法转让，非法转让人是否应承担损害赔偿责任？北京市高级人民法院认为，侵犯商标权承担赔偿责任应以给商标权人造成实际经济损失为前提，商标权人被吊销营业执照后，不能依法从事生产经营活动，他人非法转让其注册商标的行为不会造成商标权人的实际经济损失，如果不能证明他人从非法转让行为中获利，一般不宜判令其承担损害赔偿责任。

在上海海特实业公司（以下简称海特公司）诉赖呈注商标权属纠纷案中，海特公司在取得“Silver 思立伐”注册商标专用权后，被依法吊销了营业执照，赖呈注通过伪造手续将该注册商标转让给自己。海特公司认为赖呈注的行为严重侵犯了海特公司的商标专用权，请求法院确认赖呈注受让涉案商标的行为无效，确认涉案商标专用权为海特公司所有，判令赖呈注赔偿海特公司经济损失10万元。

一审法院认为，赖呈注受让涉案商标的行为无效，其非法占有涉案商标长达1年，导致海特公司不能自己使用或者许可他人使用涉案商标，理应赔偿海特公司的经济损失。遂判决赖呈注赔偿海特公司5万元的经济损失。[2] 北京市高级人民法院经审理认为，吊销企业法人营业执照是工商行政管理部门依照国家行政管理法规对企业法人作出的一种行政处罚，企业法人在被吊销营业执照后未注销登记前，不能以其名义从事生产经营活动，但其法人资格仍然存续。海特公司被处以吊销营业执照的行政处罚，虽然未办理企业法人注销登记，但

[1] 参见北京市高级人民法院（2006）高民终字第1430号民事判决书。

[2] 参见北京市第一中级人民法院（2006）一中民初字第3343号民事判决书。

不得再以其名义从事生产经营活动，包括使用涉案注册商标进行生产经营活动。海特公司并未提供证据证明其因涉案注册商标的转让受到了经济损失，亦未举证证明赖呈注通过受让涉案注册商标的行为获利，故海特公司关于赖呈注应赔偿其经济损失的主张缺乏事实和法律依据，判决驳回其关于经济赔偿的诉讼请求。❶

四、著作权案件

14. 关于词典的编撰方法能否获得著作权保护的认定

著作权是基于作品产生的权利，而作品是指文学、艺术和科学领域内具有独创性并能以某种有形形式复制的智力成果。作者独立创作出来的智力成果可以获得著作权的保护，但其创作该智力成果的方法不能获得著作权法的保护。

在孙栋、蔡向阳诉商务印书馆国际有限公司（以下简称商务印书馆）侵犯著作权案中，孙栋、蔡向阳在先编撰并出版的《成语分类应用词典》采用了三级分类法，商务印书馆在后出版的《成语描写词典》采用了类似的编撰方法。两原告认为被控侵权作品采用了其词典的编撰方法。北京市高级人民法院认为，分级分类编写是编写词典的一种方法，这种方法不是著作权法保护的对象。蔡向阳、孙栋编著的《成语分类应用词典》采用三级分类的结构本身是编写词典的一种方法，虽然蔡向阳、孙栋在选择采用分几级分类编写《成语分类应用词典》时包含创造性劳动，但分级分类编写词典是一种编写方法，蔡向阳、孙栋并不能以此禁止他人在编写词典时根据需要将词典的内容分级分类，即使他人采用的也是三级分类。《成语描写词典》采用的是四级分类的结构，该种结构的本身也是一种词典的编写方法，即使按照蔡向阳、孙栋所主张的《成语描写词典》是将其三级分类拆分成四级分类，《成语描写词典》实质上仍是三级分类。但是，不论采用三级分类还是四级分类，均属于词典的编写方法，而词典的编写方法是不受著作权法保护的。因此，《成语描写词典》采用四级分类方法不构成对《成语分类应用词典》三级分类编写方法著作权法意义上的侵权。❷

15. 关于运用公有领域素材创作的作品保护范围及保护程度的确定

对作品的著作权保护，主要在于保护其独创性劳动，而作品的创作免不了借用公有领域的素材。对运用公有领域的素材创作的作品，其保护范围及保护

---

❶ 参见北京市高级人民法院（2006）高民终字第1224号民事判决书。

❷ 参见北京市高级人民法院（2006）高民终字第233号民事判决书。

程度如何确定，是著作权审判实践中经常遇到的问题。

在朱志强诉（美国）耐克公司（NIKE，INC.）、耐克（苏州）体育用品有限公司（以下简称苏州耐克公司）及北京元太世纪广告有限公司（以下简称元太广告公司）、北京新浪信息技术有限公司（以下简称新浪信息技术公司）侵犯著作权纠纷案中，原告朱志强创作了“火柴棍小人”形象，被告耐克公司、苏州耐克公司在广告宣传中使用了“黑棍小人”形象，元太广告公司、新浪信息技术公司发布了该广告。柯南道尔于19世纪末创作的《福尔摩斯探案集》中有“跳舞的小人”的形象，韦伯斯特大学词典对名词“线条小人”的定义是：“以圆形表示人或动物的头部，并以直线表示其他部位的图画”；对形容词“线条小人”的定义是：“缺乏深度和可信性的虚构人物”。一审法院认为，原告设计的“火柴棍小人”形象与被告所提交证据中载明的公共领域的“线条小人”形象相比，并不属于简单的复制或模仿。原告设计的“火柴棍小人”动漫形象虽然也借鉴了“线条小人”形象的通用方法，但其中的黑色线条的粗细、厚重、圆润程度的选取以及给人的整体美感程度、立体的效果均明显不同于这类通用的“线条小人”形象，且具有鲜明的动漫形象人物特点。可见，原告在设计“火柴棍小人”形象时，以自己独特的表现方式，对公共领域中通用的“线条小人”形象的线条及其组合方式进行了审美意义上的再创作，已构成中国著作权法意义上的“平面或者立体的造型艺术作品”即美术作品。在原告于2000年4月完成并发表该动漫形象之前，公共领域并没有出现过与原告“火柴棍小人”形象完全相同的动漫美术作品，故原告的“火柴棍小人”形象具有著作权法意义上的独创性，依法应受到中国法律保护。被告耐克公司、苏州耐克公司在被控侵权广告中使用的“黑棍小人”形象的特征与原告享有著作权的“火柴棍小人”动漫形象的特征基本相同，二者黑色线条的粗细、厚重、圆润程度的选取以及给人的整体美感程度、立体效果基本相似，故被控侵权广告中的“黑棍小人”形象与原告享有著作权的“火柴棍小人”动漫形象构成相近似的美术作品。鉴于原告创作完成并发表“火柴棍小人”动漫形象的行为均发生在被告耐克公司、苏州耐克公司委托W&K公司设计并发布被控侵权广告之前，故可认定被控侵权广告中的“黑棍小人”形象系对原告享有著作权的“火柴棍小人”动漫形象的摹仿或剽窃。[1]

北京市高级人民法院认为，一方面，根据现有证据，在“火柴棍小人”和“黑棍小人”形象出现之前，即已出现以圆球表示头部、以线条表示躯干和四肢的创作人物形象的方法和人物形象。但是从“火柴棍小人”的创作过

[1] 参见北京市第一中级人民法院（2004）一中民初字第348号民事判决书。

程及其表达形式看，该形象确实含有朱志强的选择、判断，具有他本人的个性，朱志强力图通过该形象表达他的思想，因此，“火柴棍小人”形象具有独创性，符合作品的构成条件，应受著作权法保护。由于用“圆形表示人的头部，以直线表示其他部位”方法创作的小人形象已经进入公有领域，任何人均可以以此为基础创作小人形象。另一方面，“火柴棍小人”形象的独创性程度并不高，对“火柴棍小人”形象不能给予过高的保护，同时应将公有领域的部分排除出保护范围之外。将“火柴棍小人”形象和“黑棍小人”形象进行对比，二者有相同之处，但相同部分主要存在于已进入公有领域、不应得到著作权法保护的部分，其差异部分恰恰体现了各自创作者的独立创作，因此，不能认定“黑棍小人”形象使用了“火柴棍小人”形象的独创性劳动。“黑棍小人”形象未侵犯朱志强“火柴棍小人”形象的著作权，耐克公司、苏州耐克公司不应承担侵权责任。❶

16. 关于对构成作品的搜索页面的表现形式进行修改是否侵犯著作权的认定

著作权侵权行为通常表现为未经许可的复制、发行、展览、表演、改编、修改他人作品等行为。若行为人没有实施上述行为，而只是在他人构成作品的网页页面上增加导航条、缩略图，则这种行为是否侵犯著作权？这是近年来司法实践中遇到的新问题。

在北京搜狐互联网信息服务有限公司（以下简称搜狐公司）诉北京珠穆朗玛网络技术有限公司、北京珠穆朗玛电子商务网络服务有限公司、北京珠峰万维科技发展有限公司（以下简称珠峰万维科技公司）侵犯著作权和不正当竞争纠纷案中，被告向用户提供免费的mysearch搜索软件，用户安装该软件后，在访问原告网站时，在原告的搜索页面上增加了包含被告网站在内的搜索导航条和具有广告性质的缩略图及其他非原告网站信息。

一审法院认为，原告搜索页面系原告编排和设计的，付出了创作性劳动，通过计算机软件予以实现。原告对其编排和设计的页面享有汇编作品的著作权。在互联网环境下，修改他人作品的方式既可以是静态修改也可以是动态修改，既可以是本地修改也可以是异地修改，既可以是直接修改也可以是间接修改。被告利用mysearch软件，在用户端上修改原告的搜索页面，在原告的页面上增加他人搜索网站的链接、缩略图片和非本网站的信息，修改了原告搜索页面的表现形式，侵犯了原告对其页面享有的汇编作品的著作权。❷

---

❶ 参见北京市高级人民法院（2005）高民终字第538号民事判决书。

❷ 参见北京市第一中级人民法院（2005）一中民初字第5455号民事判决书。

北京市高级人民法院认为，搜狐公司在本案中据以主张权利的、包含搜狐公司主观设计和判断的相关搜索页面，构成著作权法所称的作品，应当受到我国著作权法的保护。珠峰万维科技公司未经许可，通过 mysearch 软件，在用户端上增加搜索导航条、缩略图等内容，将搜狐公司原有的搜索页面进行了修改，并且进行网络传播，侵犯了搜狐公司对相关搜索页面的修改权和信息网络传播权，应当承担停止侵权、赔礼道歉、赔偿经济损失的民事责任。❶

17. 关于侵权音像制品复制者注意义务的认定

音像制品复制单位在复制音像制品时，应对其复制的音像制品的合法性尽到合理的审查义务，如果未尽到合理审查义务，导致所复制的音像制品侵犯他人著作权的，复制单位应承担相应责任。但是，对于应如何认定音像制品复制单位应尽的注意义务，实践中有不同的做法。

在北京鸟人艺术推广有限责任公司与广东白天鹅光盘有限公司（以下简称白天鹅公司）、吉林长白山音像出版社（以下简称长白山出版社）及北京永泰福临文化交流中心侵犯录音录像制品制作者权和作品专有使用权纠纷案中，一审法院认为，白天鹅公司受长白山出版社的委托，并审查了复制委托书，已尽到审查注意义务。❷

北京市高级人民法院认为，音像复制单位接受委托复制音像制品时，至少应验证出版单位出具的音像制品复制委托书及著作权人的授权书等相关文件。白天鹅公司接受长白山出版社的委托，虽然有长白山出版社的相关复制委托书，但该公司在未验证著作权人的授权书的情况下，复制外部包装标有“彝人制造Ⅱ”等字迹、内部盘片标题为“新金曲榜”的涉案侵权光盘，应当认定其对受托复制的光盘的著作权问题未尽到合理的审查义务。❸

18. 关于侵权作品印刷单位注意义务的认定

出版物侵犯他人著作权与其作者、出版者、发行者、销售者有关，他们共同或分别的行为导致了侵犯他人著作权的后果。印刷者的印刷行为也是导致侵权出版物得以出版的原因之一。从客观上看，印刷者的行为与侵权后果存在因果关系，但印刷者承担侵权责任还需有过错。那么，如何认定其是否有过错、是否尽到了注意义务呢？

在吕静涛诉梁越、韩连赟、北京紫图图书有限公司（以下简称紫图公司）、陕西师范大学出版社和北京画中画印刷有限公司（以下简称画中画公

---

❶ 参见北京市高级人民法院（2006）高民终字第 266 号民事判决书。

❷ 参见北京市第一中级人民法院（2004）一中民初字第 376 号民事判决书。

❸ 参见北京市高级人民法院（2006）高民终字第 621 号民事判决书。

司）侵犯著作权纠纷案中，吕静涛系《塔吉克风情录》的作者，由陕西师范大学出版社出版、紫图公司策划、画中画公司印刷、黄石（即梁越）为文字作者、韩连赟为摄影作者的《塔什库尔干：高天下的太阳部落》有部分内容抄袭自《塔吉克风情录》。在判定侵权作品的印制者画中画公司是否侵权及相应的法律责任时，一审法院驳回了原告对画中画公司的全部诉讼请求。❶

原告不服并上诉，其认为画中画公司印刷了侵权图书，应承担侵权责任。北京市高级人民法院认为，画中画公司提供了《图书、期刊印刷委托书》，能够证明其印刷行为有合法授权，主观上不存在过错，因此，其不承担侵权赔偿责任，但应停止印刷涉案图书。❷

19. 关于精神损害赔偿责任在侵犯著作权案件中的适用

对于侵犯著作人身权的，是否应追究侵权人的精神损害赔偿责任，一直存在争议。在过去的司法实践中，法院通常不判精神损害赔偿，而是通过适用停止侵权、消除影响、赔礼道歉的责任形式予以抚慰。在这一问题上，北京市高级人民法院目前有所突破。

在庄羽诉郭敬明、春风文艺出版社及北京图书大厦侵犯著作权纠纷案中，被告郭敬明创作并由春风文艺出版社出版的小说《梦里花落知多少》大量抄袭了原告庄羽在先创作的小说《圈里圈外》，庄羽请求人民法院判令郭敬明承担精神损害赔偿等侵权责任。一审判决认为，因庄羽未举证证明涉案侵权行为给其造成了精神损害及严重后果，故对其赔偿精神损害的诉讼请求不予支持。❸

北京市高级人民法院认为，侵犯著作人身权情节严重，适用停止侵权、消除影响、赔礼道歉仍不足以抚慰权利人所受精神损害的，还应当判令侵权人支付著作权人相应的精神损害抚慰金。抄袭是一种既侵犯著作财产权又侵犯著作人身权的侵权行为。郭敬明创作的《梦里花落知多少》在整体上对庄羽创作的《圈里圈外》构成了抄袭，其侵权主观过错、侵权情节及其后果均比较严重，需要通过判令支付精神损害抚慰金对庄羽所受精神损害予以弥补，同时亦是对郭敬明抄袭行为的一种惩戒。北京市高级人民法院在维持一审判决内容的基础上，增加判决郭敬明、春风文艺出版社共同赔偿庄羽精神损害抚慰金1万元。❹

---

❶ 参见北京市第二中级人民法院（2005）二中民初字第7249号民事判决书。

❷ 参见北京市高级人民法院（2006）高民终字第364号民事判决书。

❸ 参见北京市第一中级人民法院（2004）一中民初字第47号民事判决书。

❹ 参见北京市高级人民法院（2005）高民终字第539号民事判决书。

五、知识产权管辖异议案件

20. 关于确认不侵权之诉与侵权之诉是否基于同一法律事实的认定

就同一知识产权提起的确认不侵权之诉与侵权之诉，当事人分别向不同法院起诉的，后立案的法院应将案件移送至先立案的法院，主要是因为就同一知识产权提起的确认不侵权之诉与侵权之诉均基于同一法律关系或者同一法律事实。但如果确认不侵权之诉与侵权之诉的当事人并不完全相同，此时两案是否属于同一法律关系或同一法律事实，后立案法院是否应将案件移送至先立案法院？

在深圳力创企业形象顾问有限公司诉龙岩卷烟厂及北京城乡贸易中心股份有限公司侵犯著作权管辖权异议案中，一审法院于2005年10月18日受理了本案，而福建省龙岩市中级人民法院于2005年9月12日受理了龙岩卷烟厂诉深圳力创公司和周焰请求确认其在香烟产品上使用“七匹狼”、“SERTWOVLES”商标及“奔狼图形”包装装潢的行为不侵犯两被告著作权的案件，福建省高级人民法院于2005年12月7日终审裁定龙岩市中级人民法院对本案有管辖权。北京市高级人民法院认为，《最高人民法院关于在经济审判工作中严格执行〈中华人民共和国民事诉讼法〉的若干规定》第2条规定，当事人基于同一法律关系或者同一法律事实而发生纠纷，以不同诉讼请求分别向有管辖权的不同法院起诉的，后立案的法院在得知有关法院先立案的情况后，应当在7日内裁定将案件移送先立案的法院合并审理。本案与福建省龙岩市中级人民法院受理的龙岩卷烟厂诉深圳力创公司和周焰请求确认不侵犯著作权纠纷一案，均涉及龙岩卷烟厂在其香烟产品上使用“七匹狼”、“SEPTWOVLES”商标和“奔狼图形”包装装潢的行为，两案虽然当事人不完全相同，但属于基于同一法律事实而发生的纠纷，福建省龙岩市中级人民法院立案受理在先，因此本案应移送至福建省龙岩市中级人民法院合并审理。[1]

21. 关于涉外网络著作权侵权纠纷管辖的确定

《最高人民法院关于审理涉及计算机网络著作权纠纷案件适用法律若干问题的解释》第一条规定：“网络著作权侵权纠纷案件由侵权行为地或者被告住所地人民法院管辖。侵权行为地包括实施被诉侵权行为的网络服务器、计算机终端等设备所在地。对难以确定侵权行为地和被告住所地的，原告发现侵权内容的计算机终端等设备所在地可以视为侵权行为地。”这一规定是确定一般著

[1] 参见北京市高级人民法院（2006）高民终字第276号民事裁定书。

作权侵权纠纷案件管辖的法律依据。但是，涉外网络著作权侵权纠纷案件，尤其是被告为外国人的案件，是否应以该司法解释为依据？因为，根据《中华人民共和国民事诉讼法》（以下简称《民事诉讼法》）的规定，涉外案件的管辖与一般案件的管辖是不同的。

在王路诉（美国）雅虎公司侵犯著作权纠纷案中，原告主张被告未经许可使用其作品侵犯其著作权。王路从公证机关的计算机终端上登录雅虎公司的网站并保全了有关侵权证据，并以该计算机终端处于原审法院辖区为由向原审法院起诉。被告提出管辖权异议，理由是被告是一家在美国注册的公司，原告指控实施侵权行为的网络服务器、计算机终端等设备也位于美国境内。北京市高级人民法院认为，本案为涉外网络著作权侵权案件，应适用《民事诉讼法》关于涉外管辖的特别规定。我国1991年《民事诉讼法》第二百四十三条规定："因合同纠纷或者其他财产权益纠纷，对在中华人民共和国领域内没有住所的被告提起的诉讼，如果合同在中华人民共和国领域内签订或者履行，或者诉讼标的物在中华人民共和国领域内，或者被告在中华人民共和国领域内有可供扣押的财产，或者被告在中华人民共和国领域内设有代表机构，可以由合同签订地、合同履行地、诉讼标的物所在地、可供扣押财产所在地、侵权行为地或者代表机构住所地人民法院管辖。"原告从位于原审法院辖区的计算机终端上登录被告的网站，访问了相关网页，发现其作品被刊登在被告的网站上，因而起诉被告侵权，故原审法院辖区是侵权行为地，原审法院对本案有管辖权。[1]

---

[1] 参见北京市高级人民法院（2006）高民终字第1365号民事裁定书。

2007 年

北京市高级人民法院
2007年知识产权审判新发展

2007年，北京市高级人民法院知识产权庭共受理知识产权纠纷案件465件，其中一审案件5件，二审案件460件。在460件二审案件中，著作权案件117件，专利行政案件119件，专利民事案件110件，商标行政案件58件，商标民事案件22件，不正当竞争案件20件，技术合同案件8件，其他知识产权案件6件。全年共审结知识产权案件456件，均为二审案件，其中著作权案件117件，专利行政案件115件，专利民事案件101件，商标行政案件69件，商标民事案件23件，不正当竞争案件18件，技术合同案件8件，其他知识产权案件5件。下文拟介绍北京市高级人民法院2007年知识产权审判的最新发展和动向。

一、专利行政案件

1. 关于对同一人同日在相同产品上申请多个相似外观设计的授权是否属于重复授权的认定

《专利法》第九条第二款规定："两个以上的申请人分别就同样的发明创造申请专利的，专利权授予最先申请的人。"该条规定了先申请原则，即不同主体先后申请同样的发明创造只能授予在先申请的人。2002年《专利法实施细则》第十三条第一款规定："同样的发明创造只能被授予一项专利。"该款规定了禁止重复授权的原则，即不仅不同主体不得重复授权，而且同一主体也不能重复授权。对于外观设计专利来说，当不同主体就同一产品申请两项以上相近似的外观设计，以及同一主体先后就同一产品申请两项以上相近似的外观设计时，其可以依据《专利法》及《专利法实施细则》的上述规定处理。但对同一人同日在相同产品上申请多个相似外观设计的授权，是否根据上述法律规定予以处理呢？

在（英国）科万商标投资有限公司（以下简称科万公司）与专利复审委

员会及佛山市顺德区信达染整机械有限公司系列专利无效行政案[1]中，科万公司同日在相同产品上申请了多项相似外观设计并均获得授权，佛山市顺德区信达染整机械有限公司依据《专利法》及《专利法实施细则》的上述规定请求宣告科万公司的全部外观设计专利权无效。专利复审委员会以这些专利相互构成相似外观设计为由宣告涉案外观设计专利权无效，一审法院维持了专利复审委员会的决定。

北京市高级人民法院认为，科万公司于同日就相同产品申请了五项相近似的外观设计，依据《专利法》第三十一条第二款关于单一性的规定，科万公司的五项外观设计申请因不符合单一性的规定而不能作为一项专利申请，只能作为五项不同的外观设计申请。但是，专利复审委员会和原审法院又依据2002年《专利法实施细则》第十三条第一款和《审查指南》的规定，认为科万公司的五项相近似的外观设计专利构成重复授权，并宣告全部五项专利无效。这一做法显失公平。对于申请人作出的发明创造，只要符合相关法律规定且没有侵犯国家利益、社会公共利益及他人的合法权益，就应当予以保护。实践中，申请人一方面为了扩大其外观设计专利的保护范围，防止他人仿冒其外观设计，另一方面为适应不同消费者的需求，提高其竞争优势，往往在同日就相同产品申请两个或两个以上相近似的外观设计。这种做法不为法律所禁止，也未侵犯国家利益、社会公共利益及他人的合法权益，符合《专利法》及《专利法实施细则》关于鼓励发明创造、促进科技创新和进步的立法本意，应当予以认可。对于外观设计而言，《审查指南》规定“同样的外观设计是指两项外观设计相同或者相近似”，当不同主体就同一产品申请两项以上相近似的外观设计，以及同一主体先后就同一产品申请两项以上相近似的外观设计时，《审查指南》的上述规定并无不妥。但是，同一主体就相同产品同日申请了两项以上相近似的外观设计时，《审查指南》的上述规定明显与专利法及其实施细则的立法本意不符。这种情况下“同样的外观设计”仅应解释为外观设计相同，而不应包括相近似的情况。专利复审委员会依据2002年《专利法实施细则》第十三条关于重复授权的规定宣告本案专利无效属于理解和适用法律错误，原审判决维持无效决定亦属不当。北京市高级人民法院判决撤销原一审判决和专利复审委员会的无效宣告请求审查决定，并维持涉案外观设计专利权有效。从域外法来看，同一申请人同日在相同产品上申请的多个相似外观设计专利属于关联申请，一般

[1] 参见北京市高级人民法院（2006）高行终字第464号行政判决书和北京市第一中级人民法院（2006）一中行初字第509号行政判决书。

都是予以保护的。

2. 对外观设计视图中存在的错误能否依据《专利法实施细则》第二条第三款的规定认定其不具备显著性

《专利法》所称外观设计是指对产品的形状、图案或者其结合以及色彩与形状、图案的结合所作出的富有美感并适用于工业应用的新设计，这里的“适用于工业应用”是指该外观设计能应用于产业上并形成批量生产。应用于产业上批量生产，最基本的一个前提是其外观是唯一确定的。外观设计专利权的保护范围以表示在图片或照片中的该外观设计专利产品为准，如果一项外观设计专利的各个视图之间存在矛盾，使得其外观设计不唯一，则本领域技术人员无法将其应用于产业上并批量生产，该外观设计专利因此不符合2002年《专利法实施细则》第二条第三款的规定，应当被宣告无效。因此，申请人应当就每件外观设计产品所需要保护的内容提交有关视图或者照片，清楚地显示请求保护的对象。但对于外观设计专利视图中存在的差错是否必然导致无法适用于工业应用，需要根据具体差错的性质和程度而定。如果仅是细微的瑕疵且不会使技术人员对该产品外观的认识产生错误理解，这种瑕疵可以被认为是在图形绘制过程中产生的偏差而予以接受，通常不会因为这种瑕疵而以该外观设计不能实施为由宣告无效；但是，当差错达到一定程度，视图之间存在较大矛盾，致使请求保护的对象不唯一时，该外观设计专利将会以无法应用于工业生产而被宣告无效。

在深圳市顺章电器有限公司（以下简称顺章公司）与专利复审委员会及慈溪市雄生电器有限公司外观设计专利权无效行政纠纷案[1]中，顺章公司系“暖风机（PGK150－M）”外观设计专利的权利人，该专利授权公告包括6幅视图，即主视图、后视图、左视图、右视图、俯视图、仰视图。本专利各视图之间存在以下矛盾：（1）主视图中暖风机顶部两个旋钮下面多条相交线中最上面有一条上拱形线条，但在俯视图中并没有对应于该部分的设计；（2）俯视图的下部显示暖风机最前部并不全是出风孔，但主视图和左右视图中暖风机最前部却为小出风孔填充；（3）左右视图分别显示暖风机后面下部左右两边分别是两曲面相切的形状，但在后视图中该部分并没有任何线条，即后视图中显示该部分并不是两曲面相切的形状；（4）仰视图左下角十字交叉处以下两条边框线中间有一条细长线，右下角处并没有，左、右视图下部显示左右是对称的。专利复审委员会认为，本专利视图中所示的暖风机的顶部、暖风机的前

[1] 参见北京市高级人民法院（2007）高行终字第344号行政判决书和北京市第一中级人民法院（2007）一中行初字第234号行政判决书。

部出风孔处、暖风机的后下部，以及暖风机的左右侧面的具体形状存在矛盾，不属于可“通过修改的方式得到更正”的错误，本领域技术人员根据本专利视图所示不能唯一确定暖风机顶部、最前部、后面下部以及左右侧面的具体形状，因此本专利所示的暖风机的具体形状不能唯一确定，不适于工业应用，不符合2002年《专利法实施细则》第二条第三款的有关规定。据此，专利复审委员会决定宣告本专利无效。一审法院维持了专利复审委员会的决定。

北京市高级人民法院认为，申请人提交的外观设计视图应当按照技术制图或机械制图国家标准绘制，正确反应投影关系，各视图之间能够相互对应。《审查指南》对此也作了详细的规定。然而，由于申请人申请过程中的疏忽或其他原因，实践中出现视图中存在或大或小的错误的现象。如果视图中存在属于制图错误的重大瑕疵，使得外观设计专利的各个视图之间存在矛盾，导致外观设计保护对象无法确定，并且无法将其应用于产业上并批量生产的，则该外观设计专利不符合2002年《专利法实施细则》第二条第三款的规定，应当被宣告无效。但是，对于视图中存在细微瑕疵，本领域普通设计人员通过查看其他视图后明显可以确定该瑕疵属于制图失误，而且该瑕疵不会导致外观设计保护对象不确定的情况，不属于不符合2002年《专利法实施细则》第二条第三款的情形。本案中，上述（1）、（3）、（4）所述视图之间的矛盾显然属于制图失误导致的细微瑕疵，本领域普通设计人员可以通过其他视图唯一确定本外观设计的保护范围，不属于无法将其应用于产业上并批量生产的重大瑕疵。而对于（2）所述视图之间的矛盾，本领域普通设计人员根据本专利视图所示不能唯一确定暖风机前部出风孔处的设计，该瑕疵属于明显的制图错误。由于该制图错误引起的重大瑕疵使得本外观设计专利保护对象不能确定，导致按照本专利的视图无法制造出相应的产品，因此，本专利不符合2002年《专利法实施细则》第二条第三款的规定，应当被宣告无效。

还有一种未被采纳的意见认为，外观设计专利权的无效理由具有法定性，2002年《专利法实施细则》第二条第三款是对外观设计的保护客体即产品外观设计的规定。外观设计专利是否具有实用性是指外观设计专利产品或者说外观设计的客体能否被实施，能否被应用于工业性批量生产，如某些桥梁、固定建筑物等因取决于特定地理条件而不具有工业再现性。外观设计专利的保护范围以授权公告的照片或图片为准，其中授权公告中的产品图片即使存在错误，通常也是本领域的设计人员或者产品生产者通过仔细研读授权文本后才能发现的，一般消费者往往并不会注意到授权公告中产品图片的错误。而且，外观设计专利图片的错误一般不会影响到外观设计专利的实用性，产品的生产者通常并不会依据，或者至少不会仅仅依据授权公告的产品图片来生产外观设计专利产品。以 2002 年《专利法实施细则》第二条第三款作为宣告外观设计专利无效的理由，属于没有正确理解和适用该规定的法律含义。

3. 关于用试验数据来证明意料不到的技术效果的认定

是否取得预料不到的技术效果是判断发明是否具有创造性时需要考虑的其他因素。取得预料不到的技术效果是指发明创造同现有技术相比，其技术效果产生了“质”的变化，具有新的性能；或者产生了“量”的变化，超出人们预期的想象。这种“质”或者“量”的变化，对所属技术领域的技术人员来说，应当是事先无法预测或者推理出来的。当发明创造取得了预料不到的技术效果时，一方面说明发明具有显著的进步，另一方面也反映出发明的技术方案是非显而易见的，具有突出的实质性特点，该发明具有创造性。但需要注意的是，在化学、医药专利创造性的判断过程中，意料不到的技术效果通常需要用试验数据来证明，如果专利权人为反驳无效请求人提出的本专利未取得意料不到技术效果的主张而提供的试验数据不够充分可信，则不能认定本专利具有创造性。

在张喜田与专利复审委员会、石家庄制药集团欧意药业有限公司等专利权无效行政诉讼案[1]中，张喜田系“氨氯地平对映体的拆分”发明专利的权利人。专利复审委员会认为，本专利权利要求 1 涉及一种氨氯地平对映体拆分的方法，其与对比文件的区别仅在于所用的手性助剂不同。就所解决的技术问题而言，本专利的技术方案可以达到比对比文件更高的光学纯度和收率。显然，本专利所要解决的技术问题必须依赖于使用 DMSO－d6 或者含有 DMSO－d6 的有机溶剂替换对比文件中的 DMSO 或含有 DMSO 的溶剂。但对本领域普通技术人员来说，要想达到上述的技术效果，DMSO－d6 不论是单独、还是含在有机溶剂中都必须以一定量使用，即其含量必须达到一定的范围，并非任意含量（例如痕量）的 DMSO－d6 都能够解决上述技术问题。由于本专利权利要求 1 所述的技术方案中并没有对 DMSO－d6 的含量提出要求，而本专利权利要求 1 相对于现有技术所解决的技术问题要求 DMSO－d6 的含量必须达到一定的范围，导致权利要求 1 实际上包括了不能够解决所述技术问题的技术方案，该部分技术方案相对于现有技术不具备突出的实质性特点和显著的进步，因此权利要求 1 不符合《专利法》第二十二条第三款规定的创造性。一审法院维持了专利复审委员会的决定。

北京市高级人民法院认为，意料不到的技术效果通常需要用试验数据来证

---

[1] 参见北京市高级人民法院（2007）高行终字第 70 号行政判决书和北京市第一中级人民法院（2006）一中行初字第 849 号行政判决书。

明，如果专利权人针对无效请求人提出的本专利未取得意料不到技术效果的主张未能提出充分可信的试验数据，则不能认定本专利具有创造性。本案专利技术的效果主要体现在光学纯度和收率，而其中尤以光学纯度为最主要的效果指标。本专利公开了5个实施例，而对比文件公开了11个实施例。对于以试验数据体现出来的效果的比较，应当与相同技术特征最多、试验条件最为相近的情况下的数据进行比较，同时参考不同试验条件下的总体效果。从本专利和对比文件实施例来看，本专利实施例1和4的试验条件分别与对比文件实施例9和10相同，在进行效果的比较时最具有可比性。对比文件实施例9和10的光学纯度均为99.5%，而本专利权利要求1和4对应的光学纯度分别为99.9%和99.2%；对比文件实施例9的收率为67%，而本专利实施例1的收率为68%。由此可见，将DMSO－d6代替DMSO后，这种替换对其收率并没有显著提高，光学纯度也基本相同，本专利部分实施例的光学纯度还低于对比文件，因此，本专利权利要求1相对于对比文件来说，部分实施例的光学纯度有一定的提高，但该种进步并没有产生新的性能，不是一种“质”的变化，且没有证据证明其所提高的量超出人们预期的想象，本专利相对于对比文件并未取得意料不到的技术效果。

4. 以电视广告的方式公开在先设计属于使用公开

根据《专利法》第二十三条的规定，授予专利权的外观设计，应当同申请日以前在国内外出版物上公开发表过或者国内公开使用过的外观设计不相同和不相近似。这表明足以使在后申请并获得授权的外观设计专利权被宣告无效的在先外观设计的公开方式有两种，即出版公开和使用公开。而《专利法》第二十二条在规定发明和实用新型专利的新颖性时，规定足以使发明和实用新型专利丧失新颖性的在先公开包括三种方式，即出版公开、使用公开和其他方式公开。显然，外观设计专利的在先公开方式与发明和实用新型专利的在先公开方式并不完全相同，外观设计专利的在先公开方式仅被限定为出版公开和使用公开。由于出版公开和使用公开采用了不同的地域标准，对于某些具体的在先公开方式，如以电视广告公开在先设计的方式，认定为出版公开还是使用公开就具有重要意义。

在杭州顶津食品有限公司（以下简称顶津公司）与专利复审委员会及第三人日日（泉州）饮料有限公司（以下简称日日公司）外观设计专利权无效纠纷一案[1]中，日日公司系名称为“饮料瓶”的第99329504.5号外观设计专

[1] 参见北京市高级人民法院（2007）高行终字第501号行政判决书和北京市第一中级人民法院（2007）一中行初字第73号行政判决书。

利的权利人，顶津公司以本专利不符合《专利法》第二十三条的规定为由向专利复审委员会提出无效宣告请求，主张本专利已被我国台湾地区以电视广告的方式在先公开，且在第三人所在地的福建省泉州市可以收看到该电视节目。一审法院认为，电视广告公开属于“为公众所知的其他方式”公开，而使用公开或其他方式公开仅限于国内地域标准，《专利法》意义上的“国内”公开标准应理解为仅限于大陆范围内。在我国台湾地区播放的电视广告不符合《专利法》规定的使用公开或其他方式公开现有技术的地域标准，不能作为评述本专利是否构成“国内公开”的有效证据。

北京市高级人民法院认为，我国《专利法》只规定了两种在申请日前公开外观设计专利的方式，即出版物公开和使用公开。《专利法》意义上的出版物是指记载有设计内容的独立存在的传播载体。电视广告本身不是出版物，故以电视广告公开设计内容的方式不属于出版物公开，其应属于使用方式的公开，原审判决认定电视广告公开属于“为公众所知的其他方式”公开，缺乏法律依据，应予纠正。《专利法》第二十三条规定“国内”公开使用应仅限于我国大陆地区的公开使用。日日公司即使能够证明在本专利申请日前已有相同或近似外观设计在我国台湾地区通过电视广告的方式公开，由于该公开方式不属于《专利法》意义上的国内公开，故其不能证明本专利不符合《专利法》第二十三条的规定。二审法院最终判决维持无效决定。

5. 关于对被控侵权人未在专利权有效期内的生产经营为目的的认定

专利权都是有保护期限的，擅自实施他人专利权的行为只有发生在专利权保护期限内才可能构成侵权行为，即非专利权有效期内尤其是专利权保护期限届满后实施他人专利权的行为不构成对专利权的侵犯。在专利侵权判定中，只有被控侵权行为发生在专利权有效期内，才可能构成侵权。

在（美国）伊莱利利公司与甘李药业有限公司（以下简称甘李公司）专利侵权纠纷案❶中，伊莱利利公司系“含有胰岛素类似物的药物制剂的制备方法”发明专利的权利人，目前该专利为有效专利。甘李公司向中国食品药品监督管理局提交了“双时相重组赖脯胰岛素注射液 75/25”药品注册申请并取得了临床研究批件，目前尚未取得药物注册批件，但其已在其网站上对该药物进行了宣传，称其“是新一代胰岛素制剂”。甘李公司申报注册的药品落入了伊莱利利公司专利权的保护范围。伊莱利利公司认为甘李公司申报注册并取得

❶ 参见北京市高级人民法院（2007）高民终字第 1598 号民事判决书和北京市第二中级人民法院（2005）二中民初字第 6026 号民事判决书。

临床批件及其网络宣传行为属于即发侵权和许诺销售，请求法院判令甘李公司停止侵权行为。一审法院以甘李公司制造被控药品的行为并非直接以销售为目的，不属于《专利法》规定的为生产经营目的实施他人专利的行为为由，判决驳回伊莱利利公司的诉讼请求。

北京市高级人民法院认为，甘李公司向药监局提出被控侵权产品的药品注册申请，经批准进行了临床试验以检验该产品的安全性和有效性，甘李公司上述行为的直接目的是满足有关法律法规和药监局关于药品注册的要求，而不是在本专利有效期内以生产经营为目的使用伊莱利利公司专利方法。《专利法》规定发明或者实用新型专利权人有权禁止他人未经其许可为生产经营目的许诺销售其专利产品或者许诺销售依照其专利方法直接获得的产品，其目的在于尽早制止被控侵权产品的交易，使专利权人在被控侵权产品扩散之前就有可能制止对其发明创造的侵权利用。许诺销售以销售产品为直接目的，由于甘李公司的被控侵权产品尚未取得药品注册，而且伊莱利利公司也没有证据证明甘李公司在本专利保护期限内从事或可能从事生产、销售被控侵权产品的行为，因此，现有证据不能证明甘李公司在网站上宣传药品的目的是在伊莱利利公司专利权有效期内销售被控侵权产品。即将实施的侵权行为以“即将实施”为前提条件，“实施”的状态应当是在原告专利权有效期内可能发生和即将发生的，但现有证据不能证明甘李公司将在伊莱利利公司专利权有效期内从事生产、销售、许诺销售被控侵权产品，故伊莱利利公司关于甘李公司的行为构成即将实施的侵权行为的主张不能成立。

6. 关于对适用公知技术抗辩时比对对象的认定

北京市高级人民法院2001年制定的《专利侵权判定若干问题的意见》认为，已有技术抗辩仅适用于等同侵权，不适用于相同侵权的情况，当专利技术方案、被控侵权物、被引证的已有技术三者明显相同时，被告不得依已有技术进行抗辩，而应向专利复审委员会请求宣告该专利权无效。《北京市高级人民法院2006年知识产权审判新发展》已经明确指出，已有技术抗辩也适用于相同侵权。这里应进一步指出的是，专利侵权诉讼的被告主张公知技术抗辩时，不宜将公知技术与原告专利进行比较，而应将被控侵权产品与被告所主张的公知技术进行比较。当二者相同或相似时，应当认定被告主张的公知技术抗辩成立，被控产品不构成侵权；当二者不相同且不相似时，应比较被控侵权产品与原告专利，以最终判定是否构成侵权。

在李均与北京金象同创汽车配件有限公司及丹阳市第四灯具厂侵犯专利权

纠纷一案❶中，李均系“军用车卷帘”实用新型专利的权利人，该专利的申请日为2001年2月14日，公告授权日为2001年12月12日。北京金象同创汽车配件有限公司销售了由丹阳市第四灯具厂生产的被控侵权产品——军用车卷帘。丹阳市第四灯具厂主张其系使用已有技术制造被控侵权产品，并提交了授权公告日为1993年4月14日、专利号为92230316.9、名称为“可自由定位的自动上卷式纱窗”的实用新型专利的权利要求书和说明书，作为已有技术的证据。一审法院先判定被控侵权产品与原告专利技术的必要技术特征相同，又判定被告主张的已有技术已经公开了原告专利的全部必要技术特征，并最终判定丹阳市第四灯具厂提出的已有技术抗辩成立，被控侵权产品不构成对原告专利权的侵犯。

北京市高级人民法院认为，在专利侵权诉讼中，被告主张公知技术抗辩时，应当将被控侵权产品与被告主张的公知技术进行比对，而不宜将原告专利与被告主张的公知技术进行比对，否则将造成越权审查专利权效力的后果。本案被告主张的公知技术与被控侵权产品的区别仅在于被控侵权产品用滑道取代已有技术中的导轨轴，使水平拉杆沿导轨轴上下移动变成拉伸锁紧机构两头嵌在滑道内上下移动。由于这两个技术特征均为常用的结构特征，无须付出创造性劳动就能够想到两者可相互替代，因此被控侵权产品落入了公知技术的范围，丹阳市第四灯具厂的已有技术抗辩成立。虽然原审判决将本专利与已有技术进行对比的方法欠妥，但其结论是正确的，应予支持。

7. 关于专利间接侵权的判定

专利领域中的间接侵权一般发生在发明或者实用新型专利侵权诉讼中，通常是指行为人虽然并未完整地实施专利技术方案，但实施了专利技术方案的主要技术内容，从而被判定为侵犯专利权。一般说来，侵犯专利权应当完整地实施专利技术方案，未完整实施专利技术方案的行为往往不宜被认定为侵权行为，这是因为发明或实用新型专利权的保护范围以其权利要求书的内容为准，只有记载在权利要求书中的技术方案，才是专利权的保护对象。间接侵权是一类特殊的侵犯专利权的行为，对于某些以故意规避侵权为目的实施他人专利技术方案为主要内容的行为，在某些情形下也可认定为侵权，但间接侵权的成立一般以直接侵权的成立为前提。如果不存在直接侵权行为，或者直接侵权行为只是权利人臆造的，则一般不宜判定间接侵权成立。

在施耐德电气公司（以下简称施耐德公司）诉正泰集团公司（以下简称

❶ 参见北京市高级人民法院（2007）高民终字第1041号民事判决书和北京市第二中级人民法院（2007）二中民初字第1825号民事判决书。

正泰公司）、北京华云正泰技术服务经营部侵犯发明专利权纠纷一案[1]中，施耐德公司系“辅助跳闸单元与多极断路器单元相结合的组合式断路器”发明专利的权利人，该专利的保护范围是：一个带有辅助跳闸单元的组合式断路器，该跳闸单元，特别是一个接地故障或并联跳闸装置，可以与一个多级断路器单元邻近和联接，该断路器单元具有多个并列级。被控侵权产品为正泰公司生产的 NB1L－40 电器产品，该产品是将一个跳闸单元与一个单极断路器相联接，适用于工业、商业、高层和民用住宅等各种场所。一审法院认为，被控侵权产品系辅助跳闸装置与单极断路器相联接，并非与多级断路器相联接，因此并未落入本专利权利要求的保护范围；但被控侵权产品存在辅助跳闸装置与多级断路器联接的方式和型号，并有关于多级断路器型号及安装、使用说明的介绍，因此正泰公司的行为系诱导购买其产品的用户实施本专利、为发生直接侵权行为提供必要条件，该行为构成间接侵权，正泰公司应对其行为承担相应的民事责任。

北京市高级人民法院认为，间接侵犯专利权是指行为人实施的行为并不构成直接侵犯他人专利权，但故意诱导、怂恿、教唆别人实施他人专利，发生直接侵权行为。间接侵权一般应以直接侵权的发生为前提。构成间接侵权的被控侵权产品应限于仅可用于实施他人专利的关键部件且该部件无其他实质用途。正泰公司的被控侵权产品作为一种漏电断路器，有其专门的适用范围。虽然在该被控侵权产品说明书中存在辅助跳闸单元与多级断路器联接的图示、型号和介绍，但仅此尚不足以证明被控侵权产品系专门为侵犯本专利权而制造的专用品，也不能证明正泰公司主观上有诱导他人实施直接侵权行为的故意，用户购买被控侵权产品和多个单级断路器后并不能将其组装成具有本专利必要技术特征的产品，施耐德公司也不主张产品说明书和图示构成间接侵权。二审法院最终判决撤销原判并驳回施耐德公司的诉讼请求。

二、商标行政案件

8. 关于对商标撤销行政诉讼中新证据的认定

商标评审委员会作出行政决定依赖当事人的主张和举证，人民法院审理商标撤销行政诉讼案件主要是对商标评审委员会的具体行政行为是否合法进行审查，在很大程度上就是审查商标评审委员会对当事人在行政程序中的主张及相

[1] 参见北京市高级人民法院（2007）高民终字第 72 号民事判决书和北京市第一中级人民法院（2000）一中知初字第 26 号民事判决书。

应证据的认定及处理是否恰当。对于未在商标撤销行政程序中提交的证据，由于其不是商标评审委员会作出行政决定的依据，故一般也不得成为人民法院判决的依据。但需要注意的是，商标权人对行政机关撤销其注册商标的行政决定不服提起诉讼时，如果商标权人在诉讼中提供新证据证明撤销事由不能成立的，可以适当采信商标权人的新证据。

在萧宏苋诉商标评审委员会及北京信远斋饮料有限公司商标撤销行政纠纷案[1]中，北京信远斋饮料有限公司以连续3年停止使用为由，请求撤销萧宏苋拥有的注册商标。商标局认定争议商标已经构成连续3年停止使用，决定撤销该注册商标。萧宏苋不服商标局的决定并请求商标评审委员会复审，同时提供了若干新证据。商标评审委员会认为这些新证据不能否认注册商标连续3年停止使用的事实，裁定维持商标局的决定。萧宏苋诉至一审法院并又提供了若干新证据，一审法院认为这些新证据仍不能否认注册商标连续3年停止使用的事实，判决维持商标评审委员会的裁定，萧宏苋提起上诉并再次提供新证据。

北京市高级人民法院认为，商标局及商标评审委员会在商标撤销行政纠纷中依法行使相应的权力，在行政程序中依据萧宏苋提交的证据进行裁判。萧宏苋在商标撤销程序中未尽到相应的举证责任，致使其提交的证据未能充分证明复审商标在争议期限内已进行商业使用。商标局及商标评审委员会依据萧宏苋提交的证据裁决撤销复审商标并无不当。原审法院在萧宏苋提交的补充证据的基础上认定其在争议期限内使用复审商标的证据不足，进而维持商标评审委员会的决定亦无不妥。但是，鉴于上诉人萧宏苋在二审审理期间再次补充提交了新的证据，虽然该新的证据并非商标局及商标评审委员会作出行政决定时依据的证据，但综合考虑《商标法》关于注册商标三年不使用予以撤销的立法本意以及如果不考虑该新的证据将导致权利人丧失权利而无救济途径等情况，本案尚需慎重审查，应当在现有全部证据的基础上由商标评审委员会重新作出决定。北京市高级人民法院判决撤销原一审判决和商标评审委员会的行政决定，责令商标评审委员会重新作出决定。

9. 关于《类似商品和服务区分表》在商标行政诉讼中对判定商品或服务是否类似的作用的认定

类似商品是指在功能、用途、生产部门、销售渠道、消费对象等方面相同，或者相关公众一般认为其存在特定联系、容易造成混淆的商品；类似服务是指在服务的目的、内容、方式、对象等方面相同，或者相关公众一般认为存

[1] 参见北京市高级人民法院（2007）高行终字第388号行政判决书和北京市第一中级人民法院（2007）一中行初字第138号行政判决书。

在特定联系、容易造成混淆的服务；商品与服务类似是指商品和服务之间存在特定联系，容易使相关公众混淆。《类似商品和服务区分表》是商标行政管理机关判断商品或服务是否类似的重要依据，它对统一执法标准和提高行政效率具有重要意义。但应当看到，《类似商品和服务区分表》并不是判断商品是否类似的唯一依据，其自身也处于不断修订过程中。人民法院在认定商品或者服务是否类似时，《商标注册用商品和服务国际分类表》、《类似商品和服务区分表》可以作为判断商品或者服务是否类似的初步证据，但如果当事人有相反证据或者理由的，应当结合当事人提供的证据、商品或服务的自身特性以及相关公众对商品或者服务的一般认识综合判断。

在安海斯－布希公司（以下简称布希公司）与商标评审委员会、湖南省株洲啤酒总厂（以下简称株洲啤酒总厂）商标行政纠纷案[1]中，被异议商标为株洲啤酒总厂于1996年1月30日在含酒精的饮料（啤酒除外）商品上申请注册的“GoldenBud”商标，引证商标一为布希公司1979年4月25日在第32类的啤酒上申请注册的“BUD”商标，引证商标二为布希公司1974年4月25日在第32类的啤酒上申请注册的“BUDWEISER”商标，目前两引证商标均为有效注册商标。在判断被异议商标与引证商标所使用的商品是否类似时，商标评审委员会认为，引证商标核定使用的啤酒商品和被异议商标指定使用的含酒精饮料（啤酒除外）商品并非类似商品。首先，判断商品是否类似，商标局和商标评审委员会一贯依据的重要参考书是《类似商品和服务区分表》，但在该表中啤酒属第32类，其他含酒精饮料属于第33类。该表是以世界知识产权组织《商标注册用商品和服务国际分类》为基础制定的，自1988年以来虽经多次修改，但啤酒和其他含酒精饮料的分类一直没有变动，商标审查和评审实践中一直将两者认定为非类似商品，如果在个案中突破该表的认定，很可能引发混乱。其次，啤酒和其他含酒精饮料相比在功能、用途、消费对象、生产部门等方面均有区别。由于啤酒的酒精含量较低，其功能、用途更接近饮料而区别于其他酒类，不善饮酒的消费者也可以饮用，生产其他酒类的企业一般不会同时生产啤酒。因此，被异议商标指定使用的含酒精的饮料（啤酒除外）与引证商标核准使用的啤酒在生产制造工艺、营销渠道及方式等方面有明显区别，未构成类似商品。

北京市高级人民法院认为，引证商标核定使用的商品“啤酒”与被异议商标指定使用的商品“含酒精饮料（啤酒除外）”，虽在《类似商品和服务区

[1] 参见北京市高级人民法院（2007）高行终字第417号行政判决书和北京市第一中级人民法院（2007）一中行初字第51号行政判决书。

分表》中分处不同类别，但是两者均属含酒精饮料商品，在功能和用途上都是为了满足饮酒的需要，因此消费对象是基本相同的，在销售渠道方面的差别也不大。同时，由于被异议商标和引证商标在文字上近似、被异议商标的注册申请人系啤酒生产企业，因此虽然在被异议商标指定商品上明确排除了"啤酒"，但对于相关公众而言，将相近似的商标分别使用在啤酒和与其类似的含酒精饮料上，容易使相关公众误认为这些商品来自于同一市场主体或者有某种联系的市场主体。综合以上因素可以认定上述两种商品属于类似商品。

10. 关于同类商品注册商标专用权连续状态的认定

注册商标具有法定期限，其有效期届满需要继续使用的，应当在期满前6个月内申请续展注册；在此期间未能提出续展注册申请的，可以给予6个月的宽展期；宽展期满仍未提出申请的，注销其注册商标。注册商标每次续展注册的有效期为10年，自该商标上一届有效期满次日起计算。注册商标的续展注册是维持其专用权的有效方式，注册商标只要依法续展注册，就可以认定其商标专用权处于连续状态，并可对抗他人就相同或相似商标申请注册。但从司法实践来看，续展注册并不是维持注册商标专用权的唯一方式，在同类商品或服务上重新申请注册相同或相似的商标也可认定注册商标专用权处于连续状态。

在武汉市荣宝斋与商标评审委员会及第三人荣宝斋商标行政纠纷案[1]中，荣宝斋前身松竹斋始创于1672年，1894年松竹斋开设了荣宝斋作为联号。1900年松竹斋歇业，荣宝斋继受其全部业务。随着业务的开拓发展，荣宝斋成为享誉海内外的，集书画装裱、出版、文物收集业务于一体的中华老字号。1991年9月20日，荣宝斋经核准注册了第565836号"榮寶齋"文字商标，核定使用商品为第16类宣纸、明信片等商品，该注册商标的有效期至2001年9月19日，该商标在其有效期届满后未进行续展注册。2001年4月26日，荣宝斋又提出三个"榮寶齋"商标（即引证商标）的注册申请，并于2002年9月7日被核准，其核定使用的商品均为第16类笔盒、毛笔等。上述三个商标均被商标评审委员会认定为驰名商标。2002年4月7日，武汉市荣宝斋经核准在第40类艺术品装帧、图样印刷等服务上注册了"榮寶齋及图形"商标（即争议商标）。2005年3月30日，荣宝斋以争议商标不符合《商标法》第十三条、第三十一条之规定为由，对争议商标提出撤销注册申请。2006年11月6日，商标评审委员会裁定撤销争议商标。一审法院维持了商标评审委员会的裁定。

---

[1] 参见北京市高级人民法院（2007）高行终字第295号行政判决书和北京市第一中级人民法院（2007）一中行初字第11号行政判决书。

本案争议的一个重点问题是，第565836号“榮寶齋”文字商标到期并未续展注册，争议商标系在该注册商标到期未续展注册的情况下申请注册，且争议商标申请注册时引证商标并未被核准注册，能否以引证商标为由撤销争议商标。

北京市高级人民法院经审理认为，企业名称与商标确属不同范畴，分别起到区分不同民事主体与不同商品或者服务提供者的作用。但不可否认企业名称在实际使用中也能够发挥区别商品或者服务来源的功能，由此导致企业名称与商标的作用在实际商业活动中相互混同，相关公众在选购商品或者接受服务时也不会对两者的作用分别加以考虑，因此所获得的商业信誉无法完全区分为是属于企业名称的信誉还是属于商标的信誉，也就不能因为某一文字在注册商标之前已经成为企业名称并经使用具有了较高的商业信誉就否定其企业名称实际上所起到的商标的标识作用，并将企业名称的商誉和注册商标的商誉完全割裂开来。本案中，荣宝斋自其创立至今百余年来，经过对“榮寶齋”文字的长期使用，已经使其在书画装裱、出版、文物收藏等领域拥有较高的知名度，也使得“榮寶齋”在相关公众中广为知晓。自1991年9月20日在第16类商品上注册第565836号“榮寶齋”商标以来，荣宝斋百余年来所建立的商誉已经体现在该注册商标上，虽然该注册商标到期未续展已丧失注册商标专用权，但由于荣宝斋在该商标到期前又在相同的商品上重新申请了与此相同或者近似的三个引证商标，可以认为三个引证商标继续承载“榮寶齋”文字背后的巨大商誉，商标评审委员会认定引证商标为驰名商标并无不当。争议商标的主要部分沿袭或使用了引证商标的文字、特征及其表现形式，武汉市荣宝斋申请注册争议商标的行为缺乏正当理由，应予撤销。

11. 关于对在部分指定商品上使用商标的注册申请不符合《商标法》第二十八条规定的不应驳回全部注册申请的认定

根据《商标法》第二十八条的规定，申请注册的商标凡不符合该法有关规定或者同他人在同一种商品或者类似商品上已经注册的或者初步审定的商标相同或者近似的，由商标局驳回申请，不予公告。《商标法实施条例》第二十一条第一款规定，商标局对受理的商标注册申请，依照《商标法》及《商标法实施条例》的有关规定进行审查，对符合规定的或者在部分指定商品上使用商标的注册申请符合规定的，予以初步审定，并予以公告；对不符合规定或者在部分指定商品上使用商标的注册申请不符合规定的，予以驳回或者驳回在部分指定商品上使用商标的注册申请，书面通知申请人并说明理由。由此可见，争议商标与引证商标在其指定使用的部分商品或服务上构成相同或近似商标时，应仅驳回在该部分商品或服务上的注册，对于争议商标在其他商品或服务上的注册申请，则不能一并驳回。

在梁介福药业私人有限公司（以下简称梁介福公司）诉商标评审委员会商标驳回行政纠纷案[1]中，被异议商标为梁介福公司于2002年6月12日在第5类医药制剂、兽医用制剂、医用卫生制剂等商品申请注册的第3208438号“金牌”商标。引证商标一为杭州市粮油食品土畜产进出口公司于1997年7月7日在第5类净化制剂、兽药、杀虫剂、杀真菌剂、除莠剂、农药、卫生裤、填塞牙孔和牙模用料等商品上核准注册的第1044554号“golden及图”商标。引证商标二为广西金嗓子有限责任公司于2002年3月7日在第5类人用药、中药成药、医用制剂、化学药物制剂、药茶、生化药品、药酒、医用糖浆、医用口香糖等商品申请注册的第1724476号“金”商标。2003年4月9日，商标局以被异议商标与在类似商品兽药上已注册的引证商标一及在类似商品人用药上已初步审定的引证商标二近似为由，根据《商标法》第二十八条的规定，驳回被异议商标的注册申请并不予公告。随后，商标评审委员会和一审法院均维持了商标局的决定。

北京市高级人民法院经审理认为，由于被异议商标与引证商标二构成近似，其在与引证商标二指定使用的商品相同或者类似商品上的注册申请应予驳回。根据商品的功能、用途、生产部门、销售渠道、消费对象并参考《类似商品和服务区分表》，被异议商标指定使用的医药制剂、医用卫生制剂商品与引证商标二指定使用的人用药、中药成药、医用制剂、化学药物制剂等商品构成相同或者类似商品，被异议商标在上述商品上的注册申请应予驳回；被异议商标指定使用的兽医用制剂与引证商标二指定使用的商品不构成类似。商标评审委员会驳回被异议商标在全部指定商品上的注册申请的做法有误，遂判决撤销商标评审委员会的决定，同时责令其重新作出评审决定。

12. 以欺骗手段或者其他不正当手段取得注册的商标在与在先商标不同的使用范围上的注册亦应予撤销

根据《商标法》第四十一条第一款的规定，经注册的商标系以欺骗手段或者其他不正当手段取得注册的，由商标局撤销该注册商标，其他单位或者个人也可以请求商标评审委员会裁定撤销该注册商标。由此产生的问题是，当以欺骗手段或者其他不正当手段取得注册的商标核定使用范围与在先商标的使用范围并不完全相同时，该注册商标在该不同核定使用范围上的注册可否被认定为恶意，是否亦应被撤销。从商标实践来看，商标行政机关及司法机关对此并

[1] 参见北京市高级人民法院（2007）高行终字第24号行政判决书和北京市第一中级人民法院（2006）一中行初字第258号行政判决书。

未形成一致意见和做法。

在河南省新郑奥星实业有限公司（以下简称新郑奥星公司）与商标评审委员会及第三人郑州市帅龙红枣食品有限公司（以下简称郑州帅龙公司）商标撤销行政纠纷一案[1]中，新郑奥星公司成立于1997年，其住所地位于郑州市新郑国际机场工业区，经营范围为干鲜果品加工，生产销售蜂蜜、花粉、红枣酒等。2000年4月，新郑奥星公司生产的“好想你”牌枣片获得了郑州市商业贸易委员会颁发的“一九九九年郑州市市场畅销品牌”证书。郑州帅龙公司成立于2000年，其住所地位于郑州市中牟县芦医庙工业区，经营范围包括枣制品、果蔬汁等。郑州帅龙公司的争议商标“真的好想你”于2001年8月20日申请，并于2002年10月7日取得注册，核定使用商品为第29类干枣、山楂片、果冻、酱菜、腌制蔬菜、精制坚果仁、牛奶制品、食用油、水果罐头、鱼制食品。2003年1月23日，新郑奥星公司以郑州帅龙公司注册争议商标的行为违反了《商标法》第三十一条、第四十一条第一款的规定为由，申请商标评审委员会撤销争议商标的注册。2006年9月15日，商标评审委员会作出第3112号裁定。该裁定认定：郑州帅龙公司在第29类干枣、山楂片产品上注册“真的好想你”商标的行为已构成《商标法》第三十一条的“抢先注册他人已经使用并有一定影响的商标”之情形，在上述类别上的注册依法应予以撤销。鉴于争议商标指定使用商品中腌制蔬菜、食用油等其他商品与干枣商品不属于类似商品，在上述商品上的注册予以维持。一审法院认为，鉴于新郑奥星公司在先使用的商品与争议商标核定使用的商品具有基本相同的功能、用途、销售渠道等，并考虑新郑奥星公司与郑州帅龙公司实际的生产经营状况可能使消费者产生混淆和误认，争议商标在核定使用的所有商品类别上的注册均应当予以撤销。

北京市高级人民法院认为，在1999年新郑奥星公司的“好想你”牌枣片已经成为当地市场畅销品牌，在当地消费者中“好想你”已经不是一个常用词汇，而成为表明新郑奥星公司枣片商品的标志。作为与新郑奥星公司同处一地、同样都从事红枣加工生产业务的企业，郑州帅龙公司在理应知晓“好想你”是新郑奥星公司在先使用的商标的情况下，仍在第29类商品上恶意注册与“好想你”近似的争议商标，其行为违反诚实信用原则、损害了新郑奥星公司的合法权益、损害了公平竞争的市场秩序，属于《商标法》第四十一条第一款规定的“以欺骗手段或者其他不正当手段取得注册的”行为，故争议

---

[1] 参见北京市高级人民法院（2007）高行终字第81号行政判决书和北京市第一中级人民法院（2006）一中行初字第1260号行政判决书。

商标应予以全部撤销。

13. 侵犯他人在先权利的注册商标应予撤销

根据《商标法》第三十一条的规定，申请商标注册不得损害他人现有的在先权利，这里的在先权利包括著作权、外观设计专利权等。需要注意的是，在先权利必须是合法有效的权利，在先是指相对于商标的注册申请时间而言，即在商标申请注册之前，该在先权利即已存在并合法有效。

在汕头市龙湖区金禾食品工业有限公司（以下简称金禾公司）与商标评审委员会及第三人菲仕兰产品有限公司（以下简称菲仕兰公司）商标撤销行政纠纷案[1]中，奇异有限公司于 1991 年设计了新款商业标志“奇异鸟图形 + Kievit 美术字”，随后其编辑出版的画册中多处标有“奇异鸟图形 + Kievit 美术字”，并公开展出了“奇异鸟图形 + Kievit 美术字”标志及产品。金禾公司成立于 1996 年 1 月 22 日，其于 1996 年 8 月 28 日向国家商标局申请注册第 1102480 号“奇异鸟 Kievit 及奇异鸟图形”组合商标，并于 1997 年 9 月 14 日被核准注册，使用商品为第 30 类咖啡、糖果等。奇异有限公司请求商标评审委员会撤销第 1102480 号注册商标。2002 年 6 月 28 日，奇异有限公司被菲仕兰公司兼并。商标评审委员会经审查认为，注册争议商标的注册行为侵犯了奇异有限公司的在先著作权，裁定撤销金禾公司的第 1102480 号注册商标。一审法院维持了商标评审委员会的裁定。

北京市高级人民法院认为，奇异鸟图形是对自然界鸟类的描述，Kievit 也是奇异鸟的通俗名称。奇异鸟图形的表现手法虽然简单，但已具备了作品的独创性；Kievit 是一种鸟的俗称，但同时也是奇异有限公司创始人的姓氏及奇异有限公司的商号。“奇异鸟图形 + Kievit 美术字”组合起来构成了完整作品，理应受到法律保护。菲仕兰公司对该作品享有在先的著作权。金禾公司将他人享有著作权的作品申请注册为商标，侵害了他人在先合法权利，违背了《商标法》第三十一条之规定，其申请的第 1102480 号商标应予撤销。

14. 《商标法》第三十一条规定的“已经使用”应不限于中国大陆地区

根据《商标法》第三十一条的规定，申请商标注册不得损害他人现有的在先权利，也不得以不正当手段抢先注册他人已经使用并有一定影响的商标。对于他人在先使用并有一定影响的商标，是否要求该使用必须是在中国大陆地区，在商标实践中存在较大争议。

在盛能投资有限公司（以下简称盛能公司）与商标评审委员会及第三人

[1] 参见北京市高级人民法院（2007）高行终字第 179 号行政判决书和北京市第一中级人民法院（2006）一中行初字第 735 号行政判决书。

株式会社良品计画商标撤销行政纠纷案❶中，株式会社良品计画在英国、日本及我国香港地区在先注册并使用了“无印良品”或“无印良品 MUJI”商标，盛能公司在后向中国商标局申请注册“无印良品”商标，其核定使用商品范围同株式会社良品计画在先使用的商标相同。株式会社良品计画请求商标评审委员会撤销该注册商标。商标评审委员会以争议商标违反《商标法》第三十一条规定为由，裁定撤销其注册。一审法院维持了商标评审委员会的裁定。

北京市高级人民法院认为，申请注册商标不得以不正当手段抢先注册他人已经使用并有一定影响的商标，这里的不正当手段主要是指争议商标注册人在主观上具有盗用他人商标市场信誉进行不正当竞争的恶意。该条款的目的在于禁止恶意抢注，被抢注的未注册商标是否在中国大陆地区使用并不构成该条款的必备适用要件。本案株式会社良品计画的在先商标虽然未在中国大陆地区实际使用，但盛能公司与被抢注的商标在先使用地共处同一区域，且双方均从事服装商品的生产和经营，显然盛能公司在注册和使用本案争议商标时具有主观恶意。由于盛能公司以不正当手段抢先注册了株式会社良品计画在先使用并有一定影响的未注册商标，其已经获得注册的第 795636 号“无印良品”商标应予撤销。

15. 关于被异议商标与引证商标近似性判定时间标准的认定

根据《商标法》的规定，在申请商标注册过程中，商标局认为申请注册的商标与在先注册商标相同或相似的，可以驳回该注册申请；申请注册的商标在初步审定公告后，任何人认为该商标与其他在先商标相同或相似的，也可提出异议。从商标注册申请的审查实践来看，许多注册商标异议的处理经年累月，有的商标异议的处理甚至长达十余年的时间。在商标异议的处理过程中，被异议商标和引证商标均已实际使用，经过这十余年的使用可能积累了相当的知名度，甚至达到了驰名商标的标准。被异议商标与引证商标是否构成相似商标、是否实际造成了消费者的混淆，经过十余年的实际使用，已经有了相对清晰的答案。此时，在判定被异议商标与引证商标是否相似时，以异议提出时还是以异议处理时为时间标准有较大争议的。

在拉科斯特股份有限公司（以下简称拉科斯特公司）与商标评审委员会及第三人鳄鱼国际机构私人有限公司（以下简称鳄鱼国际公司）商标异议行政纠纷案❷中，鳄鱼国际公司于 1993 年 12 月 24 日在第 25 类上申请注册第

❶ 参见北京市高级人民法院（2007）高行终字第 16 号行政判决书和北京市第一中级人民法院（2006）一中行初字第 191 号行政判决书。

❷ 参见北京市高级人民法院（2007）高行终字第 178 号行政判决书和北京市第一中级人民法院（2005）一中行初字第 827 号行政判决书。

1331001号被异议商标“CARTELO及图”，商标局以其与引证商标构成相似为由驳回其注册申请，商标评审委员会于1998年3月10日终局裁定其不构成相似商标并准予初步审定公告。在被异议商标审定公告后，拉科斯特公司于1999年11月5日提出异议，中国商标局裁定被异议商标准予注册。拉科斯特公司不服并请求复审，商标评审委员会以评审时间作为判断被异议商标与引证商标是否相似的时间标准，并于2005年6月30日裁定被异议商标予以注册。拉科斯特公司仍不服并依法起诉，一审法院判决撤销商标评审委员会的裁定。

北京市高级人民法院认为，商标近似是指不同的商标在文字的字形、读音、含义或者图形的构图及颜色，或者其各要素组合后的整体结构方面相似，或者其立体形状、颜色组合近似，易使相关公众对商品来源产生误认或存在某种特定联系的认识。判断不同商标是否构成近似应当以相关公众的一般注意力为标准；既要对商标的整体进行比对，又要对商标的主要部分进行比对，比对应当在隔离的状态下分别进行；还应当考虑商标的显著性和知名度。在商标异议复审程序中，判断被异议商标与引证商标是否构成近似，一般应以被异议商标申请日作为时间基准。本案中，以相关公众的一般注意力在隔离状态下观察，并考虑引证商标的显著性和知名度，被异议商标与引证商标之间可能会产生某种联想，但不会产生混淆和误认，二者不构成近似商标，其同时使用在相同或类似商品上，不致造成消费者的混淆误认。由于客观原因，本案历经驳回、驳回复审、异议、异议复审及诉讼若干程序，自被异议商标申请之日至商标评审委员会作出被诉裁定已历时12年之久。但应当注意到商标评审委员会实际上早在1998年3月10日即作出驳回复审终局决定，准予本案被异议商标核准注册，在其后的异议复审程序中商标评审委员会仍然坚持了这一态度。从客观情况看，通过12年来的宣传使用，被异议商标确已产生了一定的显著性和知名度，与引证商标并存不会导致消费者对于商品来源产生混淆误认。北京市高级人民法院终审判决维持商标评审委员会作出的被诉裁定。

三、商标民事案件

16. 原商标权人对商标转让后的侵权行为是否有权提起侵权诉讼的认定

商标权人起诉他人侵犯其商标权的前提就是在发生侵权行为时其系注册商标的合法权利人。注册商标的转让意味着权利主体的变更，受让人取代转让人成为商标权人。对于注册商标在转让给他人后发生的侵权行为，新的商标权人即受让人有权提起诉讼，原商标权人无权提起诉讼。被控侵权行为从商标转让前持续至商标转让后的，原商标权人有权追究商标转让前的侵权行为，但对其停止侵权的诉讼请求不应支持；在确定侵权损害赔偿数额时也应考虑侵权行为开始及持续的时间以及原商标权人转让其商标的时间等因素。

在阿狄达斯国际有限公司（以下简称阿狄达斯公司）诉爱乐服装鞋业（福建）有限公司（以下简称爱乐公司）、北京健力佳爱乐体育用品商店（以下简称健力佳商店）、北京瑞冠体育用品有限公司（以下简称瑞冠公司）侵犯注册商标专用权纠纷案[1]中，阿狄达斯公司分别于2000年12月14日和2001年3月14日取得第1489454号和第1536558号图形商标专用权，核定使用商品分别为第25类服装、足球鞋等商品和第18类书包、衣箱等商品。2003年6月21日，上述两注册商标经核准转让给案外人阿狄达斯国际经营管理有限公司。2004年9月14日，第1489454号注册商标经核准转让给案外人阿狄达斯—萨洛蒙有限公司。2003年7月26日，阿狄达斯公司的代理人经公证在健力佳商店购买了爱乐公司生产的运动鞋一双，该运动鞋的生产日期为2002年9月8日，该运动鞋及其包装盒上均突出使用了图形。一审法院判决爱乐公司、健力佳商店、瑞冠公司立即停止被控侵权行为并赔偿相应经济损失。在本案二审诉讼中，阿狄达斯公司表示其提起本案诉讼是追究2002年6月30日至2003年6月20日期间爱乐公司、健力佳商店和瑞冠公司的侵权行为。北京市高级人民法院认为，根据《商标法》的规定，阿狄达斯公司系第1489454号商标的注册人，虽然该商标已于2003年6月21日转让给他人，但阿狄达斯公司对在此之前的侵权行为仍可主张权利，这种权利并不因为注册商标专用权的转让而一同转让，对于此后的行为则无权起诉。

17. 关于正当使用注册商标标识的认定

商标是揭示商品或服务来源的商业标志，当注册商标以通用的文字、图形作为商标标识时，该商标除了具有揭示商品或服务来源的含义外，还具有其本来的含义，他人如果在该商标标识的本来含义上使用该注册商标，则不构成对注册商标专用权的侵犯。尤其是对于注册商标中含有的本商品的通用名称、图形、型号，或者直接表示商品的质量、主要原料、功能、用途、重量、数量及其他特点，或者含有的地名，注册商标专用权人无权禁止他人的正当使用。

在李逢英诉被告湖南恒安纸业有限公司（以下简称湖南恒安公司）、山东恒安心相印纸制品有限公司（以下简称山东恒安公司）、北京顺天府投资管理有限公司侵犯注册商标专用权纠纷一案[2]中，李逢英系注册商标“薰衣草及

---

[1] 参见北京市高级人民法院（2006）高民终字第781号民事判决书和北京市第一中级人民法院（2004）一中民初字第7239号民事判决书。

[2] 参见北京市高级人民法院（2007）高民终字第968号民事判决书和北京市第一中级人民法院（2006）一中民初字第15269号民事判决书。

图”的权利人，其核定使用商品范围为第16类纸手帕；纸制餐桌用纸等。山东恒安公司生产并由北京顺天府投资管理有限公司销售的手帕纸上使用了“薰衣草”字样的深蓝色椭圆标识。一审法院认定被控侵权产品使用“薰衣草”字样的深蓝色椭圆标识属于正当使用，判决驳回了李逢英的诉讼请求。

北京市高级人民法院认为，商标作为一种商品标识其主要作用是区别商品来源。此外，商品上通常还有其他诸如表示原料、功能、用途、重量、数量等描述商品特点的标识，即使这些标识与注册商标近似，注册商标专用权人也无权禁止他人正当使用。本案中，首先，在被控侵权的三种商品包装上的显著位置均标示有醒目的“心相印”注册商标，其下方带有“薰衣草”字样的深蓝色椭圆型标识明显小于“心相印”注册商标，且“薰衣草”字样的近旁均绘有彩色薰衣草的图案。其次，纸巾作为清洁用品在生产制造过程中通常可以加入不同的香料，使其具有不同的香味，而“薰衣草”作为一种带有特殊香味的植物其提取物可以作为一种香料用于纸巾的生产制造。因此，以普通消费者的一般注意力为标准，不会对该商品的生产者、销售者与“薰衣草及图”商标注册人李逢英之间是否存在某种联系产生错误认识，应认定湖南恒安公司和山东恒安公司在其生产的被控侵权商品上标注“薰衣草”标识，是为了描述该商品具有薰衣草香型这一特点。由于李逢英在纸手帕、纸制餐桌用纸等商品上注册的涉案“薰衣草及图”商标中含有直接表示该类商品香型特点的“薰衣草”字样，其在行使注册商标专用权时无权禁止他人正当使用“薰衣草”标识。湖南恒安公司和山东恒安公司在其生产的薰衣草钱夹形手帕纸等三种商品上标注“薰衣草”标识是直接说明描述商品本身特征的正当使用行为，并不构成对李逢英享有的“薰衣草及图”注册商标专用权的侵犯。

四、著作权案件

18. 关于对提供搜索、链接服务的网络服务提供者侵权责任的认定

对提供信息存储空间或者提供搜索、链接服务的网络服务提供者，权利人认为其服务所涉及的作品、表演、录音录像制品，侵犯自己的信息网络传播权或者被删除、改变了自己的权利管理电子信息的，可以向该网络服务提供者提交书面通知，要求网络服务提供者删除该作品、表演、录音录像制品，或者断开与该作品、表演、录音录像制品的链接。网络服务提供者接到权利人的通知书后，应当立即删除涉嫌侵权的作品、表演、录音录像制品，或者断开与涉嫌侵权的作品、表演、录音录像制品的链接，并同时将通知书转送提供作品、表演、录音录像制品的服务对象；服务对象网络地址不明、无法转送的，应当将

通知书的内容同时在信息网络上公告。网络服务提供者为服务对象提供搜索或者链接服务，在接到权利人的通知书后，依法及时断开与侵权的作品、表演、录音录像制品的链接的，不承担赔偿责任；但是，明知或者应知所链接的作品、表演、录音录像制品侵权的，应当承担共同侵权责任。从司法实践来看，网络服务提供者承担赔偿责任是否以权利人的通知为前提，是一个值得注意的问题。

在环球国际唱片股份有限公司（以下简称环球国际唱片公司）诉北京阿里巴巴信息技术有限公司（以下简称阿里巴巴公司）侵犯录音制作者权纠纷案❶中，环球国际唱片公司是《Beautiful Day》等9首涉案歌曲的录音制作者权人，阿里巴巴公司经营的雅虎中国网站对上述9首歌曲提供音乐搜索、歌曲试听、下载等服务。2006年4月10日，环球国际唱片公司致函阿里巴巴公司，要求其收到该函后7日内删除与其会员录音制品有关的全部侵权链接，并提供了该协会会员名单以及可以查询会员录音制品信息的官方网站地址。2006年7月4日，环球国际唱片公司再次向阿里巴巴公司致函，要求其在收到该函之日起7日内，删除与函件中所列举的演唱者和专辑有关的所有侵权链接。该函件中列举了34名演唱者（包括涉案演唱者）以及48张专辑（包括涉案专辑）的名单，提供了包括《Beautiful Day》等7首涉案歌曲在内的136首歌曲的具体侵权URL地址各一个作为示例，以及相关被控侵权链接的屏幕截图。2006年7月20日、2006年7月28日，阿里巴巴公司分别致电、致函环球国际唱片公司，希望提供相关URL地址的电子版，并称该公司已经开始手工删除提供了具体URL地址的链接。2006年7月26日，环球国际唱片公司对雅虎中国网站并未删除环球国际唱片公司主张权利的与涉案9首歌曲有关的所有侵权链接的相关情况进行了证据保全。2006年8月2日，阿里巴巴公司致函环球国际唱片公司，称只能删除律师函中提供了具体URL地址的相关链接。2006年8月3日、2006年8月10日，环球国际唱片公司两次向阿里巴巴公司发函，强调雅虎中国网站上与涉案歌曲有关的所有链接均为侵权链接，要求不仅删除律师函中提供了具体URL地址的链接，而且删除与律师函中所提及的全部作品有关的所有搜索结果。一审法院判决阿里巴巴公司删除雅虎中文网站“雅虎音乐搜索”中的有关搜索链接并赔偿环球国际唱片公司经济损失。

北京市高级人民法院认为，涉案第三方网站上存在的录音制品均属未经许可使用的录音制品。阿里巴巴公司为上述侵权录音制品提供搜索链接，为

❶ 参见北京市高级人民法院（2007）高民终字第1190号民事判决书和北京市第二中级人民法院（2007）二中民初字第2626号民事判决书。

侵权录音制品的传播提供了渠道和便利，客观上参与、帮助第三方网站传播侵权录音制品。《信息网络传播权保护条例》第二十三条规定："网络服务提供者为服务对象提供搜索或者链接服务，在接到权利人的通知书后，根据本条例规定断开与侵权的作品、表演、录音录像制品的链接的，不承担赔偿责任；但是，明知或者应知所链接的作品、表演、录音录像制品侵权的，应当承担共同侵权责任。"据此，即使在权利人没有向网络服务提供者提交《信息网络传播权保护条例》第十四条所规定的通知的情况下，提供搜索、链接服务的网络服务提供者明知或者应知所链接的录音制品侵权而仍然提供搜索、链接的，应当承担侵权责任。具有过错是网络服务提供者承担侵权责任的条件。判断行为人有无过错，要看行为人对其行为的不良后果是否能够和应当预见，要以行为人的预见能力和预见范围为基础，又要区别通常预见水平和专业预见水平等情况。

在雅虎中国网站搜索录音制品，阿里巴巴公司是按照自己的意志，在搜集、整理、分类的基础上，对相关的音乐信息按不同标准制作了相应的分类信息。阿里巴巴公司作为搜索引擎服务商，经营包括音乐搜索服务在内的业务，向用户提供专业的音乐搜索服务并从中营利，属于专业性音乐网站。综合上述因素，依照过错的判断标准，阿里巴巴公司应当知道也能够知道其搜索、链接的录音制品的合法性。尤其是在环球国际唱片公司几次书面告知阿里巴巴公司，其雅虎中国网站上提供的各种形式音乐搜索服务得到的涉案歌曲录音制品均为侵权，并要求阿里巴巴公司予以删除后，阿里巴巴公司更应注意到涉案9首歌曲录音制品的合法性并采取相应的措施。但阿里巴巴公司仅将环球国际唱片公司提供了具体URL地址的7个搜索链接予以删除，而未删除与涉案歌曲录音制品有关的其他搜索链接，阿里巴巴公司未尽到注意义务、放任涉案侵权结果的发生的状态是显而易见的。因此，应当认定阿里巴巴公司主观上具有过错，其已经构成侵犯信息网络传播权，应当承担损害赔偿等法律责任。

19. 关于对高级抄袭的整体认定和综合判断

当原告作品与被控侵权作品完全相同或者基本相同、相似时，对于是否构成抄袭的认定是比较容易的。但当被指控抄袭之处仅涉及作品的构思、语言风格、人物特征及关系、主要情节、个别语句等且散落在作品的各个部分、文字等最终表达不尽相同时，对是否抄袭的认定就要复杂得多。当权利人据以主张被告抄袭的事实基本不在于作品文字等最终符号的相同或者相似，而主要在于作品的构思、语言风格、人物特征及关系、主要情节、散落在作品不同部分的个别语句等的相同或者相似时，如何划分思想与表达，处于主题和细节之间的内容（包括情节、结构、主要事件、事件之间的顺序、人物关系）究竟属于思想还是表达，如何划分公有领域、事实和个人创作，什么属于必要场景或者唯一表达，独创性如何把握，主题和思想在判断抄袭中是否应绝对排除，据以判断抄袭的原则和方法是什么，都是值得探讨的问题。

在黄井文诉北京图书大厦有限责任公司、冯延飞、吉林人民出版社侵犯著作权纠纷一案[1]中，黄井文是《社会人—荒原人》一书的作者，北京图书大厦有限责任公司销售了吉林人民出版社出版的作者署名为冯延飞的《美丽的田野》一书。黄井文主张两书的故事提纲及结构、环境与背景、人物关系、人物语言、故事情节等方面均有相同或相似的地方，并指控《美丽的田野》侵犯了其《社会人—荒原人》的著作权，一审法院判决驳回了其诉讼请求。

北京市高级人民法院认为：首先，故事提纲指故事叙述过程中的内容要点，各个组成部分的搭配和排列。提纲和结构主要包括人物活动与故事脉络等，体现作者对作品宏观上的谋篇布局，由于不涉及作品的具体事件的展开性描述，更不涉及作品细节的描写，因此具有高度概括性。《社会人—荒原人》与《美丽的田野》虽然均系农村题材的作品，但其在对故事描述的具体内容上，体现出各自不同的文字表达形式。不能因两部作品所要表达的“主题思想内容”相同就认定两部作品构成相同或相近似，不同的作品中均可以通过不同的表达形式对相同的“主题思想内容”进行表达。因此，不能认定《美丽的田野》抄袭了《社会人—荒原人》的故事提纲和故事结构。其次，故事情节是叙事性文艺作品中具有内在因果联系的人物活动及其形成的事件的进展过程，属于作品的表达。黄井文所列举属抄袭的情节，或是黄井文所列举的抄袭情节与原作品不符，其概括具有一定的主观色彩；或是虽然黄井文概括的情节在涉案两部作品中有体现，但该情节放在作品中并不能认定是情节相同；或是黄井文指控的抄袭情节为生活中常见的情节，缺乏独创性，不应由特定的人专有，故二者情节并不相同。再次，语言是作品的一种基本的表达形式，具有独创性的语言应当受到著作权法的保护。经过将《社会人—荒原人》与《美丽的田野》中相应的部分进行对比，在黄井文指控部分的语言中，一部分属于涉案两部作品在相关语言的表述上差异明显，并不存在相同之处；一部分属于语言表述虽然相同，但并非来自《社会人—荒原人》；还有一部分属于语言表述虽然相同或者近似，但不具有独创性，不能为某个特定的人所专有，故黄井文有关冯延飞抄袭其语言的主张不能成立。最后，人物是小说类作品的构成

[1] 参见北京市高级人民法院（2007）高民终字第1698号民事判决书和北京市第一中级人民法院（2006）一中民初字第14484号民事判决书。

因素之一，小说类作品大多通过对人物之间的活动及其相互关系的描写来刻画人物性格、塑造人物形象和反映现实生活。人物关系是小说类作品展现人物冲突、推动事件发展的主要因素，属于著作权中的“表达”。在判断两部作品是否构成相同或相似时，不应单独将人物提取出来进行对比，而应将人物和故事情节等有机地结合成整体，进行综合考虑作出判断。《社会人—荒原人》与《美丽的田野》中的人物的表达方式并不相同，两部作品在文字表达上不相同也不相似。综上，由于在故事提纲、故事结构、故事情节、语言、人物关系等方面不相同也不相似，二者属于不同的作品。二审法院判决维持原判。

20. 拍卖公司对其拍卖侵权作品的行为是否应承担侵权责任的判定

著作权法规定的发行是指以出售或者赠与方式向公众提供作品的原件或者复制件的行为。显然，拍卖属于发行行为，如果拍卖品属于侵权物，拍卖行为客观上会损害权利人的利益。但是按照法律规定，除非另有规定，任何人只能对有过错的行为承担侵权责任。因此，拍卖人是否应承担侵权责任，还应看拍卖人主观上是否知道或者应当知道拍卖品为侵权，或者说有过错。从民法的角度，是否有过错的判断，要看行为人是否应尽注意义务以及在行为时是否尽到了一个诚信善良之人的注意义务。过错的判断标准是“应当达到的注意程度”，这一标准是多元的，在一般情况下，对于他人之权利和利益负有一般义务的人，应当尽到一个“诚信善意之人”的注意义务；对于他人利益负有特别义务之人，应当尽到法律、法规、操作规程等所要求的特别注意义务。因此，应否注意、能否注意，是因人、因事而异的，应当放到具体的环境中去考虑。

在安明阳、车永仁、张永典诉北京华辰拍卖有限公司（以下简称华辰公司）、姜召文侵犯著作权纠纷一案[1]中，安明阳、车永仁、张永典是《伟大的战略决策》美术作品的作者，姜召文与华辰公司签订委托拍卖合同，委托拍卖品为《伟大的战略决策》一画。华辰公司将其拍卖后，安明阳、车永仁、张永典向华辰公司发送律师函，指出其拍卖的《伟大的战略决策》一画系伪作，要求其采取措施并对作者承担相应的侵权赔偿义务。华辰公司收到该函后建议委托人和买受人终止尚未完成的交易过程，后该拍卖交易被撤销。一审法院认为原告的诉讼请求缺乏事实和法律依据，判决驳回其诉讼请求。

北京市高级人民法院认为，根据《中华人民共和国拍卖法》（以下简称《拍卖法》）的相关规定，拍卖人、委托人在拍卖前进行声明不能保证拍卖标

[1] 参见北京市高级人民法院（2007）高民终字第589号民事判决书和北京市第一中级人民法院（2006）一中民初字第11139号民事判决书。

的真伪或者品质的，不承担瑕疵担保责任。由于艺术品拍卖的特殊性，法律并不要求拍卖人保证其所拍卖的标的必须为真品。根据《拍卖法》第四十一条的规定，委托人委托拍卖物品或者财产权利，应当提供身份证明和拍卖人要求提供的拍卖标的的所有权证明或者依法可以处分拍卖标的的证明及其他资料。根据《拍卖法》第四十二条的规定，拍卖人应当对委托人提供的有关文件、资料进行核实。上述规定要求拍卖人对拍卖标的物的所有权进行审查，而对于艺术品的真伪，拍卖人、委托人在拍卖前进行声明的，不承担瑕疵担保责任。本案华辰公司尽到了审查义务，在拍卖成交并得知作者的质疑后，华辰公司及时、主动地撤销了相关交易，退还了拍卖标的物，其无主观上的过错，不应对安明阳、车永仁、张永典承担侵权责任。二审法院终审判决维持原判。

21. 受让人或者被许可人不得擅自行使著作权人未明确许可或转让的权利

著作权是作品的创作者就其所创作的作品而享有的权利。没有作者在创作过程中所付出的艰辛劳动和投资，就不会有文学、艺术和科学作品的产生，也就不会有建立在作品之上的一系列权利的产生。包括《中华人民共和国著作权法》（以下简称《著作权法》）在内的世界各国著作权法，其首要的立法宗旨就是保护作者利益，以鼓励他们创作更多的有利于社会发展的作品。可以说，“作者利益第一”是各国著作权法都贯彻的基本原则，《著作权法》也以肯定和保护著作权人的权利为第一位。《著作权法》中对于作者权利、著作权转让和许可合同、著作权集体管理组织以及实施著作权的规定，都反映了对作者利益的保护。《著作权法》第二十六条也明确规定：“许可使用合同和转让合同中著作权人未明确许可、转让的权利，未经著作权人同意，另一方当事人不得行使。”

在魏肇权与北京共和联动图书有限公司（以下简称共和联动公司）、北京华网汇通技术服务有限公司（以下简称华网汇通公司）侵犯著作权纠纷一案[1]中，魏肇权是小说《东厂与西厂》的作者，其与共和联动公司签订《图书出版合同》，由共和联动公司交付中国戏剧出版社将该书出版、发行，并约定共和联动公司可以利用各种新闻媒体对涉案作品进行合法宣传，为此魏肇权授权共和联动公司可在报社、杂志社、电台、电视台刊载或播放上述作品。共和联动公司向华网汇通公司出具了一份伪造魏肇权签名的《著作出版授权合同》，其中第七条载明：“为宣传、促销本著作，甲方授权乙方可以在报纸、杂志、广播电视、因特网等媒体上，取用本著作予以转载或连载，不需另外支付版税

---

[1] 参见北京市高级人民法院（2007）高民终字第1357号民事判决书和北京市第二中级人民法院（2007）二中民初字第4844号民事判决书。

或其他权利金。”华网汇通公司根据共和联动公司的授权，在其经营的网站“中华网”的“读书频道”上将小说《东厂与西厂》中的部分文字以连载形式予以公开传播。一审法院认为共和联动公司侵犯了魏肇权对其作品享有的信息网络传播权和获得报酬权，应承担停止侵权、赔礼道歉并赔偿损失及合理诉讼支出的法律责任。

北京市高级人民法院认为，共和联动公司与魏肇权签订的《图书出版合同》中，魏肇权允许共和联动公司利用各种新闻媒体对涉案作品进行合法宣传；同时限定了对作品的宣传是在报社、杂志社、电台、电视台上刊载或播放，该约定范围是明确的，其中不包含在互联网上进行宣传，即魏肇权未将网络传播权授予共和联动公司。共和联动公司在没有得到魏肇权授权的情况下，假冒魏肇权的名义，向华网汇通公司出具了虚假的《著作出版授权合同》，致使涉案作品通过华网汇通公司的网站在互联网上传播，其行为超出了魏肇权与共和联动公司签订的《图书出版合同》约定的范围，且主观恶意明显，侵犯了魏肇权对其作品享有的信息网络传播权和获得报酬权。

五、不正当竞争案件

22. 关于使用企业名称和商品名称能够与已有知名商品相区分并具有合理理由的认定

《中华人民共和国反不正当竞争法》（以下简称《反不正当竞争法》）第五条第二项规定，擅自使用知名商品特有的名称，或者使用与知名商品近似的名称，造成和他人的知名商品相混淆，使购买者误认为是该知名商品的行为构成不正当竞争，其构成要件包括擅自使用行为和消费者混淆、误认的结果等。所谓擅自使用，通常是指行为人没有合理理由和依据、也未取得合法授权的使用。如果行为人虽然使用了与知名商品的特有名称相同或相似的名称，但该使用有合理的依据，并未与知名商品相混淆，也未造成消费者的误认，则不能认定该行为构成不正当竞争。

在张锠、张宏岳、北京泥人张艺术开发有限责任公司诉张铁成、北京泥人张博古陶艺厂、北京泥人张艺术品有限公司侵犯名称权及不正当竞争纠纷案[1]中，一审法院认为，被告将“北京泥人张”作为产品名称、企业名称宣传的行为，造成公众对“泥人张”品牌的误认，构成不正当竞争。北京市高级人

[1] 参见北京市高级人民法院（2007）高民终字第540号民事判决书和北京市第二中级人民法院（2006）二中民初字第1017号民事判决书。

民法院认为，被告作为“北京泥人张”的后代，使用“北京泥人张”字样有合理依据，“北京泥人张”仿古泥陶制品与“泥人张”知名彩塑艺术品在产品种类、产品特点、制造工艺、销售渠道、消费群体上存在一定差异，相关公众可以将“北京泥人张”仿古陶艺制品与原告“泥人张”知名彩塑艺术品加以区分，不致产生市场混淆、误认，故被告使用“北京泥人张”作为其企业名称、产品名称的部分内容，不构成不正当竞争行为。

23. 请求确认不侵犯商业秘密诉讼应不予受理

近年来，确认不侵犯知识产权诉讼纠纷越来越多。最高人民法院2008年4月1日起开始实施的《民事案件案由规定》中列举了请求确认不侵犯专利权纠纷、请求确认不侵犯商标权纠纷、请求确认不侵犯著作权纠纷，并不包括请求确认不侵犯商业秘密纠纷。对于当事人提出的请求确认不侵犯商业秘密纠纷是否应受理，在司法实践中仍存在争议。

在史瑞龙诉田玉金、北京裕金化工有限公司（以下简称裕金公司）请求确认不侵犯商业秘密纠纷一案[1]中，史瑞龙请求法院确认其行为未侵犯田玉金、裕金公司的商业秘密。一审法院认为本案可以受理，并判决驳回史瑞龙的诉讼请求。北京市高级人民法院认为，史瑞龙系以田玉金与裕金公司多次向工商行政管理机关和公安机关举报其侵犯商业秘密、故其多次被相关部门询问或传唤致使其正常的生产经营和生活受到严重影响为由诉至法院，请求确认其不侵犯田玉金与裕金公司的商业秘密，而工商行政管理机关和公安机关依据田玉金与裕金公司的举报，对史瑞龙进行询问或传讯是依法行使其职权的行为。史瑞龙以此为由提起请求确认其未侵犯田玉金与裕金公司所主张的商业秘密的诉讼，不属于我国《民事诉讼法》规定的诉讼，人民法院并无相应的法律依据予以受理。二审法院依照《民事诉讼法》第一百零八条、《最高人民法院关于适用〈中华人民共和国民事诉讼法〉若干问题的意见》第一百八十六条之规定，裁定撤销一审判决并驳回史瑞龙的起诉。

[1] 参见北京市高级人民法院（2006）高民终字第1386号民事判决书和北京市第一中级人民法院（2006）一中民初字第7085号民事判决书。

2008 年

北京市高级人民法院 2008 年知识产权审判新发展

2008 年，北京市高级人民法院知识产权庭共受理知识产权纠纷案件 440 件，均为二审案件。在 440 件二审新收案件中，著作权案件 63 件，专利行政案件 140 件，专利民事案件 73 件，商标行政案件 74 件，商标民事案件 33 件，不正当竞争案件 12 件，技术合同案件 5 件，其他知识产权案件 40 件。全年共审结知识产权案件 431 件，其中一审案件 4 件，二审案件 427 件。在 427 件已结二审案件中，著作权案件 71 件，专利行政案件 143 件，专利民事案件 66 件，商标行政案件 71 件，商标民事案件 34 件，不正当竞争案件 12 件，技术合同案件 4 件，其他知识产权案件 26 件。下文拟向知识产权界介绍北京市高级人民法院 2008 年知识产权审判的最新发展和动向。

一、专利行政案件

1. 关于外观设计专利权部分无效的认定

《专利法》所称的外观设计，是指对产品的形状、图案或者其结合以及色彩与形状、图案的结合所作出的富有美感并适于工业应用的新设计。根据 2000 年《专利法》第二十三条的规定，授予专利权的外观设计，应当同申请日以前在国内外出版物上公开发表过或者国内公开使用过的外观设计不相同和不相近似，并不得与他人在先取得的合法权利相冲突。一件外观设计专利的产品通常应当是唯一的，一件外观设计专利通常也只是保护一件产品的一项外观设计，故绝大多数外观设计专利并不存在部分无效的情形。但是，当外观设计专利产品系由多个部件组合形成时，则可能存在部分无效的情况。

在中山市特立电器有限公司（以下简称特立公司）诉专利复审委员会及第三人广州申昌电器有限公司（以下简称申昌公司）外观设计专利权无效行政纠纷一案[1]中，申昌公司系名称为“多功能榨汁机”的外观设计专利的权利

[1] 参见北京市高级人民法院（2008）高行终字第 222 号行政判决书和北京市第一中级人民法院（2007）一中行初字第 81 号行政判决书。

人。该专利由主机与部件 1 ~ 4 组成，但主机与部件 1 ~ 4 均不能单独使用；且主机与部件 1 ~ 4 也不能同时组装使用，通常是主机与部件 1 和 2 的组合、主机与部件 3 组合、主机与部件 4 组合使用，且这三种组合分别构成具有独立使用价值的三件产品，这三件产品也是习惯上同时出售的产品。特立公司以在先专利与本专利具有相同的外观设计，本专利为现有设计中公知产品的组合，不符合《专利法》第二十三条的规定为由，请求专利复审委员会宣告本专利无效。专利复审委员会认为，本专利属于成套产品，其主机与部件 1 和 2 的组合构成的产品外观与对比文件公开的产品外观相近似，主机与部件 3 组合、主机与部件 4 组合分别构成的产品外观与对比文件 1 公开的产品外观不相同也不相近似。专利复审委员会决定宣告本专利部分无效，即主机与部件 1 和 2 的组合构成的一件产品外观设计专利权无效，维持主机与部件 3 组合、主机与部件 4 组合构成的两件产品的外观设计专利权有效。一审法院维持了专利复审委员会的决定。

北京市高级人民法院认为，成套产品通常是指由两件以上各自独立的产品组成的产品，其中每一件产品有独立的特性和使用价值，而各件产品组合在一起又能体现出其组合使用的价值。专利复审委员会一方面认定本专利主机、部件 1 ~ 4 均不能单独使用，即没有独立的使用价值，另一方面又认定本专利属于成套产品，显然不当。本专利的特殊性在于，虽然本专利的主机、部件 1 ~ 4 均不能单独使用，但主机可以分别与部件 1 和 2、部件 3、部件 4 组装构成具有独立使用价值的三件产品，即部件 1 和 2 与部件 3、部件 4 可以非同时共用同一个主机，而这三件产品习惯上又是同时出售的产品。本专利的产品实际上应当是上述三种组合后分别形成的三件产品，而不是本专利附图中的主机、部件 1、部件 2、部件 3、部件 4 本身，故应当根据上述三种组合分别确定本专利的保护范围。因此，本专利的保护范围应由主机与部件 1 和 2 的组装、主机与部件 3 的组装、主机与部件 4 的组装共同形成。由于本专利主机与部件 1 和 2 的组合形成的产品外观与对比文件 1 在先公开的外观设计相近似，主机与部件 3 的组合、主机与部件 4 的组合分别形成的产品外观与对比文件 1 公开的外观设计不相同也不相近似，故主机与部件 1 和 2 的组合应不属于本专利的保护范围。二审法院遂维持原判。

2. 关于外观设计专利图片或照片的测量数值可否作为确定产品外观依据的认定

我国 2000 年《专利法》第五十六条第二款规定，外观设计专利权的保护范围以表示在图片或照片中的该外观设计专利产品为准。该规定表明，外观设计专利保护的是产品的外观设计，脱离产品的外观设计不受《专利法》的保护。因此，确定外观设计专利权的保护范围必须结合产品及其外观设计两个要素，而且这两个要素是密不可分的，脱离外观设计的产品与脱离产品的外观设计同样都不受外观设计专利权的保护。但需要注意的是，对表示在图片或照片中的外观设计专利产品不能仅作机械化理解。实践中有的当事人对表示在图片或照片中的外观设计专利产品的长、宽、高、厚、夹角度等物理参数进行测量，并将其测量数值作为确定外观设计专利保护范围的依据，应当说这种做法往往是不恰当的。

在宁波南方浦立工具有限公司（以下简称浦立公司）诉专利复审委员会及第三人袁海明外观设计专利权无效纠纷一案[1]中，袁海明系名称为“充电式枪钻（双头）”外观设计专利的权利人，浦立公司以该专利不符合《专利法》第二十三条的规定为由，请求专利复审委员会宣告该专利无效，其提供的在先设计为“双头钻”图片。专利复审委员会认为，本专利与先设计存在多项不同，包括本专利枪体与底座之间呈大约30°夹角，在先设计枪体与底座大致平行；本专利手柄与底座基本垂直，而在先设计的手柄与底座有约70°的夹角。枪体与底座的夹角、手柄与底座的夹角等部位构形的差别足以导致二者整体外观设计的显著差异，这些差异对二者的整体视觉效果具有显著的影响，故本专利与在先设计既不相同也不相近似，决定维持本专利有效。一审法院维持了专利复审委员会的审查决定。

北京市高级人民法院认为，外观设计专利权的保护范围以表示在图片或照片中的该外观设计专利产品为准，但图片或照片仅是表示保护范围的方式，并非产品的外观本身，不能简单地仅以对该图片或照片的测量结果确定所谓夹角的度数。专利复审委员会有关本专利与在先设计在枪体与底座的夹角、手柄与底座的夹角等部位构形的上述区别不能成立。但是，由于本专利与在先设计的其他区别已构成对二者整体视觉效果的显著影响，故专利复审委员会的处理结果是正确的。

3. 关于申请日前将专利产品转让他人且未签署保密协议是否导致该专利丧失新颖性的认定

2000年《专利法》第二十二条第二款规定，发明或者实用新型专利申请的新颖性是指在申请日以前没有同样的发明或者实用新型在国内外出版物上公开发表过、在国内公开使用过或者以其他方式为公众所知，也没有同样的发明或者实用新型由他人向国务院专利行政部门提出过申请并且记载在申请日以后

[1] 参见北京市高级人民法院（2008）高行终字第519号行政判决书和北京市第一中级人民法院（2008）一中行初字第589号行政判决书。

公布的专利申请文件中。如果实用新型专利技术方案较为简单，本领域技术人员甚至一般公众仅通过对专利产品或其生产模具的初步观察就可以得到该技术方案，而专利权人又在专利申请日前生产出了专利产品并将该专利产品及模具转让给他人且未约定受让人承担保密义务，则该实用新型专利权会因此丧失新颖性而被宣告无效。

在江西省简氏紫砂科技发展有限公司（以下简称简氏公司）诉专利复审委员会及第三人熊禄生实用新型专利权无效一案[1]中，熊禄生系名称为“紫砂陶瓷脱模异型垫盘”实用新型专利的专利权人。在本专利申请日前，熊禄生与简氏公司的法定代表人简广签订了“陶瓷生产设备转让合同书”，约定熊禄生将含有“石膏脱模托板”（即本专利的“紫砂陶瓷脱模异型垫盘”）在内的成型车间设备一次性卖给简广，同时熊禄生与简氏公司签订了一份“员工聘用合同”，熊禄生受聘在简氏公司的企业中从事生产和技术管理工作。上述合同均已履行。现简氏公司以本专利不具备新颖性为由，请求专利复审委员会宣告无效。专利复审委员会认为，虽然熊禄生在本专利申请日前将“石膏脱模托板”转让给简广，但转让合同具有特定的前提和背景，即本专利产品的转让方和受让方是基于合作或者聘用关系而达成转让本专利产品的约定的，转让之后双方形成一个利益共同体。因此，上述转让行为以及简氏公司企业内部的使用行为还不足以推定出本专利的技术方案处于一个他人能够得知的状态。双方当事人都是从事紫砂陶瓷产品生产的企业或个人，所转让的“石膏脱模托板”并不是生产出来用来销售的终端产品，而是在企业内部用于生产紫砂陶瓷的设备，目前的证据并不能证明企业内部的使用以及紫砂陶瓷的销售使得本专利的技术方案处于一个公众想得知就能得知的状态。据此，专利复审委员会决定维持本专利有效。一审法院认为，熊禄生在申请日之前将本专利产品转让给简氏公司，简氏公司的任何员工均可轻易接触到本专利产品，且熊禄生并未与简氏公司签订保密协议，故本专利已构成使用公开并不具有新颖性，判决撤销专利复审委员会的审查决定并责令其重新作出审查决定。

北京市高级人民法院认为，使用公开包括由于制造、使用、销售、进口、交换、馈赠、演示、展出等方式而导致技术方案处于公众想得知就能够得知的状态，并不取决于是否有公众得知。熊禄生在本专利申请日前向简氏公司转让了包括本专利产品在内的生产设备，简氏公司取得的是物的所有权，没有因此获得相关的技术秘密，熊禄生也并未明确向简氏公司提出就转让的设备所涉及

---

[1] 参见北京市高级人民法院（2008）高行终字第718号行政判决书和北京市第一中级人民法院（2008）一中行初字第293号行政判决书。

的技术秘密予以保密的要求，简氏公司也就无从知晓哪些生产设备属于技术秘密，更无为熊禄生保守技术秘密的义务。本专利的技术特征并不复杂，对于本领域技术人员而言轻易就能掌握，简氏公司的任何员工均可轻易接触到本专利产品，故本专利技术方案已处于公众想得知就能够得知的状态，构成使用公开，本专利不符合《专利法》第二十二条第二款有关新颖性的规定，遂判决维持原判。

4. 关于技术效果对判断技术特征是否具有显而易见性的作用的认定

《专利法》第二十二条规定，实用新型专利的创造性是指，该实用新型同申请日以前已有技术相比具有实质性特点和进步。实用新型专利的创造性标准低于发明专利，在评价实用新型专利的创造性时，不仅要考虑技术方案本身，还要考虑其所属的技术领域、所要解决的技术问题和所产生的技术效果等因素，将实用新型专利作为一个整体看待。在判断要求保护的实用新型技术是否具有显而易见性时，应从最接近的现有技术和实用新型所要解决的技术问题出发，但不能忽略技术效果的差异对判定显而易见性的影响。

在梁东诉专利复审委员会及第三人红豆集团公司红豆摩托车油箱厂（以下简称红豆摩托车油箱厂）实用新型专利权无效行政纠纷一案[1]中，梁东系名称为“摩托车油箱夜间警示装置”的实用新型专利的权利人，红豆摩托车油箱厂以本专利不具备创造性为由，请求专利复审委员会宣告其无效。本专利与现有技术的区别在于：（1）要求保护的装置用于摩托车，现有技术公开的装置用于自行车；（2）本专利在油箱体两侧分别装有托架和支架，托架和支架通过螺钉螺纹固定连接，现有技术中未明确说明底盘（相当于本专利的托架）和支架间的连接方式，本专利的两支架分别固装在两凹槽底面，现有技术中的支架与车体相连；（3）本专利包含了一两侧面对称位置冲有凹槽的油箱体，托架嵌装在凹槽上，现有技术中未公开该技术特征。专利复审委员会认定上述差别不足以使本专利具有创造性，决定宣告本专利无效。一审法院维持了专利复审委员会的决定。

北京市高级人民法院经审理认为，摩托车和自行车都是常用的双轮驾驶工具，本领域技术人员很容易想到将自行车上的夜间警示装置用于摩托车，螺钉螺纹是本领域常用的连接方式；在此基础上认定本专利上述区别（1）、（2）相对于现有技术未构成本专利的实质性特点。但是，现有技术中并未公开一两侧面对称位置冲有凹槽的油箱体且托架嵌装在凹槽上这一技术特征，该技术特

[1] 参见北京市高级人民法院（2008）高行终字第251号行政判决书和北京市第一中级人民法院（2007）一中行初字第1450号行政判决书。

征已经构成了《专利法》所要求的实质性特点。专利复审委员会和一审法院认为在摩托车油箱体两侧对称位置冲有凹槽，将托架与之嵌接，将自行车上的夜间警示装置用于摩托车油箱两侧对于本领域技术人员来说均属于显而易见，这一认定忽略了本专利与现有技术在安装位置及方式上的区别即前述区别（3），没有考虑区别（3）为本专利所带来的优于或不同于现有技术的技术效果。因此，现有技术不足以否定和破坏本专利的创造性。北京市高级人民法院遂改判撤销一审判决和专利复审委员会的决定。

5. 关于忽略结构差异而仅依据技术特征之间的“相当于”不足以否定发明专利新颖性的判定

在判断发明专利的新颖性时，应当将发明专利的各项权利要求分别与每一项现有技术或申请在先公布在后的发明的相关技术内容单独进行比较，而不得将其与几项现有技术或者申请在先公布在后的发明内容的组合进行对比，也不得将其与一份对比文件中的多项技术方案的组合进行对比。同时，在进行新颖性判断时，应当从二者所属技术领域、所要解决的技术问题、技术方案和预期效果等方面实质上是否相同或相似进行判断，而不得笼统地仅以该发明专利的技术特征“相当于”于现有技术的某些技术特征而否定其新颖性。

在IROPA股份公司诉专利复审委员会及第三人慈溪市太阳纺织器材有限公司（以下简称太阳公司）发明专利权无效行政纠纷一案[1]中，IROPA股份公司系名称为“探纱器”的发明专利的权利人。太阳公司请求专利复审委员会宣告本专利无效，理由是本专利权利要求1~5、7不符合《专利法》第二十二条第二款、第三款有关新颖性、创造性的规定，权利要求6不符合《专利法》第二十二条第三款有关创造性的规定，并提交了对比文件1、2作为证据。专利复审委员会认为，对比文件1图2a、2b中公开了一种相当于本专利的“用于喂纱器中的纱线检测设备的探纱器”的机构，其中标号66所指零件的两翼部分均相当于本专利的“触脚”，故本专利的独立权利要求1的技术方案已被对比文件1所公开，不具备新颖性；对比文件1图2a、2b中标号71所指部位即相当于本专利的“柄”，在其所引用的权利要求1不具备新颖性的前提下，从属权利要求2也不具备新颖性；对比文件1说明书中指出具有与本专利“触脚（A）”对应部分的零件66为一“单金属弹簧片”，即相当于本权利要求中所述的“整体金属模制件”，在其所引用的权利要求1不具备新颖性的前提

[1] 参见北京市高级人民法院（2008）高行终字第260号行政判决书和北京市第一中级人民法院（2006）一中行初字第56号行政判决书。

下，该从属权利要求7也不具备创造性。专利复审委员会决定宣告本专利权利要求1~7无效，在本专利权利要求8~14的基础上维持本专利有效。一审法院维持了专利复审委员会的决定。

北京市高级人民法院认为，本专利权利要求1所记载的技术方案与对比文件1所记载的技术方案不属于同样的发明创造。专利复审委员会认为对比文件1图2a、2b中公开了一种相当于本专利的“用于喂纱器中的纱线检测设备的探纱器”的机构，其中标号66所指零件的两翼部分均相当于本专利的“触脚”，但其并未进一步论述对比文件1图2a、2b中公开的机构如何“相当于”本专利“用于喂纱器中的纱线检测设备的探纱器”的机构，其中标号66所指零件的两翼部分如何“相当于”本专利的“触脚”，而是直接判定本专利的权利要求1相对于对比文件1不具有新颖性，忽视了本专利权利要求1记载的技术方案与对比文件1记载的技术方案的差异，显然是不恰当的。由于权利要求2~7均为权利要求1的从属权利要求，且专利复审委员会是在权利要求1不具备新颖性的基础上评述权利要求2~7，在本院认定本专利权利要求1相对于对比文件1具备新颖性的基础上，专利复审委员会应当重新审查太阳公司针对本专利提出的无效请求及相应理由，故本院不再对专利复审委员会就本专利权利要求2~7所作出的审查结论进行评判。据此，判令专利复审委员会重新作出审查决定。

6. 关于省略必要特征导致技术效果变劣的技术方案是否具有创造性的认定

《专利法》第二十二条规定，发明专利的创造性是指，该发明同申请日以前已有技术相比具有突出的实质性特点和显著的进步。突出的实质性特点是指对所属技术领域的技术人员来说，发明相对于现有技术是非显而易见的。如果发明是所属技术领域的技术人员在现有技术的基础上仅仅通过合乎逻辑的分析、推理或者有限的试验可以得到的，则该发明是显而易见的，也就不具备突出的实质性特点。显著的进步是指，发明与现有技术相比能够产生有益的技术效果，如克服了现有技术的缺陷、为解决某一技术问题提供了不同的技术方案或者代表了某种技术发展趋势。如果某一发明省略现有技术的某些必要技术特征能够实现同样甚至更好的技术效果，则可以认定该发明具有创造性；但如果省略现有技术的某些必要技术特征导致相应技术效果的缺失与整体技术效果的变劣，则不能认定该发明具有突出的实质性特点和显著的进步。

在四川光友实业集团有限公司（以下简称光友公司）诉专利复审委员会及第三人四川白家食品有限公司（以下简称白家公司）发明专利无效行政纠

纷一案[1]中，光友公司系名称为“方便快餐粉丝的加工方法”的发明专利的权利人，白家公司以本专利不具有《专利法》第二十二条规定的创造性等为由，向专利复审委员会提出无效宣告请求。本专利的权利要求1与现有技术相比的区别包括：（1）权利要求1相对于证据4少了在粉丝加工成型后放入成型模前的高温干燥和中温逆风干燥步骤；（2）权利要求1中干燥后即包装，而证据4中在干燥后包装前还要进行干燥膨化。专利权人认为上述区别足以证明本专利相对于现有技术具有创造性，专利复审委员会认为本专利的权利要求1相对于现有技术不具有创造性，并宣告本专利全部无效。一审法院维持了专利复审委员会的决定。

北京市高级人民法院认为，对于上述区别特征（1），本专利与现有技术中粉丝都要在成型模中进行干燥，即要使粉丝在未定型之前置于成型模中，以使其在成型模中干燥成型。现有技术的方法中，熟化成型的粉丝在装模前须进行干燥以防止粉丝粘连，但权利要求1省略了装模前干燥的步骤。而本领域普通技术人员都知道，熟化成型后的粉丝由于温度高表面粘性大，如果直接切断会造成粘连，故权利要求1的技术方案虽然省略了装模前干燥的步骤，但也丧失了不会产生粘连的效果。在这种情形下，对于本领域技术人员而言，省略该步骤及相应技术效果的技术方案是显而易见的。对于区别特征（2）而言，权利要求1相对于现有技术省略了包装前的干燥膨化步骤，同时也省略了这一步骤带来的效果，该区别特征并没有为本专利权利要求1的技术方案带来突出的实质性特点和显著的进步。因此，在现有技术的基础上获得本专利权利要求1的技术方案，对所属领域的技术人员来说是显而易见的，本专利权的权利要求1相对于现有技术不具备突出的实质性特点和显著的进步，不符合《专利法》第二十二条第三款有关创造性的规定。

7. 关于用药特征对制药方法物发明专利限定作用的判定

根据《专利法》第二十五条的规定，疾病的诊断和治疗方法不授予专利权。一些申请人为了规避该规定，往往以申请某种药品的制备方法的方式申请方法专利，其权利要求往往采取“化合物X作为制备治疗Y病药物的应用”的撰写方式，并且其权利要求多会包含药物的服用量等技术特征，这些以药物的服用量为主要内容的技术特征也就是用药特征。专利复审委员会长期以来的观点认为，用药特征对制药方法发明专利的技术方案不起限定作用。北京市高级人民法院在一份判决中表达了不同的观点。

---

[1] 参见北京市高级人民法院（2008）高行终字第46号行政判决书和北京市第一中级人民法院（2007）一中行初字第1286号行政判决书。

在默克公司诉专利复审委员会及第三人河南天方药业股份有限公司（以下简称天方药业公司）发明专利权无效行政纠纷一案[1]中，默克公司系名称为“用5-α还原酶抑制剂治疗雄激素引起的脱发的方法”的发明专利的权利人，天方药业公司以本专利不符合《专利法》第二十二条第二款、第三款有关新颖性和创造性的规定为由，向专利复审委员会提出无效宣告请求，并提交了一份在先欧洲专利。本专利与在先专利区别在于：（1）本专利限定该药物的使用剂量为0.05~3.0mg；（2）本专利限定了给药方式为口服，在先专利没有限定给药方式。专利复审委员会认为，上述区别（1）为用药特征，对于制药方法的技术方案不起限定作用，在新颖性、创造性的评价中视为不存在。区别（2）虽然也涉及药物产品的使用方法，但是其一般隐含一定的产品技术特征，如口服给药要求其辅料必须适于口服，这就对辅料的选择起到了限定作用，即上述区别（2）在一定程度上对药物产品起限定作用。本专利权利要求1也因此具有新颖性。默克公司主张物质的制药用途与药品的制备方法不同。但由于本专利所有权利要求相对于现有技术不具备创造性，专利复审委员会决定宣告本专利权无效。一审法院维持了专利复审委员会的决定，并认为制药用途权利要求的保护范围并不包括医生以何种剂量给予患者该药物对其进行治疗的行为，否则会限制医生在诊断和治疗过程中选择各种方法和条件的自由，从而损害公众利益，也有违《专利法》的立法宗旨。

北京市高级人民法院认为，专利复审委员会、默克公司或原审法院的上述三种观点都不能成立。首先，化合物的医药用途发明专利通常采用的权利要求撰写方式为“化合物X作为制备治疗Y病药物的应用”这种典型的医药用途权利要求。这种方式是为了解决“化合物X用于治疗Y病”为疾病治疗方法不能授予专利权这一困境，其真正保护的是化合物X的医药用途。如果化合物X的医药用途落实到药品的制备上，则可以视为药品的制备方法，效果与“治疗Y病的药物的制备方法，其特征在于应用化合物X”等同。因此，默克公司的上述主张不能成立。其次，医药用途发明本质上是药物的使用方法发明，如何使用药物的技术特征，即使用剂型和剂量等所谓的“给药特征”，应当属于化合物的使用方法的技术特征而纳入其权利要求之中。实践中还有在使用剂型和剂量等所谓“给药特征”方面进行改进以获得意想不到的技术效果的需要。此外，药品的制备并非活性成分或原料药的制备，应当包括药品出厂包装前的所有工序，当然也包括所谓使用剂型和剂量等“给药特征”。当专利

[1] 参见北京市高级人民法院（2008）高行终字第378号行政判决书和北京市第一中级人民法院（2007）一中行初字第854号行政判决书。

权人在所使用的剂型和剂量等方面作出改进的情况下，不考虑这些所谓“给药特征”不利于医药工业的发展及人民群众的健康需要，也不符合《专利法》的宗旨。所以，专利复审委员会的上述观点也是难以令人信服的。再次，医药用途发明权利要求通常包括药品物质特征、药品制备特征及疾病适应症特征，而医生的治疗行为仅仅涉及如何使用药物的技术特征，不涉及药品制备特征，且医生的治疗行为并非以经营为目的，不会侵犯专利权。将剂型、使用剂量等技术特征纳入医药用途发明权利要求不会限制医生治疗行为自由，原审法院的担心也是不必要的。但由于本专利不具有创造性，北京市高级人民法院维持了原审判决。

8. 涉及制造方法发明专利的新产品的认定

2000年《专利法》第五十七条第二款规定：“专利侵权纠纷涉及新产品制造方法的发明专利的，制造同样产品的单位或者个人应当提供其产品制造方法不同于专利方法的证明”。这里涉及侵犯新产品制造方法专利诉讼中举证责任的分配与倒置问题。在民事诉讼中，当事人通常对自己的诉讼主张或者请求负有举证的责任，《民事诉讼法》规定的“谁主张谁举证”就是民事诉讼一般举证责任的法律依据。如在侵犯发明专利权诉讼中，原告通常负有证明被告的被控行为侵犯其发明专利权的责任或义务。但这种举证责任在特定情况下可以倒置，即由提出积极主张的当事人的对方当事人就该主张承担一定范围的举证责任，《专利法》的上述规定就是一个恰当的例子。这就是说，在涉及侵犯新产品制造方法发明专利纠纷中，被告负有证明被控侵权产品制造方法不同于专利方法的义务，这就是主要举证责任的倒置。但是，《专利法》上述规定的举证责任倒置是以原告承担初步举证责任为前提的，其中包括原告对其涉及制造方法发明专利的产品属于新产品的证明义务。而对于如何判定涉及制造方法发明专利的产品属于新产品，司法实践中仍存在分歧。

在BASF公司诉南通施壮化工有限公司（以下简称南通施壮公司）、北京阳光克劳沃生化技术有限公司（以下简称阳光克劳沃公司）侵犯发明专利权纠纷一案[1]中，BASF公司系申请日为1992年12月21日、名称为“基本无粉尘四氢－3，5－二甲基－1，3，5－噻二嗪－2硫酮颗粒的制备”的发明专利的权利人，而中华人民共和国农业部农药检定所1991年发布的农药登记公告载有名称为“必速灭98%颗粒剂”的农药。BASF公司主张其专利方法所涉及的产品属于新产品，故应由被告南通施壮公司承担证明被控侵

[1] 参见北京市高级人民法院（2008）高民终字第164号民事判决书和北京市第二中级人民法院（2007）二中民初字第12860号民事判决书。

权产品制造方法不同于原告专利方法的义务。一审法院认定原告专利所涉及的产品不属于新产品。

北京市高级人民法院认为，专利侵权纠纷涉及新产品制造方法的发明专利的，制造同样产品的单位或者个人应当提供其产品制造方法不同于专利方法的证明，但专利权人应当先行举证证明按照涉案专利方法生产的产品为新产品。所谓“新产品”是指在我国国内第一次生产出的产品，该产品与专利申请日之前已有的同类产品相比，在产品的组份、结构或者其质量、性能、功能方面有明显区别。本案原告专利涉及的是一种制备基本无粉尘的四氢 -3，5 - 二甲基 -1，3，5 - 噻二嗪 -2 硫酮颗粒的方法，其专利说明书中也说明该专利的发明目的是提供一种更为简便的棉隆产品的制备方法。在原告专利申请日前，中华人民共和国农业部农药检定所发布的农药登记公告中包括 BASF 公司涉案专利涉及的产品，即“3，5 - 二甲基 - 四氢 -2H -1，3，5 - 噻二嗪 -2 硫酮”。因此，依据原告专利方法所生产的产品与专利申请日之前已有的同类产品相比，在产品的组份、结构或者其质量、性能、功能方面没有明显区别，故其不属于新产品，BASF 公司应当承担举证责任，以证明南通施壮公司使用了其专利方法制造被控侵权产品。

9. 关于综合考察相应技术特征的手段、功能、效果及是否存在替换的显而易见性以确定是否构成等同技术特征的判定

2000 年《专利法》第五十六条第一款规定：“发明或者实用新型专利权的保护范围以其权利要求的内容为准，说明书及附图可以用于解释权利要求。”根据《最高人民法院关于审理专利纠纷案件适用法律问题的若干规定》第十七条的规定，《专利法》第五十六条第一款所称的“发明或者实用新型专利权的保护范围以其权利要求的内容为准，说明书及附图可以用于解释权利要求”，是指专利权的保护范围应当以权利要求书中明确记载的必要技术特征所确定的范围为准，也包括与该必要技术特征相等同的特征所确定的范围；而等同特征是指与所记载的技术特征以基本相同的手段，实现基本相同的功能，达到基本相同的效果，并且本领域的普通技术人员无须经过创造性劳动就能够联想到的特征。在判断技术特征是否构成等同替换时，应当综合考察被控侵权技术方案的技术特征与专利技术方案的相应技术特征在手段、功能、效果及其替换的显而易见性，准确判定被控侵权的技术方案是否构成专利技术方案的等同技术。

在北京恩菲通用设备科技有限公司（以下简称恩菲公司）、中国有色工程设计研究总院（以下简称有色研究院）诉北京矿迪科技有限公司（以下简称矿迪公司）侵犯实用新型专利权纠纷一案[1]中，二原告系名称为“湿式三效除尘器”的实用新型专利的权利人。北京矿迪公司生产并销售了被控侵权产品“湿式高效除尘机组”。被控侵权产品与原告专利技术方案的唯一不同在于，原告专利技术方案的E特征为：“轴承座，该轴承座为前后两个，固装在机架上，在轴承座内设有通过轴承支承与湿式风机的轴相连接的轴”，而被控侵权产品的e特征为：“轴承座，该轴承座为前后两个，固装在机架上，在轴承座内设有一根由轴承支撑的与湿式风机共用的轴”。一审法院认为，原告专利技术方案的E特征与被控侵权产品的e特征既不相同也不等同，故被控侵权产品未落入原告专利权的保护范围，判决驳回二原告的诉讼请求。

北京市高级人民法院认为，由原告专利技术方案的E特征可以确定本专利技术方案中确有两根轴，其一为轴承座内的轴，其二为湿式风机的轴。由于被控侵权产品轴承座内的轴与湿式风机的轴为同一根轴，因此被控侵权产品的e特征与本专利的E特征不构成相同技术特征。但是，本专利的两根轴是相连接的，结合本专利的权利要求书及说明书的内容，可以看出本专利的电动机在工作状态中带动了轴承座内的轴，由于轴承座内的轴与湿式风机的轴是相连接的，故电动机在工作状态中通过轴承座内的轴带动了湿式风机的轴，从而使湿式风机能够正常运转。而被控侵权产品轴承座内的轴与湿式风机的轴为同一根轴，电动机在工作状态可以直接带动轴承座内的轴亦即湿式风机的轴。由此可见，无论是本专利的两根轴，还是被控侵权产品的一根轴，其功能和效果都是通过电动机的运转带动湿式风机的运转，使电动机和湿式风机正常发挥其功能。虽然本专利仅表明轴承座内的轴与湿式风机的轴相互连接，并未说明其连接方式，但从本专利技术方案的工作原理来看，其连接方式至少应包括固定连接方式。当其为固定连接方式时，本领域的技术人员很容易想到通过一根轴来取代采用固定连接的两根轴，故相对于本专利的E特征，被控侵权产品的e特征系以基本相同的手段，实现基本相同的功能，达到基本相同的效果，并且是本领域的普通技术人员无须经过创造性劳动就能够联想到的特征，二者构成等同技术特征。据此，撤销一审判决并改判侵权成立。

10. 关于在先专利说明书公开的非专利技术方案构成现有技术的认定

在侵犯实用新型专利权诉讼中，当被告以在先专利主张现有技术抗辩时，应准确把握现有技术的范围，切不可仅将在先专利的权利要求所披露的技术方案作为现有技术，更不可仅将在先专利的独立权利要求所披露的技术方案作为

[1] 参见北京市高级人民法院（2008）高民终字第1号民事判决书和北京市第二中级人民法院（2007）二中民初字第6753号民事判决书。

现有技术。事实上，包括权利要求书、说明书及其附图、实施例在内的该在先专利的法律文件所披露的全部技术方案，甚至该在先专利在申请及无效审查过程中所披露的技术方案，都可以构成原告专利的现有技术。

在北京东方京宁建材科技有限公司（以下简称东方京宁公司）及徐炎诉北京锐创伟业房地产开发有限公司（以下简称锐创伟业房地产公司）、北京锐创伟业科技发展有限公司（以下简称锐创伟业科技发展公司）、北京睿达华通化工材料技术有限责任公司（以下简称睿达华通公司）侵犯实用新型专利权纠纷一案[1]中，徐炎系申请日为2004年7月16日、名称为“一种带硬质加强层的轻质发泡材料填充件”实用新型专利的权利人，东方京宁公司拥有该专利的实施权。锐创伟业科技发展公司在其开发建设的房地产项目中，选择使用了由睿达华通公司制造、销售的被控侵权物“轻质发泡材料建材”。睿达华通公司主张被控侵权物使用的是公知技术，并提供了一份名称为“具有多种截面形状用于混凝土中的轻质多孔材料填充体”在先实用新型专利作为其所主张的公知技术。一审法院认为该公知技术抗辩理由成立，判决驳回二原告的诉讼请求。

北京市高级人民法院认为，实用新型专利权的保护范围以其权利要求的内容为准，说明书及附图可以用于解释权利要求，但不能将说明书记载的内容直接搬进权利要求，否则将影响对专利权保护范围的准确界定。本案在先专利至少披露了两项技术方案：其一为独立权利要求所及记载的技术方案；其二为专利说明书在说明独立权利要求记载的技术方案之外另行披露的不同于独立权利要求记载的技术方案的技术方案。2000年《专利法》第五十六条第一款规定：“发明或者实用新型专利权的保护范围以其权利要求的内容为准，说明书及附图可以用于解释权利要求”，故上述第一种技术方案才是在先专利所保护的技术方案，第二种技术方案只是第一种技术方案在获得专利保护的同时专利权人贡献给社会公众的技术方案，二者都构成本专利的公知技术。被控侵权产品使用的技术方案与在先专利记载的第一种技术方案既不相同也不等同，但其与第二种技术方案构成等同。原审法院虽误将第二种方案作为在先专利保护的技术方案，但其有关被控侵权产品系使用公知技术的认定是正确的，北京市高级人民法院遂维持了原审判决。

[1] 参见北京市高级人民法院（2008）高民终字第1165号民事判决书和北京市第二中级人民法院（2008）二中民初字第120号民事判决书。

11. 关于定制侵犯他人外观设计专利权的产品并专门用于组装其他产品的行为构成制造侵权的认定

2000年《专利法》第十一条第二款规定："外观设计专利权被授予后，任何单位或者个人未经专利权人许可，都不得实施其专利，即不得为生产经营目的制造、销售、进口其外观设计专利产品。"一般说来，当被控侵权产品与外观设计专利产品属于相同或类似产品且二者所使用的外观设计相同或相似时，生产该被控侵权产品的行为构成制造侵权。但对于并不直接生产侵犯他人外观设计专利权的产品，而是将侵犯他人外观设计专利权的产品作为另一产品部件使用的行为，是否构成制造性质的侵犯外观设计专利权，实践中仍然存在分歧。

在本田技研工业株式会社（以下简称本田株式会社）、东风本田汽车（武汉）有限公司（以下简称东风本田公司）诉河北新凯汽车制造有限公司（以下简称河北新凯公司）、高碑店新凯汽车制造有限公司、北京鑫升百利汽车贸易有限公司侵犯外观设计专利权纠纷一案[1]中，本田株式会社是"后保险杠"、"前保险杠"、"前格栅"等三项外观设计专利的专利权人，东风本田公司是三项涉案专利的独占被许可人。河北新凯公司委托他人定制了侵犯上述外观设计专利权的后保险杠、前保险杠、前格栅等产品并专门用于组装在其生产的汽车产品上。北京市高级人民法院认为，被控侵权的前保险杠、后保险杠及前格栅产品与原告三项专利构成相近似的外观设计，河北新凯公司委托案外人定制被控侵权产品并专门用于组装涉案汽车，其行为属于制造被控侵权产品的行为；同时，河北新凯公司将安装有被控侵权产品的涉案汽车以整车的形式进行销售，亦构成对被控侵权产品的销售，遂判决河北新凯公司停止被控侵权行为并赔偿原告经济损失及相关合理支出。

二、商标行政案件

12. 关于确定引证商标是否为驰名商标的时间标准应为争议商标注册申请日的认定

商标是否驰名是一个客观事实，对这一客观事实的认定往往具有滞后性，即通常是先有商标驰名的事实，后有行政或司法对该驰名事实的认定。根据《商标法》的规定，就不相同或者不相类似商品申请注册的商标是复制、摹仿或者翻译他人已经在中国注册的驰名商标，误导公众，致使该驰名商标注册人

---

[1] 参见北京市高级人民法院（2004）高民初字第1472号民事判决书。

的利益可能受到损害的，不予注册并禁止使用。以争议商标的注册申请违反了《商标法》的上述规定为由请求撤销该争议商标的，撤销请求人应当提供证据证明引证商标为驰名商标。这里需要特别注意的是，此时确定引证商标是否为驰名商标的时间标准，应为争议商标的注册申请日，即撤销请求人提供的证据应当证明至少在争议商标的注册申请日前引证商标已经构成驰名的事实。如果撤销请求人仅能证明引证商标在争议商标注册申请日后具有较高知名度，则不足以判定争议商标的注册申请违反了《商标法》第十三条第二款的规定。

在蒋道彪诉商标评审委员会及第三人上海日立电器有限公司（以下简称日立公司）商标撤销行政纠纷一案[1]中，引证商标第1053532号“海立”文字商标的申请日为1996年5月30日，获准注册日为1997年7月14日，核定使用于第7类空调压缩机商品上。争议商标第1634023号“海立HaiLi及图形”商标的申请日为2000年7月7日，获准注册日为2001年9月14日，核定使用于第11类空气调节器、空气调节装置、厨房用抽油烟机等商品上，商标权人为蒋道彪。2005年2月22日，日立公司以争议商标的注册违反《商标法》第十三条第二款的规定等为由，请求撤销争议商标。商标评审委员会认为，在争议商标申请注册前，引证商标经过长期使用和广泛宣传，已为中国相关公众广为知晓并享有较高声誉，可以认定为驰名商标。争议商标整体上与引证商标的读音、含义均完全相同，同时鉴于“海立”具有一定的独创性，在引证商标已广为公众知晓的前提下，可以认定争议商标构成对日立公司驰名商标的复制、摹仿。蒋道彪作为家电、制冷行业同业人员，对此理应知晓，但仍以复制、摹仿的方式在空调器等商品上申请注册，容易导致相关公众对商品来源产生混淆或者误认。商标评审委员会据此裁定撤销争议商标的注册。一审法院认为，日立公司提供的证据不足以证明引证商标驰名的事实，判决撤销商标评审委员会的裁定并责令其重新作出裁定。

北京市高级人民法院认为，日立公司应当证明其引证商标在争议商标申请注册时，即在2000年7月7日之前已经成为驰名商标。为此，日立公司在商标评审程序中向商标评审委员会提交的若干证据，只有极个别能证明日立公司在1998年、1999年就使用了“海立”商标，不足以证明在2000年7月之前相关公众对该商标的知晓程度。因此，不能判定日立公司所使用的引证商标在争议商标申请注册前已经为中国相关公众广为知晓，从而达到驰名程度。北京市高级人民法院判决维持原审判决。

---

[1] 参见北京市高级人民法院（2008）高行终字第446号行政判决书和北京市第一中级人民法院（2007）一中行初字第1338号行政判决书。

13. 关于被代理人将与代理人商标相近似的商标指定使用在类似商品上的注册是否应予撤销的认定

《商标法》第十五条规定，未经授权，代理人或者代表人以自己的名义将被代理人或者被代表人的商标进行注册，被代理人或者被代表人提出异议的，不予注册并禁止使用。如果争议商标与被代理人商标完全相同且二者指定使用在相同商品或服务上，当然可以依据《商标法》的上述规定予以撤销；但如果与被代理人商标相似的争议商标注册使用在相同商品或服务上，或者与被代理人商标相同的争议商标注册使用在类似商品或服务上的，或者与被代理人商标相似的争议商标注册使用在类似商品或服务上，可否依据《商标法》的上述规定予以撤销？北京市高级人民法院在一份判决中给出了肯定的答案。

在上海东狮实业有限公司（以下简称东狮公司）诉商标评审委员会及第三人诺维普兰斯特·普兰斯蒂克·圣维蒂克股份公司（以下简称诺维普兰斯特股份公司）商标撤销行政纠纷一案[1]中，诺维普兰斯特股份公司自1991年起在土耳其、新加坡、马来西亚和印度尼西亚等地注册了“VESBO 及图”系列商标，指定使用商品为第11类管道、管道配件等水暖管件。作为诺维普兰斯特股份公司在中国上海地区的分销商，中远公司未经合法授权注册了争议商标“卫水宝 VESBO 及图”并转让给东狮公司，该争议商标指定使用商品为第19类非金属水管。诺维普兰斯特股份公司以争议商标的注册违反《商标法》第十五条的规定为由，请求商标评审委员会予以撤销。商标评审委员会认为争议商标的注册违反了《商标法》第十五条的规定，裁定撤争议商标的注册。一审法院判决维持了商标评审委员会的裁定。

北京市高级人民法院认为，《商标法》第十五条规定的“代理人”应当包括总经销（独家经销）、总代理（独家代理）等特殊销售代理关系意义上的代理人；“被代理人的商标”并不限于在我国注册的商标。争议商标核准使用商品为非金属水管，诺维普兰斯特股份公司的“VESBO”、“VESBO 及图”商标实际使用的商品为管道、水暖管件等水暖装置等，两种商品的功能、用途基本相同，生产部门、销售渠道和销售对象也无太大差异，应当认定为类似商品。争议商标中的“VESBO 及图”部分与诺维普兰斯特股份公司的“VESBO 及图”商标完全相同，争议商标在“VESBO 及图”下方所添加的“卫水宝”汉字并非汉语常用词组，与“VESBO”谐音且与“VESBO”一同使用，由此可以认定为“VESBO”的音译。因此，争议商标与被代理人商标已构成相似商

---

[1] 参见北京市高级人民法院（2007）高行终字第548号行政判决书和北京市第一中级人民法院（2006）一中行初字第597号行政判决书。

标，争议商标的注册违反了《商标法》第十五条的规定。北京市高级人民法院判决维持了原审判决。这里需要进一步指出的是，本案已经判定与被代理人商标相似的争议商标注册使用在类似商品或服务上违反《商标法》第十五条的规定，根据“举重以明轻”的法理原则，与被代理人商标相似的争议商标注册使用在相同商品或服务上的，或者与被代理人商标相同的争议商标注册使用在类似商品或服务上的，同样可以依据《商标法》第十五条的规定予以撤销。

14. 关于直接反映商品所表现的内容的标志不具有显著性的认定

《商标法》第十一条第一款第（三）项确规定，缺乏显著特征的标志不得作为商标注册。显著性是指商标所具有的区分商品或服务来源的特性，它是商标获得注册的重要前提，缺乏显著性的标志不可能取得注册。商标在作为商标使用或注册前，其可能具有一定含义；也可能不具有任何含义；但在其作为商标使用或注册后，无论其原本是否具有其他含义，都应具备区分商品或服务来源这一含义，也正是这一含义确保了该商标所必须具备的显著性。如果该商标的原本含义过于强势，使得其难以形成区分商品或服务来源的含义，则应判定该商标不具有显著性，该商标不应获得注册或者应被撤销注册。当然，在经过漫长的实际使用后，该商标取得了区分商品或服务来源这一含义后，则可以取得注册。

在四川正联实业有限责任公司（以下简称正联公司）诉商标评审委员会及第三人四川金海子文化发展有限公司（以下简称金海子公司）商标争议撤销行政纠纷一案[1]中，三星堆遗址属于世界级的文化遗产，在全世界享有很高的知名度。正联公司向商标局申请争议商标“三星堆 SANXINGDUI 及图形”并获得注册，指定使用商品为第六类金属纪念章、青铜制品、普通金属小雕像等。金海子公司以其不具有显著性为由，请求撤销争议商标注册。商标评审委员会认为：“三星堆”作为商标是否具有显著特征，应与具体的商品和服务相联系。争议商标使用的商品中旅游纪念品占据很大比重，在这些商品上仅以“三星堆”文字为标志，直接反映了商品所表现的内容，不易使消费者将其作为商标看待，无法起到商标应有的区分商品来源的显著特征。商标评审委员会裁定撤销争议商标。一审法院维持了商标评审委员会的裁定。

北京市高级人民法院认为，争议商标核定使用的商品为第六类金属纪念章、青铜制品、普通金属小雕像等，而三星堆遗址是世界级的文化遗产，也是我国著名的旅游景点。在争议商标核定使用的商品上以“三星堆”文字为标

[1] 参见北京市高级人民法院（2008）高行终字第561号行政判决书和北京市第一中级人民法院（2008）一中行初字第438号行政判决书。

志，直接反映了商品所表现的内容，不易使消费者将其作为商标看待，起不到商标应有的区分商品来源的作用，即“三星堆”文字用于争议商标所指定使用的商品，缺乏应有的显著特征。争议商标尽管由文字“三星堆”、拼音“SANXINGDUI ”及图形组成，但其中文字“三星堆”为主要识记和呼叫对象，故争议商标仍缺乏显著特征。虽然正联公司对争议商标进行了使用并在一定范围内进行了宣传，但由于三星堆遗址在世界上享有极高的知名度，正联公司提供的证据不能证明其通过使用使争议商标的知名度超出了三星堆遗址本身，使相关公众将争议商标与正联公司相关联，即正联公司对争议商标的使用行为没有使争议商标产生出足够强的第二含义。北京市高级人民法院判决维持原审判决。

15. 关于将商品通用的包装形式申请注册立体商标缺乏显著性的认定

根据《商标法》的规定，包括三维标志在内的任何能够将申请人的商品或服务与他人的商品或服务区别开的可视性标志，只要具有显著特征并便于识别，都可以作为商标申请注册。缺乏显著特征的标志不得作为商标注册，但原本缺乏显著性的标志可以通过使用等方式获得显著性并便于识别，则可申请为注册商标。实践中有些商品的特有包装经过长期使用后，已经成为消费者区别商品来源的标志，这样的标志就可以申请注册立体商标。但对于商品的通用包装形式，申请人如果不能证明其对该通用包装形式的使用已经获得了显著性并便于消费者识别的，则不得注册为商标。

在费列罗有限公司诉商标评审委员会驳回复审商标行政纠纷一案[1]中，费列罗有限公司向世界知识产权组织国际局提出“图形（三维标志）”商标的注册申请，并对申请商标提出领土延伸保护申请，指定国家包括中国，指定使用范围为第30类巧克力等商品。该申请商标为一个三维标志，由一个透明长方体形状的三维容器组成，该容器的正面和上面各有一个空白椭圆形标签，两空白标签由一条金红色条纹装饰带前后连接，空白标签下部有一个金色球状图案。透过该容器可以看到，其中有分两层排列的16个放置在咖啡色纸托上、包在金色纸里、上面有一个空白椭圆形标签的球状物，其中若干球状物被空白标签所遮挡。申请商标指定使用的颜色为金黄色、红色、白色、栗色和绿色。商标局以申请商标缺乏显著特征为由，驳回申请商标在所有指定商品上的领土延伸保护申请。费列罗有限公司向商标评审委员会申请复审。商标评审委员会认为，申请商标仅有指定使用商品较为常用的包装形式，难以起到区分商品来

[1] 参见北京市高级人民法院（2008）高行终字第15号行政判决书和北京市第一中级人民法院（2007）一中行初字第817号行政判决书。

源的作用，缺乏商标应有的显著特征，已构成《商标法》第十一条第一款第（三）项所规定的情形，裁定维持商标局的决定。一审法院维持了商标评审委员的裁定。

北京市高级人民法院认为，缺乏显著特征的标志不得作为商标注册，但经过使用取得显著特征，并便于识别的，可以作为商标注册。仅有指定使用商品通用或者常用的包装物或者整体上不能起到区分商品来源作用的三维标志，应当认定为缺乏显著特征。本案申请商标的外观是一个透明的长方体容器，容器外有装饰带和标签，在未被装饰带和标签遮挡的部分能够看到容器内部排列的若干球状物。从整体上看，申请商标的透明长方体容器是一种通用的包装物，其上的装饰带在整个申请商标外观中所占比例不大，其标签也均为空白标签，虽然能够透过容器看到其中的金色球状物，但申请商标给相关公众带来的视觉效果主要还是有内容物的透明长方体容器，无法作为识别商品来源的标志，因此申请商标本身并不具有显著特征。费列罗有限公司并未实际使用过申请商标，其实际使用的是在显著位置标有"FERRERO ROCHER"字样的透明长方体容器及其装饰，其已不能证明不含"FERRERO ROCHER"字样的申请商标在中国大陆地区已经通过使用取得了显著特征。北京市高级人民法院维持了原审判决。

16. 关于不具有其他含义的县级以上行政区划地名的汉语拼音商标不宜获得注册的认定

《商标法》第十条第二款规定，县级以上行政区划的地名或者公众知晓的外国地名，不得作为商标，但地名具有其他含义或者作为集体商标、证明商标组成部分的除外；已经注册的使用地名的商标继续有效。该规定主要是针对文字商标而言的，对于将地名拼音注册为商标的，是否应视为地名商标并受商标法上述规定的限制，实践中存在不同的观点和做法。

在广东省食品进出口集团公司（以下简称广东食品进出口公司）诉商标评审委员会及第三人广东省九江酒厂有限公司（以下简称九江酒厂）商标撤销行政纠纷一案[1]中，九江酒厂申请注册第1029013号"Jiujiang"商标，指定使用商品为第33类酒。在该申请商标初步审定公告期间，广东食品进出口公司以被异议商标"Jiujiang"系江西省九江市行政区划名，不得作为商标注册为由提起商标异议申请。商标局认为被异议商标"Jiujiang"系江西省九江市名称的汉语拼音，应当视为行政区划名称，缺乏商标注册应当具备的显著性，

[1] 参见北京市高级人民法院（2008）高行终字第55号行政判决书和北京市第一中级人民法院（2007）一中行初字第1317号行政判决书。

裁定被异议商标不予核准注册。九江酒厂不服并向商标评审委员会提起复审请求。商标评审委员会认为，县级以上行政区划地名包括该地名的全称、简称，至于地名所对应的拼音形式，则要区别具体情况对待。对于省、自治区、直辖市、省会城市、计划单列市以及著名的旅游城市，因其地名广为消费者所熟知，其拼音形式一般会被消费者与地名紧密联系，从而不能起到区分商品来源的作用，也即不能当作商标使用，因此上述行政区划的拼音形式应当属于现行《商标法》第十条第二款所规定的应予禁用的标识。本案争议商标是江西省九江市（地级市）的拼音形式，而九江市不属于省、自治区、直辖市、省会城市、计划单列市以及著名的旅游城市，普通消费者一般不易将争议商标与“九江”这一地名含义相联系，争议商标的注册未违反现行《商标法》第十条二款的规定。商标评审委员会裁定被异议商标予以核准注册。一审法院维持了商标评审委员会的裁定。

北京市高级人民法院认为，被异议商标“Jiujiang”虽为拼音形式，但其发音与江西省九江市的“九江”发音相同，江西省九江市属于县级以上行政区划，在被异议商标指定使用的酒类商品上使用“Jiujiang”容易使消费者误认为商品来源于江西省九江市。为避免造成产地误认，被异议商标不应予以核准注册。商标评审委员会和原审判决对被异议商标“Jiujiang”准予注册的依据不足。北京市高级人民法院判令商标评审委员会重新作出裁定。

17. 关于包含地名的商标具有其他含义可以获得注册的判定

《商标法》第十条第二款规定，县级以上行政区划的地名或者公众知晓的外国地名，不得作为商标，但地名具有其他含义的除外。所谓地名具有其他含义是指，地名作为词汇具有确定含义且该含义强于地名的含义并不会导致对公众的误导；所谓其他含义强于地名含义是指一般公众在认知该标志时，首先联想到的不是其所表征的地名，而其他含义。如“黄山”不仅可以指黄山市，还可以指作为著名旅游胜地的黄山，而且社会公众在看到“黄山”时首先联想到的往往是其作为山的含义，而不是其作为城市地名的含义。将包含地名的商标申请注册时，如果该商标整体上使社会公众首先联想到的不是该地名，而是其他含义，则可表明该商标的其他含义强于其所包含的地名含义。

在广东食品进出口公司诉商标评审委员会及第三人九江酒厂商标撤销行政纠纷一案[1]中，九江酒厂提出申请注册第1029012号“九江雙”商标，指定使用商品为第33类酒。在其初步审定公告期间，广东食品进出口公司以被异议

[1] 参见北京市高级人民法院（2008）高行终字第53号行政判决书和北京市第一中级人民法院（2007）一中行初字第1318号行政判决书。

商标中的“九江”系江西省九江市行政区划名等为由提起商标异议申请。商标局认为“九江”属于县级以上行政区划的地名，不得作为商标注册，裁定被异议商标不予核准注册。九江酒厂不服并向商标评审委员会提起复审请求。商标评审委员会认为，“九江双蒸”酒源出广东省南海市九江镇，是九江镇具有一百多年历史的传统特产。九江酒厂成立后继承了“九江双蒸”酒这一传统特产的生产。经过长期在中国大陆市场上的使用、宣传和独家销售，“九江双蒸”已经成为九江酒厂的知名商品特有名称，不会误导消费者将其与江西省九江市的行政区划名称相联系，其作为一个整体已经能够起到区分商品生产者的作用，具备了商标应有的显著特征。争议商标“九江雙”用在酒商品上易被消费者理解为“九江双蒸”的简称。商标评审委员会准予争议商标核准注册。一审法院判决维持了商标评审委员会的裁定。

北京市高级人民法院认为，“九江”系江西省九江市的行政区划名称，“双蒸”系酿酒工艺名称，但“九江双蒸”经过长期使用在相关公众中已经形成一个特定称谓，用以表示广东省佛山市南海区九江镇所出产的一种特定的米酒，而不再表示县级以上行政区划名称或者一种酿酒工艺，因此“九江双蒸”经过使用已经成为知名商品的特有名称。被异议商标“九江雙”容易被相关公众认为是“九江双蒸酒”的简称，在“九江双蒸”具有可以作为商标注册的显著特征的情况下，被异议商标“九江雙”也同样具有区分商品来源的功能和显著特征，可以用在酒类商品上作为商标申请注册。北京市高级人民法院判决维持原审判决。

18. 关于在商品上使用商标同时构成在相关服务上使用的判定

商标权人虽然可以禁止他人在相同或类似商品或服务上使用与其注册商标相同或相似的商标，但其却仅在其指定使用的商品或服务上享有专用权，且商标权人在其指定商品或服务上使用其注册商标通常不能视为在相同或类似商品上的使用。但是，商标权人在生产出使用其注册商标的商品后自行提供给最终消费者，且将该商品提供给消费者的服务本身是可以申请注册商标的，则该指定使用在商品上的注册商标可能构成使用于特定服务的未注册商标。该未注册商标在具备一定知名度后，他人在该服务上抢先申请注册该商标的行为，可能被判定为以不正当手段抢先注册他人在先使用并有一定知名度的商标。

在罗芝诉商标评审委员会及第三人山东石蛤蟆餐饮娱乐有限公司（以下简称石蛤蟆餐饮公司）商标撤销行政纠纷一案[1]中，石蛤蟆餐饮公司经营的“石蛤

---

[1] 参见北京市高级人民法院（2008）高行终字第716号行政判决书和北京市第一中级人民法院（2007）一中行初字第628号行政判决书。

蟆水饺”成为当地名吃且有70余年的历史，其拥有的“石蛤蟆”商标于1995年11月申请注册，并于1997年5月被核准注册，指定使用商品为饺子、小包子、盒饭、八宝粥、豆包、年糕、元宵、春卷等。在“石蛤蟆水饺”近百年的发展历史中一直采用现包现煮现吃的传统服务方式，并在顾客就餐时送椒汤一碗，以顺应“原汤化原食”的地方民间风俗。罗芝于1998年8月14日申请注册争议商标“石蛤蟆及图”商标，并于2000年1月7日被核准注册，核定使用服务为第42类餐馆、自助餐馆、快餐馆、旅馆、咖啡馆。2004年12月30日，石蛤蟆餐饮公司依据《商标法》第二十八条、第三十一条、第四十条第一款及第二款的规定向商标评审委员会提出撤销争议商标注册的申请。罗芝认为石蛤蟆餐饮公司的在先商标使用在饺子等商品上，其并未在第42类餐馆等服务上在先使用争议商标或相似商标。商标评审委员会认为，罗芝与引证商标的历史无任何关联。其明知“石蛤蟆”水饺是当地名吃，有较高知名度且未在餐饮服务上注册，抢先在餐馆等服务上注册争议商标，其目的是借引证商标在历史上积累的良好信誉牟取不当利益。同时，鉴于“石蛤蟆”水饺的知名度及传统经营方式，争议商标在餐馆等服务上的注册和使用，极易使相关公众对其服务来源产生混淆误认。因此，争议商标的注册行为违反了《商标法》第三十一条的规定。商标评审委员裁定撤销争议商标的注册。一审法院维持了商标评审委员的裁定。

北京市高级人民法院认为，罗芝与引证商标的历史无任何关联，而石蛤蟆餐饮公司是“石蛤蟆”商标和“石蛤蟆水饺”声誉的承继人。引证商标虽未在餐馆等服务项目上注册，但其历史上一直在餐馆中作为一种特色食品名称使用，并为当地消费者熟知。在罗芝明知“石蛤蟆水饺”是当地名吃、有较高知名度且未在餐饮服务上注册后，抢先在第42类餐馆等服务上注册与石蛤蟆餐饮公司在先使用的“石蛤蟆”未注册商标相似的争议商标，其行为侵害了引证商标在历史上积累的良好信誉，构成抢先注册他人在先使用并具有一定影响的商标，应予撤销。北京市高级人民法院二审判决维持原判。

19. 关于《商标法》第四十一条第一款中“其他不正当手段”应指绝对禁止注册事由的判定

《商标法》第四十一条第一款规定：“已经注册的商标，违反本法第十条、第十一条、第十二条规定的，或者是以欺骗手段或者其他不正当手段取得注册的，由商标局撤销该注册商标；其他单位或者个人可以请求商标评审委员会裁定撤销该注册商标。”如何判定该规定中的“其他不正当手段”在司法实践中颇有争议。一种意见认为，2001年《商标法》区分了绝对禁止注册的理由和相对禁止注册的理由，绝对禁止注册的理由是对涉及社会公共利益、公共秩序、善良风俗等的标志禁止任何人将之垄断为自己的商标注册、使用的理由；

相对禁止注册的理由是对因侵害他人在先民事权益而申请商标注册的，在他人提出异议或申请撤销时，对该商标不予核准、撤销注册的理由。《商标法》第四十一条第一款中“以其他不正当手段取得注册”仅应属于绝对禁止注册的理由。相反意见认为，“以其他不正当手段取得注册”的行为属于侵犯他人合法在先权益、破坏公平竞争市场秩序的行为，该规定是依据诚实信用原则所作的兜底性规定，在无法适用《商标法》的其他具体规定，又确实需要撤销争议商标的情况下予以适用。应当说上述两种意见都有一定道理，北京法院过去的相关判例也曾多次徘徊在两者之间。但是，在总结过去审判经验的基础上，北京市高级人民法院的最新判例明确选择了上述第一种意见，即《商标法》第四十一条第一款中的“其他不正当手段”是指损害公共秩序或者公共利益的行为，而不包括仅损害他人在先民事权益的行为。

在郑州帅龙公司诉商标评审委员会及第三人新郑奥星公司商标撤销行政纠纷一案[1]中，郑州帅龙公司于2001年8月20日申请注册争议商标“真的好想你ZHENDEHAOXIANGNI”，并于2002年12月7日获准注册，指定使用商品为第32类，包括：果茶（不含酒精），茶饮料（水），果汁饮料（饮料），蔬菜汁（饮料），酸梅汤，乳酸饮料（果制品，非奶），矿泉水，啤酒，汽水，饮料制剂。新郑奥星公司从1999年就开始在第29类枣片商品上使用“好想你”商标。2006年2月21日，新郑奥星公司以郑州帅龙公司注册争议商标的行为违反了《商标法》第三十一条和第四十一条第一款的规定为由，请求商标评审委员会撤销争议商标的注册。商标评审委员会认为，“好想你”是新郑奥星公司使用在先并具有一定的名度的商标，郑州帅龙公司与新郑奥星公司处于同一地域、从事同一行业，其已知悉新郑奥星公司的“好想你”商标，理应知晓新郑奥星公司使用“好想你”商标的情况，却在第32类果茶等商品上注册争议商标。由于争议商标与“好想你”文字构成相似，在含义上有递进关系，而争议商标指定使用的商品与新郑奥星公司在先使用的商品具有基本相同的功能、用途、销售渠道，均属于食品加工行业，双方实际生产经营状况可能使消费者产生混淆和误认。郑州帅龙公司的行为违反了诚实信用原则，损害了新郑奥星公司的合法权益，属于《商标法》第四十一条第一款规定的“以欺骗手段或其他不正当手段取得注册”的行为。商标评审委员裁定撤销争议商标的注册。一审法院维持了商标评审委员会的裁定。

北京市高级人民法院认为，引证商标实际使用在枣片商品上，争议商标核

[1] 参见北京市高级人民法院（2008）高行终字第512号行政判决书和北京市第一中级人民法院（2008）一中行初字第146号行政判决书。

定使用在第32类的果茶等商品上，二者虽均属于食品类，但其在功能、用途、生产部门、消费对象和销售渠道方面存在一定差异。《商标法》第四十一条第一款规定的“以欺骗手段或者其他不正当手段取得注册”涉及的是损害公共秩序或者公共利益的行为，一审法院及商标评审委员会以争议商标的注册损害新郑奥星公司的权益为由，依据该款撤销争议商标注册的做法是错误的。北京市高级人民法院判决撤销一审判决和商标评审委员会的裁定，责令商标评审委员会重新作出裁定。

三、商标民事案件

20. 关于数个独立商标组合形成的新商标不能当然地承受原商标声誉的认定

商标是区分商品或服务来源的商业标记，区分功能是商标最为重要也是其最基本的功能。商标的区分功能源于商标的使用，而商标的使用必然以商标的有效存在及其被实际使用于特定商品或服务为前提。如果某一商标系由多个组成部分共同组成的组合商标，且其每个组成部分原本就是在先注册并使用的独立商标，则作为每个组成部分的独立商标所累积的声誉能否顺延到该在后使用的组合商标？相反的情形是，如果组合商标是在先注册并使用的商标，后来该组合商标的各个组成部分又被分别作为单独商标使用，则该组合商标累积的声誉能否顺延到每一个单独商标？首先可以肯定的是，上述组合商标与各单独商标如果从整体上看差别较大并不构成近似，或者其指定使用的商品或服务属于既不相同也不类似的商品或服务，则应当判定该组合商标与各单独商标为既不相同也不相似的商标，在先商标所累积的声誉当然不能顺延至在后商标。因此，这里主要研究的问题是，该组合商标与单独商标具有相似性，当二者指定使用在相同或类似商品或服务上时，容易造成消费者的混淆，即该组合商标与每一个单独商标均应构成相似商标，此时在先使用的组合商标或单独商标所累积的声誉能否等同于或者顺延至在后使用的单独商标或组合商标？从北京市高级人民法院的审判实践来看，至少在消费者未将二者等同前，答案应当是否定的。

在鳄鱼恤有限公司诉葛昌能及北京新世纪服装商贸城市场有限公司（以下简称新世纪公司）侵犯商标专用权纠纷一案[1]中，鳄鱼恤公司于1986年3月30日分别取得了“鳄鱼恤”及“CROCODILE”两项注册商标专用权，均指

---

[1] 参见北京市高级人民法院（2008）高民终字第902号民事判决书和北京市第二中级人民法院（2007）二中民初字第9625号民事判决书。

定使用于第25类衬衫、裤子、汗衫及其他衣服等商品。2003年11月17日，鳄鱼恤公司向国家商标局申请注册“鳄鱼恤CROCODILE SINCE 1952及图”商标，申请类别是第25类“服装”，申请的商品项目包括服装、鞋、帽等。该商标注册申请目前尚未获得核准。2004年9月鳄鱼恤公司启用“鳄鱼恤CROCODILE SINCE 1952及图”商标。葛昌能系新世纪公司所有的服装市场的摊位承租人，该摊位出售了带有“鳄鱼恤CROCODILE SINCE 1952及图”标识的羊毛衫。鳄鱼恤有限公司在起诉两被告侵犯“鳄鱼恤CROCODILE SINCE 1952及图”商标的同时，还提供了大量证明“鳄鱼恤”及“CROCODILE”具有一定知名度的证据，并以“鳄鱼恤”及“CROCODILE”两商标的知名度来证明“鳄鱼恤CROCODILE SINCE 1952及图”商标的知名度，同时请求认定“鳄鱼恤CROCODILE SINCE 1952及图”为驰名商标。一审法院判定侵权成立，但认为鳄鱼恤公司的证据不能证明“鳄鱼恤CROCODILE SINCE 1952及图”商标已经驰名，拒绝认定该商标为驰名商标。

北京市高级人民法院认为，鳄鱼恤公司提供的证据不能证明“鳄鱼恤CROCODILE SINCE 1952及图”商标的宣传持续时间、程度和地理范围；其也没有提供将“鳄鱼恤CROCODILE SINCE 1952及图”商标与“鳄鱼恤”、“CROCODILE”两项注册商标一并宣传并使消费者知晓其传承关系的足够证据，故鳄鱼恤公司使用“鳄鱼恤”、“CROCODILE”两项注册商标所积累的声誉尚不能等同于“鳄鱼恤CROCODILE SINCE 1952及图”商标的声誉。鳄鱼恤公司提起本案诉讼时“鳄鱼恤CROCODILE SINCE 1952及图”商标使用的持续时间也不长，依据现有证据尚不足以认定“鳄鱼恤CROCODILE SINCE 1952及图”商标已经取得了“鳄鱼恤”、“CROCODILE”两项注册商标的声誉，故不宜判定“鳄鱼恤CROCODILE SINCE 1952及图”为驰名商标。北京市高级人民法院判决维持原审判决。

21. 关于未在中国实际使用的商标可否认定为驰名商标的认定

驰名商标是指在中国为相关公众广为知晓并享有较高声誉的商标。根据《商标法》第十四条的规定，驰名商标的认定应当考虑以下因素：相关公众对该商标的知晓程度，该商标使用的持续时间，该商标的任何宣传工作的持续时间、程度和地理范围，该商标作为驰名商标受保护的记录以及该商标驰名的其他因素。其中商标的实际使用对驰名商标的认定具有最为重要的意义，这是因为对商标的使用不仅是实现商标基本功能的前提和基础，同时也是创造和累积商标价值的重要途径和方式。对于未在中国实际使用过的商标，或者说商标持有人未在中国使用过其商标却又申请认定该商标为驰名商标的，一般不得认定为驰名商标。

在辉瑞产品有限公司（以下简称辉瑞公司）、辉瑞制药有限公司（以下简称辉瑞制药公司）诉北京健康新概念大药房有限公司（以下简称新概念公司）、上海东方制药有限公司破产清算组、广州威尔曼药业有限公司（以下简称威尔曼公司）不正当竞争及侵犯未注册驰名商标权纠纷一案[1]中，1997 年 11 月 28 日，辉瑞公司在中国注册了第 1130739 号“VIAGRA”文字商标，指定使用的商品为第 5 类人用药、医用制剂。辉瑞公司还在中国香港、台湾地区获得了“伟哥”繁体文字注册商标申请。1998 年 8 月 12 日，辉瑞公司向商标局申请注册“伟哥”商标，商标局以威尔曼公司于 1998 年 6 月 2 日在先申请注册的第 1911818 号“伟哥”商标为由，决定驳回其注册申请。辉瑞公司不服该驳回决定并提出复审请求，目前该复审请求仍在审查之中。同时，辉瑞公司就威尔曼公司在先申请注册的第 1911818 号“伟哥”商标提出异议申请，目前商标局尚未作出处理决定。辉瑞公司及辉瑞制药公司至今亦未在中国大陆地区使用“伟哥”商标。针对中国大陆部分媒体在 1998 年 9 月至 11 月期间有关“伟哥”的报道，辉瑞公司曾声明其生产的药品的正式名称为“VIAGRA”。两原告认为“伟哥”系其未注册驰名商标，三被告生产、销售的“伟哥”药品的行为侵犯了其未注册驰名商标权。一审法院认为“伟哥”不构成未注册驰名商标，判决驳回了两原告的诉讼请求。

北京市高级人民法院认为，虽然辉瑞公司在我国香港及台湾地区申请注册了“伟哥”繁体文字商标，但根据商标独立保护原则，辉瑞公司在中国内地并不对“伟哥”商标享有权益。大陆媒体在 1998 年 9 月至 11 月期间的有关报道中虽然多将“伟哥”与“Viagra”相对应，但上述报道均系媒体所为而并非两原告所为，辉瑞制药公司亦声明其研发生产的药品“Viagra”的中文正式名称为“万艾可”。故有关媒体将“Viagra”称为“伟哥”不能反映两原告当时的真实意思，亦不能将媒体的相关报道视为两原告实际使用“伟哥”商标的行为，且媒体报道亦不足以证明“伟哥”在中国有较高的知名度和声誉。由于两原告未在中国大陆实际使用“伟哥”商标，亦不能证明其“伟哥”商标在中国大陆已具有较高知名度，故不能认定“伟哥”为两原告在中国大陆地区的未注册驰名商标。北京市高级人民法院维持了原审判决。

22. 关于销售时不致导致消费者混淆的行为不侵犯他人商标权的认定

《商标法》第五十二条第（一）项规定，未经商标注册人的许可，在同一种商品或者类似商品上使用与其注册商标相同或者近似的商标的，属侵犯注册

[1] 参见北京市高级人民法院（2007）高民终字第 1684 号民事判决书和北京市第一中级人民法院（2005）一中民初字第 11352 号民事判决书。

商标专用权。对于立体商标而言，该规定中的“商标近似”，是指被控侵权的商标与原告的注册商标相比较，其立体形状、颜色组合近似，易使相关公众对商品的来源产生误认或者认为其来源与原告注册商标的商品有特定的联系。这就是说，消费者对产品来源的误认或者产生某种联想是判定商标是否近似的重要因素，而消费者对商品来源的混淆可以分为售时混淆和售后混淆。售时混淆是指在销售商品时也就是消费者购买商品时产生的混淆，售后混淆则是指消费者在购买商品以后的使用或其他过程中产生的混淆。对于仅有售时混淆和同时包含售时混淆和售后混淆的情形来说，通常可以认定为侵犯商标权。但对于没有售时混淆而仅有售后混淆的情形，可否认定侵犯他人商标权，应当说在司法实践中具有较大争议。北京市高级人民法院在一份判决中对这一问题给出了明确的意见。

在辉瑞公司、辉瑞制药公司诉新概念公司、江苏联环药业股份有限公司（以下简称联环公司）、威尔曼公司侵犯商标专用权纠纷一案[1]中，辉瑞公司系第3110761号菱形立体注册商标（即涉案立体商标）的权利人，指定使用商品为第5类医药制剂、人用药等。辉瑞公司许可辉瑞制药公司使用涉案立体商标。三被告生产并销售的被控侵权药品的包装盒上载明药品名称为“甲磺酸酚妥拉明分散片”，用于治疗男性勃起功能障碍。该药品的包装盒正、反面标有“伟哥”和“TM”字样，并标明了生产日期和生产厂家，上述“伟哥”两字有土黄色的菱形图案作为衬底。该包装盒内药片的包装为不透明材料，其上亦印有“伟哥”和“TM”、“江苏联环药业股份有限公司”字样，药片的包装有与药片形状相应的菱形突起。该药片为浅蓝色、近似于指南针形状的菱形，并标有“伟哥”和“TM”字样。威尔曼公司1998年6月2日向商标局申请注册“伟哥”文字商标，使用商品包括人用药。目前该申请尚未被核准注册。一审法院认为，被控侵权产品与原告商标构成近似。尽管在实际销售时，由于被控侵权药片的包装为不透明材料，消费者看不到药片的外表形态，但商标的功能和价值不仅体现在销售环节中用以区分不同的生产者，还在于体现生产者的信誉和商品声誉。知道原告商标的消费者在看到被控侵权产品时，会因为两者的形状、颜色近似而认为被控侵权产品与两原告存在某种联系，进而产生误认。一审法院判定三被告生产、销售被控侵权产品的行为侵犯了原告商标权。

北京市高级人民法院认为，商标是商品的生产者或者经营者在其生产、加工或销售的商品上以文字、图形、字母、数字、三维标志和颜色组合等所制作

---

[1] 参见北京市高级人民法院（2007）高民终字第1686号民事判决书和北京市第一中级人民法院（2005）一中民初字第11351号民事判决书。

的一种标识，以此证明该商品的特定身份并区别于其他商品，即商标是一种能够将某一企业的商品或服务与其他企业的商品或者服务区分开的标识。本案联环公司生产的“甲磺酸酚妥拉明分散片”药片在由新概念公司销售时，药片包装盒和药片包装已明显起到表明商品来源和生产者的作用。虽然该药片的包装有与药片形状相应的菱形突起、包装盒上“伟哥”两字有土黄色的菱形图案作为衬底，但消费者在购买该药品时并不能据此识别该药片的外部形态。这就是说，由于包装于不透明材料内的药片在销售时并不能起到表明其来源和生产者的作用，即便该药片的外部形态与辉瑞产品公司的涉案立体商标相同或相近似，但消费者在购买该药品时不会与辉瑞产品公司的涉案立体商标相混淆，亦不会认为该药品与辉瑞产品公司、辉瑞制药公司存在某种联系进而产生误认，故联环公司的涉案使用行为不构成对辉瑞产品公司涉案立体商标权的侵犯。因此，三被告的涉案行为并未构成对辉瑞产品公司商标专用权的侵害，也未损害辉瑞制药公司的利益。北京市高级人民法院改判撤销一审判决并驳回两原告的诉讼请求。

23. 关于对将他人在先注册商标申请为外观设计专利的行为能否通过民事诉讼予以救济的认定

《商标法》第五十二条在明确规定了四种侵犯注册商标专用权的行为后，同时规定了兜底条款，即“（五）给他人的注册商标专用权造成其他损害的行为也可能构成侵犯注册商标专用权的行为”。《商标法实施条例》第五十条规定了两种属于该兜底条款的情形：“（一）在同一种或者类似商品上，将与他人注册商标相同或者近似的标志作为商品名称或者商品装潢使用，误导公众的；（二）故意为侵犯他人注册商标专用权行为提供仓储、运输、邮寄、隐匿等便利条件的”。《最高人民法院关于审理商标民事纠纷案件适用法律若干问题的解释》第一条进一步规定了三种属于该兜底条款的情形：“（一）将与他人注册商标相同或者相近似的文字作为企业的字号在相同或者类似商品上突出使用，容易使相关公众产生误认的；（二）复制、摹仿、翻译他人注册的驰名商标或其主要部分在不相同或者不相类似商品上作为商标使用，误导公众，致使该驰名商标注册人的利益可能受到损害的；（三）将与他人注册商标相同或者相近似的文字注册为域名，并且通过该域名进行相关商品交易的电子商务，容易使相关公众产生误认的”。《商标法实施条例》及司法解释的上述规定对《商标法》第五十二条的兜底条款提供了例示。将他人在先注册商标作为主要设计元素申请外观设计专利，并不属于《商标法》第五十二条、《商标法实施条例》及司法解释所明示的侵犯商标权行为。那么，能否通过民事诉讼对这种行为提供救济呢？

在路易威登马蒂利股份有限公司诉王军侵犯注册商标专用权纠纷一案[1]中，路易威登马利蒂公司系在先注册的第241000号“路易威登”、第241081号“LV”、第1106237号图形和第1106302号图形四个注册商标的权利人，其指定使用商品均为第18类旅行包、背包，手提包、购物袋、公文包（箱）等。王军向中华人民共和国国家知识产权局申请了名称为“手提袋”的第02367907.7号外观设计专利并已获得授权，该专利主视图突出使用的文字和图形分别与路易威登马利蒂公司的上述四个注册商标的文字和图形相同。路易威登马利蒂公司以王军未经其许可，抄袭其注册商标并将之简单附加在手提袋形状上申请的外观设计专利，与其注册商标专用权存在冲突并侵犯其注册商标专用权为主要理由，请求法院判令王军不得使用第02367907.7号名称为“手提袋”的外观设计专利产品。一审法院认为，王军申请第02367907.7号外观设计专利的行为已构成《商标法》第五十二条第（五）项中“其他侵犯注册商标专用权的行为”，判决王军不得使用该外观设计专利产品。

北京市高级人民法院认为，《专利法》第二十三条规定，授予专利权的外观设计，不得与他人在先取得的合法权利相冲突。2002年《专利法实施细则》第六十五条第三款规定：“以授予专利权的外观设计与他人在先取得的合法权利相冲突为理由请求宣告外观设计专利权无效，但是未提交生效的能够证明权利冲突的处理决定或者判决的，专利复审委员会不予受理。”上述规定表明，授予专利权的外观设计侵犯在先权利的，可以不经宣告外观设计专利无效而直接认定其侵权，不受经行政程序取得的权利必须经行政程序方可否定其效力的一般规则的限制，其经行政程序取得的权利不能成为阻却违法的事由，而宣告该外观设计专利权无效恰恰以“提交生效的能够证明权利冲突的处理决定或者判决”为前提条件或者前置程序。本案路易威登马利蒂公司涉案四个注册商标核定使用的商品为手提包、购物袋等，与王军第02367907.7号外观设计专利的产品手提袋在功能、用途、消费对象、销售渠道等方面均相同，应认定为类似商品。第02367907.7号外观设计专利产品主视图上突出使用的文字和图形分别与路易威登马利蒂公司四个注册商标的文字和图形相同，王军在其外观设计专利产品上的这种突出使用行为起到了标示商品来源的作用，已经构成了在同一种和类似商品上使用与路易威登马利蒂公司上述注册商标相同商标的行为。虽然本案并无证据显示王军已实际将其外观设计专利产品投入市场使用，但其一旦投入市场即会不可避免地造成相关公众的混淆误认，给路易威登

[1] 参见北京市高级人民法院（2008）高民终字第114号民事判决书和北京市第一中级人民法院（2007）一中民初字第4873号民事判决书。

马利蒂公司的上述注册商标专用权造成侵害。北京市高级人民法院遂维持了原审判决。

24. 关于对虽未在我国大陆地区从事商业行为但存在能够使相关公众将该商业行为与特定商标联系起来的非商业活动时可视为使用该商标的认定

使用是创立、维持和扩展商标价值最为重要的方式，对于注册商标来说，使用还具有维持注册的意义，即注册商标在一定时期内未实际使用可能导致被撤销注册。商标法中的商标使用，包括但不限于将商标用于商品、商品包装或者容器以及商品交易文书上，或者将商标用于广告宣传、展览以及其他商业活动中。对于某些出于特定原因不能在我国大陆地区实际使用的未注册商标，如果当事人通过义卖、预展、慈善事业、广告宣传等活动，已经能够使相关公众将该未注册商标与其特定服务联系起来的，可以视为该商标在我国大陆地区已经使用。

在苏富比拍卖行诉四川苏富比拍卖有限公司（以下简称四川苏富比公司）侵犯商标权纠纷一案[1]中，苏富比拍卖行1744年在伦敦成立，主要经营古董、字画等高端艺术品的拍卖。1995年1月21日，苏富比拍卖行经核准注册了"SOTHEBY’S"商标，核定使用服务项目为第35类拍卖，目前该商标为有效注册商标。2006年9月，苏富比拍卖行在第35类拍卖上申请注册"苏富比"和"SOTHEBY’S"商标，但尚未被核准。从20世纪70年代以来，苏富比拍卖行开始在我国香港地区的拍卖服务中使用"苏富比"标志，在我国大陆地区则出于《拍卖法》、《中华人民共和国文物保护法》（以下简称《文物保护法》）等法律的限制，至今未实际从事商业性拍卖活动。但从20世纪80年代起，苏富比拍卖行多次在我国大陆地区举办非商业性拍卖、拍卖预展等活动。苏富比拍卖行亦在大陆地区设立了代表处，并发布了大量的广告宣传。四川苏富比公司成立于2003年12月5日，其经营范围主要为各种拍卖服务。2004年以来，四川苏富比公司从事了书画作品、房地产等拍卖活动，其在拍卖活动与网络及平面宣传中，多次使用"苏富比"、"SOTHEBY"标识。苏富比拍卖行在起诉被告侵权的同时，请求确认"苏富比"为其未注册驰名商标。四川苏富比公司主张苏富比拍卖行从未在大陆地区的商业性拍卖服务中使用"苏富比"、"SOTHEBY"标识，故其使用"苏富比"、"SOTHEBY"标识的行为不会造成混淆。一审法院认为"苏富比"具有较高知名度，认定其为原告未注册的驰名商标，并判定侵权成立。

[1] 参见北京市高级人民法院（2008）高民终字第322号民事判决书和北京市第二中级人民法院（2007）二中民初字第11593号民事判决书。

北京市高级人民法院认为，商标法意义上的商标使用行为是在商业活动中为表示商品或服务来源、使相关公众区分同种商品或服务的不同提供者的行为。苏富比拍卖行虽然因为《拍卖法》、《文物保护法》等法律的限制未在我国大陆实际从事商业性拍卖活动，但是通过义卖、慈善性拍卖、预展、广告宣传等活动已经能够使相关公众知晓其为拍卖服务的提供者。因此足以认定苏富比拍卖行在我国大陆已经实际使用“苏富比”商标，而且苏富比拍卖行上述使用“苏富比”商标的行为并未违反《拍卖法》、《文物保护法》的禁止性规定。现有证据足以证明苏富比拍卖行与“苏富比”商标的联系及该商标的知名度，可以将“苏富比”商标认定为驰名商标。北京市高级人民法院判决维持原审判决。

四、著作权案件

25. 关于建筑作品的认定和保护

《著作权法》所称作品是指文学、艺术和科学领域内具有独创性并能以某种有形形式复制的智力成果，可以分为文学艺术作品、自然科学作品、社会科学作品和工程技术作品等类型，其中建筑作品是《著作权法》所保护的一种作品形式。根据《中华人民共和国著作权法实施条例》（以下简称《著作权法实施条例》）的规定，建筑作品是指“以建筑物或构筑物形式表现的作品”。建筑作品中的建筑物，仅仅指外观、装饰或设计上含有独创成分的建筑物。一幢建筑物给人的第一个印象，是它的外观；而它的外观则是建筑设计师一定美学构思的表达形式；这种表达形式可能被他人复制并借此营利，所以应当由其创作者享有版权并得到某种程度的保护。因此，建筑作品以其外观，包括线条、装饰、色彩等来体现；建筑作品受到保护的，仅仅是有关建筑物外观的设计。构成建筑作品，同样需要具备独创性。司空见惯的纯粹以实用为目的而建造的“火柴盒式”楼房、根据常规设计建造的楼房、建筑工地中为建筑工人临时搭建的工棚等，缺乏独创性或没有任何艺术美感，不是建筑作品。另外，建筑材料、技术方案等不属于建筑作品受保护的范围，为功能所决定的外观亦不应得到保护。

在保时捷股份公司（以下简称保时捷公司）诉北京泰赫雅特汽车销售服务有限公司（以下简称泰赫雅特公司）侵犯著作权纠纷一案[1]中，保时捷公司

[1] 参见北京市高级人民法院（2008）高民终字第325号民事判决书和北京市第二中级人民法院（2007）二中民初字第1764号民事判决书。

委托他人创作了该公司的建筑设计，并要求其在全球各地的销售商都统一采用该设计建造销售店面。这种建筑物外部具有如下特征：（1）该建筑正面呈圆弧形，分为上下两个部分，上半部由长方形建筑材料对齐而成，下半部为玻璃外墙。（2）该建筑物入口部分及其上方由玻璃构成，位于建筑物正面中央位置；入口部分上方向建筑物内部缩进，延伸直至建筑物顶部；建筑物入口及其上方将建筑物正面分成左右两部分，左侧上方有“PORSCHE”字样，右侧上方有“百得利”字样。（3）该建筑物的后面和右侧面为工作区部分，呈长方形，其外墙由深色材料构成，该材料呈横向带状。（4）建筑物展厅部分为银灰色，工作区部分为深灰色。保时捷公司在中国的销售商北京保时捷中心的建筑物采用了该设计。泰赫雅特公司的主要经营范围为进口 TechArt（泰赫雅特）品牌汽车销售，其经营地泰赫雅特中心建筑外观基本具备保时捷公司主张权利的北京保时捷中心建筑作品的特征（1）、（2）、（3），其与北京保时捷中心的外部特征区别在于：建筑物整体下方有约一米高的高台；建筑物左侧弧形下方并非玻璃外墙，且该区域有较大空间，便于汽车停放，建筑物左右两侧均加有栏杆；建筑物的左侧面为工作区部分，与北京保时捷中心展厅与工作区相比呈反向布局；建筑物左侧上方有“泰赫雅特”字样，右侧上方有“TECHART”字样；建筑物展厅部分为灰黑色，工作区部分为银灰色。一审法院认为，北京保时捷中心建筑作品系保时捷公司享有著作权的建筑作品，泰赫雅特中心建筑侵犯了该著作权，并判决其承担停止侵权、赔偿损失等法律责任。

北京市高级人民法院认为，建筑作品是指以建筑物或者构筑物形式表现的具有审美意义的作品。建筑物本身作为《著作权法》保护的客体，其外观应当具有独创的设计成分，并具有美感和独创性。建筑作品所保护的应当是该建筑作品在外观、造型、装饰设计上包含的独创成分，未经建筑作品著作权人许可复制其作品构成侵犯著作权的行为。北京保时捷中心建筑整体采用圆弧形设计，上半部由长方形建筑材料对齐而成，下半部为玻璃外墙；该建筑的入口将建筑物分为左右两部分，入口部分及上方由玻璃构成；长方形工作区与展厅部分相连，使用横向带状深色材料；该建筑展厅部分为银灰色，工作区部分为深灰色。上述综合特征表明，北京保时捷中心建筑作品具有独特的外观和造型，富有美感，具有独创性，属于《著作权法》所保护的建筑作品。泰赫雅特中心建筑外观基本具备保时捷公司主张权利的北京保时捷中心建筑作品的特征（1）、（2）、（3），北京保时捷中心建筑作品的特征（3）涉及的工作区部分的设计属于汽车 4S 店工作区必然存在的设计，其外部呈现的横向带状及颜色与所用建筑材料有关，并非保时捷中心建筑的独创性成分，应当排除在《著作权法》保护之外。就建筑整体而言，北京保时捷中心建筑作品的特征（1）、

(2) 构成了两个建筑的主要或实质部分。虽然泰赫雅特中心建筑下方多出一个高台、建筑物左右两侧均加有栏杆，但是并不能否定二者实质上的近似。北京市高级人民法院遂维持了原审判决。

26. 关于对提供“点对点”(即P2P) 平台服务适用法律依据的认定

国务院《信息网络传播权保护条例》第二十三条对提供接入服务、传输服务、缓存、信息存储空间、搜索引擎和链接服务作了规定，但却没有对提供P2P平台服务的行为作出任何规定，由此产生了对这类行为应如何适用法律调整的问题。

在迪志文化出版有限公司（以下简称迪志公司）诉北京百度网讯科技有限公司（以下简称百度公司）、黄一孟侵犯软件作品网络传播权纠纷一案[1]中，迪志公司系名称为“《文渊阁四库全书电子版》原文及全文/标题检索版软件v1.0”作品的著作权人。黄一孟开办的Verycd. com网站上设有资源频道，向用户提供便于检索的分类，列明了每个频道可供分享的用户下载文件的数量和大小，并对用以交换的资源内容进行介绍和宣传。该网站介绍了《文渊阁四库全书文本数据光盘》的名称、内容简介、资源分类、容量、参考定价、官方网站等内容，并提供名称为eMule的P2P软件，该软件的主要用途是下载包括《文渊阁四库全书文本数据光盘》在内的该网站资源频道中所列的内容。百度公司为Verycd. com网站提供了链接服务，在得知该网站可能涉及侵权后，百度公司断开该网站的链接路径。一审法院认为，百度公司与黄一孟未经迪志公司许可，利用网络传播迪志公司的《文渊阁四库全书电子版》软件作品。百度公司自得知迪志公司主张《文渊阁四库全书电子版》软件作品著作权后已经断开了与该作品相关的链接地址，其不承担赔偿责任。黄一孟作为Verycd. com网络经营者，在迪志公司起诉后，仍未停止提供链接行为，已构成明知被链接的作品侵权仍予链接的侵权行为，侵犯了迪志公司的信息网络传播权，应承担停止侵权、赔偿损失等民事法律责任。

北京市高级人民法院认为，根据《中华人民共和国民法通则》（以下简称《民法通则》）的规定，行为人对因过错给他人人身、财产造成损害的行为应当承担民事责任。网络服务提供者通过网络参与他人侵犯著作权行为，或者通过网络教唆、帮助他人实施侵犯著作权行为的，追究其与其他行为人或者直接实施侵权行为人的共同侵权责任。本案黄一孟在提供网站平台的过程中，按照自己的主观意志，在Verycd. com网站上对用以交换的资源内容进行整理编排

---

[1] 参见北京市高级人民法院（2006）高民终字第1483号民事判决书和北京市第一中级人民法院（2006）一中民初字第7251号民事判决书。

并进行分类，说明其对搜索结果是否涉嫌侵权有较高的预见和判断能力；Verycd. com网站页面关于《文渊阁四库全书文本数据库光盘》的介绍详细披露了该软件的文件容量以及参考价格，该软件容量之大、价格之贵的事实显而易见，但用户却能够通过该网站提供的平台和便利条件免费获得，故黄一孟应当知道在该网站传播平台上的《文渊阁四库全书文本数据库光盘》系未经著作权人授权。黄一孟亦不能证明提供涉案作品的上载用户系合法授权，也不能证明其曾采取任何措施避免涉案侵权作品通过其传播平台进行传播。因此，黄一孟的涉案行为在主观上应属故意，构成帮助侵权，依据2004年1月1日施行的《最高人民法院关于审理涉及计算机网络著作权纠纷案件适用法律若干问题的解释》第四条的规定，应当依法承担停止侵害、赔偿损失的法律责任。

27. 关于区分不同的链接以准确适用《信息网络传播权保护条例》第二十三条的认定

所谓链接，即通过在网络服务器某信息标题后放置存在该信息的网络地址，用户点击该信息标题后，网络服务提供者自动提供出该信息的内容，并在用户的显示器上显示出来，该信息既可以存放在本网站上，也可以存放在其他网站上。因此，链接既有“外链”，也有“内链”，还有页面链接、深层链接、加框链接等形式。根据《信息网络传播权保护条例》第二十三条的规定，网络服务提供者为服务对象提供搜索或者链接服务，在接到权利人的通知书后，根据该条例规定断开与侵权的作品、表演、录音录像制品的链接的，不承担赔偿责任；但明知或者应知所链接的作品、表演、录音录像制品侵权的，应当承担共同侵权责任。虽然上述规定就提供搜索或者链接服务的网络服务提供者的免责条件作了规定，但并非所有的“链接”都属于该条规定所定义的范围。该条所指的链接，是指根据内容提供者或者其他服务对象的指令，通过互联网自动提供信息的链接服务。他们只是以设施、技术为信息的传播提供通道、媒介，对内容提供者的信息进行定位、查询，帮助用户迅速发现、找到和获得信息。因此，这种链接只是在用户和内容提供者之间起到桥梁的作用。因此，应当区别所谓的链接是属于内链还是外链，是仅起定位、查询作用的链接还是以链接的名义行内容服务之实，从而准确界定其地位，适用法律。

在安乐影片有限公司（以下简称安乐公司）诉普信通（北京）科技有限公司（以下简称普信通公司）侵犯著作权纠纷一案[1]中，安乐公司享有电影

[1] 参见北京市高级人民法院（2008）高民终字第1198号民事判决书和北京市第一中级人民法院（2008）一中民初字第1059号民事判决书。

《霍元甲》在中国大陆地区的信息网络传播权。普信通公司是 www. chinavb. com. cn 网站的所有者和经营者，在该网站提供的“快速搜索”服务栏目中输入“霍元甲”并点击“搜索”，即进入 520mov. com（我爱电影）网站，IE 浏览器标题栏显示：“ChinaVB - 我爱电影 | www. 520mov. com……”，屏幕上出现“影片名称”为“霍元甲”、“主演”为“李连杰”等的搜索结果项。点击“霍元甲”进入相应页面，该网页载有电影《霍元甲》的基本情况介绍，点击“播放列表 CD1”即可播放该电影，该播放页面右上角显示有“ChinaVB 宽带服务第一门户”的标志，IE 浏览器标题栏显示：“http：//520mov. chinavb. com. cn - 霍元甲……”。普信通公司曾与锐进公司签订协议，约定锐进公司向普信通公司提供包括电影、电视剧、综艺节目业务的“宽频娱乐包月”业务，普信通公司用户使用 ChinaVB 的用户名和密码注册登录后，无须再次注册、登录，即可直接享受宽频娱乐包月应用服务；普信通公司为该业务提供二级域名 http：//520mov. Chinavb. com. cn 及相应技术支持。上述 520mov. com 上播放的电影《霍元甲》即系由锐进公司根据该协议提供给普信通公司。普信通公司据此主张其提供的服务仅限于《信息网络传播权保护条例》规定的自动接入和链接，应适用该规定的安全港规则。一审法院认为普信通公司的该主张不能成立，其行为已构成侵权并应承担相应的法律责任。

北京市高级人民法院认为，由于普信通公司用户使用 ChinaVB 的用户名和密码注册登录后，无须再次注册、登录，即可直接享受包括电影服务在内的宽频娱乐包月应用服务；用户登陆 ChinaVB 网站后即可直接链接到 520MOV 网站，并可播放涉案电影；ChinaVB 网站首页及该网站登录界面显示有“ChinaVB 宽带服务第一门户”标志，播放涉案电影时的网页显著位置显示有该标志，而普信通公司系 ChinaVB 网站的所有者、经营者，520MOV（我爱电影）网站的网址 520mov. chinavb. com. cn 系 chinavb. com. cn 的二级域名，故虽然涉案电影是通过链接到案外人锐进公司的服务器上才进行播放，但该链接并非《信息网络传播权保护条例》第二十三条规定的“链接服务”，520MOV 网站实为 ChinaVB 网站的一个栏目，普信通公司作为 ChinaVB 网站的所有者和经营者，应当对 ChinaVB 网站内的侵权行为承担相应的民事责任。北京市高级人民法院遂维持原审判决。

28. 关于以搜索框输入关键词的搜索方式向网络用户提供 MP3 搜索服务是否构成侵犯信息网络传播权的认定

信息网络传播行为是指将作品上传至或以其他方式将作品置于向公众开放的网络服务器中，使公众可以在选定的时间和地点获得作品的行为。网络服务提供者不承担赔偿责任的前提是对其搜索或者链接的作品、表演、录音录像制品是否侵犯他人著作权或者相关权利既不明知也不应知，如果有证据证明网络服务提供者明知或者应知所链接的作品、表演、录音录像制品侵权仍链接的，其应当承担共同侵权责任。当网络服务者以搜索框输入关键词的搜索方式向网络用户提供 MP3 搜索服务时，该行为是否构成侵犯信息网络传播权，具有较大争议。北京市高级人民法院的一份一审判决认为这种行为不构成侵犯信息网络传播权。

在浙江泛亚电子商务有限公司（以下简称泛亚公司）诉百度公司、百度在线网络技术（北京）有限公司（以下简称百度在线公司）侵犯著作权纠纷一案[1]中，泛亚公司对《你的选择》等 351 首歌曲享有词曲的著作财产权、表演者权中的财产权以及录音制作者权。公证书显示，在进入两被告经营的网站 www. baidu. com 后，点击 MP3，在“百度搜索”栏中输入“你的选择”，搜索结果列表中显示 180 个搜索结果，并设歌曲名、歌手名、专辑名、试听、歌词、铃声、大小、格式、链接速度等显示项目及相关内容。点击“歌曲名”下方的“2 你的选择”，跳出一个对话框，再选中“请点击此链接：”后面显示的链接地址“ http：//pic3. lxyes. com/hhhlx/bbs wap/myphoto/act3/20070331/13/23824552. mp3”，点击下拉菜单中的“目标另存为 A”，跳出文件下载对话框，显示“获取文件信息：23824552. mp3 来自 pic3. lxyes. com”。以同样的方式可以在被告网站上获取到泛亚公司享有权利的上述 351 首歌曲。随后泛亚公司两次向被告发出公函，要求被告删除侵权作品。在第一次发出的 9 份公函中，每一份公函列明的侵权链接地址均不相同，共涉及 351 首歌曲中的 103 首歌曲，原告以链接列表的方式共提供了 7 007条网页搜索链接、1 848 条 MP3 搜索链接，要求被告对原告提供了著作权证书及词曲内容的音乐作品断开侵权网页及 MP3 地址的链接。百度公司很快全部断开上述 9 份公函中所提出的涉及被控侵权的 103 首歌曲的网页搜索和 MP3 搜索中含有涉嫌侵权作品的第三方网站的具体链接地址。在第二次发出的律师公函中所附的《歌曲清单》中列明了歌曲名、词曲内容及作者、版权登记号，并附有演唱录音的光盘，但没有列明任何链接地址。原告主张，其在此前的“公函”中曾经列明了查找侵权作品网址的办法，故被告以此方法即可确定侵权作品的网址。

北京市高级人民法院认为，那些根据用户指令通过互联网提供自动搜索、链接服务，且对搜索、链接的信息不进行组织、筛选的网络服务提供者，对通过其系统或者网络的信息的监控能力有限；网络上信息数量庞大，

[1] 参见北京市高级人民法院（2007）高民初字第 1201 号民事判决书，该判决目前为未生效判决。

且在不断变化、更新，故要求其逐条甄别信息、注意到信息的合法性是不可能的。通常情况下，提供自动搜索、链接功能的网络服务提供者不知道相关信息是否侵权。被告提供的是MP3搜索引擎服务，“试听”和“下载”涉案歌曲是通过将用户端链接到第三方网站并在第三方网站上进行的，一旦被链接的第三方网站删除其中任何文件或关闭服务器，用户将无法在百度网站页面上通过点击链接来获得第三方网站中的文件，百度网站的服务器上并未上载或储存被链接的涉案歌曲。因此，被告所提供的是定位和链接服务，并非信息网络传播行为，不构成对原告相关信息网络传播权的直接侵犯。通过在百度网站搜索框内输入歌曲名称的方式向用户提供MP3搜索引擎服务，百度网站为用户提供了多种可选择的服务，用户可以通过键入关键词的形式向服务提供者发出指令从而获得信息的方式自行选择其所要求的服务。被告接到用户的指令后根据用户的要求进行搜索，建立临时链接，其所搜索、链接的内容既可能是侵权的，也可以是公有领域的信息，或者是经权利人许可传播的不侵权的内容。显然，被告事先无法判断用户将键入什么关键词、要求提供什么服务。基于这种服务的技术、自动和被动等性质，即使被告施予其能力所及的注意，也难以知道其所提供服务涉及的信息是否侵权。被告接到原告第一次通知后，已将通知中明确列明的针对涉案351首歌曲所在的第三方网站的具体MP3链接地址全部删除，符合《信息网络传播权保护条例》第二十三条规定的免责条件。原告第二种通知不符合《信息网络传播权保护条例》第十四条关于通知要件的要求，并且鉴于原告已经许可其他网站或者机构在互联网上传播涉案歌曲，且MP3搜索引擎的现有技术尚无法实现根据音频文件内容来进行搜索，只能基于关键词进行搜索。在此情况下，如果将原告主张权利的涉案351首歌曲按照歌曲名称进行屏蔽，可能会损害其他被许可人的合法权利；如果将歌曲名称作为关键词进行屏蔽或删除，亦可能损害他人的合法权利，出现删除或屏蔽错误的情形。因此，被告并不负有按照第一次通知中提示的查找侵权歌曲网址的办法确定第二次通知中侵权歌曲网址的义务。本案被告以搜索框输入关键词的搜索方式向网络用户提供MP3搜索服务未侵犯原告信息网络传播权。

29. 关于网络服务商是否尽到审查义务的认定

《信息网络传播权保护条例》第二十三条规定，网络服务提供者为服务对象提供搜索或者链接服务，在接到权利人的通知书后，根据该条例规定断开与侵权的作品、表演、录音录像制品的链接的，不承担赔偿责任；但明知或者应知所链接的作品、表演、录音录像制品侵权的，应当承担共同侵权责任。在司法实践中适用该规定的一个难点就是如何判定网络服务商的“明知或者应知”。

在刘建业诉新华网络有限公司（以下简称新华网）侵犯著作权纠纷一案[1]中，刘建业系历史小说《明清十大奇案》（以下简称《奇案》）的作者，其授权中图公司以中文平面形式印刷、出版、发行《奇案》，并将包括《奇案》作品数字形式的各项权利的专有使用权和再许可权授权给北京书生网络技术有限公司。中图公司随后交由中央编译出版社出版了该书。新华网在其网站“相期以书 以书会友”栏目上刊载了《奇案》的内容简介、奇案一至七的目录及简介，大约两页篇幅；点击“奇案一：洪武丁丑科场冤案（1）”、“奇案七：康熙江南科场案（7）”，则进入新浪网的“新浪读书”栏目，浏览并下载相应章节的全文。刘建业与新华网沟通后，新华网及时删除了该链接。新浪网已为其在读书频道发布《奇案》中“奇案一至七”的行为赔偿了刘建业的经济损失。刘建业认为新华网的链接行为侵犯了其著作权并提起本案诉讼。一审法院认为新华网已尽到审查义务，判决驳回了刘建业的诉讼请求。

北京市高级人民法院认为，新华网在其网站上发布《奇案》的图书简介及“奇案一至七”的相关目录，网络用户点击该目录可以链接到新浪网的相关网页，进而浏览该部分内容，据此可以认定新华网提供了链接服务。新华网在建立涉案链接前，已经审查了中国恒业公司与中央编译出版社的出版合同、中央编译出版社授权新浪网连载《奇案》的授权书等文件。同时，基于中央编译出版社已出版了《奇案》正规出版物的事实，可以认定新华网对其链接行为已经尽到了审查义务，并不具有主观过错。在刘建业同新华网沟通后，新华网及时断开了涉案链接，并删除了其网站上的相关内容，故其不构成共同侵权，不应承担损害赔偿、赔礼道歉责任。北京市高级人民法院维持了原审判决。

五、其他知识产权案件

30. 关于恶意诉讼构成的判定

恶意诉讼是近年来知识产权审判中遇到的新问题，而且多出在专利诉讼领域，这主要是因为我国外观设计及实用新型专利的授权无须经过实质审查，有人便利用该制度设计上的漏洞，故意将不符合实质授权条件的技术或设计申请专利并获得授权。专利权诉讼中的恶意诉讼就是指专利权人明知或应知其专利

---

[1] 参见北京市高级人民法院（2008）高民终字第1319号民事判决书和北京市第一中级人民法院（2008）一中民初字第5810号民事判决书。

不符合实质授权条件，但仍出于不正当竞争或谋取诉讼经济利益等不当目的提起的侵权诉讼。因恶意诉讼给他人造成的损失应依法赔偿。判定是否属于恶意诉讼的关键是判定专利权人是否“明知或应知”，一般说来，专利权人将现有技术申请专利后出于不正当竞争等不当目的起诉他人侵权的，可能构成恶意诉讼。如果仅因专利权人自己的不当行为造成其专利在先公开并被依法宣告无效的，一般不宜认定为恶意诉讼。

在北京明日电器设备有限责任公司（以下简称北京明日公司）诉维纳尔（北京）电气系统有限公司（以下简称维纳尔公司）损害赔偿纠纷一案[1]中，维纳尔公司系“NH固定式熔断器负荷隔离开关”、“母线式熔断器负荷隔离开关（400A）”、“母线式熔断器负荷隔离开关（630A）”和“条形熔断器负荷隔离开关”四项外观设计专利权人。维纳尔公司以北京明日公司侵犯其上述外观设计专利权为由，向原审法院提起诉讼。原审法院根据维纳尔公司的申请裁定冻结了北京明日公司的银行账户存款。北京明日公司在答辩期内就上述四项外观设计专利向专利复审委员会提出无效宣告请求，并请求原审法院中止该案审理，原审法院于2005年6月15日裁定该案中止诉讼。专利复审委员会以上述四项外观设计专利均已被在先出版物公开为由，宣告其全部无效。维纳尔公司随后撤回了对北京明日公司的侵权诉讼，但北京明日公司在该诉讼中已经支付了律师费、无效宣告请求费及公证费等费用，并因其银行账户存款被冻结遭受了利息损失。北京明日公司认为维纳尔公司利用我国专利授权制度中对外观设计专利申请不进行实质审查的规定，在明知涉案专利不符合授权条件的情况下，提起诉讼影响原告的生产经营，其行为具有恶意并给原告造成了经济损失，故提起本案诉讼。一审法院认为维纳尔公司的行为不构成恶意诉讼，判决驳回北京明日公司的诉讼请求。

北京市高级人民法院认为，维纳尔公司的四项外观设计专利权最终被宣告无效的原因是其在专利申请前已经将与之相近似的产品在出版物上公开，并非是将他人的已有设计申请为外观设计专利，因此仅依据在先公开的事实和维纳尔公司应当了解专利法的推定尚不足以认定维纳尔公司申请专利的行为具有恶意。维纳尔公司提起诉讼所依据的是当时尚有效的四项外观设计专利权，因此其提起诉讼具有正当理由。在专利复审委员会宣告上述四项专利权全部无效后，维纳尔公司并未进一步提起诉讼，而是及时撤回了对北京明日公司的侵权指控。北京明日公司被冻结的银行账户存款也在维纳尔公司的外观设计专利权

---

[1] 参见北京市高级人民法院（2008）高民终字第163号民事判决书和北京市第二中级人民法院（2007）二中民初字第15445号民事判决书。

被宣告无效后的两个月到期，维纳尔公司也未申请继续冻结。综合考虑以上情况不能认定维纳尔公司对北京明日公司提起侵犯专利权诉讼的行为属于恶意诉讼，北京明日公司为其被指控侵犯专利权而支出的相关费用亦不应由维纳尔公司承担。北京市高级人民法院维持了一审判决。

2009 年

北京市高级人民法院
2009年知识产权审判新发展

2009年，北京市高级人民法院知识产权庭共受理知识产权案件575件，其中一审案件2件，二审案件573件。在573件二审案件中，著作权案件27件，专利行政案件162件，专利民事案件60件，商标行政案件235件，商标民事案件32件，不正当竞争案件8件，技术合同案件5件，其他知识产权案件44件。全年共审结知识产权案件548件，其中一审案件5件，二审案件543件。在548件已审结案件中，著作权案件25件，专利行政案件151件，专利民事案件59件，商标行政案件214件，商标民事案件29件，不正当竞争案件10件，技术合同案件4件，其他知识产权案件56件。下文拟向知识产权界介绍北京市高级人民法院2009年知识产权审判的最新发展和动向。

一、专利行政案件

1. 关于对发明和实用新型申请文件修改是否超范围的认定

《专利法》第33条规定："申请人可以对其专利申请文件进行修改，但是，对发明和实用新型专利申请文件的修改不得超出原说明书和权利要求书记载的范围……"。《专利法实施细则》和《审查指南》又对专利文件的修改作了相应的配套规定。因此，无论在专利申请阶段还是专利无效宣告程序中，申请人或专利权人均可以在适当的时机修改其申请文件或授权文本，但修改只能在不超出原申请文件范围的限制下进行。正确理解与适用《专利法》第33条的规定，对维护专利权人与公众利益的平衡和维护鼓励创新与自由竞争的平衡至关重要。但自2006年《审查指南》实施以来，在专利申请审查程序中，审查员以修改超范围为理由驳回专利申请的案件越来越多；在无效宣告程序中，请求人也频频采用这一理由对授权的专利提起无效。如何准确理解和适用《专利法》第33条，是实践中亟需解决的问题。

在精工爱普生株式会社（以下简称精工爱普生）诉专利复审委员会"墨盒"发明专利无效一案中，精工爱普生系名称为"墨盒"的发明专利的专利权人。审查员就本专利申请发出的"审查意见通知书"指出了"存储装置"

和“记忆装置”修改超范围的问题，申请人对此的解释是：“权利要求23涉及附图6和附图7，其中‘存储装置’是指图7（b）所示的‘半导体存储装置61’”；“该权利要求及其后的权利要求中所述的‘记忆装置’是指说明书及附图中记载的电路板及设置在其上的半导体存储装置”。上述解释被接受，本专利遂被公告授权，但在对本专利的无效审查程序中，专利复审委员会认为，本专利原说明书和权利要求书中并没有“存储装置”和“记忆装置”的文字记载，而仅有“半导体存储装置”的文字记载。“存储装置”是用于保存信息数据的装置，除半导体存储装置外，其还包括磁泡存储装置、铁电存储装置等多种不同的类型。本专利原说明书和权利要求书中针对的是半导体存储装置，不涉及其他类型的存储装置，也不能直接且毫无疑义地得出墨盒装有其他类型的存储装置，本领域技术人员并不能从原说明书和权利要求书记载的“半导体存储装置”直接且毫无疑义地确定出“存储装置”。同理，“记忆装置”也不能从原说明书和权利要求书记载的“半导体存储装置”直接且毫无疑义地确定，故本专利的独立权利要求1、8、12、29和40及相应的从属权利要求均不符合《专利法》第33条的规定。据此，专利复审委员会宣告本专利全部无效。北京市第一中级人民法院认可专利复审委员会的做法并判决维持了第专利复审委员会的决定。[1]

北京市高级人民法院二审认为，本专利原始公开文本中相关权利要求记载有“半导体存储装置”及“存储装置”的内容，本专利原说明书已记载“打印设备必须带到厂家，并且记录控制数据的存储装置必须更换”，而且背景技术也记载了“其中在一个墨盒上设置了半导体存储装置和连接到存储装置的一个电极”。本领域技术人员通过阅读原权利要求书及说明书，可以毫无疑义地确定本专利申请人在说明书中是在“半导体存储装置”意义上使用“存储装置”，本领域技术人员不会将其理解为作为上位概念的“存储装置”，因此本权利要求1、40符合《专利法》第33条的规定。本专利“记忆装置”虽然由实质审查阶段修改而来，但其不同于“存储装置”的修改，原权利要求书及说明书中从未有“记忆装置”的记载，该术语属于专利申请人新增加的内容。虽然专利申请人在实质审查阶段答复通知书的意见陈述书中对“记忆装置”作出明确限定，但仅仅在意见陈述中作出说明不能作为允许修改的依据，因此，本专利权利要求18、12、29不符合《专利法》第33条的规定。二审法院据此判决撤销一审判决及专利复审委员会第11291号决定。[2]

---

[1] 参见北京市第一中级人民法院（2008）一中行初字第1030号行政判决书。

[2] 参见北京市高级人民法院（2009）高行终字第327号行政判决书。

2. 关于路灯类外观设计一般消费者的确定

多年来，判定外观设计是否相同或相近似一直沿用一般消费者的主体标准。在第三次《专利法》修订过程中，虽然有观点认为应当放弃一般消费者的标准，或者至少应在外观设计专利无效审查程序中放弃一般消费者的主体判断标准，转而采用一般设计者的主体判定标准。但2008年新修订的《专利法》并未明确判断外观设计相同或相似的主体标准，从《专利法实施细则》和《审查指南》的相关规定来看，目前对外观设计相同相似性的判定仍然采用了一般消费者的主体标准。司法实践在判定外观设计是否相同或相似时也一直采用一般消费者的主体判断标准。但就具体的某一外观设计来说，如何确定其一般消费者的范围，仍然存在不同的认识。

在有关"路灯"外观设计专利无效案中，北京法院及专利复审委员会在如何确定"路灯"产品外观设计的"一般消费者"问题上，曾有多次交锋。在2005年审理的陈剑跃诉专利复审委员会及第三人宁波燎原灯具股份有限公司"路灯"外观设计专利权无效一案中，专利复审委员会将"路灯"产品外观设计的一般消费者界定为行人。北京市第一中级人民法院认为，外观设计是基于工业产品产生，并通过不同于同类产品且富于美感的外观吸引消费者的注意，赢得消费者的喜爱，故只有对此类产品具有关注的心理状态并在此基础上具有一定知识水平和认知能力的一般消费者才具有进行判断的能力；相反，如果不是该外观设计专利产品的一般消费者，则因其对于此类产品不具有关注的心理状态，缺乏相关知识和认知能力，将会导致其在进行判断时缺乏客观性。因此，一般消费者并不仅指购买者，而是泛指具有一般的知识水平和认知能力，能够辨认被比外观设计产品的形状、图案以及色彩，对被比外观设计产品的同类或者相近类产品的外观设计状况有常识性了解的人。就本案所涉及的路灯类产品而言，具有关注此类产品的心理状态并具有一定的知识水平和认知能力的一般消费者应当是这类产品的购买者、安装以及维护人员。虽然路灯在实际生活中除了具有照明功能外，还具有一定装饰功能，但由于类似于本专利和对比文件的路灯产品是安装于数米高的电线杆的顶部，通常情况下因与行人距离较远，或者因路灯与行人所处的明显的高低位置关系而不便观察，故行人对于这类采用较为传统的上部为灯罩、灯罩内设有灯泡的路灯产品一般不会施以注意。因此，行人不应当视为本专利和对比文件的路灯产品的一般消费者，不能将其作为判断本专利与对比文件是否相近似的主体。[1] 北京市高级人民法院二审认为，路灯类产品使用于公共场所，是为行人、车辆照明而设置的，并有

---

[1] 参见北京市第一中级人民法院（2005）一中行初字第455号行政判决书。

美化环境、装饰作用，其外观设计除俯视图不易被行人观察到以外，从其他角度是可以直接观察到的，行人对于路灯的形状具有一定的分辨力。一审法院关于具有关注本案涉及的路灯类产品的心理状态并具有一定的知识水平和认知能力的一般消费者应当是这类产品的购买者、安装以及维护人员，行人不应当视为路灯产品的一般消费者的认定不妥，行人应作为对路灯产品的外观设计状况具有常识性了解的一般消费者。路灯产品的购买、安装以及维护人员在购买、安装、维修时，也要考虑到路灯在使用时的状态，此时也是以普通行人的眼光进行观察的。[1]

但关于路灯产品外观设计判定主体的争议并没有因为上述案件的审结而尘埃落定。在宁波燎原工业股份有限公司诉专利复审委员会及第三人陆昌顺"路灯（白玉兰）"外观设计专利权无效一案中，北京市第一中级人民法院在确定路灯产品外观设计相同相似性的判定主体时，又回到了原来的老路上。北京市第一中级人民法院在该案中再次认为，在判断外观设计是否相近似时，首先要确定判断主体。不同的判断主体，由于对被比设计产品的知识水平和认知能力存在差异，在判断两项外观设计是否相近似时，可能得出不同的结论。在判断外观设计是否相近似时，应当基于被比设计产品的一般消费者的知识水平和认知能力进行评价。这里所述的"一般消费者"是具体的，不同类别的被比设计产品具有不同的消费者群体。本案被比设计产品是路灯，其属于市政公共设施产品，其一般消费者主要是专门从事路灯的制造、销售、购买、安装及维修的人员，他们对于路灯产品的外观有常识性的了解，对于不同外观的路灯产品有相应的认知能力。如果路灯产品的一般消费者经过对比，本专利与在先设计的差别对于产品整体视觉效果具有显著影响，则二者既不相同，也不相近似。[2] 为此，北京市高级人民法院在2009年2月作出的终审判决中再次指出，在判断外观设计是否相同或相近似时，应当基于被比外观设计产品的一般消费者的知识水平和认知能力进行评价，不同种类的产品有不同的消费群体。本案专利产品是路灯，属于公共服务设施，消费者是对在使用状态下的路灯进行观察和欣赏。在界定路灯类产品的一般消费者时，应当注重该类产品的使用状态，路灯的使用者及路灯功能的享用者包括不特定的过往行人，而并非仅指专门从事路灯的制造、销售、购买、安装及维修的人员。原审法院将路灯类产品的一般消费者仅仅界定为从事路灯制造、销售、购买、安装及维修的人员明显

---

[1] 参见北京市高级人民法院（2005）高行终字第442号行政判决书。

[2] 参见北京市第一中级人民法院（2008）一中行初字第435号行政判决书。

不当，该院依法予以纠正。[1]

3. 关于技术构思不同但技术效果更好的技术方案具备创造性的认定

根据《专利法》第二十二条第三款的规定，发明的创造性是指同申请日以前已有的技术相比，该发明有突出的实质性特点和显著的进步。目前司法实践中在判断创造性时，“突出的实质性特点”被赋予越来越重要的地位，而“显著的进步”的作用被逐渐淡化。根据《审查指南》的规定，审查发明是否具备创造性，应当审查发明是否具有突出的实质性特点，同时还应当审查发明是否具有显著的进步。按照上述规定，“突出的实质性特点”和“显著的进步”是创造性判断中均需要考虑的同等重要因素。在评价发明是否具有显著的进步时，主要应当考虑发明是否具有有益的技术效果。如果发明提供了一种技术构思不同的技术方案，其技术效果能够基本上达到现有技术的水平，通常应当认为发明具有有益的技术效果，应当具备创造性。

在施耐德电器工业公司（以下简称施耐德公司）诉专利复审委员会、正泰集团股份有限公司（以下简称正泰集团公司）发明专利权无效行政纠纷一案[2]中，施耐德公司是名称为“开关装置触头耗损的测定方法和设备”的发明专利权人。正泰集团公司以本专利不具备创造性为由，请求专利复审委员会宣告其无效。本专利权利要求1与对比文件1的区别技术特征在于：（1）权利要求1中是对电磁铁线圈的励磁电流进行测定，而对比文件1中是对电枢触头处的接触电压进行测定；（2）权利要求1中是对触头闭合时间进行测量，而对比文件1中是对触头断开时间进行测量，不管其触点是由闭合到断开，还是由断开到闭合，对其间隙进行的测量其实就是对触点导通/不导通状态之间的电流/电压变化进行测量。专利复审委员会认为：对于区别技术特征（1），无论对电流进行测定，还是对电压进行测定，两者对本领域普通技术人员而言都不需要付出创造性劳动；对于区别技术特征（2），虽然两者是对相反的动作进行时间测量，但本专利和对比文件1都是对开关触头在电信号有无变化瞬间进行的测量，对本领域普通技术人员而言具有技术启示，因此本专利权利要求1相对于对比文件1结合本领域普通技术知识不具备创造性。一审法院维持了专利复审委员会的决定。

北京市高级人民法院经审理认为，对于涉及电学领域的创造性判断，不仅应当考虑电路的连接关系，还要考虑电路的工作状态。由于工作状态的不同导

---

[1] 参见北京市高级人民法院（2008）高行终字第684号行政判决书。

[2] 参见北京市高级人民法院（2009）高行终字第225号行政判决书和北京市第一中级人民法院（2008）一中行初字第1156号行政判决书。

致技术思路、技术方案的差别一般会产生不同于现有技术的效果。本领域普通技术人员可知，对比文件1中测量的其中一个点值是在切断对通过电磁线圈6上的励磁电流的供应后电磁线圈6上由于磁通的变化出现的感应电信号，而本专利中是测量在工作中经电磁线圈的励磁电流Is。对比文件1中测量的另外一个点值是测量在触头断开时电线输出端的人造中点处的电压变化来测量触头断开时刻TK的结束瞬间，而本专利是测量通过电磁铁线圈的励磁电流。因此，上述区别反映出两个技术方案处于不同的工作状态，两者测定方法的不同导致两个技术方案进行测量的时机不同，所选取的数值存在明显区别。换言之，本专利采用了与对比文件1完全不同的方法解决测定开关装置触头耗损的技术问题，提供了一种技术构思不同的技术方案，取得了比现有技术更好的技术效果，具有创造性。北京市高级人民法院遂改判撤销一审判决和专利复审委员会的决定。

4. 关于专利复审委员会依职权引入并认定了公知常识但没有给予于审查决定不利的当事人就该公知常识的认定陈述意见的机会违反了听证原则的认定

根据《审查指南》的相关规定，专利无效宣告程序中，专利复审委员会通常仅针对当事人提出的无效宣告请求的范围、理由和提交的证据进行审查，不承担全面审查专利有效性的义务。但是，在某些特殊情况下，例如请求人提出的无效宣告理由明显与其提交的证据不相对应、专利权存在请求人未提及的缺陷而导致无法针对请求人提出的无效宣告理由进行审查、技术手段为公知常识三种情况下，专利复审委员会可以依职权进行审查。根据上述规定，专利复审委员会在审查过程中应当遵循依当事人请求为主、依职权为辅的基本原则。专利复审委员会在依职权进行审查时，应当注意不得违反听证原则。也就是说，专利复审委员会在作出审查决定之前，应当给予审查决定对其不利的当事人针对审查决定所依据的理由、证据和认定的事实陈述意见的机会，即审查决定对其不利的当事人已经通过通知书、转送文件或者口头审理等方式被告知过审查决定所依据的理由、证据和认定的事实，并且具有陈述意见的机会。

在宗延杰、胡浩权诉专利复审委员会、张维顶发明专利权无效行政纠纷一案[1]中，宗延杰、胡浩权是名称为“一种智能报警灭火器”的发明专利的专利权人。张维顶以本专利不具有新颖性和创造性为由向专利复审委员会提出无效宣告请求。专利复审委员会认为，本专利权利要求1与对比文件存在的区别技

---

[1] 参见北京市高级人民法院（2009）高行终字第652号行政判决书和北京市第一中级人民法院（2008）一中行初字第1057号行政判决书。

术特征包括“本专利权利要求1的火焰探测器、水平探测器和垂直探测器的信号进入同一放大电路，而证据1中的红外接受管启动器、水平扫描器、俯仰扫描器的电信号分别输入电脑IC1的P1、P2、P3放大端”。张维顶主张该区别技术特征被同一篇对比文件公开，没有提出上述区别技术特征为公知常识，也没有提出过用公知常识和有关的证据结合来评价本专利的权利要求。专利复审委员会依职权引入并认定“火焰探测器、水平探测器和垂直探测器的信号进入同一放大电路”，对本领域技术人员来说将多路电信号通入同一放大电路进行放大以集成模块、简化结构属于公知常识。据此，专利复审委员会决定宣告本专利全部无效。

北京市高级人民法院及北京市第一中级人民法院经审理后均认为，专利复审委员会其在作出宣告本专利无效的决定之前，没有给予审查决定对其不利的当事人即专利权人就该公知常识的认定陈述意见的机会。在专利权人未对引入的公知常识进行意见陈述，专利复审委员会也未举证证明“火焰探测器、水平探测器和垂直探测器的信号进入同一放大电路”属于公知常识的情况下，专利复审委员会的该做法违反了无效审查程序中的听证原则。据此，北京市第一中级人民法院判决撤销无效决定，北京市高级人民法院维持了一审判决。

5. 关于被控侵权产品不具有原告功能性技术特征的功能时不构成侵权的认定

根据《专利法》的规定，权利要求书应当以说明书为依据，说明要求专利保护的范围。产品的权利要求一般应当采用结构特征来描述，并尽量避免使用功能或者效果特征来限定技术方案。特征部分不得单纯描述功能，只有在某一技术特征无法用结构特征来限定，或者技术特征用结构特征限定不如用功能或者效果特征来限定更为恰当，而且该功能或者效果能够通过说明书中规定的实验或者操作或者所属技术领域的惯用手段直接和肯定地验证的情况下，使用功能或者效果特征来限定才可能是被允许的。这主要是因为不同的技术方案可能会实现相同的功能或者效果，以功能或者效果特征来限定的技术方案，可能不具有唯一性。但需要注意的是，以功能或者效果特征限定的技术特征可能也会对专利权人产生意想不到的限制，即只有在被控侵权产品具备该功能或效果时，才需要判断其实现该功能的具体技术方案是否落入专利权的保护范围，如果被控侵权产品不具有原告专利功能性技术特征记载的功能或者效果时，将不构成侵权。

在（奥地利）舒克阿设备制造股份公司（以下简称舒克阿公司）诉北京

三江华晨汽车销售服务有限公司等侵犯发明专利权纠纷一案[1]中，舒克阿公司系名称为“带调节装置的座椅靠背”的专利权人，该专利的权利要求1具有以下4个必要技术特征：（1）为带调节装置的座椅靠背；（2）调节装置对安装在框架上的柔性弓形件进行调节，以调节所述靠背的弯曲曲率；（3）该座椅靠背具有一个与所述的柔性弓形件相连接的附加的胯部支撑件，该胯部支撑件由配件（16、23、28）构成；（4）所述配件（16、23、28）与所述的柔性弓形件相连接并正对准所说的座椅。被控侵权腰托系整体结构，中间为平直形状，两侧各有向内倾斜的四条平直带，且对准座椅。被控侵权腰托为整体注塑形成并有加强筋，其采用的是支撑板，在腰托下部与框架底部进行可调节角度的连接，腰托下部为倒梯形。北京市第一中级人民法院认为，本案原告专利权利要求1的必要技术特征（3）限定了一个与柔性弓形件相连接的胯部支撑件，该“胯部支撑件”就是一种以功能特征限定的撰写方式，对此应结合本专利说明书进行理解。本专利说明书这样记载：“当将靠背的弯曲曲率调节成弯度最大时，人体的胯部区域得不到支撑，使得人长时间坐在该座椅上会出现身体不适的问题。本发明目的是以这样一种方式来改进上述类型可调节的座椅靠背，以确保人体的背部特别是人体的胯部在该座椅靠背的弯曲区域的支配下得到适宜的支撑。”因此，该胯部支撑件系以功能限定的技术特征，即用于支撑胯部，而这正是本专利区不同于现有技术的区别技术特征，是本专利的发明目的所在，故是否具有“支撑胯部的功能”是本案判断是否构成侵权首要解决的问题。被控侵权的腰托产品名称为“腰托”，在安装状态下其与座椅座位有一定距离，且仅延及腰部，加之涉案腰托下部为倒梯形，而人体胯部位于腰部下方两侧和大腿之间，故被控侵权腰托即使在使用中亦不能产生支撑人体胯部的作用，即不具有支撑胯部的功能，其与本专利的胯部支撑件存在实质区别，不具有本专利权利要求1的必要技术特征（3）。一审法院据此判决驳回舒克阿公司的诉讼请求。北京市高级人民法院二审维持了一审判决。

6. 关于专利权被部分宣告无效如不影响侵权判定则一般不影响赔偿数额的认定

在侵犯专利权的诉讼中，原审法院判定侵权后，如果原告专利权被部分宣告无效，是否影响原审法院确定的赔偿数额应根据其是否影响侵权判定结论及其确定赔偿数额的方法等因素来确定。一般说来，如果原告专利权在被宣告部分无效后仍可判定侵权成立的，通常不足以导致赔偿数额的改判，尤其是在原

[1] 参见北京市第一中级人民法院（2008）一中民初字第2530号民事判决书，北京市高级人民法院（2009）高民终字第2224号民事判决书。

审法院系酌定赔偿数额且其酌定因素并无不当时，二审法院不宜轻易变更原审法院确定的赔偿数额。

在（日本）泉株式会社诉广州美视晶莹银幕有限公司（以下简称美视晶莹公司）等侵犯实用新型专利权纠纷一案[1]中，泉株式会社系“可搬式屏幕装置”实用新型专利的专利权人，该专利共有32项权利要求，泉株式会社在一审诉讼中明确主张的权利要求为权利要求5中引用权利要求3的技术方案和权利要求12中引用权利要求11中引用权利要求7的技术方案。一审法院经审理认定美视晶莹公司生产、销售，仁和世纪公司销售的被控侵权产品侵犯了原告专利权利要求5、权利要求12所保护的技术方案，应当承担相应的民事责任，同时判决美视晶莹公司赔偿泉株式会社经济损失及诉讼合理支出共计人民币12万元等。在本案二审审理过程中，专利复审委员会就邵泽锋、美视晶莹公司分别提出的宣告涉案专利权无效的请求作出第12239号无效宣告请求审查决定书及第12240号无效宣告请求审查决定书，决定在泉株式会社提交的权利要求书的修改替换页的基础上，维持涉案专利权有效。上述权利要求书的修改替换页删除了原权利要求1～6，并对其他权利要求重新编号，修改后的权利要求书与涉案专利原权利要求的引用关系一致，修改后的权利要求1～6对应于原权利要求7～12。美视晶莹公司认为，由于原权利要求1～6应视为自始不存在，故本案不存在侵犯原权利要求5的问题，即使侵权成立原审法院确定的赔偿数额也应因此予以减少。

北京市高级人民法院认为，泉株式会社在涉案专利的无效宣告审查阶段主动对权利要求进行了修改，删除了原权利要求1～6，应视为其自始即不存在，故泉株式会社主张被控侵权产品侵犯其涉案专利原权利要求5已缺乏事实依据。本案一审中，泉株式会社明确主张其权利依据为原权利要求12中引用原权利要求11中直接从属于原权利要求7的技术方案，因此该技术方案应包含原权利要求7所有技术特征、原权利要求11所附加的技术特征和原权利要求12所附加的技术特征。被控侵权产品包含了涉案专利原权利要求12的所有技术特征，落入涉案专利原权利要求12的保护范围，仍然构成侵权。泉株式会社在原审诉讼中明确主张按照法定赔偿方式确定赔偿数额，原审法院在综合考虑涉案专利的类别、美视晶莹公司侵权的性质和情节等因素后，酌情确定赔偿数额。虽然泉株式会社在其专利无效宣告审查过程中主动放弃了原权利要求1～6，但是被控侵权产品仍为侵犯了涉案专利的产品，而侵权赔偿数额并不应

[1] 参见北京市第一中级人民法院（2006）一中民初字第12795号民事判决书，北京市高级人民法院（2008）高民终字第941号民事判决书。

因被控侵权产品所侵犯的专利权利要求的数量不同而有所不同，故一审法院确定的赔偿数额并无不妥。二审法院判决驳回上诉，维持原判。

7. 关于现有技术被使用公开的证据认定

现有技术抗辩是专利侵权民事诉讼中经常遇到的问题。2008 年《专利法》第六十二条首次以法律的形式对现有技术抗辩作出明确规定。根据该条规定，在专利侵权纠纷中，被控侵权人有证据证明其实施的技术或者设计属于现有技术或者现有设计的，不构成侵犯专利权。实践中，如果被告提交的主张现有技术刊载在专利文献、期刊杂志等出版物的证据比较容易认定，原告一般也不会提出异议。但是，如果现有技术被使用公开，特别是现有技术涉及某一产品的部件并且该部件易于拆卸的，则被告仅仅证明整个产品的使用公开时间并不等于证明部件的使用公开时间。

在天津长荣印刷设备股份有限公司（以下简称长荣公司）诉北京胜利伟业印刷机械有限公司（以下简称胜利伟业公司）侵犯实用新型专利权纠纷一案[1]中，长荣公司系"平压平自动模切烫印机的前规补偿机构"实用新型专利权人，其指控胜利伟业公司生产的型号为 SL－920MT 的全自动平压平模切烫金机的前规补偿机构落入涉案专利的保护范围。胜利伟业公司提出现有技术抗辩，主张案外人玉田印刷机械厂在 1997 年就使用了与涉案专利技术相同的模切机前规补偿机构技术方案。为了证明上述主张，胜利伟业公司提交了唐山玉印印刷机械有限公司加盖公章的唐山玉印（集团）公司的技术图纸，玉田印刷机械厂于 2000 年 6 月生产的 MY1020A 自动模切压痕机的照片，唐山玉印印刷机械有限公司出具的证明，原玉田印刷机械厂工人谷士奇、徐义的证言，唐山玉印机械印刷有限公司向昆明彩印有限责任公司出具的销售 MY1020A 模切机的河北省增值税专用发票，昆明彩印有限责任公司购买的 MY1020A 自动模切压痕机的照片。

北京市第二中级人民法院认为，胜利伟业公司虽主张其制造 SL－920MT 全自动平压平模切烫金机的前规补偿机构使用的技术系已有技术，但其证据材料仍不能确证玉田印刷机械厂在 1997 年就使用了与涉案专利技术相同的模切机前规补偿机构技术方案，照片显示的自动模切压痕机系玉田印刷机械厂于 2000 年 6 月制造、销售的产品的事实，故胜利伟业公司提出的已有技术抗辩不成立。北京市高级人民法院认为，胜利伟业公司提交的证据所涉及的仅仅是 TYM720 自动烫印模切机和 MY920A 自动模切压痕机的前规补偿机构，系整个

[1] 参见北京市高级人民法院（2009）高民终字第 3784 号民事判决书和北京赛第二中级人民法院（2009）二中民初字第 1223 号民事判决书。

机器设备中的一个零部件，本案现有证据无法证明上述前规补偿机构即为该机器设备出厂时的原始状态。虽然胜利伟业公司还提交了技术图纸、产品照片、证明、证人证言、发票等证据材料，但上述证据材料仍不能确认玉田印刷机械厂在1997年就使用了与涉案专利技术相同的模切机前规补偿机构技术方案，以及上述照片显示的自动模切压痕机系玉田印刷机械厂于2000年6月制造、销售的产品的事实，故本案现有证据尚不能认定在涉案专利申请日之前已经有与被控侵权产品相同的技术方案被公开使用。

二、商标行政案件

8. 关于作为在先权利的著作权证明方式的认定

请求人依据《商标法》第三十一条的规定主张争议商标侵犯其在先著作权时，应当证明其系该在先著作权的权利人或者利害关系人。当请求人主张在先著作权的作品是其在先注册的商标图案，请求人又不能提供其他有效证据证明其系该作品的著作权人或利害关系人时，且请求人为非自然人的，不宜直接认定请求人享有该作品的在先著作权。

在福建石狮市老人城服装有限公司（以下简称老人城公司）诉商标评审委员会及第三人华远公司商标撤销争议行政纠纷一案中，争议商标系第1497462号“老人城LAORENCHENG及图”注册商标，核定使用于第25类裤子等商品。华远公司以《商标法》第三十一条为依据，主张争议商标的注册侵犯了其引证商标所包含的图案作品的著作权，请求撤销争议商标的注册。商标评审委员会认为，老人城公司未经华远公司同意注册包含华远公司享有在先著作权的“老人头图形”的争议商标，已构成《商标法》第三十一条所指损害他人现有的在先权利之情形，故裁定争议商标予以撤销。老人城公司不服该裁定并向原审法院起诉。原审法院认为，两引证商标属于具有独创性的美术作品，华远公司为引证商标这一美术作品的著作权人。引证商标作为作品已公开发表，老人城公司已接触过引证商标，争议商标中所包含的老人头图形与引证商标的老人头图形基本相同，构成对引证商标老人头图形部分的复制，争议商标的注册已构成对华远公司在先著作权的损害，其注册不符合《商标法》第三十一条的规定，故判决维持商标评审委员会的裁定。[1]

北京市高级人民法院二审认为，即使可以确认华远公司明确主张的在先权利为在先著作权且两引证商标的图案构成受《著作权法》保护的作品，本案

---

[1] 参见北京市第一中级人民法院（2009）一中行初字第1462号行政判决书。

也不能判定争议商标的注册侵犯了华远公司享有的在先著作权。主张对某一作品享有著作权的当事人负有相应的举证责任，华远公司称引证商标的申请注册及授权公告上载明华远公司系引证商标的权利人即可表明其对引证商标图形作品享有著作权，本案现有证据亦可表明华远公司系引证商标的权利人。但即使引证商标的申请注册及授权公告可以视为对引证商标图形作品的公开发表，该行为也仅仅向公众表明华远公司系该引证商标的注册商标权人，并不必然表明华远公司系引证商标图形作品的著作权人。这就是说，申请注册商标及相应的授权公告仅仅表明注册商标权的归属，并不必然表明注册商标图形作品著作权的归属。《著作权法》第十一条第四款规定："如无相反证明，在作品上署名的公民、法人或者其他组织为作者。"这里的"署名"是表明作者身份的署名，向公众传达的意思是署名者系作品创作者。申请注册商标及相应的授权公告中载明商标申请人及商标注册人的信息仅仅表明注册商标权的归属，其不属于《著作权法》意义上在作品中表明作者身份的署名行为。原审法院判定争议商标的注册侵犯华远公司的在先著作权缺乏事实及法律依据。二审法院判决撤销原审判决和商标评审委员会的裁定，并判令商标评审委员会重新作出裁定。❶

9. 关于不良影响与地理标志保护法律适用的认定

《商标法》第十条第一款第（八）项规定，有害于社会主义道德风尚或者有其他不良影响的标志，不得作为商标使用。第十六条规定，商标中有商品的地理标志，而该商品并非来源于该标志所标示的地区，误导公众的，不予注册并禁止使用。由于《商标法》第十条是对禁止作为商标使用的标志的规定，因此应当审查的是标志本身是否有应予禁止作为商标使用的事由。当一个标志本身可以作为商标使用甚至可以注册，但因为商标申请人的原因而不应核准其对该标志享有注册商标权的，不属于本项规定的"有其他不良影响""不得作为商标使用的标志"的情形，而可能属于第十六条关于地理标志的情形。但由于商标局和商标评审委员会的《商标审查和审理标准》将"容易误导公众的"行为、"容易使公众发生商品或者服务来源误认的"行为作为"其他不良影响"的规范内容，因此实践中有时会在复审时出现法律适用错误的情形。

在陆少华与商标评审委员会"杨柳青"商标驳回复审行政纠纷案❷中，商标评审委员会和北京市第一中级人民法院认为，陆少华将"杨柳青"商标注

---

❶ 参见北京市高级人民法院（2009）高行终字第1352号行政判决书。

❷ 参见商标评审委员会商评字［2009］第10584号《关于第4135180号"杨柳青"商标驳回复审决定书》，北京市第一中级人民法院（2009）一中行初字第1632号行政判决书，北京市高级人民法院（2009）高行终字第1437号行政判决书。

册在年画、剪纸等商品上，而其与天津杨柳青镇及其知名的“杨柳青年画”并无关联，因此容易误导公众，属于《商标法》第十条第一款第（八）项规定的具有“其他不良影响”的标志，应驳回其申请。北京市高级人民法院则认为，商标评审委员会和北京市第一中级人民法院驳回申请的结论是正确的，但申请商标“杨柳青”被驳回并非因为其属于具有“其他不良影响”的标志，而是因为其属于《商标法》第十六条规定的申请注册地理标志可能误导公众的情况，故在维持商标评审委员会和北京市第一中级人民法院裁决结果的情况下，将法律适用从《商标法》第十条第一款第（八）项改为第十六条。

10. 关于通用名称地域标准的认定

《商标法》第十一条第一款第（一）项规定，仅有本商品的通用名称、图形、型号的，不得作为商标注册。虽然该项规定确立了通用名称法律适用的基本规则，但对如何认定通用名称却没有任何规定。在确定通用名称的地域标准之前应当首先确定通用名称的主体标准，也就是主要从消费者、生产者还是经营者的角度来判断一个标志是否属于通用名称。从《商标法》和商标的基本功能方面考虑，以消费者作为判断是否属于通用名称的主要标准是正确的。而消费者的范围决定了认定通用名称的地域标准：如果商品的消费者遍及全国，认定“通用”的地域标准就应是全国范围；如果商品的消费者限于或主要限于我国部分地区，则认定“通用”的地域标准就是该地区。泛泛而论认定通用名称的地域标准是全国还是部分地区是没有实际意义的。

在澄迈万昌苦丁茶场与商标评审委员会、海南省茶业协会“兰贵人”商标争议行政纠纷案[1]中，证据显示在添香加味乌龙茶商品上使用“兰贵人”名称多见于福建、海南、云南、广东、广西等地茶产区，因此商标评审委员会和法院共同认定，应以上述省区的相关茶叶生产、销售的地域范围确定“兰贵人”是否属于通用名称。虽然商标注册人的“兰贵人”茶曾销售至天津、徐州、四川等地，但上述地域仅有商标注册人的“兰贵人”茶，因此“兰贵人”的主要含义——从福建、海南、云南、广东、广西等地的消费者来判断——仍应是通用名称。

11. 关于缺乏显著特征标志法律适用的认定

《商标法》第十一条第一款分为三项，第（一）项是关于通用名称、图形、型号的规定，第（二）项是关于描述性标志的规定，第（三）项是关于其他不具有显著特征的标志的规定。在审查某项标志是否属于缺乏显著性的标志时，应当优先适用第（一）项、第（二）项的规定。第（三）项的观点只

---

[1] 参见北京市高级人民法院（2009）高行终字第330号行政判决书。

是《商标法》第十一条的兜底条款，通常只有在无法适用前两项规定时，才适用第（三）项的规定。在前述澄迈万昌苦丁茶场与商标评审委员会、海南省茶业协会商标争议行政纠纷案[1]中，商标评审委员会和法院在认定“兰贵人”属于添香加味乌龙茶的通用名称后，对争议商标“兰贵人”核定使用的商品作了区分：争议商标“兰贵人”核定使用在茶商品上无法起到标识商品来源的作用，属于《商标法》第十一条第一款第（一）项所指的通用名称；争议商标“兰贵人”核定使用在茶叶代用品、冰茶、茶饮料商品上直接表示了产品的原料特点，构成了《商标法》第十一条第一款第（二）项所指的仅仅直接表示商品特点的情形。

但是，在陆少华与商标评审委员会“云锦”、“宋锦”商标驳回复审两案[2]中，商标评审委员会认定：“宋锦”为我国一种历史悠久的丝织物，“云锦”所表示的含义为我国一种历史悠久的高级提花丝织物，分别指定使用在“纺织织物、丝织”等商品上，易使相关公众认为是对商品品种等特点的说明，而非区分商品来源的识别标志，因此申请商标缺少商标应有的显著性。据此，依据《商标法》第十一条第一款第（三）项的规定对申请商标“宋锦”、“云锦”予以驳回。北京市第一中级人民法院和北京市高级人民法院则认为，申请商标“宋锦”、“云锦”属于纺织织物的一种，两者均属于申请商标指定使用商品中纺织织物、锦缎、丝绒、印花丝织品、丝绸（布料）及编织织物等商品特定品种的通用名称，其注册在上述指定使用商品上不足以使相关公众区分商品来源，不具有显著特征。据此，申请商标注册在上述指定商品上不符合《商标法》第十一条第一款第（一）项的规定，不应予以注册。对于申请商标指定使用商品中的丝织交织图画、织锦人像、丝绒绢画、丝织美术品等商品，鉴于申请商标注册在上述指定使用商品上易使相关公众认为其表述的是上述商品的原料特点，不足以使相关公众区分商品来源，不具有显著特征，故申请商标注册在上述指定商品上不符合《商标法》第十一条第一款第（二）项的规定，不应予以注册。虽然《商标法》第十一条第一款第（三）项亦是有关商标不具有显著特征的规定，但鉴于该项规定属于兜底条款，只有在申请商标不符合《商标法》第十一条第一款第（一）项、第（二）项的情况下才应予以适用。故在本案应适用《商标法》第十一条第一款第（一）项、第（二）项的情况下，商标评审委员会根据《商标法》第十一条第一款第（三）项的规

[1] 参见北京市高级人民法院（2009）高行终字第330号行政判决书。

[2] 参见北京市第一中级人民法院（2009）一中行初字第234号和第235号行政判决书，北京市高级人民法院（2009）高行终字第658号和第659号行政判决书。

定驳回申请商标的注册申请，属于适用法律错误，法院予以纠正。

12. 关于驰名商标保护中“误导公众”的认定

《商标法》第十三条第二款规定，就不相同或者不相类似商品申请注册的商标是复制、摹仿或者翻译他人已经在中国注册的驰名商标，误导公众，致使该驰名商标注册人的利益可能受到损害的，不予注册并禁止使用。商标评审委员会通常将该款规定的“误导公众”解释为《商标法》上的混淆、误认，不会扩展至淡化的范围；但对在毫不相干的商品上注册与驰名商标近似的商标的情形，有的案件仍依据混淆理论来解释“误导公众”的规定则显得缺乏说服力。在《最高人民法院关于审理涉及驰名商标保护的民事纠纷案件应用法律若干问题的解释》施行后，可以引入淡化理论来解释“误导公众”的规定，对驰名商标给予符合其知名度的保护。

在东芝堂药业（安徽）有限公司与商标评审委员会、东芝株式会社关于“东芝堂”商标争议行政纠纷案❶中，东芝株式会社的引证商标“东芝”为注册在“电器”商品上的驰名商标，而争议商标“东芝堂”则注册在“药品”上。商标评审委员会认为，两者在使用中容易使消费者误认为存在某种联系，从而误导公众，违反了《商标法》第十三条第二款的规定，因此撤销东芝堂商标的注册。北京市高级人民法院最终根据淡化理论解释“误导公众”并维持了商标评审委员会的结论。

在内蒙古伊利实业集团股份有限公司（以下简称伊利公司）与商标评审委员会、尤成和“伊利 YiLi”商标异议复审行政纠纷案❷中，尤成和申请注册被异议商标“伊利 YiLi”，指定使用商品为第 11 类水龙头、水管龙头、浴室装置、桑拿浴设备、卫生间用手干燥器、水箱液面控制阀、冲水装置、喷水器、卫生器械和设备、管道（卫生间设备部件），伊利公司的引证商标“伊利及图”则在牛奶制品和冷饮上被认定为驰名商标。商标评审委员会认为，在“牛奶”等商品上驰名的“伊利”商标与在“水龙头”等商品上注册的“伊利 YiLi”商标共同使用不会造成混淆、误认，从而准许被异议商标核准注册。北京市第一中级人民法院和北京市高级人民法院则认为，《商标法》第十三条第二款中所规定的“误导公众，致使该驰名商标注册人的利益可能受到损害”是指，足以使相关公众认为他人的商标与驰名商标所有人具有相当程度的联

---

❶ 参见商标评审委员会商评字［2008］第 7080 号《关于第 1785281 号“东芝堂”商标争议裁定书》，北京市高级人民法院（2009）高行终字第 781 号行政判决书。

❷ 参见商标评审委员会商评字［2009］第 11679 号《关于第 1634078 号“伊利 YiLi”商标异议复审裁定书》，北京市第一中级人民法院（2009）一中行初字第 1589 号行政判决书，北京市高院（2009）高行终字第 1418 号行政判决书。

系，而减弱驰名商标的显著性、贬损驰名商标的市场声誉，或者不正当利用驰名商标的市场声誉的情况。引证商标“伊利及图”为驰名商标，其使用的牛奶制品等商品又为日常生活消费品，在我国有广大的消费群，因此尤成和将“伊利”作为水龙头等商品上被异议商标的主要部分使用，尽管其指定使用商品类别在生产、销售等方面与伊利公司没有关联之处，但其行为实际上不当利用了伊利公司驰名商标的声誉，割裂了相关公众对“伊利”商标与伊利公司及其牛奶制品之间的固有联系，将会导致减弱“伊利”驰名商标显著性的损害后果。北京市第一中级人民法院和北京市高级人民法院均判决被异议商标不予核准注册。

13. 关于类似商品应逐一进行对比的认定

对于两商标指定或核定使用的商品是否属于类似商品，商标评审委员会在有些案件中往往笼统地进行对比，仅用“争议商标核定使用的×××等商品与引证商标核定使用的商品构成类似”的语句驳回注册申请或者撤销在后商标的注册，而没有对商品一一进行对比。北京市高级人民法院在多起判例中认为应对商品逐一对比。

在大众汽车股份公司与商标评审委员会“途安 TOURAN”商标驳回复审行政纠纷案[1]中，申请商标“途安 TOURAN”指定使用在第 12 类“车辆内装饰品、陆、空、水或铁路用机动运载器、汽车、汽车车身、小轿车、越野车、野营车、陆地车辆发动机”商品上，引证商标“安途”核定使用在第 12 类“汽车配件”商品上。商标评审委员会未将申请商标指定使用商品与引证商标核定使用的商品分别予以评述，只是笼统地认定“申请商标指定使用的汽车等商品与引证商标核定使用的汽车配件属于类似商品”。法院则对上述各类商品进行了分别评述，最终认定申请商标指定使用的“陆、空、水或铁路用机动运载器、汽车、小轿车、越野车、野营车、车辆内装饰”与“汽车配件”为非类似商品；申请商标指定使用的“汽车车身、陆地车辆发动机”商品与“汽车配件”为类似商品。

在厦门鑫盛捷企业有限公司（以下简称鑫盛捷公司）与商标评审委员会、王子制纸株式会社“王子”商标争议行政纠纷案[2]中，鑫盛捷公司的争议商标“王子”指定使用在“热敏纸、传真纸、纸浆、化学试纸、粘合剂、增白剂、食品防腐剂、麦饭石、皮革皮面处理用化学品”商品上，王子制纸株式会社

[1] 参见北京市第一中级人民法院（2009）一中行初字第 431 号行政判决书，北京市高级人民法院（2009）高行终字第 729 号行政判决书。

[2] 参见商标评审委员会商评字［2007］第 2862 号重审第 122 号《关于第 1144078 号“王子”商标争议裁定书》，北京市高院（2009）高行终字第 1047 号行政判决书。

在先使用的带有“王子”的商标和企业名称主要使用在纸及纸制品上，并有一定影响。商标评审委员会笼统地认定，争议商标在其核定使用商品上的注册违反了《商标法》第三十一条的规定，依法应当予以撤销。鑫盛捷公司主张争议商标指定使用在“粘合剂、增白剂、食品防腐剂、麦饭石、皮革皮面处理用化学品”上的商品与引证商标使用的纸及纸制品商品，在功能、用途、生产部门、销售渠道、消费对象上并不相同，二者不属于类似商品；争议商标在上述商品上的注册不会使相关公众对商品的来源产生误认，或者认为与王子制纸株式会社使用在引证商标上的商品有特定联系。北京市高级人民法院则认为，商标评审委员在其裁定中未说明理由即作出在所有类别商品上撤销争议商标注册的决定没有根据，其应就鑫盛捷公司所提争议商标指定在上述商品上的使用是否与引证商标使用的商品属于类似商品、是否应获准注册的主张重新进行审查，并判决撤销商标评审委员会的裁定，判令其重新作出裁定。

14. 关于被异议商标或争议商标的知名度如何影响近似商标判断的认定

根据《最高人民法院关于审理商标民事纠纷案件适用法律若干问题的解释》第九条、第十条的规定，判断两个商标近似与否应当比较商标的字形、读音、含义并结合在先商标的知名度和显著性，以相关公众的一般注意力为标准，采用整体观察、综合判断、隔离比对、要部比对的方法；对于容易造成消费者混淆、误认的，应认定为近似商标。上述近似商标判断的要求只提到要结合在先商标的知名度来考虑商标是否近似，但对被异议商标或争议商标的知名度是否考虑没有给出明确意见。对此，在考虑在先商标知名度的同时，亦应注意考虑被异议商标或争议商标的知名度对近似判断的影响，因为如果被异议商标或争议商标经过使用已经有一定知名度，消费者就能够将之与在先引证商标相区别而不致造成混淆、误认，也就不构成近似商标。

在江苏九鹿王服饰有限公司（以下简称九鹿王公司）与商标评审委员会、内蒙古鹿王羊绒有限公司（以下简称鹿王公司）“九鹿·王 Nine Deer King”商标争议案[1]中，鹿王公司在先在第25类“羊绒衫、羊绒裤、羊绒内衣、羊绒裙、羊绒大衣、服装、围巾、披肩；帽子、手套”商品上注册了“鹿王 King Deer 及图”商标和“鹿王及图”商标。1999年12月29日，商标局认定鹿王公司的“鹿王”商标为使用在羊绒衫商品上的驰名商标。2000年12月12日，“九鹿·王 Nine Deer King”商标提出注册申请并于2002年3月7日被核

[1] 参见商标评审委员会商评字［2008］第26104号《关于第1725087号“九鹿·王 Nine Deer King”商标争议裁定书》，北京市第一中级人民法院（2009）一中行初字第302号行政判决书，北京市高级人民法院（2009）高行终字第727号行政判决书。

准，核定使用商品为第25类的服装、裤子，商标权人为九鹿王公司。商标评审委员会及原审法院认为，“鹿王King Deer及图”、“鹿王及图”商标和“九鹿·王Nine Deer King”商标相比较，二者在文字构成、读音及含义上区别不大，加上前者注册使用在服装等商品上有一定的知名度，后者指定使用在服装等相同或类似商品上易使相关公众误认为其与引证商标存在某种关联或为系列商标，从而产生混淆误认。因此，争议商标与引证商标构成使用在同一种或类似商品上的近似商标。

北京市高级人民法院认为，在商标近似的判断中，标识近似与商标近似是不同的：标识近似仅指两商标图样本身相近，而商标近似不仅包括商标标识的近似，还包括因两商标使用在同一种或者类似商品上足以造成公众的混淆和误认。在判断商标近似时应考虑是否造成混淆、误认，如果仅有标识近似但不足以造成相关公众混淆、误认的，不应认定构成近似商标。本案中，“鹿王King Deer及图”由汉字“鹿王”和英文“King Deer”及鹿头图形组成，核定使用在第25类服装商品上，而“九鹿·王Nine Deer King”，核定使用在第25类服装、裤子商品上，两商标标识部分除同样包括中文“鹿王”及英文“Deer”、“King”外，在其他文字、图文结构、整体排列等方面均存在较明显区别。九鹿王公司在诉讼中提交了证明其“九鹿·王Nine Deer King”商标具有一定知名度的证据，虽然商标评审委员会认为上述证据的形成时间为2005年以后，均在鹿王公司提起撤销争议商标注册申请之后，对于证明争议商标在本异议提起之前即具有知名度的事实没有证明力；但上述证据可以证明，由于双方当事人对各自商标的使用，使得两商标均有一定知名度，且“鹿王King Deer及图”商标主要使用在羊绒衫等商品上，而“九鹿·王Nine Deer King”商标主要使用在男装、裤子商品上，两者在商品、消费群体、销售渠道上有一定差别，相关公众可以将两者区分开，不足以造成混淆、误认，故两者不构成使用在相同或者类似商品上的近似商标。

同样，在前述鑫盛捷公司与商标评审委员会、王子制纸株式会社“王子”商标争议行政纠纷案❶中，在“王子OJI及图”系列商标争议案中，鑫盛捷公司主张争议商标经过长期使用已经具有较高知名度并提供了相关证据，但商标评审委员会在第2862号裁定及第122号重审裁定对此均未予以审理。北京市高级人民法院认为，商标评审委员会应对鑫盛捷公司所提上述主张进行审理，因此撤销商标评审委员会的裁决并要求商标评审委员会对此重新进行审理。

---

❶ 参见商标评审委员会商评字［2007］第2862号重审第122号《关于第1144078号“王子”商标争议裁定书》，北京市高级人民法院（2009）高行终字第1047号行政判决书。

15. 关于共存协议与《商标法》上混淆误认判定关系的认定

《商标法》上混淆误认的含义是指，消费者错误地认为使用两商标的商品来源于同一商品提供者；或者虽然认为来源于不同的商品提供者，但误认为商品提供者之间存在特定联系，即误认为两者具有经济上、经营上、组织上或法律上的关系（例如授权或赞助）。如果先后两商标注册人本身并无关系，先后注册的两商标在使用中足以导致消费者的混淆、误认，但两商标注册人签有商标共存协议同意在后商标注册，此时有观点认为保护消费者利益是《商标法》的立法宗旨之一，因此即使有共存协议也应考虑在后商标注册使用是否会引起消费者混淆、误认。如果导致混淆、误认，则不管是否有共存协议，均应对在后商标予以驳回或撤销。本书则认为，应适当考虑当事人的共存协议，在必要时应准许在后商标注册。

在山东良子自然健身研究院有限公司（以下简称山东良子公司）与商标评审委员会、北京台联良子保健技术有限公司（以下简称北京良子公司）“良子”商标争议行政纠纷案[❶]中，引证商标“良子及图”注册在按摩、推拿服务上，争议商标“良子”注册在保健、理疗服务上。引证商标注册人北京良子公司曾与争议商标注册人山东良子公司之间签订共存协议，约定双方不得对对方带有“良子”字样的商标注册申请提出异议或注册不当申请。协议签订后，引证商标注册人违反约定对争议商标提出撤销申请。商标评审委员会认定，引证商标和争议商标构成类似服务上的近似商标，因此争议商标应予撤销。北京市高级人民法院则认为，本案中的共存协议是山东良子公司与北京良子公司在商标局的主持下达成的，该协议不违反相关法律的规定，体现了当事人的意思自治，亦不违反《商标法》的立法本意，故该协议是合法有效的共存协议，相关当事人均应严格遵守；北京良子公司违反共存协议的约定，以争议商标的注册违反了《商标法》的规定为由，向商标评审委员会提出撤销注册不当商标申请，违背了诚实信用原则；商标评审委员会在评审过程中应当结合本案的基本事实，考虑商标局主持相关当事人达成共存协议的效力，对双方当事人的纠纷作出符合法律价值的判断。争议商标经过山东良子公司的使用，已经具有较高的知名度；争议商标如果在评审程序中被撤销，将无法通过其他法定程序获得救济，故简单地认定争议商标与引证商标构成类似服务上的近似商标，撤销争议商标在相关服务上的注册，不能体现法律追求公平、正义的目的，违背《商标法》鼓励和提倡诚实信用的精神，对山东良子公司显失公平。北京市高

---

❶ 参见商标评审委员会商评字［2008］第6099号《关于第1551944号“良子”商标争议裁定书》，北京市高级人民法院（2009）高行终字第141号行政判决书。

级人民法院判决撤销了商标评审委员会的裁决，要求商标评审委员会重新作出争议裁定。

16. 关于当事人适格问题的认定

商标评审委员会2005年制定的《商标评审规则》第三十一条规定，在商标评审程序中，当事人的商标权发生转让、移转的，受让人或者承继人应当及时以书面形式声明承受转让人的地位，参加后续评审程序并承担相应的评审后果。该条规定的“商标评审案件”在解释时应当包括驳回复审、异议复审、争议和撤销复审四种案件，但商标评审委员会仅在商标争议程序适用上述规定，并假定争议申请人只能是商标注册人而没有考虑利害关系人也有权提出争议申请的情况。

在成都康弘制药有限公司（以下简称康弘制药公司）与商标评审委员会、贵州弘康药业有限公司、成都康弘药业集团股份有限公司“弘康 HONG KANG 及图”商标争议行政纠纷案[1]中，引证商标“康弘 KANG HONG 及图”的注册人和评审申请人均为康弘制药公司。在引证商标转让给康弘实业公司，而后者未向商标评审委员会书面声明承受申请人地位后，商标评审委员会以申请人康弘制药公司和引证商标无关不具备提起争议的主体资格为由，驳回康弘制药公司的争议申请。北京市高级人民法院认为，我国行政诉讼法的立法本意在于保护行政相对方的合法权益，在于保证行政权的公正行使，要求行政主体在实施行政行为的过程中在程序上平等对待各方当事人，必须排除各种可能导致不公平或不平等的因素。在因发生商标权转让而受让人未向商标评审委员会作出主动承受转让人在商标评审程序中地位的声明的情况下，商标评审委员会作为审查主体，应主动发出通知，使受让人能够及时有效地进入商标评审程序，获悉案情、陈述意见并行使相应的权利。本案中商标评审委员会明知商标已经转让却不向受让人发出通知而径直作出驳回申请的决定，直接剥夺了引证商标权利人或其继受人参与商标争议程序的合法权益，使受让人丧失了事后的法律救济途径和可能。故二审判决撤销商标评审委员会的驳回通知，要求商标评审委员会对商标争议申请继续进行审查。

17. 关于商标确权诉讼中原则与个案因素的认定

在商标确权诉讼中，行政相对人往往会提交商标局、商标评审委员会之前核准注册商标或所作裁决来证明本案争议商标、被异议商标、申请商标应当准

---

[1] 参见商标评审委员会商评字［2008］第06189号《关于驳回第1338265号“弘康”商标评审申请通知书》，北京市第一中级人民法院（2009）一中行初字第1270号行政判决书，北京市高级人民法院（2009）高行终字第959号行政判决书。

许注册或不应准许注册。商标审查具有个案审查的性质，但不能以个案审查为由忽视执法标准的统一。

在舒英公司与商标评审委员会、阿曼瑞卡纳国际有限公司（以下简称阿曼瑞卡纳公司）"Bench."商标争议行政纠纷案[1]中，舒英公司曾于1993年向商标局提出了在第25类服装等商品上的"BENCH"商标的注册申请，同年被商标局驳回，驳回理由是与北京奔驰衬衫有限公司在类似商品上已经注册的第342318号"BenChi及图"商标相近似。舒英公司不服，向商标评审委员会申请复审，商标评审委员会于1996年5月8日作出终局决定，认为"BENCH"商标与第342318号"BenChi及图"商标仅相差最后一个字母，已构成近似，从而驳回了舒英公司的复审请求。2000年6月23日，案外人嘉兴美最时时装有限公司提出本案争议商标"Bench."商标注册申请，该申请于2001年8月7日被核准，核定使用商品为第25类服装等。2006年2月28日，争议商标转让给阿曼瑞卡纳公司。舒英公司认为，争议商标"Bench."相对于"BENCH"商标而言与"BenChi"商标更为近似，商标局此次审查未能引证第342318号商标是一种疏漏，这对舒英公司不公平。商标评审委员会认为，舒英公司关于争议商标获准注册系商标局疏漏，若不撤销则对舒英公司不公平的主张没有法律依据。北京市第一中级人民法院认为，商标评审委员会审理商标案件实行个案审查原则，舒英公司如果认为争议商标与第342318号"BenChi及图"商标构成类似商品上的近似商标，在争议商标初审公告时可以提出商标异议。舒英公司并非第342318号"BenChi及图"注册商标的专用权人，因此其有关商标评审委员会应当引证该商标撤销争议商标的主张缺乏法律依据，不予支持。

北京市高级人民法院认为，虽然商标评审委员会审理商标案件实行个案审查原则，但是申请商标是否予以注册的审查均应依据《商标法》的相关规定，即审查的依据及标准是统一的。商标评审委员会根据《商标法》的上述相关规定，在商标评审委员会之前的终局决定中，以舒英公司的BENCH商标与第342318号"BenChi及图"商标已构成类似商品上的近似商标为由，驳回了舒英公司对"BENCH"商标的注册申请，但在本案中却又维持了与第342318号"BenChi及图"商标构成类似商品上的近似商标的争议商标"Bench."的注册，显属适用法律错误，因此撤销了商标评审委员会的裁定和北京市一中院的判决。

18. 关于诉讼新证据的采信与认定

商标确权行政案件主要审查的是商标评审委员会所作评审裁决的合法性，

---

[1] 参见北京市高级人民法院（2009）高行终字第1079号行政判决书。

通常应当以行政相对人向商标评审委员会提交的相应证据来审查行政行为的合法性。对于行政相对人或商标评审委员会在诉讼中提交的新的证据，由于其不是作出行政行为的事实依据，往往不予采纳。但是，商标确权行政案件的审理结果可能导致注册商标的无效或撤销，而注册商标一旦被撤销可能无法恢复，因此在不采纳新证据将导致商标注册人的权益无法得到救济时，法院往往会例外地考虑这些证据对注册商标专用权效力的影响，从而有可能作出与商标评审裁决不一致的结论或者要求商标评审委员会在考虑新证据的情况下重新作出评审裁定。

在庄吉集团有限公司（以下简称庄吉公司）与商标评审委员会、沃尔玛连锁商店公司（以下简称沃尔玛公司）“庄吉 GEORGE 及图”商标撤销复审行政纠纷案[1]中，庄吉公司在撤销复审阶段提交的证据无法证明其在指定三年期限内使用了“庄吉 GEORGE 及图”商标，但其在二审诉讼中提交了其使用“庄吉 GEORGE 及图”商标的证据。商标评审委员会认为上述证据在行政审查及一审诉讼过程中均未提交，已超出了举证期限，不应考虑，否则会造成审级损失，亦违反行政诉讼合法性的审查原则。北京市高级人民法院认为，对行政决定进行司法审查，旨在为行政相对人提供司法救济途径，其目的就是保护行政相对人的合法权益。对行政相对人未在行政审查阶段提交而在行政诉讼过程中提交的证据如果一概不予考虑，有违司法审查的宗旨。本案中庄吉公司为涉案商标的商标权人，如果对其在二审中新提交的证据不采信，可能使涉案商标被撤销且不能恢复，故应对庄吉公司提交的新证据予以适当考虑。庄吉公司注册了一系列商标，其中涉及服装类的注册商标有四种。从其提交的新证据看，六份商品合同所销售的商品为服装，合同中已经载明“GEORGE 庄吉”字样，并且有发票与之印证，可以证明庄吉公司在指定三年期间销售了使用被申请撤销商标的服装商品。因此，虽然商标评审委员会及一审法院认定庄吉公司在行政审查阶段和一审诉讼中提交的证据不足以证明其在 2000 年 1 月 16 日至 2003 年 1 月 15 日期间对被申请撤销商标进行了商标法意义上的使用，但鉴于其在二审诉讼中新提交的证据能够证明庄吉公司在涉案的三年期间内销售了使用被申请撤销商标的服装商品，故被申请撤销商标应予维持。

在抚顺博格环保科技有限公司（以下简称抚顺博格公司）与商标评审委员会、营口玻璃纤维有限公司（以下简称营口玻璃纤维公司）“氟美斯 FMS”商标争议行政纠纷案中，商标评审委员会认定，从营口玻璃纤维公司上报有关

---

[1] 参见商标评审委员会商评字［2008］第 5270 号《关于第 879181 号“庄吉 GEORGE 及图”商标撤销复审决定书》，北京市第一中级人民法院（2008）一中行初字第 1034 号行政判决书，北京市高级人民法院（2009）高行终字第 444 号行政判决书。

部门的材料、检验报告等证据中获知，可以认定营口玻璃纤维公司至迟于1999年3月即已开始将“氟美斯FMS”使用于“多功能玻璃纤维复合滤料”商品上。营口玻璃纤维公司使用“氟美斯FMS”商标的时间早于争议商标申请注册的时间。而争议商标申请人抚顺博格公司的前身与营口玻璃纤维公司为同一地域的同行，理应知晓营口玻璃纤维公司将“FMS氟美斯”指定使用于针刺滤料商品上，仍将“氟美斯FMS”作为商标指定使用于相同商品上进行申请注册，违反了《商标法》第三十一条的规定，争议商标应予撤销。一审诉讼中，抚顺博格公司提交了其前身在1998年7月27日销售“氟美斯高温滤布”的增值税专用发票等证据，北京市第一中级人民法院据此认定，抚顺博格公司在诉讼阶段提交的新证据可以证明，其前身从1998年7月起就开始在高温滤布、针刺毡、过滤袋等商品的实际商业活动中使用“氟美斯”商标。在此前提下，本案已经没有适用《商标法》第三十一条的必要，即抚顺博格公司不存在抢先注册营口玻璃纤维公司在先使用并有一定影响的商标之情形。在抚顺博格公司与营口玻璃纤维公司都使用争议商标的情况下，根据商标注册的“先申请”原则，抚顺博格公司申请注册争议商标并无不当。营口玻璃纤维公司则主张，其最早使用“氟美斯”商标的证据是向商标评审委员会提交的1998年6月12日营口玻璃纤维公司向韶关钢铁有限公司销售“氟美斯过滤毡FMC”所签订的购销合同。二审诉讼中，营口玻璃纤维公司又提交了与上述合同内容相对应的销售发票等证据，以此证明合同已经真实履行。北京市高级人民法院认为，抚顺博格公司在一审诉讼中提交的其使用“氟美斯”的证据时间最早的是1998年7月27日，晚于营口玻璃纤维公司上述合同签订的时间，因此应认定营口玻璃纤维公司在先使用了“氟美斯”商标。营口玻璃纤维公司向商标评审委员会提交的“氟美斯”产品鉴定材料等证据可以证明，营口玻璃纤维公司是“氟美斯”多功能玻璃纤维复合滤料的最早开发者和研制者，“氟美斯”多功能玻璃纤维复合滤料系工业用产品，普通消费者无从了解其产品和商标等信息，而且营口玻璃纤维公司在1998年8月才最终将其研制完成并批量投放市场。因此在1998年8月之前在多功能玻璃纤维复合滤料产品上使用“氟美斯”的行为并不广泛，故应认定营口玻璃纤维公司在先使用的“氟美斯”商标在相关公众中已经具有一定影响，抚顺博格公司的前身申请注册争议商标属于《商标法》第三十一条规定的情形，应予撤销。

三、商标民事案件

19. 关于相关公众能够将两中外文商标对应起来且认为指向同一来源的商标构成近似商标的认定

商标近似是指两商标相比较，其文字的字形、读音、含义或者图形的构图及颜色，或者其各要素组合后的整体结构相似，易使相关公众对商品的来源产生误认。在商标近似的判断中，标识近似与商标近似是不同的，标识近似仅指两商标图样本身相近，而商标近似不仅包括商标标识的近似，还包括因两商标使用在同一种或者类似商品上足以造成公众的混淆和误认。在判断商标近似时，应当考虑是否造成混淆、误认，如果仅有标识近似，但不足以造成相关公众混淆、误认的，不应认定构成近似商标。对于中文文字商标与外文文字商标如何判断近似，关键在于中文商标标志与外文商标标志的含义是否相同或相近，以及相关公众是否会误认为使用中文商标的商品提供者与使用外文商标的商品提供者是同一人或之间有特定联系，如果标志近似并且足以造成混淆误认的，应当认定为近似商标。

在鲁沃夫公司与北京鹊翔医疗科技有限责任公司（以下简称鹊翔公司）侵犯商标专用权和不正当竞争纠纷案[1]中，2004 年 7 月，鲁沃夫公司曾与鹊翔公司达成协议，由鹊翔公司作为鲁沃夫公司商品的中国总代理商，经销医用清洗剂类商品；合作模式为鲁沃夫公司将商品以原装形式直接进口到中国大陆后，由鹊翔公司独家代理销售；该商品包装桶为圆柱形，一侧带有握柄，包装桶上印有“RUHOF”商标。鹊翔公司在包装桶的英文标贴位置又加贴了中文标贴，所加标贴上标注有“鲁沃夫”商标文字。2006 年 5 月，鲁沃夫公司在第 3 类清洁制剂、外科器械用清洁制剂等商品上申请并注册了“RUHOF”商标。2007 年 9 月开始，鲁沃夫公司停止向鹊翔公司供货，鹊翔公司随后开始代理其他进口商的同类商品，并在商品上同样使用“鲁沃夫”商标标志，鲁沃夫公司因此提出侵权诉讼。北京市第二中级人民法院认为，被控侵权商品上使用的“鲁沃夫”商标与鲁沃夫公司的“RUHOF”商标，一个是中文，一个是英文，二者从文字的字形、含义的角度不具有可比较性；虽然“RUHOF”的发音与“鲁沃夫”有一定的相似程度，但对英文名称的翻译不具有唯一性，“RUHOF”不是必然要被翻译为“鲁沃夫”；在鲁沃夫公司和鹊翔公司合作期

---

[1] 参见北京市第二中级人民法院（2008）二中民初字第 5929 号民事判决书，北京市高级人民法院（2008）高民终字第 1395 号民事判决书。

间，虽然“RUHOF”与“鲁沃夫”同时出现在一件商品上达三年之久，但是首先将“RUHOF”与“鲁沃夫”对应起来使用的是鹊翔公司，双方在合作协议中也没有对此问题作出约定，鹊翔公司作为代理商使用“鲁沃夫”的行为与鲁沃夫公司无关，因此认定“RUHOF”与“鲁沃夫”不构成近似商标。北京市高级人民法院则认为，将鲁沃夫公司注册的“RUHOF”商标与鹊翔公司使用的“鲁沃夫”商标相比较，两者发音有一定的相似性，同时鹊翔公司曾作为鲁沃夫公司在中国的总代理商在三年左右的时间里大量使用“RUHOF”和“鲁沃夫”商标销售鲁沃夫公司的商品，并且在宣传中一直使用RUHOF公司和“鲁沃夫”公司指代鲁沃夫公司。通过其销售和大量广告宣传，相关消费者已经能够将“RUHOF”与“鲁沃夫”一一对应起来，且会认为带有“鲁沃夫”文字的商品是由鹊翔公司代理的鲁沃夫公司的商品，因此鹊翔公司在代理关系结束后在其销售的被控侵权商品上使用“鲁沃夫”商标，容易造成相关消费者误认为该商品来源于鲁沃夫公司或与鲁沃夫公司有特定联系，其行为属于在同一种商品上使用与“RUHOF”商标近似的商标的侵权行为。

20. 关于被控侵权商品销售商承担损害赔偿数额的认定

《商标法》第五十六条规定，侵犯商标专用权的赔偿数额，为侵权人在侵权期间因侵权所获得的利益，或者被侵权人在被侵权期间因被侵权所受到的损失，包括被侵权人为制止侵权行为所支付的合理开支；前款所称侵权人因侵权所得利益，或者被侵权人因被侵权所受损失难以确定的，由人民法院根据侵权行为的情节判决给予50万元以下的赔偿；销售不知道是侵犯注册商标专用权的商品，能证明该商品是自己合法取得的并说明提供者的，不承担赔偿责任。可见，对于销售侵权商品的销售商来说，不能提供合法来源和提供者的，应当就其销售侵权行为承担损害赔偿责任。销售侵权的损害赔偿责任同样也应依权利人的损失或销售侵权行为的获益来计算，无法计算的由人民法院酌定。对于酌定的情节，主要是从销售侵权行为人是否具有主观恶意、销售侵权商品的数量、价格以及销售侵权行为的持续时间，权利人商标的知名度等方面来考虑。由于权利人为取证而购买侵权商品的次数一般也就一两次，因此不能依为取证而购买的商品数量作为销售侵权商品的数量，而应当根据销售商通常的进货、销货数量来确定，在没有确凿证据的情况下酌定的赔偿数额一般不宜过高。

在瓦房店轴承集团有限责任公司（以下简称瓦房店轴承公司）与北京鑫泰利发商贸有限公司（以下简称鑫泰利发公司）侵犯商标专用权一案❶中，鑫

---

❶ 参见北京市第一中级人民法院（2008）一中民初字第13803号民事判决书，北京市高级人民法院（2009）高民终字第2576号民事判决书。

泰利发公司销售的被控侵权商品是侵犯瓦房店轴承公司注册商标专用权的商品。北京市第一中级人民法院结合瓦房店轴承公司商标的知名度、鑫泰利发公司主观过错程度、侵权行为的情节、被控侵权产品的销售价格等因素酌情确定鑫泰利发公司赔偿瓦房店轴承公司经济损失 8 万元。北京市高级人民法院认为：瓦房店轴承公司提交的证据尚难以证明鑫泰利发公司存在持续销售侵犯瓦房店轴承公司注册商标专用权的商品的行为且侵权情节严重，一审法院结合瓦房店轴承公司商标的知名度、鑫泰利发公司主观过错程度、侵权行为的情节、被控侵权产品的销售价格等因素酌情确定赔偿数额为 8 万元过高，应予纠正，故判决撤销一审法院关于鑫泰利发公司赔偿瓦房店轴承公司经济损失 8 万元的判决，改判鑫泰利发公司赔偿瓦房店轴承公司经济损失 4 万元。

21. 关于将他人在先注册商标申请为产品外观设计专利不构成侵犯注册商标专用权的认定

将他人在先获得注册的商标申请为产品外观设计专利的，如果在先商标核定使用的商品与外观设计专利产品不属于相同或类似产品且在先商标也不构成驰名商标，申请外观设计专利的行为本身不具有违法性，专利权人申请和实施其外观设计专利的行为不侵犯在先商标权，也不构成不正当竞争。但是，在相同或类似商品上将他人在先注册商标申请为产品外观设计专利的，该申请行为是否侵犯在先商标权，司法实践中仍存在较大分歧。北京法院在前几年的判决中曾经认为，无论该外观设计专利是否已经实际实施，也无论该专利产品是否已经实际上市，该申请行为都侵犯在先注册商标权；但 2009 年的判例已经表达了不同的观点和做法。

在路易威登公司诉郭碧英侵犯注册商标专用权一案中，原告路易威登公司是“LV”注册商标的权利人，核定使用于玩具、跳棋、十五子棋游戏、高尔夫球专用手套等商品。被告以“LV”为主要设计要素申请了名称为“麻将(23)”的外观设计专利，原告认为该申请行为侵犯其注册商标专用权并提起诉讼。北京市第一中级人民法院认为，被告专利产品“麻将（23）”与原告注册商标核定使用的“跳棋”等商品属于类似商品，被告外观设计的麻将形状为长方体，与通常的麻将形状无异，仅在主视图设计有 LV 文字图形。该 LV 文字图形与原告注册商标均由 LV 文字叠加构成，图案设计基本相同。在此情况下，相关公众会将涉案专利产品误认为是原告的商品，从而给原告的注册商标专用权造成损害，被告专利已与原告注册商标专用权构成冲突。虽然被告尚未实际实施涉案专利，但因外观设计专利申请的目的即为投入市场使用，而该外观设计专利产品一旦投入市场，必然会给原告注册商标专用权造成损害，被告申请涉案专利的行为属于《商标法》第五十二条第（五）项规定的“其他侵犯注册商标专用权的行为"，判决被告郭碧英不得实施其被诉外观设计专利。[1] 郭碧英不服并提起上诉。

北京市高级人民法院二审认为，侵犯商标专用权的行为通常是指非法使用他人商标的行为，而商标使用主要是指该商标与特定商品的组合并面向消费者的使用。将与他人商标相同或相似的标志申请外观设计专利的行为不属于面向市场消费者的非法使用商标的行为，该申请行为本身不属于侵犯注册商标专用权的行为，郭碧英申请被诉外观设计专利的行为未侵犯被上诉人商标专用权。但是，尽管郭碧英申请被诉外观设计专利的行为未侵犯路易威登公司注册商标权，且本案也无证据表明上诉人已经实际实施其专利，但由于路易威登公司商标权确已构成被诉外观设计专利权的在先合法权利，该专利产品与路易威登公司注册商标核定使用的"跳棋"等商品已构成类似商品，该外观设计专利的主要设计因素与路易威登公司注册商标的图案也构成相似，被诉专利一旦实施，或者其专利产品一旦上市，相关公众很可能将该专利产品误认为是路易威登公司的商品，从而损害路易威登公司的注册商标权。因此，被诉外观设计专利已与路易威登公司注册商标专用权构成冲突，二审法院在纠正原审判决错误的基础上，对其判决结果予以维持。[2]

四、著作权案件

22. 关于恶意侵犯他人著作权是否应加大制裁力度的认定

对于侵犯他人知识产权的，应当承担赔偿责任在内的民事责任，其中对于侵权行为具有一定的普遍性和连续性，侵权人侵权主观故意明显的案件，在确定赔偿数额时可以酌情加大赔偿额，并给予民事制裁。

在微软公司诉北京思创未来科技发展有限公司（以下简称思创未来公司）侵犯计算机软件著作权纠纷一案[3]中，微软公司是微软 Windows XP 专业版及微软 Office 2003 专业版的著作权人。2008 年 10 月 16 日至 11 月 6 日，微软公司的委托代理人 3 次到思创未来公司位于不同地点的 4 家销售门店，共购买个人台式计算机 12 台，并取得思创未来公司出具的销售凭证、质保卡及保修卡。保修卡内包含产品保修卡、思创未来 DIY－组装机（兼容机）质保及售后服务承诺书、质保配置单、电脑使用过程中的注意事项、公司简介等，其公司简介

[1] 参见北京市第一中级人民法院（2008）一中民初字第 08048 号民事判决书。

[2] 参见北京市高级人民法院（2009）高民终字第 2575 号民事判决书。

[3] 参见北京市第一中级人民法院（2009）一中民初字第 4083 号民事判决书，北京市高级人民法院（2009）高民终字第 4462 号民事判决书。

中记载：该公司“既是一家专业的电脑配件代理商，又是一家专业的电脑装机商”。上述 12 台计算机主机中均预装有微软 Windows XP 专业版和微软 Office 2003 专业版软件。

北京市第一中级人民法院认为，侵犯软件著作权的赔偿数额应依照《著作权法》第四十八条的规定确定。本案原告并未提供证据证明其因被告的侵权行为所遭受的损失或者被告因侵权所获得的利益，在证据保全过程中亦未取得被告的销售记录及财务账册等相关证据用以计算赔偿数额，故本案可以在法定范围内确定赔偿数额。原告主张权利的 2 个计算机软件系应用较为广泛的操作系统和应用软件，原告 12 次公证购买的计算机中均预装了上述软件，说明被告的侵权行为具有一定的普遍性和连续性，在确定赔偿数额时应予着重考虑。此外，被告作为具有一定规模的有限责任公司，应当建立健全的财务制度，但其未在法院指定的期限内提供相关销售记录及财务账册，其应承担消极举证的法律后果。法院在综合考虑原告主张权利的软件性质、被告侵权行为的性质和情节、被告企业规模以及被告消极执行法院证据保全裁定等因素的基础上，酌情确定赔偿数额。原告因本案诉讼支付的公证费人民币 18 000元、取证费人民币 43 409元均系为本案诉讼的必要支出，应当由被告予以赔偿。北京一中院判决：思创未来公司立即停止侵权行为；赔偿微软公司经济损失人民币 35 万元；赔偿微软公司诉讼合理支出人民币 110 409元；驳回微软公司的其他诉讼请求。同时，一审法院作出了对涉案 12 台组装机予以收缴的民事制裁决定。北京市高级人民法院维持了一审判决和裁定。

23. 关于网络服务提供者提供定时在线播放、录制服务是否属于信息网络传播权所限定的信息网络传播行为的认定

《著作权法》第十条第一款第（十二）项规定，信息网络传播权是以有线或者无线方式向公众提供作品，使公众可以在其个人选定的时间和地点获得作品的权利。司法实践中，一些网络服务提供者提供作品的定时在线播放或者定时在线录制等，网络用户只有在特定时间才能获得该作品。如果该网络服务未经著作权人许可而构成侵权，是否属于《著作权法》规定的信息网络传播权所调整，在理论和司法实践中仍存在争议。

在安乐影片有限公司（以下简称安乐影片公司）诉北京时越网络技术有限公司（以下简称时越网络公司）、北京悠视互动科技有限公司侵犯著作财产权纠纷一案中，安乐影片公司对影片《霍元甲》享有的著作权包括通过有线和无线方式向公众提供作品的权利、通过有线和无线方式按照事先安排之时间表向公众传播、提供作品的定时在线播放、下载、传播的权利等。时越网络公司作为涉案网站“悠视网”（uusee. com）的经营者，在该网站上向公众提供影片《霍元甲》的定时在线播放服务和定时录制服务，使网络用户可以在该网站确定的时间和用户选定的计算机终端上观看和下载影片《霍元甲》。上述定时在线播放服务和定时录制服务必须通过悠视互动公司的“UUSee网络电视”软件实现，且“悠视网”与“UUSee网络电视”软件之间具有密切关联。北京市第一中级人民法院认为，二被告的上述行为侵犯了安乐影片公司对该影片享有的著作权中通过有线和无线方式按照事先安排之时间表向公众传播、提供作品的定时在线播放、下载、传播的权利，故判决其承担停止侵害、赔偿损失的民事责任。

北京市高级人民法院二审认为，我国《著作权法》规定的“信息网络传播权”针对的是“交互式”的网络传播行为，即网络用户对何时、何地获得特定作品可以主动选择，而非只能被动地接受传播者的安排。本案“悠视网”提供的是对涉案电影作品定时在线播放服务和定时录制服务，网络用户只能在该网站安排的特定时间才能获得特定的内容，而不能在个人选定的时间得到相应的服务，因此，该种网络传播行为不属于信息网络传播权所限定的信息网络传播行为。同时，因该种行为亦不能由《著作权法》第十条第一款所明确列举的其他财产权所调整，故一审法院认定其属于《著作权法》第十条第一款第（十七）项“应当由著作权人享有的其他权利”调整的范围是正确的。由于根据涉案电影作品《霍元甲》著作权人的授权，安乐影片公司已享有该电影作品通过有线和无线方式按照事先安排的时间表向公众传播、提供作品的定时在线播放、下载、传播等权利，因此，时越网络公司作为涉案“悠视网”的经营者，其未经许可提供了该电影作品的在线播放和录制服务，构成对安乐影片公司所享有的该项著作财产权的侵犯。二审法院据此维持了一审判决。

24. 关于对法人作品的认定

依据享有著作权的主体形态，作品可以分为自然人作品、法人或者其他组织作品、职务作品。为叙述方便，这里将法人或者其他组织作品简称为法人作品。根据《著作权法》第十一条第三款的规定，构成法人作品需具备三个条件：必须由单位主持创作，作品必须代表单位意志，作品产生的责任必须由单位承担。对法人作品的认定应当注意两点：第一，《著作权法》的立法本意是对法人作品作严格解释，《著作权法》首先就是要保护作者的利益，以鼓励他们创作更多有利于社会发展的作品，因此对法人是不是作品的作者、作品是否属于法人作品应限制在一定的范围之内，不宜扩大解释；第二，《著作权法》为法人作品设置了众多的条件，说明对法人作品的立法采取了谨慎的态度，根据《著作权法》的立法本意，法人作品应属于较少的情况，对法人作品应作严格的解释。还需要注意的是，对法人作品的构成要件应作严格限定。首先，

“由单位主持创作”，应是由代表单位的人员负责组织该项创作，从创作的提出、立意、人员、日程的安排、物质技术条件的提供、创作的进程、完成等各个方面都由单位负责主持，而并非只是简单地提出任务、布置工作。其次，所谓代表单位的意志，是指创作思想及表达方式均须代表、体现单位的意志。某一作品完全或者主要地体现了单位的意志，个人创作者自由思维的空间不大的，可认定为代表了单位的意志；但个人在单位提供或者要求的条件下，可以自由发挥创造力、抒发其思想，对作品的结构安排、情节处理、材料取舍、思想表达等可以由个人意志所决定的，则不能认定为体现了单位的意志。单位仅仅提出创作作品的任务本身，以及创作者个人根据单位提出的原则性要求去创作的，都不能认为是“体现了单位的意志”。再次，作品产生的责任由单位承担，是指作品产生的责任必须也只能由单位承担，个人实际上承担不了作品产生的责任。最后，认定是否属于法人作品，还可以看该作品是否必须由法人署名，而不能由个人署名。如果客观上可以由实际创作者署名，则可以不认定为法人作品；只有实际创作者署名发表不能达到预期创作目的和实现预期社会意义的作品，才应视为法人作品。

在原告姚洪军诉被告北京德琦知识产权代理有限公司侵犯著作权纠纷一案[1]中，原告姚洪军原为被告北京德琦知识产权代理有限公司的职员，其间被告接受格里高里·A. 斯图伯斯的委托创作《世界软件专利》一书的中国部分，原告接受被告的安排创作完成了该书中国部分的第四章和第七章。该书出版后其书封面署名的主编为格里高里·A. 斯图伯斯，中国部分的署名作者为“宋津成、杜少辉、南希·L. 菲克斯”。原告主张该书中国部分的第四章、第七章为其独自完成，被告许可他人出版并在世界范围内发行该书，侵犯其著作权。被告辩称，该书中国部分系其接受委托完成，整个组稿过程都是在公司组织、主持之下，集中公司人员共同完成，并由公司最后统一校对、修饰、删改、整合、定稿，体现了公司的法人意志，故应为法人作品。一审法院认为，该作品的结构、基本内容是按照格里高里·A. 斯图伯斯的要求完成的，并没有体现被告的法人意志；该作品的署名作者为宋津成等，这种为实际创作作者署名的方式不是法人作品的署名方式，被告对该作品并不承担法人责任。因此，被告有关该作品为法人作品的主张缺乏事实依据。该书中国部分的第四章和第七章的中文稿系原告为完成公司的工作任务而完成的，其性质属于职务作品。二审法院维持了一审法院的判决。

---

[1] 参见京市第一中级人民法院（2008）一中民初字第5941号民事判决书和北京市高级人民法院（2009）高民终字第2867号民事判决书。

25. 关于网络服务模式为内容服务且无证据证明网络服务者仅提供技术服务时应推定其为内容服务提供者的认定

从提供服务的对象上分类，网络服务提供者可以分为两类：第一类是内容服务提供者（ICP），即将信息上传或者以其他方式置于网络服务器中并向公众提供的服务商；第二类即 ISP，即通过技术、设备为信息在网络上传播提供中介服务的服务商，基本特征是按照用户的选择传输或接受信息，本身并不组织、筛选所传播信息，比如接入服务、信息存储空间服务、信息定位服务等。就内容服务提供者而言，如果其未经许可，将他人作品上传或者放置在网络服务器中供公众浏览、下载，则构成对他人著作权的侵害。技术、设备网络服务提供者构成对信息网络传播权的侵犯，同样应具备违法行为、损害后果、违法行为与损害后果具有因果关系和过错四个要件，但在行为性质上，其构成的是共同侵权，且通常以他人实施了直接侵权行为为前提；对其过错的要求也不如内容服务提供者那么严格。但是，随着网络技术的发展和商业模式的多样化，网络服务的类型趋于多样化和复杂化，有的服务提供者在模式上可能提供的是技术服务，但服务的外在形式使用户误认为其提供的是内容服务，因此，恰当区分内容服务提供者和技术服务提供者是正确审理案件的前提。

在网乐互联（北京）科技有限公司诉北京暴风际科技有限公司侵犯著作权一案[1]中，被告的网站在线播放了涉案电影《樱桃》。在该过程中，用户须首先下载该网站所提供的暴风影音软件，才可获得涉案电影的在线播放。软件下载界面显示，“最热最全在线视频，一点即播 最热最全 视频总库 2 627万，高清 12 万，每日新增 500 部”。用户安装该软件后，在暴风影音页面上的空白搜索框中键入“樱桃”进行搜索，可得到相应搜索结果页面。用户点击相应的搜索结果即可得到电影《樱桃》的在线观看。在电影的播放界面上显示有“酷 6 网”、“www. bt5156. com”等标识，在播放器界面上方的边框上显示有“暴风影音——樱桃 DVD（来源酷 6）”的标识。被告主张其提供的仅是搜索、链接服务，涉案电影存储于被链接网站。一审法院认为，涉案网站中电影的播放界面上显示的“来源酷 6”字样，及“酷 6 网”、“www. bt5156. com”等标识，并不能当然地说明涉案电影存储于上述网站中。在被告未提交其他证据的情况下，本案现有证据无法证明涉案电影存储于被链接网站的服务器上，当然亦无法证明其所提供的是搜索、链接服务，并判决侵权成立。二审法院也认为，原告提交的证据显示，涉案电影是在被告网站上在线播放，被告主张其提

---

[1] 参见北京市第一中级人民法院（2009）一中民初字第 4421 号民事判决书和北京市高级人民法院（2009）高民终字第 4106 号民事判决书。

供的是搜索、链接服务，但未能提供证据证明涉案电影并非由其提供并置于互联网中，故应推定其实施了信息网络传播行为，并判决驳回上诉，维持原判。

五、特许经营合同纠纷案件

26. 关于特许经营合同纠纷中平衡保护各方当事人利益的认定

最高人民法院2008年4月1日起施行的《民事案件案由规定》将特许经营合同纠纷确定为知识产权庭审理，随后北京法院尤其是基层法院审理了大量特许经营合同纠纷案件，北京市高级人民法院也审理了数十件特许经营合同纠纷二审案件。从这些案件的审理情况来看，大多数特许经营合同纠纷是由于特许人不完全具备特许经营人的法定条件、未完全履行信息披露义务等原因引起的；少数特许经营合同纠纷是因特许人故意欺诈被特许人，甚至以欺诈被特许人为业而引起的；但也有部分特许经营合同纠纷是由于被特许人在掌握了特许人的经营资源、技术诀窍后，为脱离特许人的控制另行营业而寻求各种借口解除特许经营合同而引起的。此时应特别注意平衡保护特许人和被特许人的利益，一方面对特许人的违约或轻微违法行为应处以适当的法律责任，另一方面对特许人的合法利益也应给予充分保护。

在杨国伟与北京亮丽新世界美容有限公司（以下简称亮丽美容公司）特许经营合同纠纷一案中，虽然特许人亮丽美容公司在第44类上提出的“美丽妈妈”商标注册申请已被依法受理，但截止到两审诉讼终止，该商标申请始终未被核准注册。亮丽美容公司于2008年7月24日在商务部进行了特许经营备案。2007年1月5日，亮丽美容公司与杨国伟签订特许经营合同，许可杨国伟使用“美丽妈妈”商标开展经营服务。亮丽美容公司按照约定向杨国伟提供了相关产品、设备，杨国伟也予以签收。但杨国伟在本案诉讼中主张所收产品、设备仪器属于不合格产品并少于约定数量，且未提供相应证据证明上述主张。自2008年7月以后，杨国伟未再支付约定的商标使用费和广告费，但亮丽美容公司的委托人于2008年9月16日前往杨国伟经营的美容中心，发现其仍以“美丽妈妈”的名义开展经营活动。2008年12月，双方因合同履行纠纷诉至法院。

北京市第二中级人民法院认为，双方签订特许经营合同合法有效，各方当事人均应严格依约履行相关合同义务。杨国伟主张亮丽美容公司提供的产品和仪器为不合格产品并构成违约，但其在签收上述仪器、产品等物品的当时及在此后的合理期间内，均未声明相关仪器、产品存在质量问题，而且其已经实际使用了相关仪器和产品，并未提交用户反映质量问题等方面的证据。杨国伟主张亮丽美容公司未提供技术资料、管理方案、员工技术培训等并构成违约，但根据合同约定，亮丽美容公司在签订协议后应当开始培训人员，并应在杨国伟找好营业场所后，确保人员符合上岗要求，能保证杨国伟正常营业，杨国伟才在开业前支付余款；而杨国伟已经于2007年2月支付了余款，且已经正常营业一年有余，且杨国伟在起诉前从未向亮丽美容公司就开业前培训问题提出异议，故认定亮丽美容公司已经履行了其对杨国伟在开业前进行培训的义务，并对杨国伟相应诉讼主张不予支持。杨国伟不服并提出上诉。[1]

北京市高级人民法院认为，无论是对特许人来说还是对被特许人来说，从事特许经营活动都是具有一定风险的市场行为，任何一方当事人的不当或者恶意行为导致对方损失的，不当一方当事人都应承担相应的法律责任。同时，正是因为特许经营活动具有一定的市场风险，特许经营活动的从业者应当充分认识到并承受这种风险，不应当不恰当地将这种市场风险转移给包括对方当事人在内的任何人。对特许经营行为的法律规制，既要注意防止特许人编造虚假信息骗取被特许人的财产，也要注意防止被特许人在掌握相关技术资料、特定技能及经营信息等特许人的经营资源后损害特许人利益的行为。本案根据双方当事人的约定，杨国伟在签订合同时先支付5万元，同时亮丽美容公司将有关技术资料、管理方案等提供给杨国伟。在杨国伟加盟店开业前，亮丽美容公司应按照约定将所有仪器、产品等送到杨国伟指定地点，人员符合上岗要求，能保证杨国伟正常营业，杨国伟在开业前应支付余款5万元。现杨国伟已履行其上述两期共10万元加盟费的支付义务，也实际签收了上述约定资料，并未在其签收后的合理期间内以任何方式向亮丽美容公司表明上述仪器、产品、设备等物品存在质量或数量问题，也未提交用户反映上述仪器、产品等物品存在质量问题的任何证据，且其已经实际使用了相关仪器和产品，却在诉讼中否认亮丽美容公司已向其提交上述约定资料，并对亮丽美容公司提供的产品、机器、设备的质量及数量表示质疑且未提供有效证据，故对其上诉主张不予支持。[2]

27. 关于以未注册商标为特许资源的特许经营合同的效力认定

根据2007年5月1日起施行的《商业特许经营管理条例》第三条的规定，商业特许经营是指拥有注册商标、企业标志、专利、专有技术等经营资源的企业，以合同形式将其拥有的经营资源许可其他经营者使用，被特许人按照合同约定在统一的经营模式下开展经营，并向特许人支付特许经营费用的经营活

[1] 参见北京市第二中级人民法院（2009）二中民初字第594号民事判决书。

[2] 参见北京市高级人民法院（2009）高民终字第4104号民事判决书。

动。由此可见，特许人拥有合法的特许经营资源是开展商业特许经营的前提和基础，如果特许人擅自将他人的注册商标、企业标志、专利、专有技术等经营资源据为己有并始终未取得合法授权或追认，其对外签订的特许经营合同的效力显然是有问题的。但如果特许人以其拥有的未注册商标为特许经营资源并对外签订特许经营合同且未故意隐瞒其商标是未注册商标的，则一般不宜以特许人拥有的特许经营资源系未注册商标为由否定特许经营合同的效力。

在曹文静诉亮丽美容公司特许经营合同纠纷一案[1]中，亮丽美容公司于2008年7月24日在商务部进行了特许经营备案，虽然其在第44类上提出的“美丽妈妈”商标注册申请已被依法受理，但截止到两审诉讼终止，该商标申请始终未被核准注册。2007年8月30日，亮丽美容公司与曹文静签订特许经营合同，许可曹文静使用“美丽妈妈”商标开展经营服务。后来双方因合同履行纠纷诉至法院，曹文静主张亮丽美容公司因不具有注册商标专用权故其不具备特许经营资格和成熟经营资源，并构成违约。北京市第二中级人民法院认为，鉴于涉案协议书中并未约定亮丽美容公司许可曹文静使用的“美丽妈妈”商标系注册商标，曹文静亦未举证证明亮丽美容公司曾向其声称涉案商标为注册商标，故亮丽美容公司不具有“美丽妈妈”商标的注册商标专用权不构成违约。曹文静不服并提出上诉，北京市高级人民法院经审理认为，虽然亮丽美容公司授权曹文静使用的“美丽妈妈”确系未注册商标，但《协议书》并未约定亮丽美容公司授权曹文静使用的商标必须是注册商标，并鉴于亮丽美容公司已经获得国家商务主管部门的认可，应当认定其具有特许经营资格。曹文静如果认为亮丽美容公司不具备特许经营资格，可以向有关部门举报，但在有关部门依法否定亮丽美容公司的特许经营资格前，应当认定亮丽美容公司具有特许经营资格。故曹文静有关亮丽美容公司不具备特许经营资格和成熟经营资源的上诉主张不能成立。

28. 关于合同中存在“不是商业特许经营合同”或类似约定不影响特许经营合同性质的认定

商业特许经营合同是以商业特许经营事宜为主要内容的合同，它除应符合我国合同法的有关规定外，还应符合《商业特许经营管理条例》的相关规定。一般说来，特许经营合同应当包括下列主要内容：（1）特许人、被特许人的基本情况；（2）特许经营的内容、期限；（3）特许经营费用的种类、金额及其支付方式；（4）经营指导、技术支持以及业务培训等服务的

---

[1] 参见北京市第二中级人民法院（2009）二中民初字第595号民事判决书，北京市高级人民法院（2009）高民终字第4105号民事判决书。

具体内容和提供方式；（5）产品或者服务的质量、标准要求和保证措施；（6）产品或者服务的促销与广告宣传；（7）特许经营中的消费者权益保护和赔偿责任的承担；（8）特许经营合同的变更、解除和终止；（9）违约责任；（10）争议的解决方式；（11）特许人与被特许人约定的其他事项。从司法实践来看，尽管当事人签订的合同基本具备上述内容，但双方当事人在合同中明确约定“本合同不属于特许经营合同”、“本合同为经销合同”或其他类似约定，这种约定是否影响特许经营合同限制的认定，在实践中也存在一定争议。

在刘沁林诉北京祥瑞恒通商贸有限责任公司（以下简称祥瑞恒通公司）特许经营合同纠纷一案中，祥瑞恒通公司系第3123457号“纳美”注册商标的权利人，并依法在商务部进行了特许人备案。2008年12月9日，刘沁林作为乙方与甲方祥瑞恒通公司签订《区域销售合同书》，约定：自合同签订之日，乙方向甲方一次性交纳区域销售权益金人民币13万元整，乙方支付的区域销售权益金是乙方获得在本合同约定的特定区域及时间内，从甲方购买“纳美创意家居用品超市”所有商品，并开店零售和向终端销售商销售的权益而付出的费用，可统称为区域销售权，乙方以向甲方交纳区域销售权益金的形式在特定的区域及时间内依法享有区域销售权；甲方认可乙方成为四川省成都市除新都区外的区域经销商，依法在该区域内享有区域销售权，销售甲方提供的适合于“纳美创意家居用品超市”的所有商品；甲方向乙方提供销售前的相关服务为：向乙方提供授权文书、证牌、店柜装修方案及相关系列形象标识等参考资料，乙方有权在本协定约定的区域及时间内开店零售甲方提供的“纳美创意家居用品超市”所有商品和在该区域及时间内向终端销售商销售的权利。尤其是，《区域销售合同书》第九条明确约定：“本合同不是商业特许经营合同。”合同签订后，祥瑞恒通公司向刘沁林出具授权书，其中载明“兹授权刘沁林代理四川省成都市纳美创意家居用品超市相关业务”，刘沁林向祥瑞恒通公司交纳权益金13万元，并数次从祥瑞恒通公司购进有关商品进行销售。后双方因合同履行纠纷诉至法院，祥瑞恒通公司在诉讼中主张，因双方已明确约定涉案合同不是特许经营合同，故本案不应作为特许经营合同纠纷审理。北京市第一中级人民法院认为，刘沁林与祥瑞恒通公司所签的《区域销售合同书》中包括了特许经营的内容、期限，特许经营费用的种类、金额及其支付方式，经营指导、技术支持以及业务培训等服务的具体内容和提供方式，产品或者服务的促销与广告宣传等内容，符合特许经营合同的特征，因此，刘沁林与祥瑞恒通公司签订的《区域销售合同书》系特许经营合同，故应依据《商业特许经营管理条例》予以调整。❶ 祥瑞恒通公司不服该认定并提起上诉。

北京市高级人民法院认为，从事特许经营活动应当遵循自愿、公平、诚实信用的原则。祥瑞恒通公司早在2008年6月19日即在商务部进行了特许人备案，随后其于2008年12月9日与刘沁林签订《区域销售合同书》。该《区域销售合同书》的主要内容表明，祥瑞恒通公司授权刘沁林以“纳美创意家居用品超市”的名义销售祥瑞恒通公司提供的所有商品，并约定了经营内容、期限，经营费用的种类、金额及其支付方式，经营指导、技术支持等服务的具体内容和提供方式，以及产品或者服务的促销与广告宣传等内容，故上述《区域销售合同书》符合特许经营合同的特征，应被认定为特许经营合同。祥瑞恒通公司在明知自己具备特许人资格及上述《区域销售合同书》符合特许经营合同的情况下，却公然约定《区域销售合同书》不是商业特许经营合同，并仅约定了祥瑞恒通公司的单方解除权，而未约定刘沁林的解除权，明显具有规避适用《商业特许经营管理条例》的意图，故其有关本案所涉合同为经销代理合同而非特许经营合同的上诉主张不能成立，其上诉请求不能成立。❷

29. 关于特许经营合同解除后返还责任的认定

《商业特许经营管理条例》多处规定了解除特许经营合同的情形，如该条例第二十三条规定，“特许人向被特许人提供的信息应当真实、准确、完整，不得隐瞒有关信息，或者提供虚假信息；特许人向被特许人提供的信息发生重大变更的，应当及时通知被特许人；特许人隐瞒有关信息或者提供虚假信息的，被特许人可以解除特许经营合同。”司法实践中被特许人要求解除合同而特许人要求继续履行合同的情形较多，由于我国民事诉讼法上缺乏备位诉讼制度，被特许人在一审诉讼中主张继续履行合同时，一般不会主张特许人的返还责任，否则有可能被视为其同意解除合同。但如果一审法院判决解除特许经营合同后，特许人在二审诉讼中通常会提出被特许人的返还责任问题。此时如果原审法院在诉讼程序和实体上没有其他问题的，严格从程序上来讲应当发回原审法院重审或者在维持原判的基础上告知当事人另行起诉，但这不仅浪费当事人的诉讼投入，也会造成司法程序的无端耗费。虽然在个案中出于节约资源等方面的考虑，在二审诉讼中对当事人的返还主张直接予以审理，但本书认为一审法院应当询问当事人如果合同被解除其是否有新的主张，如果当事人明确称没有新的诉讼主张或者对法院的询问不置可否，则即使其在二审诉讼中基于特

❶ 参见北京市第一中级人民法院（2009）一中民初字第8514号民事判决书。

❷ 参见北京市高级人民法院（2009）高民终字第5734号民事判决书。

许经营合同已被解除提出新的诉讼主张，二审法院也不予以审理，但可以告知当事人另行诉讼；如果当事人明确了新的诉讼主张，一审法院在判决解除合同时，应当对当事人的该主张一并审理。

在前述曹文静诉亮丽美容公司特许经营合同纠纷一案❶中，曹文静起诉主张解除特许经营合同，亮丽美容公司在一审诉讼中则坚持主张合同合法有效并应得到继续履行。一审法院鉴于曹文静坚决不同意继续履行合同，特意询问亮丽美容公司如果合同解除其是否有新的诉讼主张，并对该诉讼主张进行了审理，在其后的判决中也针对该主张作出了判决，这种做法得到了二审法院的肯定。但在方文亮诉韩尚道饮食文化传播（北京）有限公司（以下简称韩尚道公司）特许经营合同纠纷一案❷中，由于方文亮一审主张解除特许经营合同而韩尚道公司主张合同继续履行，一审法院直接判决解除合同。在二审诉讼中韩尚道公司主张既然合同被解除，则方文亮应返还相应设备。北京市高级人民法院二审认为，根据《中华人民共和国合同法》（以下简称《合同法》）第九十七条的规定，合同解除后，尚未履行的，终止履行；已经履行的，根据履行情况和合同性质，当事人可以要求恢复原状、采取其他补救措施，并有权要求赔偿损失。本案原审法院既已判定解除双方当事人签订的特许经营合同，却未判定方文亮将相关机器设备返回给韩尚道公司，显然不当。由于韩尚道公司在本案诉讼中已经明确主张方文亮返回相关机器设备，且方文亮也同意返还该机器设备，故判令方文亮将上述机器设备返回给韩尚道公司。

六、其他知识产权案件

30. 关于注册使用域名恶意的认定

域名是伴随着计算机网络技术的发展而新兴的民事权益，是民事主体在计算机网络中的地址和商标，对企业等民事主体依托计算机网络从事工商业活动具有重要意义。对于复制、模仿、翻译或音译他人驰名商标并注册域名，或者注册与他人已注册商标、域名等相同或近似的域名，注册人对该域名或其主要部分不享有权益，也无注册、使用该域名的正当理由，或者其注册使用该域名具有恶意的，可以认定域名注册人构成侵权或者不正当竞争。域名注册人被证明具有下列情形之一的，应当认定其具有恶意：（1）为商业目的将他人驰名

❶ 参见北京市第二中级人民法院（2009）二中民初字第595号民事判决书，北京市高级人民法院（2009）高民终字第4105号民事判决书。

❷ 参见北京市第一中级人民法院（2009）一中民初字第9107号民事判决书，北京市高级人民法院（2009）高民终字第5841号民事判决书。

商标注册为域名的；（2）为商业目的注册、使用与原告的注册商标、域名等相同或近似的域名，故意造成与原告提供的产品、服务或者原告网站的混淆，误导网络用户访问其网站或其他在线站点的；（3）曾要约高价出售、出租或者以其他方式转让该域名获取不正当利益的；（4）注册域名后自己并不使用也未准备使用，而有意阻止权利人注册该域名的。但是，域名注册人能够证明在纠纷发生前其所持有的域名已经获得一定的知名度，且能与他人的注册商标、域名等相区别，或者具有其他情形足以证明其不具有恶意的，可以不认定被告具有恶意。尤其要注意的是，在认定被告注册、使用的域名是否侵犯原告的商标专用权时，应考虑被告使用域名是否会引起消费者对商标及其核定使用的商品或者服务的来源产生混淆。

在法国皇家宠物食品有限公司诉刘唯泽计算机网络域名纠纷一案中，刘唯泽注册了“royalcanin. cn”域名并使用该域名来解答网友在使用皇家犬粮时遇到的各种问题，刘唯泽在该网站上特别载明：“请大家将本网站与法国皇家公司的官方中文网站相区别”，“如要访问法国皇家公司的官方网站请登陆www. royal－canin. com 或 www. royal－canin. cn”。法国皇家公司曾就“royalcanin. cn”域名转让问题与刘唯泽协商，刘唯泽就此曾答复：“希望能在法国皇家公司中国总裁昨天给的价格基础上再提高些，比如5 000元就可以接受。希望将此意见转达昨天通话的人，如果法国皇家公司实在不愿意多出那2 000元，3 000元也可以接受。”此外，案外人爱芬食品公司系 pedigree 品牌的拥有者，其在先注册了“pedigree. com. cn”域名，并使用此域名进行网络宣传，刘唯泽注册了“pedigree. cn”域名。法国皇家宠物食品有限公司以刘唯泽注册并使用“royalcanin. cn”域名有恶意为由提起诉讼。一审法院认为，刘唯泽注册使用的“royalcanin. cn”域名与法国皇家公司在先注册的域名“royalcanin. com. cn”的主要部分完全相同，也与法国皇家公司的“ROYAL CANIN 及图”注册商标构成近似，足以导致相关公众的误认；刘唯泽不能证明其对涉案域名享有权益，其将涉案域名用于解答网友在使用皇家犬粮时遇到的各种问题，不能证明其注册使用该域名的正当理由。鉴于刘唯泽曾向法国皇家公司要约以5 000元的价格向其出售涉案域名以获取不正当利益，且刘唯泽无正当理由还注册了涉及宠物食品商标的“pedigree. cn”域名，故其对该域名的注册、使用具有恶意。一审法院判决，刘唯泽注销涉案域名“royalcanin. cn”并由法国皇家公司注册使用该域名，同时驳回法国皇家公司的其他诉讼请求。

北京市高级人民法院二审认为，刘唯泽注册使用的涉案域名“royalcanin. cn”与法国皇家公司在先注册的域名“royalcanin. com. cn”的主要部分及其“ROYAL CANIN 及图”注册商标的文字部分相同。刘唯泽使用

"royalcanin. cn"域名建立了自己的网站，用于解答网友在使用皇家犬粮时遇到的各种问题，并未从事任何商业行为，且其在该网站上载明了"请大家将本网站与法国皇家公司的官方中文网站相区别"，"如要访问法国皇家公司的官方网站请登陆 www. royal－canin. com 或 www. royal－canin. cn"等内容，该内容足以将刘唯泽的网站与法国皇家公司网站的业务相区别，不会造成相关公众误认为该网站系法国皇家公司的官方网站。我国 . cn 域名的受理原则是"先申请先注册"，刘唯泽虽然对涉案域名不享有任何权益，但在法国皇家公司于2004年6月28日仅注册且并未实际使用域名"royalcanin. com. cn"一年半后，刘唯泽方注册涉案域名，并建立网站用于解答网友在使用皇家犬粮时遇到的各种问题，且并未从事商业活动，其注册使用涉案域名的理由应属正当。虽然刘唯泽确曾与法国皇家公司的代理人协商涉案域名的转让事宜，但是该份邮件尚不足以认定刘唯泽曾要约以高价向法国皇家公司出售涉案域名以获取不正当利益，刘唯泽注册"pedigree. cn"域名的行为亦不足以佐证刘唯泽注册"royalcanin. cn"域名具有恶意。一审法院在法国皇家公司并未请求的情况下，判令刘唯泽注销涉案域名"royalcanin. cn"，由法国皇家公司注册使用，超出了法国皇家公司诉讼请求的范围。二审法院判决撤销一审判决并驳回皇家宠物公司的诉讼请求。[1]

---

[1] 参见北京市高级人民法院（2008）高民终字第1157号民事判决书。

2010 年

北京市高级人民法院
2010 年知识产权审判新发展

2010 年，北京市高级人民法院知识产权庭共受理知识产权案件 1 120件，均为二审案件。在 1 120件新收案件中，著作权案件 71 件，专利行政案件 242 件，专利民事案件 84 件，商标行政案件 660 件，商标民事案件 27 件，不正当竞争案件 10 件，技术合同案件 8 件，其他知识产权案件 18 件。全年共审结知识产权案件 977 件，其中一审案件 1 件，二审案件 976 件。在 977 件已结案件中，著作权案件 58 件，专利行政案件 232 件，专利民事案件 47 件，商标行政案件 572 件，商标民事案件 27 件，不正当竞争案件 11 件，技术合同案件 9 件，其他知识产权案件 21 件。下文拟向知识产权界介绍北京市高级人民法院 2010 年知识产权审判的最新发展和动向。

一、专利行政案件

1. 关于专利复审委员会依职权变更复审理由的认定

请求原则是专利复审委员会进行复审的基本原则之一，主要是指复审程序应基于当事人的请求而启动，复审范围也主要限于当事人的请求。但专利复审委员会在进行复审时，在某些情形下可以对所审查的案件依职权进行审查，不受当事人请求的范围和提出的理由、证据的限制。如专利权存在请求人未提及的明显不属于专利保护客体的缺陷时，专利复审委员会可以依职权引入相关的复审理由进行审查。

在陆洪瑞诉专利复审委员会“批量现钞智能管理方法及装置”发明专利申请驳回复审行政纠纷一案[1]中，陆洪瑞申请名称为“批量现钞智能管理方法及装置”的第 02116522. X 号发明专利申请，国家知识产权局经审查认为，本申请说明书不符合《专利法》第二十六条第三款的规定，决定驳回本申请。

[1] 参见北京市高级人民法院（2010）高行终字第 1407 号行政判决书和北京市第一中级人民法院（2010）一中知行初字第 765 号行政判决书。

专利复审委员会经审查认为，本申请的权利要求没有构成2002年《专利法实施细则》第二条第一款所规定的技术方案，决定维持国家知识产权局对本申请作出的驳回决定。陆洪瑞不服该决定，主张专利复审委员会擅自变更驳回理由故审理程序违法。一审法院认为，专利复审委员会认定本申请权利要求没有构成2002年《专利法实施细则》第二条第一款所规定的技术方案正确。北京市高级人民法院二审认为，根据《审查指南》的相关规定，专利复审委员会在驳回复审程序中有权变更驳回理由；本申请请求保护一种批量现钞智能管理方法及相应装置，但其使用的手段、解决的问题和达到的效果方面都不是技术性的，不属于技术方案，遂维持原判。

2. 关于依职权审查原则与请求原则、听证原则关系的认定

请求原则、依职权审查原则和听证原则都是专利权无效审查的基本原则，其中请求原则是指无效宣告程序应当基于当事人的请求而启动；依职权原则是指专利复审委员会可以对所审查的案件依职权进行审查，而不受当事人请求的范围和提出的理由、证据的限制；听证原则是指在作出审查决定前，应当给予审查决定对其不利的当事人针对审查决定所依据的理由、证据和认定的事实陈述意见的机会。在无效宣告程序中，专利复审委员会通常仅针对当事人提出的无效宣告请求的范围、理由和提交的证据进行审查，不承担全面审查专利权有效性的义务。作为上述规定的例外，2006年《审查指南》明确规定了专利复审委员会依职权审查的三种情形：一是请求人提出的无效宣告理由明显与其提交的证据不相对应的；二是专利权存在请求人未提及的缺陷而导致无法针对请求人提出的无效宣告理由进行审查的；三是认定技术手段是否为公知常识，引入公知常识性证据。2010年《审查指南》将其扩展为七种情形。因此，专利复审委员会依职权审查的情形应是明确而特定的，原则上应限于《审查指南》规定的可以依职权审查的情形及与其性质相同或相近的情形，而不能对依职权审查原则作任意扩大解释。对于专利复审委员会依职权引入的无效理由和证据，即使双方当事人均发表了意见，在专利权人不同意引入该无效理由和证据的情况下，不能简单地认为满足听证原则即为程序合法。

在左生华诉专利复审委员会及包头长河科技有限公司（以下简称长河公司）"稀土金属丝"发明专利权无效行政纠纷一案[1]中，长河公司针对左生华拥有的本专利提出无效宣告请求。专利复审委员会在第一次口头审理时以长河公司在无效宣告请求书中没有提到有关本专利创造性的评述方式，不符合

---

[1] 参见北京市高级人民法院（2010）高行终字第283号行政判决书和北京市第一中级人民法院（2009）一中知行初字第2359号行政判决书。

《审查指南》第四部分第三章第4.1节“审查范围”的相关规定为由，告知对长河公司主张本专利相对于附件1不具备创造性的理由不予考虑。同时，专利复审委员会告知双方当事人本案事实已经调查清楚，可以依法作出无效宣告请求审查决定，并宣布口头审理结束。但专利复审委员会随后再次进行口头审理，并依职权主动引入本专利相对于附件6不具备新颖性以及相对于附件2、6不具备创造性的无效理由，并决定宣告本专利全部无效。一审法院认为，专利复审委员会依职权引入新的无效宣告理由属于超越职权的行政行为，其据此进行审查并作出的审查决定程序违法，故判决撤销专利复审委员会的审查决定，责令其重新作出审查决定。

北京市高级人民法院二审认为，长河公司在2007年1月4日向专利复审委员会提出的无效宣告请求中，并没有明确以哪个附件评价本专利的创造性；在第一次口头审理中，长河公司虽然提出以附件1评价本专利的创造性，但因其并没有提到有关本专利创造性的评述方式，故专利复审委员会以不符合《审查指南》第四部分第三章第4.1节“审查范围”的相关规定为由，告知对长河公司主张本专利相对于附件1不具备创造性的理由不予考虑并无不当，但其随后却依职权引入本专利相对于附件6不具备新颖性以及相对于附件2、6不具备创造性的无效理由，并就该无效理由再次进行口头审理。在长河公司未提出本专利相对于附件6不具备新颖性以及相对于附件2、6不具备创造性的无效理由的情况下，专利复审委员依职权引入上述无效理由的行为违反了请求原则，亦不属于专利复审委员会可以依职权审查的具体情形，或者与上述列举的具体情形性质接近的情形。因此，专利复审委员会依职权引入上述无效理由属于超越职权的行政行为。

3. 关于权利要求书是否清楚简要地表述请求保护范围的认定

2002年《专利法实施细则》第二十条第一款规定：“权利要求书应当说明发明或者实用新型的技术特征，清楚、简要地表述请求保护的范围。”权利要求中一个技术特征或术语是否清楚，应当结合该权利要求中的其他技术特征是否对其构成了进一步限定，是否使其具有特定的含义进行判断，而不应孤立地判断其本身的一般含义是否清楚，同时其含义一般也不因当事人的主张而改变。

在三星科健公司诉专利复审委员会及华方医药公司“CDMA/GSM双模式移动通信的方法及通信设备”发明专利权无效行政纠纷一案[1]中，本专利的权

---

[1] 参见北京市高级人民法院（2010）高行终字第912号行政判决书和北京市第一中级人民法院（2010）一中知行初字第784号行政判决书。

利要求1记载："1、一种GSM/CDMA双模式移动通信的方法，其特征是：主印刷线路板（6）上的主CPU（5）根据硬件检测判断或用户菜单选择来决定启动主通信模块（2）还是辅助通信模块（3），a）若没有辅助通信模块（3），则主CPU（5）自动地启动主印刷线路板（6）上的主通信模块（2）；b）若辅助通信模块（3）插入设备，则主CPU（5）自动提示用户通过键盘或专用开关选择期望使用的通信模式，启动被选择的通信模块，主CPU（5）通过电源切换开关（13）、音频切换开关（14）、天线切换开关（15）和连接器（1）的相互配合，公用的部件和选定的工作的模块进入选定的GSM或CDMA工作模式；c）在键盘"模式选择"指令的作用下，主CPU（5）通过电源切换开关（13）、音频切换开关（14）、天线切换开关（15）、连接器（1）与主通信模块（2）和辅助通信模块（3）实现数据的交换；"模式选择"指令为主通信模式，主CPU直接和主通信模块（2）实现数据交换；"模式选择"指令为辅助通信模式，主CPU（5）通过电源切换开关（13）、音频切换开关（14）、天线切换开关（15）、连接器（1）与辅助通信模块（3）实现数据交换。"本专利权利要求4记载："根据权利要求书1所述的GSM/CDMA双模式移动通信的方法，其特征是：a）若主通信模块（2）是GSM模式，则辅助通信模块（3）是CDMA模式；b）若主通信模块（2）是CDMA模式，则辅助通信模块（3）是GSM模式（2）；c）主通信模块（2）和辅助通信模块（3）只有一个被选定作为工作模块的。"三星科健公司以本专利不否符合2002年《专利法实施细则》第二十条第一款的规定，权利要求4和权利要求1的保护范围实质相同并导致权利要求书不清楚、不简明等为由，请求宣告本专利无效。专利复审委员会认为本专利符合2002年《专利法实施细则》第二十条第一款的规定，决定维持本专利有效。原审法院认为本专利不符合2002年《专利法实施细则》第二十条第一款的规定，判决撤销专利复审委员会的审查决定。

北京市高级人民法院二审认为，本专利权利要求4是对权利要求1的技术方案的进一步限定，即进一步明确了双模式移动通信方法中主通信模块和辅助通信模块与GSM模式和CDMA模式的对应关系，以及主通信模块和辅助通信模块只有一个被选定作为工作模块的工作状态。上述进一步限定的特征是清楚的，能够清楚确定其保护范围，尤其是权利要求4中对双模式移动通信方法中主通信模块和辅助通信模块与GSM模式和CDMA模式的对应关系的限定并未构成对权利要求1的重复限定。退一步讲，在本专利权利要求4记载的保护范围清楚的情况下，即使其记载的技术方案构成对权利要求1公开的技术方案的重复限定，但由于其并未不恰当地扩展本专利的保护范围，故其只是权利要求撰写中的瑕疵，仅据此尚不足以导致本专利被宣告无效。因此，原审法院有关本专利权利要求4构成对权利要求1已经限定的技术特征的重复故不符合2002年《专利法实施细则》第二十条第一款规定的认定依据不足。

4. 关于对化学专利权利要求比例数值的修改是否超范围的认定

在无效宣告请求的审查过程中，发明或者实用新型的专利权人可以修改其权利要求书，但不得扩大原专利的保护范围。发明专利文件的修改仅限于权利要求书，其修改原则是：（1）不得改变原权利要求的主题名称；（2）与授权的权利要求相比，不得扩大原专利的保护范围；（3）不得超出原说明书和权利要求书记载的范围；（4）一般不得增加未包含在授权的权利要求中的技术特征。在满足上述原则的前提下，修改权利要求书的具体方式一般限于权利要求的删除、合并和技术方案的删除。对于化学类的发明专利来说，以数值范围表示的权利要求较为常见，无效程序中对权利要求书中有关数值范围的修改应当符合上述修改要求。但对从一个数值范围变成其中的一个数值点的修改是否符合上述修改要求，实践中仍存在分歧。北京市高级人民法院新近的判决认可这种修改可能没有超出原权利要求书记载的范围。

在上海家化医药科技有限公司（以下简称上海家化公司）诉专利复审委员会、李平"氨氯地平、厄贝沙坦复方制剂"发明专利权无效行政纠纷一案[1]中，李平针对上海家化公司拥有的专利提出无效宣告请求。在无效审查程序中，上海家化公司请求将本专利独立权利要求中的数值范围"1：10～30"修改为"1：30"，而本专利原始权利要求记载的相应范围为1：10～50。专利复审委员会认为，上海家化公司在无效审查程序中对本专利独立权利要求修改系从连续的比例范围中选择了一个特定的比例请求保护，而原权利要求书和说明书中均未明确记载过该比例关系，也没有教导要在原有的比例范围之中进行这样的选择。尽管本专利的说明书中记载了氨氯地平1mg/kg与厄贝沙坦30mg/kg的组合，但这仅表示药物具体剂量的组合，不能反映整个比例关系。本专利说明书曾对药物具体剂量作出明确限定"本发明可应用的氨氯地平与厄贝沙坦复方剂量范围为：氨氯地平：厄贝沙坦＝2～10mg：50～300mg"，故无法确定是否任意满足1：30这个比例的组合均能达到与该组合相同的效果。因此，本专利修改后的技术方案超出原权利要求书和说明书记载的范围，也不能从原权利要求书和说明书中毫无疑义地确定，并且对该反映比例关系的技术特征进行修改也不属于无效宣告程序中允许的修改方式。基于上述理由，专利

---

[1] 参见北京市高级人民法院（2010）高行终字第1022号行政判决书和北京市第一中级人民法院（2010）一中知行初字第1364号行政判决书。

复审委员会对上海家化公司在无效程序中提交的修改文本不予接受，并决定宣告本专利无效。一审法院维持了专利复审委员会的审查决定。

北京市高级人民法院二审认为，上海家化公司在无效宣告程序中将其专利权利要求1中的“1：10～30”修改为“1：30”，这种修改没有扩大其专利的保护范围，也没有超出原权利要求书记载的范围，更没有增加未包含在其专利授权的权利要求中的技术特征。一审法院及专利复审委员会关于本专利原说明书中没有记载所有符合“1：30”比例关系的氨氯地平和厄贝沙坦的组合都能达到相同的技术效果的认定，属于修改后的权利要求能否得到说明书支持的问题，即属于是否符合《专利法》第二十六条第四款的问题，而非上海家化公司关于其专利权利要求的修改是否扩大原专利保护范围的问题。因此，专利复审委员会和一审法院对家化公司关于本专利权利要求的修改不予接受的认定缺乏依据。

5. 关于审查实用新型专利无效时使用多篇对比文件是否属于“简单的叠加”的认定

实用新型的创造性是指同申请日以前已有的技术相比，该实用新型有实质性特点和进步。实用新型创造性审查基准区别于发明创造性审查基准的焦点在于对“技术启示”的把握，实用新型的创造性高度低于发明，具体体现在仅要求“实质性特点”和“进步”，在程度上分别少了“突出”和“显著”的要求。在判断实用新型专利的创造性时，一般应着重考虑该实用新型所属技术领域；但现有技术中给出明确的启示，例如现有技术中有明确的记载，促使本领域技术人员到相近或相关的技术领域寻找有关技术手段的，可以考虑其相近或者相关的技术领域。对于实用新型专利而言，一般情况下可以引用一项或两项现有技术评价其创造性，对于由现有技术通过“简单的叠加”而成的实用新型专利，可以根据情况引用多项现有技术评价其创造性。

在刘鸿标诉专利复审委员会、中山市启雅电子有限公司等“电子发音书装置”实用新型专利权无效行政纠纷一案[1]中，中山市启雅电子有限公司等针对刘鸿标拥有的本专利提出无效宣告请求。专利复审委员会认为，证据1.4、证据1.7与公知常识相结合就可得到本专利权利要求1要求保护的技术方案，且对于所属技术领域的普通技术人员来说是显而易见的，所获得的技术效果与本专利相同，故本专利权利要求1相对于证据1.4、证据1.7以及公知常识的结合不具备创造性，不符合《专利法》第二十二条第三款的规定。专利复审

[1] 参见北京市高级人民法院（2010）高行终字第686号行政判决书和北京市第一中级人民法院（2009）一中行初字第1655号行政判决书。

委员会决定宣告本专利全部无效。一审法院维持了被诉决定。北京市高级人民法院二审认为，电学领域创造性判断应着重考察电路的结构、连接关系以及所实现的功能、效果。从所属技术领域来看，技术领域的确定通常参考《国际专利分类表》中的技术主题。本专利分类号为“G10L15/26 及 G06F17/28”，分别是“语音—正文识别系统及自然语言的处理或转换”。证据 1.4 分类号为“G09G5/00”，系“阴极射线管指示器及其他目标指示器通用的目视指示器的控制装置或电路”；证据 1.7 分类号为“G06K11/00”，系“用于图标阅读或者将诸如力或现状态的机械参量的图形转换为电信号的方法或装置”。因此，本专利的技术主题与证据 1.4 及证据 1.7 差距较大，不属于相近或者相关的技术领域，而且证据 1.4 或 1.7 也均没有给出明确的记载或指引。从对比文件的数量来看，本案实际上使用了多项现有技术，而本专利显然不属于“简单的叠加”而成的技术方案。本专利权利要求 1 的技术方案中在信号采集模块之后设置放大整形模块，用以将采集到的发射笔所处位置信号进行整形、放大后将数字信号送入中央处理模块，而证据 1.7 中的放大器以及滤波器是对所采集到的信号进行放大、滤波处理，这与本专利中在信号采集模块之后设置放大整形模块的功能是不同的。整形电路与滤波电路是不同的电路，本专利与证据 1.7 在信号处理上存在功能上的区别。原审法院及专利复审委员会均认为本专利的放大整形模块和证据 1.7 放大器及滤波器能够实现相同的功能，与事实不符。

在敬德元诉专利复审委员会及谢平、张革私“电动、手动兼容之球阀开关机械手”实用新型专利权无效纠纷一案[1]中，谢平、张革私系名称为“电动、手动兼容之球阀开关机械手”的第 02271249.6 号实用新型的专利权人。该专利共有 7 项权利要求，其中权利要求 1～2、4 已被依法宣告无效。以敬德元为业主的莹德嘉电子厂以本专利权利要求 3、5～7 不具备新颖性为由提出无效宣告请求。专利复审委员会经审查决定：宣告本专利权利要求 5、7 无效，在权利要求 3、6 的基础上维持本专利继续有效。一审法院判决维持专利复审委员会作出的决定。北京市高级人民法院二审认为，将本专利与证据 1、2、3 进行比较，证据 1、2、3 未公开本专利的权利要求 3 中“转臂外端设有无间隙夹持球阀手把的螺钉、螺母”及“转臂外端设有无间隙夹持球阀手把的螺钉、螺母”的技术特征。证据 5 所涉及的是一种多功能修表器，其与本专利不属于相同的技术领域，其中公开了调节螺母 12 以及钳块 9 上有一节螺杆，能够实现本专利中的无间隙夹持。因此，证据 5 给出了明确

---

[1] 参见北京市高级人民法院（2010）高行终字第 354 号行政判决书和北京市第一中级人民法院（2009）一中行初字第 1892 号行政判决书。

的技术启示，并公开了本专利的权利要求3的技术特征“转臂外端设有无间隙夹持球阀手把的螺钉、螺母”。虽然本专利权利要求7的附加技术特征使用的螺栓使用方式不同于权利要求3中限定的螺钉、螺母的使用方式，但二者均为使用螺钉、螺母的普通连接方式，且这种连接方式系较为常见的连接方式，本领域的技术人员使用这种连接方式通常不需要付出创造性劳动。虽然敬德元引用了4份现有技术及公知常识来评价本专利的创造性，但由于本专利属于通过“简单的叠加”而成的实用新型专利，故本案引用多项现有技术评价本专利的创造性并无不当。因此，本专利权利要求3相对于证据1、2、3、5及公知常识不具有创造性，由于专利复审委员会均系在本专利权利要求3有创造性的基础上直接认定本专利的权利要求6具有创造性，故其应重新就敬德元针对本专利提出的无效请求进行审理并作出审查决定。二审法院遂判决撤销原审判决和专利复审委员会的审查决定，并责令专利复审委员会重新作出审查决定。

6. 关于产品实物整体公开不等于其中可更换部件公开的认定

在评价专利是否具备新颖性和创造性时，需要回归到专利申请时的状态，以现有技术作为评价的基础。现有技术是指申请日之前在国内外为公众所知的技术，包括在申请日或优先权日以前在国内外出版物上公开发表、在国内外公开使用或者以其他方式为公众所知的技术。出版公开因出版物一般有版权页或出版时间等信息，容易确定其公开时间，但对于使用公开及其他公开方式而言，需要通过证据证明申请日前销售、展览等行为，而申请人提交的证据是否足以证明使用公开或其他方式公开这一事实，往往是当事人争议的焦点。当现有技术系产品的部件，特别是该部件是可更换的情况下，一般应证明该部件的公开时间，而不能简单地将该产品的公开时间视为该部件的公开时间。

在河北实华科技有限公司（以下简称实华公司）诉专利复审委员会及河北先控电源设备有限公司“顺位主从同步控制电路装置”实用新型专利权无效行政纠纷一案[1]中，实华公司提交的证据无法确认附件5的实物伽玛不间断电源设备内部的插接电路板是否更换过，不能证明该实物内部可更换电路板的公开时间。据此，专利复审委员会决定维持本专利权有效。一审法院认为，实华公司提交的附件4~8体现了调取伽玛不间断电源设备的过程，证明了伽玛不间断电源设备在本专利申请日之前就已经公开销售并使用的事实。专利复审

[1] 参见北京市高级人民法院（2010）高行终字第396号行政判决书和北京市第一中级人民法院（2009）一中知行初字第2499号行政判决书。

委员会虽然怀疑该设备部件进行过更换，但未要求实华公司进一步提交补充证据，在此情形下其认定伽玛不间断电源设备存在更换可能缺乏依据。实华公司在诉讼中提交了补强证据，证明伽玛不间断电源设备自投入使用后未进行过维修和更换。因此，伽玛不间断电源设备在本专利申请日之前进行过销售和使用，该产品可以作为现有技术评价本专利的创造性。专利复审委员会关于附件4~8不能组成完整证据链的认定缺乏事实和法律依据，其应就附件4~8所证明的事实重新进行评述。一审法院据此判决撤销专利复审委员会的审查决定并责令其重新作出审查决定。

北京市高级人民法院二审认为，当事人对自己提出的诉讼请求所依据的事实或反驳对方诉讼请求所依据的事实有责任提供证据加以证明，当事人没有证据或提交的证据不足以证明其事实主张的，由负有举证责任的当事人承担不利后果。实华公司主张附件4~8足以证明本专利申请日之前已经有与涉案专利相同的产品被使用公开，应当提交足以证明该产品已经使用公开的证据。由于附件5的实物伽玛不间断电源设备中与本专利权利要求1电路结构相对应的内部电路板是插接在插槽并可以更换的，而现有证据无法确认实华公司提交的附件5实物内部的插接电路板是否更换过，即该内部电路板的公开时间与该实物整体的销售时间不能唯一对应。实华公司提交的附件4、6、7均是为了证明附件5的实物整体的销售时间，并不涉及其内部电路板的公开时间，故上述证据不能证明该附件5的实物内部电路板的公开时间在本专利申请日之前。因此，现有证据不能证明该附件5的实物内部可更换电路板的公开时间，也不能证明在本专利申请日前已有与之类似的电路结构存在。专利复审委员会关于附件4~8没有构成完整的证据链，不能证明该实物内部可更换电路板的公开时间的认定是正确的。

7. 关于被请求宣告无效的专利技术是否属于本领域技术人员在对比文件的基础上“容易想到”的认定

发明的创造性是指，同申请日以前已有的技术相比，该发明有突出的实质性特点和显著的进步。判断一项发明是否具有突出的实质性特点，就是要判断对于本领域的技术人员来说，要求保护的发明相对于现有技术是否显而易见。现有技术是与要求保护的发明密切相关的一个技术方案，即应与要求保护的发明领域相同，所要解决的技术问题、技术效果或者用途最接近。当发明专利与现有技术存在区别技术特征时，应当进一步论证该区别技术特征是否属于本领域技术人员容易想到的技术特征，如果没有证据证明该区别技术特征属于本领域技术人员容易想到的技术特征，则不宜宣告专利权无效。

在湘北威尔曼制药有限公司诉专利复审委员会及北京双鹤药业股份有限公

司（以下简称双鹤药业公司）“抗β－内酰胺酶抗菌素复合物”发明专利权无效行政纠纷一案[1]中，本专利的专利权人为广州威尔曼公司。双鹤药业公司以本专利权利要求1不符合《专利法》第二十二条第二款、第三款为由提出无效宣告请求。专利复审委员会认为，本专利权利要求1相对于证据1不具有创造性，不符合《专利法》第二十二条第三款的规定，决定宣告本专利权全部无效。一审法院认为，本专利权利要求1的技术方案与证据1公开的技术方案相比，其区别在于权利要求1的技术方案为由舒巴坦与氧哌嗪青霉素或头孢氨噻肟所组成，舒巴坦与氧哌嗪青霉素或头孢氨噻肟以0.5～2：0.5～2的比例混合制成复方制剂的复合物。本领域技术人员在证据1公开的利用不同药品进行联合治疗某种疾病可以产生良好疗效的基础上，容易想到采用常规技术将舒巴坦与哌拉西林或头孢氨噻肟混和制成复合物，从而得到本专利权利要求1的技术方案，并获得所述技术效果。因此本专利权利要求1相对于证据1不具有创造性，不符合《专利法》第二十二条第三款的规定。一审法院判决维持专利复审委员会的审查决定。

北京市高级人民法院二审认为，本专利权利要求1的技术方案与证据1公开的技术方案相比，其区别技术特征在于前者是舒巴坦与哌拉西林或头孢氨噻肟混合制成复方制剂，后者为输注前舒巴坦与哌拉西林或头孢氨噻肟配制为混合液。虽然证据1公开了舒巴坦与哌拉西林或头孢氨噻肟可以在输注前配制为混合液，但该证据并没有公开将舒巴坦与哌拉西林或头孢氨噻肟混和制成复方制剂的技术方案，专利复审委员会并没有就“将舒巴坦与哌拉西林或头孢氨噻肟混和制成复方制剂是本领域技术人员容易想到的”的认定提供相关的依据，原审判决支持专利复审委员会关于本领域技术人员在证据1公开的利用不同药品进行联合治疗某种疾病可以产生良好疗效的基础上，不需要付出创造性的劳动即容易想到采用常规技术将舒巴坦与哌拉西林或头孢氨噻肟混和制成复方制剂，从而得到本专利权利要求1的技术方案的认定缺乏依据。

8. 关于对比文件是否存在技术启示的认定

所谓现有技术的启示是指现有技术整体上的启示，即现有技术是否给出将区别技术特征应用到最接近的现有技术以解决其存在的技术问题的启示，这种启示会使本领域的技术人员在面对技术问题时，有动机改进该最接近的现有技术并获得要求保护的发明创造。现有技术中存在技术启示的情形通常包括：区别技术特征为公知常识，区别技术特征为与最接近的现有技术相关的技术手

[1] 参见北京市高级人民法院（2007）高行终字第146号行政判决书和北京市第一中级人民法院（2006）一中行初字第786号行政判决书。

段，区别技术特征为另一份对比文件中披露的相关技术手段。

在胡小泉诉专利复审委员会及衣连明、山东特利尔营销策划有限公司医药分公司（以下简称特利尔公司）"注射用三磷酸腺苷二钠氯化镁冻干粉针剂及其生产方法"发明专利权无效行政纠纷一案❶中，本专利的专利权人为胡小泉。衣连明和特利尔公司分别向专利复审委员会提出无效宣告请求，其理由均为本专利权利要求1～2不符合《专利法》第二十二条第三款的规定。专利复审委员会经审查认定：将本专利权利要求1与证据1公开的内容相比，二者的区别特征在于：（1）权利要求1的剂型是活性成分混合的冻干粉针剂，而证据1中公开的是活性成分分装的注射液；（2）证据1中未公开具体的工艺步骤和具体参数。权利要求1实际解决的技术问题在于以冷冻干燥的方法提高三磷酸腺苷二钠和氯化镁复方制剂的稳定性，并确定制备过程的工艺顺序及各项参数。对于本领域技术人员来说，三磷酸腺苷二钠和氯化镁100∶32重量比的混合溶液是已知的，将欲注射给药且在水溶液中不稳定的药物制备成冻干粉针剂也是已知的，冻干粉针剂的制备工艺还是已知的，而在实践中本领域技术人员又知道三磷酸腺苷二钠和氯化镁混合溶液长时间存放会影响注射液稳定性，则本领域技术人员在面对该技术问题时，在现有技术的启示下，完全有动机将三磷酸腺苷二钠和氯化镁的混合溶液制备成复合的冻干粉针剂。因此，本专利权利要求1所述的技术方案相对于现有技术而言是显而易见的，并不具有突出的实质性特点，而且也没有获得任何预料不到的技术效果，不符合《专利法》第二十二条第三款的规定。基于与权利要求1不具有创造性的相同理由，本领域技术人员在证据1公开内容的基础上，根据证据6给出的启示，完全有动机将三磷酸腺苷二钠和氯化镁的混合溶液制备成复合的冻干粉针剂，因此，本专利权利要求2所述的技术方案相对于现有技术而言是显而易见的，不具有突出的实质性特点，也没有取得预料不到的效果，不具有创造性。专利复审委员会决定宣告本专利权全部无效。一审法院判决维持专利复审委员会的审查决定。

北京市高级人民法院二审认为，由于证据1公开了在使用前混合配制成同时含有三磷酸腺苷二钠和氯化镁注射液的技术方案，本领域技术人员会意识到证据1公开的将三磷酸腺苷二钠和氯化镁单独包装和存放的原因是由于含有这两种活性成分的混合注射液长期存放会导致药品不稳定。证据6中教导"凡是在水溶液中不稳定的药物如青霉素G、先锋霉素类及一些医用酶制剂（胰蛋白酶类辅酶）及血浆等生物制剂均须制成注射用无菌粉末"，即证据6教导了在

---

❶ 参见北京市高级人民法院（2010）高行终字第285号行政判决书和北京市第一中级人民法院（2009）一中行初字第1666号行政判决书。

水溶液中不稳定的药物均须制成注射用无菌粉末以解决其所存在的稳定性问题。根据生产工艺条件和药物性质的不同，采用冷冻干燥法制得的注射用无菌粉末即为注射用冷冻干燥制品系本领域公知常识，故在已知一种特定注射液存在某种程度的稳定性问题时，本领域技术人员根据常识的教导和启示容易想到将不稳定的注射用溶液冻干制成冻干粉针剂。但是，证据6仅公开了含有单一活性成分的冻干粉针剂，并没有公开含有两种或两种以上活性成分混合的冻干粉针剂，专利复审委员会并没有对证据6给出了通过将三磷酸腺苷二钠和氯化镁的混合注射液制备成单一剂型冻干粉针剂、以解决其存在的稳定性问题的技术启示的认定提供相关的依据。即尽管注射液和冻干粉针剂分别属于制药领域的常见剂型，专利复审委员并未给出常规性注射液当然可以转换制备成常规性冻干粉针剂的依据。此外，专利复审委员会关于证据1公开了水性注射剂可以含有多种活性成份，因此教导了冻干粉针剂也可以含有多种活性成份的辩称亦缺乏依据。本专利权利要求2请求保护的是一种注射用三磷酸腺苷二钠和氯化镁冻干粉针剂，其特征是由三磷酸腺苷二钠和氯化镁组成的冻干粉针剂，二者的重量比为100毫克：32毫克。权利要求2是一项产品的独立权利要求，其中包括产品名称、制剂组成和配比的技术特征与权利要求1中的相应特征相同，权利要求2与证据1的区别特征也被权利要求1与证据1的区别特征所涵盖，专利复审委员会应在对权利要求1的创造性进行重新评价的基础上，对权利要求2的创造性进行审查。

9. 关于专利产品取得商业成功导致专利具备创造性的认定

在审查实用新型专利的创造性时，应当考虑该实用新型的技术效果，从整体技术方案进行考虑，不能机械地将技术特征进行分割。如果该实用新型的技术效果直接导致该实用新型取得商业上的成功，则该实用新型具备创造性。

在胡颖诉专利复审委员会及深圳市恩普电子技术有限公司（以下简称恩普公司）“女性计划生育手术B型超声监测仪”实用新型专利权无效行政纠纷一案[1]中，胡颖系本专利的专利权人。恩普公司请求专利复审委员会宣告其无效。专利复审委员会经审查认为，本专利权利要求1相对于附件2和附件4的结合或者附件3和附件4的结合不具备创造性，权利要求2～6相对于附件2、4、5的结合或者附件3、4、5的结合不具备创造性，决定宣告本专利权全部无效。一审法院维持了专利复审委员会的决定。

北京市高级人民法院二审认为，本专利要解决的是“对女性计划生育手

[1] 参见北京市高级人民法院（2009）高行终字第1441号行政判决书和北京市第一中级人民法院（2009）一中行初字第911号行政判决书。

术中的人工流产手术、放置节育器及取出节育器手术可在直视下进行”的技术问题，附件2是用于宫颈的检查及录影设备，所解决的技术问题是通过视频录影观察宫颈的病变从而进行诊断及后续治疗。附件4是用于监控子宫内的、宫颈的和输卵管的手术设备，所解决的技术问题是在手术中防止对宫颈造成损伤的情况下进行可视监控。附件2和附件4均不能用于人工流产手术以及放置、取出节育器的手术，也均没有给出将B型超声仪探头与扩张阴道的器具通过卡接进行女性计划生育手术的技术启示。实用新型往往是对现有技术的技术方案在形状、构造上进行简单地改进，其创造性的要求低于发明专利。本专利将B型超声仪探头与阴道窥器通过卡接这种方式连接，操作简单、准确直观、节省空间，大大提高了计划生育手术的效率，减小了医生盲视状态下仅仅凭借经验操作导致失误的风险，产生了显著的效果。现有技术没有解决这一问题，而本专利克服了现有技术中的缺点与不足，解决了长期以来女性计划生育手术中的人工流产手术、放置、取出节育器不能在直视下进行、容易发生意外的问题。专利权人二审提交的新证据能够证明依照本专利的技术方案生产的B超监视妇产科手术仪已经在全国广为推广并通过政府采购占有一定的市场份额，可以证明本专利已经取得商业上的成功，而且这种成功是由于该实用新型的技术特征直接导致的。因此，本专利权利要求1相对于附件2和4的组合具备创造性，其从属权利要求也应具有创造性。

10. 关于在先设计中属于本领域常规设计的不可视部分不影响判定外观设计相同相似性的认定

在外观设计专利权无效案件中，如果在先设计的某部分虽属于不可视部分，但该部分设计属于本领域的常规设计，则该部分设计通常不对外观设计相同相似性判定产生影响。

在麦兆祥诉专利复审委员会及第三人南阳市宛城区环宇玻璃制品有限公司“玻璃果汁杯（A01）”外观设计专利权无效行政纠纷一案❶中，本专利具有杯座，在先设计的杯底因坐落于机座内而不能直接看到杯座。专利复审委员会及原审法院均认定本专利与在先设计构成相似设计。麦兆祥认为在先设计缺乏杯座，或者其杯座不可见，故本专利与在先设计不构成近似外观设计。北京市高级人民法院二审认为，本专利具有杯座，在先设计的杯底因坐落于机座内而不能直接看到杯座，但对于此类产品来说，杯座通常是不为消费者所着重注意的部位，原审法院认定本专利的杯座属于常规设计及在先设计具有本专利所述的

❶ 参见北京市高级人民法院（2009）高行终字第1444号行政判决书和北京市第一中级人民法院（2009）一中行初字第1419号行政判决书。

“杯座”并无不当。本专利的“杯体”与在先设计的“杯体”的整体形状均呈圆柱状，杯口有位置相同的圆弧状引流槽，杯体外表有位置基本相同的均匀分布的四条竖向凹槽，杯把的形状与位置基本相同。虽然本专利的杯口具有凸缘、杯底有螺纹、杯体外表有刻度，而在先设计的杯体没有刻度且杯口凸缘、杯底形状均无法清楚看出，且本专利与在先设计的杯体形状略有差别，但上述区别属于细微差别，对于产品外观设计的整体视觉效果不会产生显著影响，一般消费者通过整体观察、综合判断容易将二者混淆。

11. 关于在企业注销登记中载明的债权债务清理人应承担企业注销前产生的侵权债务的认定

企业法人歇业、被撤销、宣告破产或者因其他原因终止营业，应当向登记主管机关办理注销登记。企业法人办理注销登记应当提交法定代表人签署的申请注销登记报告、主管部门或者审批机关的批准文件、清理债务完结证明或者清算组织负责清理债权债务的文件。经登记主管机关核准后，收缴《企业法人营业执照》、《企业法人营业执照》副本，收缴公章，并将注销登记情况告知其开户银行。企业法人依法注销后，发现其因注销前侵犯知识产权应承担损害赔偿等法律责任的，在注销该企业时出具证据证明该企业债权债务已清理完毕的上级主管单位或其他利害关系人应承担相应法律责任。

在武志远、永清县伟佳机械加工厂（以下简称伟佳加工厂）诉北京雪花电器集团公司（以下简称雪花公司）侵犯“连续式滴灌软管打孔机”实用新型专利权纠纷一案[1]中，武志远系本专利的专利权人，伟佳加工厂根据约定享有本专利在中国境内的排他许可使用权。北京鑫迪模具制造公司（以下简称鑫迪公司）实施了侵犯本专利的行为，但在武志远、伟佳加工厂提起本案诉讼前依法注销，其企业注销登记申请表中主办单位处加盖了雪花公司的印章。一审法院认为，由于鑫迪公司已由雪花公司申请注销，雪花公司在办理注销手续时，曾向工商行政管理机关出具债权债务已经清理完毕的意见，但并未提交相应的清算报告等清算材料，故鑫迪公司存续期间发生的侵权行为引起的民事赔偿责任应当由雪花公司承担。

北京市高级人民法院二审认为，根据工商行政管理部门的企业注册登记资料的记载，雪花公司是鑫迪公司的上级主管单位，雪花公司在鑫迪公司注销时亦作为其上级主管部门盖章认可，上述证据已经形成完整证据链，足以证明雪花公司是鑫迪公司的上级主管单位。在鑫迪公司办理注销手续时，雪花公司作

[1] 参见北京市高级人民法院（2010）高民终字第793号民事判决书和北京市第二中级人民法院（2009）二中民初字第9692号民事判决书。

为其上级主管部门出具了债权债务已经清理完毕的证明，故其在鑫迪公司注销后应对鑫迪公司存续期间发生的侵权行为之债承担法律责任。

12. 关于专利权人应明确其起诉的权利要求的认定

在侵犯发明或者实用新型专利权诉讼中，发明或者实用新型专利权的保护范围以其权利要求的内容为准，说明书及附图可以用于解释权利要求的内容。专利权有多个权利要求的，专利权人在提起侵权诉讼时应当明确其据以主张侵权的权利要求，亦可在一审法庭辩论终结前变更其主张的权利要求，人民法院应当根据权利人主张的权利要求确定专利权的保护范围，审查权利人主张的权利要求所记载的全部技术特征。权利人主张以从属权利要求确定专利权保护范围的，人民法院应当以该从属权利要求记载的附加技术特征及其引用的权利要求记载的技术特征，确定专利权的保护范围。如果专利权人未明确其主张侵权的权利依据，原审法院仅依据部分权利要求认定侵权成立，则在该权利要求被依法宣告无效后，权利人基于该权利要求提出的主张可能得不到支持。

在周耀周诉深圳市净来环保科技有限公司及刘章明侵犯"罐子处理组件"发明专利权纠纷一案❶中，周耀周是本专利的专利权人，其认为深圳市净来环保科技有限公司制造、刘章明为业主的北京净来水家电经营部销售的被控侵权产品落入本专利权利要求1的保护范围。深圳市净来环保科技有限公司依法请求宣告本专利无效。一审法院未中止本案审理并认定侵权成立，判决深圳市净来环保科技有限公司及刘章明承担相应的侵权责任。二审期间，专利复审委员会对上述无效宣告请求作出审查决定：宣告本专利权利要求1无效，在权利要求2～37的基础上维持本专利有效。该决定经司法审查后已生效。北京市高级人民法院二审认为，周耀周依据本专利的权利要求1提起诉讼，而本专利的权利要求1已被依法宣告无效，故周耀周在本案中提起诉讼的权利依据已不存在，其诉讼请求没有事实依据和法律依据。

在李力权诉天围公司制造、智通达中心销售的产品侵犯实用新型专利纠纷一案❷中，一审法院将本专利与被控侵权产品进行比较，各方当事人均认可两者特征一致，但未明确是本专利权利要求1和被控侵权产品的特征一致，还是本专利所有权利要求和被控侵权产品的特征一致。一审法院认定专利权人主张侵权的依据是本专利的权利要求1，并以天围公司制造、智通达中心销售的被控侵权产品落入本专利权利要求1的保护范围为由，认定侵权成立。一审判决

❶ 参见北京市高级人民法院（2009）高民终字第1566号民事判决书和北京市第二中级人民法院（2008）二中民初字第15043号民事判决书。

❷ 参见北京市高级人民法院（2009）高民终字第2312号民事判决书和北京市第二中级人民法院（2008）二中民初字第11740号民事判决书。

作出后，专利权人据以主张侵权的本专利权利要求1、2和引用权利要求1、2的权利要求4的技术方案被依法宣告无效，权利要求3和引用权利要求3的权利要求4的技术方案被依法维持继续有效。北京市高级人民法院二审认为，一审法院在将被控侵权产品与本专利权利要求进行对比时没有要求专利权人明确其请求保护的具体权利要求，也没有证据证明原审法院对本专利权利要求1之外的其他权利要求与被控侵权产品进行了侵权对比并作出认定，在本专利权利要求1已经被宣告无效的情况下，原审法院有关侵权的认定已经不再具有事实基础。

二、商标行政案件

13. 关于在诉讼新证据可能影响裁判结果时判令行政机关在重新作出裁定时依法予以考虑的认定

作为一种行政诉讼，商标授权确权行政案件的审查对象是商标评审委员会作出的审查决定或裁定的合法性，商标评审委员会有义务提供证明其被诉行政行为具有合法性的证据，该行政行为的相对人在诉讼中并不承担必须举证的义务，但这并不是说在行政诉讼中只有行政机关才能举证。《最高人民法院关于行政诉讼证据若干问题的规定》第六条规定："原告可以提供证明被诉具体行政行为违法的证据。原告提供的证据不成立的，不免除被告对被诉具体行政行为合法性的举证责任。"这就是说在行政诉讼中，行政机关有义务证明其行政行为的合法性，而作为行政行为的相对人的诉讼当事人（至少原告）也可以举证证明行政机关被诉行政行为的违法性，此时人民法院不宜简单地以该证据不属于行政机关作出被诉行政行为的依据为由，对该证据一律不予采信。例如，当原审判决结果将导致商标注册商标被撤销，如果不考虑当事人在二审补充提交的证据则其难以获得其他救济途径时，二审法院往往会例外地考虑这些证据，并可能作出不同的裁判结果。此外，如果当事人二审补充提交的证据是为了进一步说明其在行政程序或一审诉讼中已经提交的证据，而且这些证据可能影响案件处理结果的，二审法院也可能会根据案件的具体情况予以适当考虑。当然，在专利商标行政诉讼中为兼顾保障当事人的程序权利，如果原审法院已经判决撤销行政决定，而当事人在二审诉讼中提交的新证据可能影响裁判结果时，可以在维持原审判决的前提下对行政机关在重新作出行政决定时是否应考虑当事人的新证据作出适当指示，必要时亦可以在变更原审判决理由的基础上维持原审法院的判决结果。

在奥珂制作所诉商标评审委员会及蔡志国"ORC"商标撤销争议行政纠纷

一案[1]中，争议商标系第1424464号“ORC”注册商标，核定使用于国际分类第11类的灯、非医用紫外线灯、漫射灯等商品，商标权人为蔡志国。奥珂制作所以争议商标违反《商标法》第三十一条的规定为由，对争议商标提出了撤销注册申请，并提交了三份证据，其中两份证据为复印件，一份证据为证人证言。商标评审委员会认为争议商标的注册违反了《商标法》第三十一条的规定，裁定对争议商标予以撤销。原审法院认为，商标评审委员会的认定缺乏依据，判决撤销商标评审委员会的裁定，并责令其重新作出争议裁定书。奥珂制作所不服原审判决并提出上诉，并向二审法院提交了多份新证据。北京市高级人民法院二审认为，商标评审委员会认可其被诉裁定系根据奥珂制作所提交三份证据认定其对“ORC”具有在先使用行为，并认可其未审查其中两份证据的原件，亦未向原审法院提交该证据的原件，故原审法院无法确定该证据的真实性、合法性及其与本案的关联性；另一份证据为个人证言，在无相关证据予以佐证的情况下，仅凭该证据本身不能证实其所称的事实确已发生。因此，原审法院以被诉裁定认定事实不清且适用法律错误为由作出的原审判决是正确的。鉴于原审法院已判决商标评审委员会重新作出裁定，故各方当事人在本案二审诉讼中提交的证据是否应采信及能否证明其主张，也应由商标评审委员会在重新审查时依法予以认定，二审法院不再审查。

在佛山市富士宝电器科技股份有限公司（以下简称富士宝公司）诉商标评审委员会及吴树填“富士寶FUSHIBAO及图”商标商标争议行政纠纷一案[2]中，针对富士宝公司诉讼中提交的新证据，北京市高级人民法院二审认为，富士宝公司在诉讼阶段提交的本院（1999）高知初字第75号民事判决书、最高人民法院（2003）民三终字第2号民事调解书虽然不是商标评审委员会作出裁定的依据；但其内容与本案具有较强关联性，如果不予考虑会对双方当事人的合法权益造成较大影响，若二审诉讼程序中直接采信上述证据会导致行政审查程序和诉讼程序的损失，损害各方当事人的程序权利和实体权利。因此，本案应当由商标评审委员会在综合原有证据以及当事人在诉讼过程中提交的证据的基础上，重新对本案争议商标作出裁定。

在青岛大学与商标评审委员会、青岛青大琴行有限公司“青大”商标异

---

[1] 参见北京市高级人民法院（2010）高行终字第1008号行政判决书和北京市第一中级人民法院（2010）一中知行初字第811号行政判决书。

[2] 参见北京市高级人民法院（2009）高行终字第1145号行政判决书和北京市第一中级人民法院（2008）一中行初字第1238号行政判决书。

议复审行政纠纷一案[1]中，青岛青大琴行有限公司在第41类“教育、教学、组织教育或娱乐竞赛、组织表演（演出）、演出、培训、讲课、安排和组织学术讨论会、音乐厅”等服务上申请注册被异议商标“青大”，青岛大学提出异议，商标局裁定异议不成立并决定核准注册。青岛大学依据《商标法》第三十一条申请复审，并提交了“青大”作为其简称的证据，其中包括报纸、以“青大”命名的路牌照片、以“青大”命名的公交车站站牌等。商标评审委员会认为上述证据不足以证明在被异议商标申请注册前，“青大”作为青岛大学的简称经青岛大学长期使用已为相关公众所知晓并具有一定知名度，且已与青岛大学形成对应关系，裁定核准被异议商标的注册。一审法院维持了商标评审委员会的裁定。青岛大学在二审诉讼中补充提交有关上述证据形成时间的证据。北京市高级人民法院二审认为，青岛大学二审补充提交的证据属于对已经提交的证据的补强证据，主要是为了说明原有证据的形成时间，而不是为了证明另外一个新的事实。青岛大学在二审阶段补充的证据已经起到了补强一审阶段证据的作用。现有证据已经能够证明青岛大学对“青大”拥有在先权利，从被异议商标申请注册之前的1993年“青大”就作为青岛大学的简称持续使用至今，并已为相关公众所知晓。由于被异议商标只有“青大”二字，与青岛大学的简称“青大”完全相同，且核定使用的教育、教学、组织教育或娱乐竞赛、培训、讲课、安排和组织学术讨论会等服务，与青岛大学作为教育机构所从事的活动相类似，被异议商标的注册容易误导公众，使人将使用被异议商标的服务提供者与青岛大学联系起来，从而损害青岛大学的利益，被异议商标不应予以核准注册。

在黄宗祥诉商标评审委员会、泰山石膏股份有限公司（以下简称泰山公司）“泰山 TAISHAN”商标撤销复审行政纠纷一案[2]中，黄宗祥是争议商标“泰山 TAISHAN”的注册人。泰山公司以争议商标与其在先获准注册的引证商标“泰山西湖及图”构成类似商品上的近似商标、争议商标的注册损害其在先权利为由，申请撤销争议商标的注册。黄宗祥提交了争议商标使用情况的证据，商标评审委员以争议商标与引证商标已构成类似商品上的近似商标为由，裁定撤销争议商标的注册。黄宗祥在一审诉讼中进一步补充提交争议商标经长期使用具有一定知名度的证据，但一审法院认为黄宗祥提交的证据尚不足以证明争议商标经过长期广泛的使用已建立了较高的市场声誉并形成相关公众群

---

[1] 参见北京市高级人民法院（2010）高行终字第1077号行政判决书和北京市第一中级人民法院（2010）一中知行初字第1555号行政判决书。

[2] 参见北京市高级人民法院（2010）高行终字第1091号行政判决书和北京市第一中级人民法院（2010）一中知行初字第1267号行政判决书。

体，也不能证明相关公众已经足以将争议商标与引证商标区分开来，判决维持了商标评审委员会撤销争议商标的裁定。黄宗祥在二审诉讼中再次补充提交了争议商标宣传、使用及获得相关荣誉的证据。北京市高级人民法院二审认为，黄宗祥在商标评审及诉讼中先后提交了大量证明争议商标宣传、使用的证据，能够证明争议商标被核准后，黄宗祥对使用争议商标的商品进行了宣传及持续使用争议商标的事实。争议商标经过多年的宣传和长期持续的使用，已经具有了一定的市场份额，形成了较为固定的消费市场，相关公众已经能够将引证商标与争议商标相区别。如果不考虑黄宗祥补充提交的证据，则争议商标就会被撤销，黄宗祥将难以获得其他有效救济途径来恢复其商标专用权。

14. 关于商标评审委员会未将评审材料送达当事人构成程序违法的认定

在商标评审程序中，商标评审委员会应当将各方当事人提交的复审申请、举证通知、答辩意见及相关证据等评审材料及时转送，以保障当事人充分参加评审程序的权利。如果商标评审委员会未及时转送评审材料实质影响到当事人的程序权利，则应认定商标评审委员会的审查程序违法。如果一方当事人主张商标评审委员会未向其转送评审材料，则商标评审委员会负有证明其已向该当事人转送相关评审材料的责任。商标评审委员会不能证明其已依法向该当事人转送该评审材料的，应认定其未向该当事人转送该评审材料。

在骆驼公司诉商标评审委员会及刘俊苗“駝及图”商标撤销复审行政纠纷一案[1]中，刘俊苗以骆驼公司复审商标在2002年9月26日至2005年9月25日期间连续三年停止使用为由，请求撤销复审商标的注册。商标评审委员会经审查决定：复审商标在服装、领带、围巾、披巾、面纱商品上的注册予以维持，在其余商品上的注册予以撤销。骆驼公司不服该决定并提起诉讼。一审法院认为，骆驼公司在复审程序中提交的证据及在本案诉讼中提交的新证据均不能证明复审商标在争议三年期限内在鞋、袜子等商品上存在真实有效的使用行为，其有关在争议三年期限后也一直使用复审商标的主张与本案无关，判决维持商标评审委员会的复审决定。骆驼公司在二审诉讼中主张商标评审委员会未向其送达复审申请、举证通知等评审材料，商标评审委员会亦未提供有效证据证明其已向骆驼公司送达上述评审材料。北京市高级人民法院二审认为，商标评审委员会主张其已将复审申请、举证通知等评审材料送达骆驼公司，却未提供有效证据证明该主张。同时，商标评审委员会在未能向骆驼公司送达复审决定的情况下，能够及时通过骆驼公司委托的代理机构送达该决定，故其在未能

---

[1] 参见北京市高级人民法院（2010）高行终字第397号行政判决书和北京市第一中级人民法院（2009）一中知行初字第2728号行政判决书。

及时送达复审申请、举证通知等评审材料时，原本亦应能采用同样方式送达上述评审材料。因此，商标评审委员会未依法将复审申请、举证通知等评审材料送达骆驼公司，剥夺了骆驼公司答辩和举证的权利，存在程序违法之处。此外，现有证据亦可以证明复审商标在争议期间实际使用在鞋、袜子商品上。二审法院遂判决撤销原审判决和商标评审委员会的复审决定，并责令商标评审委员会重新作出复审决定。

15. 关于商标评审委员会未尽到主体审查义务的认定

根据《商标评审规则》的有关规定，评审申请有被申请人的，商标评审委员会受理后，应当及时将申请书副本及有关证据材料送达被申请人，限其自收到申请书副本之日起30日内向商标评审委员会提交答辩书。被申请人提交答辩书时，应当同时提交能够证明其身份的有效证件，被申请人的名称应当与所提交的证件相一致；当事人名称或者住所等事项发生变更的，应当提供相应的证明文件。因此，商标评审委员会对于实际参加评审程序的当事人是否具备评审资格负有审查义务，以确保与评审程序具有利害关系人的当事人参加评审程序。如果商标评审委员会未尽到主体审查义务，致使参加评审的当事人实际上与本案并无利害关系，则商标评审委员会作出裁定的审查程序违法。

在福建七匹狼集团有限公司（以下简称七匹狼公司）诉商标评审委员会及顺德市福象橡胶工业制品厂（以下简称福象橡胶厂）“七匹狼SEVENWOLFS及图”商标异议复审行政纠纷一案[1]中，福象橡胶厂注册了被异议商标“七匹狼SEVENWOLFS及图”。七匹狼公司提出异议后，商标局经审查决定核准被异议商标的注册。七匹狼公司申请复审后，福象橡胶厂依法注销，商标评审委员仍向福象橡胶厂送达了《商标异议复审答辩通知书》、《商标评审案件证据交换通知书》等评审材料。后广东省商标事务所作为代理人向商标评审委员会提交了《关于“七匹狼SEVEN WOLFS及图”商标异议复审的答辩书》及《商标评审代理委托书》，上述答辩书记载答辩人为福象橡胶厂并加盖了广东省商标事务所的印章，但上述《商标评审代理委托书》载明委托人为顺德市福象橡胶工业制品有限公司并加盖了顺德市福象橡胶工业制品有限公司的印章。经查，顺德市福象橡胶制品有限公司成立于福象橡胶厂依法注销之后，但本案现有证据不能证明福象橡胶厂与顺德市福象橡胶制品有限公司存在任何关联关系。商标评审委员会经审查核准了被异议商标的注册。七匹狼公司不服该裁定并提起诉讼。一审法院认为，虽然七匹狼公司在诉讼期间提交了福象橡胶

---

[1] 参见北京市高级人民法院（2010）高行终字第635号行政判决书和北京市第一中级人民法院（2009）一中行初字第1982号行政判决书。

厂被核准注销登记的证明，但其未能提交福象橡胶厂是否进行资产清算的证据，故判决维持商标评审委员会的复审裁定。北京市高级人民法院二审认为，在异议复审程序期间，商标评审委员会未审查广东省商标事务所作为代理人提交的《关于“七匹狼 SEVEN WOLFS 及图”商标异议复审的答辩书》所记载的被异议人福象橡胶厂，与《商标评审代理委托书》所记载的委托人顺德市福象橡胶制品有限公司是否存在关联关系，即同意顺德市福象橡胶制品有限公司作为被异议人参加了复审程序，存在审查不当等疏忽之处，本案现有证据也不能证明福象橡胶厂与顺德市福象橡胶制品有限公司存在任何关联关系。由于被异议商标的申请人福象橡胶厂已于被异议商标的异议期间被依法核准注销，其民事主体资格自注销之日起已不复存在，商标评审委员会在被异议商标的异议复审期间未顾及被异议商标的申请人已被注销的事实，其作出的相应复审决定应予撤销；由于其未审查福象橡胶厂与顺德市福象橡胶制品有限公司的关系，即未查明顺德市福象橡胶制品有限公司是否有权参加异议复审程序，故应在查明相关事实后重新作出裁定。原审法院在查明被异议商标的申请人福象橡胶厂已经注销的事实后，亦未审查顺德市福象橡胶制品有限公司是否有权参加异议复审程序，即判决维持商标评审委员会作出的复审裁定，显然不当，亦应予撤销。

在李云迪诉商标评审委员会及张建国“雲迪 yundi 及图”商标争议行政纠纷一案[1]中，个体工商户深圳市福田区云迪琴行成立于2000年3月28日，经营者为乐蓓莉。深圳市福田区云迪琴行申请注册争议商标，并于2003年8月21日被核准注册，核定使用于吉他等商品。2004年2月19日，上述经营者为乐蓓莉的深圳市福田区云迪琴行被依法注销。2004年10月26日，另一名称亦为“深圳市福田区云迪琴行”、经营者为张建国的个体工商户成立。2005年8月11日，李云迪以深圳市福田区云迪琴行恶意复制摹仿其姓名，损害了其姓名权和名誉权为由，请求商标评审委员会撤销争议商标的注册。商标评审委员会在受理李云迪的上述争议申请后，通知深圳市福田区云迪琴行作为被申请人参加答辩。根据商标争议答辩书记载，商标争议答辩人为深圳市福田区云迪琴行，法定代表人为张建国。商标评审委员会认为，虽然李云迪提供的证据可以证明其姓名在争议商标申请注册日前在相关公众中已具有一定的知名度，但仍不足以认定争议商标的注册和使用会对其姓名权造成损害，争议商标未构成《商标法》第三十一条规定的“损害他人现有的在先权利”之情形，裁定维持

[1] 参见北京市高级人民法院（2010）高行终字第1155号行政判决书和北京市第一中级人民法院（2010）一中知行初字第97号行政判决书。

争议商标的注册。一审法院认为，本案争议商标的专用权人应为自然人乐蓓莉，商标评审委员会应依法通知乐蓓莉参加评审程序，但商标评审委员会未尽到主体审查义务，导致张建国作为被申请人参与了商标评审程序，而真正的争议商标专用权人乐蓓莉则并未参与评审，实际上剥夺了乐蓓莉的程序权利，故商标评审委员会的评审程序不当。一审法院判决撤销商标评审委员会的裁定并责令其重新作出裁定。北京市高级人民法院二审认为，个体工商户是包含在自然人中而不是独立于自然人的一种民事主体，本案争议商标虽以个体工商户“深圳市福田区云迪琴行”的名义注册，但商标专用权应由其当时的经营者乐蓓莉享有。即使个体工商户“深圳市福田区云迪琴行”在注册争议商标后注销，但争议商标专用权人并未发生改变，仍应为乐蓓莉。此后成立的名称亦为“深圳市福田区云迪琴行”的个体工商户因其业主不同，故在法律上系另一独立的民事主体，与争议商标专用权的归属并无关联。虽然张建国在诉讼过程中提交了“商标所有权转让协议书”，但该协议系倒签且无证据证明其与乐蓓莉已共同向商标局提出了转让申请并经核准和公告，故本案现有证据不能证明争议商标专用权已经发生转让，争议商标专用权人目前仍应为乐蓓莉。在李云迪向商标评审委员会提出撤销争议商标的申请后，商标评审委员会应向争议商标的合法权利人送达相应通知及证据材料。现商标评审委员会未审查张建国或其为业主的“深圳市福田区云迪琴行”是否为争议商标的权利人，也未审查张建国是否获得了有效授权，即许可张建国参加评审程序，显然未尽到相应的审查义务，实际上剥夺了争议商标合法权利人的程序权利。张建国虽主张其参加原审诉讼得到了乐蓓莉的追认授权，由于原审法院无法确认乐蓓莉的授权及追认行为的真实性，无法充分保障争议商标合法权利人的权利，且即使该授权及追认属实，也无法改变商标评审委员会未尽到审查职责导致程序违法的事实。

16. 关于当事人引用异议复审程序中的证据时商标评审委员会应审查该证据的认定

根据《商标评审规则》第二十八条的规定，商标评审委员会审理不服商标局异议裁定的复审案件，应当针对当事人复审申请和答辩的事实、理由及请求进行评审。上述规定是对商标评审委员会的评审程序作出的规定，该规定中“当事人复审申请和答辩的事实、理由和请求”是指当事人对商标局的异议裁定不服的，应当向商标评审委员会提起复审申请，复审申请应写明不服的理由、事实和请求。当事人引用异议程序中的证据用于支持复审主张，该证据当然在异议复审的审查范围内，商标评审委员会如果认为需要当事人重新提交该证据的，应当明确告知当事人举证内容、举证方式及举证期限等内容。

在中国中化集团公司（以下简称中化公司）诉商标评审委员会及河北省

藁城市龙宫橡塑制品厂（以下简称龙宫橡塑制品厂）商标异议复审行政纠纷一案[1]中，第1720045号被异议商标由龙宫橡塑制品厂申请注册，指定使用的商品为第17类绝缘胶布和绝缘带、绝缘胶带。在被异议商标的初步审定公告期限内，中化公司提出异议申请，认为龙宫橡塑制品厂申请注册被异议商标的行为违反了《反不正当竞争法》第五条以及《商标法》第三十一条的规定。商标局认为，被异议商标指定使用的商品与中化公司商标指定使用的商品或服务项目在原料、功能、销售渠道及服务的内容、性质、对象等方面存在较大差异，为非类似商品或服务，未构成使用于同一种或类似商品上的近似商标，被异议商标的注册和使用不会造成消费者的混淆及误认；中化公司认为龙宫橡塑制品厂摹仿并以不正当手段抢先注册其在化工行业已经使用并有一定影响的“中化”商标，但其提供的理由并不充分。商标局裁定：中化公司所提异议理由不成立，被异议商标予以核准注册。中化公司不服该裁定。商标评审委员会认为，本案无证据证明中化公司享有除商标权之外的其他在先权利，中化公司亦无证据证明在被异议商标申请注册日前，其在被异议商标指定的同一种或类似商品上已经使用与被异议商标相同或近似的商标并有一定影响，故裁定被异议商标予以核准注册。一审法院判决撤销商标评审委员会的复审裁定，同时责令商标评审委员会重新作出复审裁定。商标评审委员会不服一审判决并提出上诉。

北京市高级人民法院二审认为，中化公司在异议申请书中和异议复审申请书中都提出了被异议商标违反了《商标法》第三十一条规定的主张，在异议阶段提交的部分证据材料的证明目的也在于证明“中化”作为中化公司的企业字号经过长期使用已经具有较高的知名度，被异议商标侵犯了中化公司在先的企业名称权。商标评审委员会在复审阶段如不审理中化公司在异议阶段提交的证据材料，可能对中化公司的合法权利造成损害，违反了法定程序。中化公司在其商标异议复审程序中提交的人民法院已生效民事判决书可以证明，在被异议商标申请注册日前引证商标三、引证商标四在化工类商品上已经成为驰名商标，而引证商标三、引证商标四核定使用的化工原料、工业用染料等商品均为化工类产品，被异议商标指定使用的绝缘胶带等商品亦属于化工行业的商品，二者存在一定关联性。由于被异议商标与引证商标三、引证商标四的显著识别部分同为“中化”，故被异议商标构成对中化公司驰名商标的复制或摹仿，被异议商标与引证商标三、引证商标四使用在各自指定的商品上容易使相

---

[1] 参见北京市高级人民法院（2010）高行终字第780号行政判决书和北京市第一中级人民法院（2010）一中知行初字第123号行政判决书。

关公众对商品来源或者相关主体可能存在某种关联关系产生误认，被异议商标的注册构成了《商标法》第十三条第二款规定的应不予核准注册的情形。

17. 有关商标行政案件“一事不再理原则”的认定

《商标法实施条例》第三十五条规定：“申请人撤回商标评审申请的，不得以相同的事实和理由再次提出评审申请；商标评审委员会对商标评审申请已经作出裁定或者决定的，任何人不得以相同的事实和理由再次提出评审申请。”根据《商标评审规则》第十八条的规定，违反《商标法实施条例》第三十五条规定，对商标评审委员会已经作出的裁定或者决定，以相同的事实和理由再次提出评审申请的，属于不符合受理条件，应当依据《商标法实施条例》第三十条的规定予以驳回。商标评审案件包括驳回复审、异议复审、争议评审和撤销复审四类案件，其中商标评审委员会在驳回复审程序中认定申请商标与引证商标不构成使用在相同或类似商品上的相同或近似商标后，该引证商标的注册人以申请商标与引证商标构成使用在相同或类似商品上的相同或近似商标为由提出异议时，能否适用《商标法实施条例》第三十五条规定的“一事不再理”原则？北京市高级人民法院新近的判决给出了否定的回答。

在河南省养生殿酒业有限公司（以下简称养生殿公司）诉商标评审委员会“六味地”商标驳回复审行政纠纷一案[1]中，养生殿公司申请注册第3084432号被异议商标“六味地”。商标局以申请商标与安徽高炉酒厂在类似商品上已注册的引证商标“六味池 LIUWEICHI 及图”构成使用在相同或类似商品上的相同或近似商标为由，依据《商标法》第二十八条的规定，决定驳回申请商标的注册申请。养生殿公司不服该决定。商标评审委员会经审查认为：虽然申请商标“六味地”与引证商标“六味池”均含有“六味”一词，但是“六味地”与“六味池”具有明显不同的含义，且由于引证商标存在与申请商标完全不同的汉语拼音及图形部分，因此两商标在整体视觉效果、含义、呼叫等方面均有区别，指定使用于类似商品上不易导致消费者对于商品来源的误认与混淆，未构成类似商品上的近似商标，申请商标可以初步审定。商标评审委员会据此作出第4556号驳回复审决定：养生殿公司在第33类米酒等商品上申请注册的“六味地”商标予以初步审定并公告。在申请商标初审公告期间，安徽高炉酒厂提出异议申请，商标局以被异议商标与引证商标文字构成及整体呼叫不同，未构成近似商标为由，裁定被异议商标予以核准注册。安徽高炉酒厂申请复审。商标评审委员会作出第38086号异议复审裁定认定：被

---

[1] 参见北京市高级人民法院（2010）高行终字第1050号行政判决书和北京市第一中级人民法院（2010）一中知行初字第1204号行政判决书。

异议商标与引证商标已构成使用于同一种或类似商品上的近似商标，故被异议商标不予核准注册。一审法院判决维持商标评审委员会的裁定。养生殿公司以商标评审委员会就同一商标作出两次评审结论违反“一事不再理”为由提起上诉。

北京市高级人民法院二审认为，被异议商标与引证商标已构成使用于同一种或者类似商品上的近似商标。《商标法实施条例》第三十五条的规定属于在同一个评审程序中对于申请人提出的评审申请进行审查的依据，而不应扩展适用到在两个不同评审程序中不同的申请主体提出评审申请的情形。第38086号异议复审裁定系商标评审委员会在商标异议复审程序中针对高炉酒厂的复审申请进行评审作出的，第4556号驳回复审决定是商标评审委员会在驳回复审程序中针对养生殿公司的复审申请进行评审作出的，上述两案的评审程序不同，且评审程序中的当事人亦有所区别，故本案中商标评审委员会受理高炉酒厂的复审申请进行评审程序符合相关法律规定。

18. 关于被异议商标转让后应通知受让人参加诉讼的认定

在商标驳回复审程序中，申请人有权处分自己的申请商标和与商标复审有关的权利，申请商标发生转让、移转情形的，受让人或者承继人应当及时以书面形式声明承受转让人的地位。当受让人未向商标评审委员会申请参加复审程序，商标评审委员会仍以原申请人为当事人作出驳回复审决定后，原申请人提起诉讼的，人民法院在查明相关事实后，应当通知申请商标的受让人参加诉讼。

在精工控股株式会社诉商标评审委员会及三和国际印刷器材（深圳）有限公司商标异议复审行政纠纷一案[1]中，被异议商标由三和国际印刷器材（深圳）有限公司申请注册，精工株式会社向商标局提出异议申请，商标局与商标评审委员会均认定被申请商标与引证商标未构成使用在类似商品上的近似商标，并决定核准被异议商标的注册。经查，在商标评审委员会复审期间，被异议商标于2007年10月8日依法转让给精工油墨（四会）有限公司，但受让人精工油墨（四会）有限公司未向商标评审委员会申请参加复审程序。2008年12月8日，被异议商标又依法转让给日本精工油墨股份有限公司。在一审诉讼期间，精工油墨（四会）有限公司及日本精工油墨股份有限公司均未申请参加本案诉讼。一审法院认为，被异议商标与三个引证商标已构成使用在相同或类似商品上的近似商标，判决撤销商标评审委员会的裁定，判令其重新作出

[1] 参见北京市高级人民法院（2010）高行终字第871号行政判决书和北京市第一中级人民法院（2009）一中行初字第760号行政判决书。

裁定。

北京市高级人民法院二审认为，被异议商标在异议复审期间已经依法转让给日本精工油墨股份有限公司，故在一审诉讼期间日本精工油墨股份有限公司是被异议商标的权利人，其与商标评审委员会所作之行政行为具有法律上的利害关系，属于必须参加诉讼的当事人，人民法院应当通知其参加诉讼。一审判决在未通知追加日本精工油墨股份有限公司作为本案第三人的情况下，以精工油墨（四会）有限公司及日本精工油墨股份有限公司均未申请参加诉讼为由，即对本案进行审理并作判决，遗漏了必须参加诉讼的当事人，违反了法定程序。

19. 关于引证商标在诉讼阶段被注销对申请商标处理的认定

驳回复审案件中，申请商标因与在先引证商标构成使用在同一种或者类似商品上的相同或者近似商标而会被驳回申请，但引证商标可能因连续三年停止使用被撤销或因到期未续展等原因被注销。如果引证商标专用权的灭失发生在驳回复审行政程序中，商标评审委员会一般不再将该商标作为阻碍申请的引证商标。但如果引证商标专用权的灭失发生在诉讼阶段，可否不再以该商标为引证商标来阻碍申请商标的注册？如果商标申请人在驳回复审程序或诉讼程序中以引证商标很可能被撤销为由申请中止审理，商标评审委员会或人民法院可否中止审理以及在何种情况下中止审理？北京市高级人民法院新近的判决对此作了一些探索性尝试。

在骏马纺织制品有限公司诉商标评审委员会“X Shield 及图（指定颜色）”商标驳回复审行政纠纷一案[1]中，申请商标系骏马公司申请国际注册获得国际注册并申请领土延伸保护至中国的第 G910345 号“X Shield 及图（指定颜色）”商标。商标局以申请商标与引证商标一、二、三、四近似等为由，决定驳回申请商标的领土延伸保护申请。商标评审委员会认为，申请商标与引证商标一未构成类似商品上的近似商标，引证商标二因已失效不再构成申请商标注册的在先权利障碍。申请商标指定使用于服装用品等商品时与引证商标三使用于核准的内衣（汗衫、背心、棉毛衫裤、睛纶衫裤）、引证商标四使用于核准的穿着用品已经分别构成类似商品上的近似商标。商标评审委员会决定：驳回申请商标指定使用在第 9 类和第 25 类所有复审商品上在中国的领土延伸保护申请。一审诉讼中，引证商标三因连续三年停止使用被撤销。一审法院认为，虽然引证商标三在商标评审阶段属于有效商标，商标评审委员会将其作为引证

---

[1] 参见北京市高级人民法院（2010）高行终字第 1392 号行政判决书和北京市第一中级人民法院（2010）一中知行初字第 545 号行政判决书。

商标使用并无不当，但由于其在诉讼中已被生效决定撤销，故不再将其作为申请商标的引证商标使用。由于申请商标与引证商标四构成类似商品上的近似商标，一审法院遂维持了商标评审委员会的决定。在北京市高级人民法院二审诉讼中，引证商标四因连续三年停止使用被撤销。二审法院认为，《商标法实施条例》第四十条规定，依照《商标法》第四十四条、第四十五条的规定被撤销的注册商标，由商标局予以公告，该注册商标专用权自商标局决定作出之日起终止。虽然引证商标三、四已经被商标局以连续三年停止使用为由撤销注册，但尚无证据证明商标局的相应撤销决定已经生效，而且引证商标三、四被商标局撤销注册是在商标评审委员会第19575号决定作出之后，因此商标评审委员会将引证商标三、四作为有效商标判断其与申请商标是否构成近似商标的做法并无不当。二审法院遂维持了一审判决。

在科高公司诉商标评审委员会"BLOGGER"商标驳回复审行政纠纷一案[1]中，引证商标申请注册的是第3833256号"博客 bloGGer"商标。引证商标经初审公告后，科高公司对其提出异议申请。申请商标系科高公司于2005年12月8日申请注册的第5049499号"BLOGGER"商标。商标局以申请商标和引证商标构成类似服务上的近似商标为由，驳回申请商标在"娱乐、教育、电子出版服务（非广告材料）、安排和组织大会、录音制品出租"服务上的注册申请，初步审定申请商标在"录像带发行、为艺术家提供模特、动物训练、流动图书馆、健身俱乐部"服务上的注册申请并予以公告。科高公司在复审程序中请求商标评审委员会等待引证商标的异议案件审理结束后再审理本案，商标评审委员会未中止本案的审理，并于2009年6月15日作出第16195号决定，以申请商标与引证商标已构成在同一种服务或类似服务上的近似商标为由，驳回申请商标指定使用在电子出版服务（非广告材料）等全部复审服务上的注册申请。2009年8月26日，商标局裁定对引证商标不予核准注册，该裁定因未进入诉讼程序而生效。一审法院认为，商标评审委员会作出第16195号决定时，引证商标已被初审公告且并未有在先生效裁决认定其应不予注册，因此商标评审委员会将其作为引证商标并无不当。《商标法》等相关法律中并未明确规定引证商标需要前置程序确权时，申请商标的驳回复审审理应当中止。但由于在申请商标驳回复审诉讼中，引证商标已经被依法裁定不予核准注册且该裁定已生效，故其不构成申请商标申请注册的障碍。一审法院判决撤销商标评审委员会第16195号决定。

---

[1] 参见北京市高级人民法院（2010）高行终字第502号行政判决书和北京市第一中级人民法院（2009）一中行初字第2085号行政判决书。

北京市高级人民法院在认同一审法院意见的同时还认为，在商标评审委员会第16195号决定作出后不久，商标局即作出第14290号裁定对引证商标不予核准注册，且引证商标申请人并未对此提出异议复审申请。在此情况下，如维持商标评审委员会第16195号决定有效，则将导致在缺乏引证商标的基础上驳回申请商标注册的结果，科高公司只能重新提出商标注册申请。重新提出的商标注册申请，又会因为在本案申请商标的申请日之后、在重新提出注册申请之前这段时间申请或注册在同一种或类似服务上的相同或近似商标的存在而不能获准注册。原审判决撤销商标评审委员会第16195号决定并无不当。

20. 关于诉争商标被撤销后因商标由商标权人和撤销申请人共有时可以撤销原裁决的认定

在商标授权确权案件中，当不涉及绝对撤销事由时，如果诉争商标和引证商标因转让等原因由同一权利人所有或两商标形成共有关系，则一般可准许诉争商标的注册或无须撤销诉争商标的注册；但对于商标评审委员会或一审法院裁定撤销诉争商标后诉争商标和引证商标才归属同一权利人，且两商标注册人共同请求二审法院准予或者维持诉争商标的注册的情形，由于目前相关法律法规中并没有相应的解决程序，北京市高级人民法院对此进行了探索。

在江西万载千年食品有限公司（以下简称万载公司）诉商标评审委员会、陈结合关于“千年及图”商标撤销复审行政纠纷一案[1]中，复审商标系陈结合拥有的第1155566号“千年及图”注册商标，万载公司以复审商标连续三年停止使用为由提出撤销复审商标的申请，商标局决定撤销复审商标的注册，商标评审委员会决定维持复审商标的注册。一审法院判决撤销商标评审委员会的决定并责令其重新作出决定。在二审过程中，陈结合与万载公司达成和解协议，约定复审商标由陈结合和万载公司共同持有，陈结合和万载公司共同向商标局提出将复审商标转让给陈结合和万载公司共同持有的申请，万载公司向商标局申请撤回连续三年停止使用复审商标的撤销申请。陈结合据此提出撤回上诉的申请。北京市高级人民法院二审认为，公民、法人或者其他组织有权在法律许可的范围内处分自己的诉讼权利，陈结合和万载公司在本案审理期间达成了协议，消除了争议，陈结合据此申请撤回上诉，系其真实意思表示，符合法律规定，应予准许。鉴于本案争议已经化解，原审判决亦无存在的必要。二审法院裁定撤销原审判决并准许陈结合撤回上诉，本案终结诉讼。

---

[1] 参见北京市高级人民法院（2010）高行终字第503号行政判决书和北京市第一中级人民法院（2009）一中知行初字第503号行政判决书。

21. 关于《商标法》第十条第一款第（八）项“其他不良影响”的认定

根据《商标法》第十条第一款第（八）项的规定，有害于社会主义道德风尚或者有其他不良影响的标志不得作为商标注册，其中的“其他不良影响”是一种兜底性的规定，但不是对于该条第一款前七项的兜底，而是仅对第（八）项前半段的兜底。如果能够以其他理由驳回注册申请或撤销已注册商标，一般不宜依据“其他不良影响”条款处理商标异议及争议纠纷。该条款中的“社会主义道德风尚”是指我国公民已经形成的共同生活及其行为的准则、规范以及在一定时期内社会上流行的良好风气和习惯，尤其包括已经形成并为公民所尊重的公序良俗；“其他不良影响”是指商标或其构成要素可能对我国政治、经济、文化、宗教、民族等社会公共利益产生消极的、负面的影响，即是指标志本身的不良影响，而非该标志使用在其指定使用商品上是否会造成不良影响。“有害于社会主义道德风尚或者有其他不良影响”的判定应结合商标的构成及其指定使用商品或者服务，综合考察相关的社会背景、政治背景、历史背景、文化传统、民族风俗、宗教政策等因素，尤其应当考察该标志或者其构成要素是否会破坏一定区域内人们所共同尊重的公序良俗。“其他不良影响”一般不涉及对私权造成的不良影响，诸如导致消费者的混淆、误认或者误导消费者、影响经营者的公平竞争、借用他人知名作品的声誉搭商业便车，由于《商标法》已经对上述情形另行规定了救济方式和相应程序，故其不属于该条款中所称的“其他不良影响”；但侵害特定民事权益的同时又损害社会公共利益或公共秩序的，可以作为“有其他不良影响”的标志。对于首字为“国”字的商标，商标局于2010年7月28日发布《含“中国”及首字为“国”字商标的审查审理标准》。其中第三部分明确了首字为“国”字商标的审查审理标准，即应以其“构成夸大宣传并带有欺骗性”、“缺乏显著特征”和“具有不良影响”为由区别处理，而不是一律适用《商标法》第十条第一款第（八）项的规定。

在白喜贵与商标评审委员会“国玉 建极绥猷 36501 及图”商标驳回申请复审行政纠纷一案❶中，白喜贵在第35类服务上申请注册第4900657号“国玉建极绥猷 36501”及图形商标，商标局、商标评审委员会均认为申请商标中的“国玉”和“建极绥猷”两个词组极易使消费者将申请商标与故宫太和殿匾额及皇家产生联系，误导消费者从而造成不良影响，属于《商标法》第十条第一款第（八）项规定的不得作为商标注册的情形，故决定申请商标不予核准

❶ 参见北京市高级人民法院（2010）高行终字第1026号行政判决书和北京市第一中级人民法院（2010）一中知行初字第1387号行政判决书。

注册。一审法院维持了商标评审委员会的决定。北京市高级人民法院二审认为，申请商标整体和作为其构成要素的“国玉”、“建极绥猷”等均不存在影响社会主义道德风尚，或有损公共利益、公共秩序的情形，不属于《商标法》第十条第一款第（八）项规定的“有其他不良影响”的情形。《商标法》第十条第一款第（七）项规定，夸大宣传并带有欺骗性的标志不得作为商标注册。是否构成带有欺骗性的夸大宣传，应根据某一标志是否足以引人误解进行判断。申请商标由“国玉”、“建极绥猷”、数字“36501”，及描述玉雕造型的图形组合而成，其中“建极绥猷”系故宫太和殿正中匾额上的文字，与皇家、皇室具有一定联系。“国玉”一词，在配合申请商标中包含的描述玉雕造型的图形时，极易使人理解为达到能代表国家级品质的玉石或玉器之义。将“建极绥猷”、“国玉”和玉雕造型组合在一起作为商标使用于货物展出、拍卖等服务上，容易使相关公众将申请商标与故宫或皇家产生联系，从而对申请商标指定使用的服务内容产生误认。因此，申请商标属于《商标法》第十条第一款第（七）项规定的不得作为商标注册的情形。二审法院遂在改变原审判决的法律适用后，对其判决结果予以维持。

在拉格道尔有限公司（以下简称拉格道尔公司）与商标评审委员会、泉州市天线宝宝食品有限公司（以下简称天线宝宝公司）“天线宝宝”商标撤销复审行政纠纷一案[1]中，争议商标“天线宝宝”的注册人为天线宝宝公司，指定使用于第29类食品用胶等商品，拉格道尔公司依据《商标法》第十条第一款第（八）项等规定申请撤销争议商标的注册。商标评审委员会认为，在争议商标申请日前，拉格道尔公司“天线宝宝”婴幼儿电视节目已在中央电视台播出，其“天线宝宝”节目及其卡通形象在相关公众中已经具有一定的影响力和较高的知名度。天线宝宝公司明知或应知“天线宝宝”为他人所创作，并具有较强的独创性和显著性，仍将其作为商标申请注册，明显具有不正当地借用他人知名作品声誉的故意，其行为违背了诚实信用的社会主义公共道德准则，不仅损害了拉格道尔公司的合法权益，而且破坏了社会公序良俗，且易使消费者对商品来源产生误认而产生不良社会影响。故争议商标的注册违反了《商标法》第十条第一款第（八）项的规定，裁定撤销争议商标的注册。一审法院认为，商标评审委员会认为争议商标的注册具有不良社会影响，属于对《商标法》第十条第一款第（八）项的错误适用，遂判决撤销商标评审委员会的裁定，并责令其重新作出裁定。北京市高级人民法院二审认为，“天线宝

[1] 参见北京市高级人民法院（2010）高行终字第1237号行政判决书和北京市第一中级人民法院（2010）一中知行初字第1088号行政判决书。

宝”作为电视节目及卡通形象是否具有影响力和知名度、天线宝宝公司是否具有不正当地借用他人作品声誉的故意，以及争议商标的注册和使用是否会造成消费者混淆误认的可能，均属与特定主体相关的私权事项，不涉及社会公共利益和公共秩序。基于该等私权事项而发生的违背诚实信用原则的行为，仅涉及相对主体的合法权益，不属于对社会公共利益和公共秩序造成的不良社会影响。本案争议商标作为单纯的中文商标，其文字构成及含义使用在核定商品上并未对我国的政治、经济、文化、宗教、民族等社会公共利益和公共秩序产生不良影响。

在陆常清诉商标评审委员会“唐人街”商标驳回复审行政纠纷六案❶中，陆常清在第7类胶印机、织布机等商品上申请了多个“唐人街 TANGRENJIE”商标，商标局和商标评审委员会均认为，复审商标“唐人街”易在社会上产生不良影响，决定驳回申请商标的注册。一审法院认为，“唐人街”作为商标进行商业使用，不会使消费者对商品的来源产生误认，“唐人街”作为国外存在的地区或者街道，也无证据证明国内何种机构或者个人对其享有何种权利，以致陆常清在中国注册使用该商标会损害其合法权利并造成不良影响。一审法院判决撤销商标评审委员会的决定，并责令其重新作出审查决定。北京市高级人民法院二审认为，申请商标由中文“唐人街”及其拼音“TANGRENJIE”组成，其中的显著识别部分“唐人街”是中国以外的华人聚居区的统称，并为我国广大社会公众熟知。“唐人街”中一般均存在诸多提供商品或服务的经营者，陆常清将“唐人街”作为商标的核心部分予以注册，容易使消费者误认为其商品或者服务来源于中国以外的华人聚居区。另外，陆常清作为自然人，并未向商标评审委员会和法院提交证据证明其与“唐人街”有何关联，因此其将“唐人街”在不同商品或者服务上申请注册，属于对公共资源的不当占用，容易导致误导公众的后果，从而造成不良影响。

在少林寺诉商标评审委员会“少林藥局 SHAOLIN MEDICINE”商标驳回复审行政纠纷一案❷中，少林寺在第30类咖啡、茶、糖、食用王浆（非医用）等商品上申请注册“少林藥局 SHAOLIN MEDICINE”商标，商标局和商标评审委员会认为，申请商标用于指定商品上缺乏显著特征，亦易使消费者对商品的性能等产生误认，从而产生不良社会影响，并依据《商标法》第十条第一

❶ 参见北京市高级人民法院（2010）高行终字第288、290、306、319、322、332号行政判决书和北京市第一中级人民法院（2009）一中行初字第2124、2116、2122、2130、2123、2128号行政判决书。

❷ 参见北京市高级人民法院（2010）高行终字第816号行政判决书和北京市第一中级人民法院（2009）一中行初字第2660号行政判决书。

款第（八）项等规定，决定驳回申请商标的注册申请。一审法院认为，综合考虑少林药局的历史沿革及作用，申请商标使用在茶、咖啡等商品上，易使消费者认为上述商品来源于药局，其中可能含有药用成分，从而对商品的性能等产生误认，进而产生不良的社会影响，判决维持商标评审委员会的决定。北京市高级人民法院二审认为，“其他不良影响”是指标志本身的不良影响，而非该标志使用在其指定使用商品上是否会造成不良影响。少林寺申请注册的商标由汉字“少林藥局”、“始创于公元1217年”和外文“SHAOLIN MEDICIEN”组成，少林药局在历史上由少林寺所开办，以为寺内众僧及周边百姓诊断治疗为主要事务，因此少林寺以“少林藥局”为主要识别部分提出申请商标的注册申请并无不当，亦不会对我国政治、经济、文化、宗教、民族等社会公共利益和公共秩序产生消极、负面影响。将申请商标“少林藥局”用于其指定使用的茶、咖啡等商品上，并不必然导致消费者误认为这些商品中含有药用成分。

在美国太子行诉商标评审委员会“PRINCE OF PEACE”商标驳回复审行政纠纷一案[1]中，美国太子行在第30类的咖啡、茶等商品申请注册“PRINCE OF PEACE”商标，商标局和商标评审委员会均以申请商标的含义为“耶稣基督”，使用在指定商品上易产生不良的影响为由，决定驳回申请商标的注册申请。一审法院认为，商标是否具有不良影响，应就社会公众对商标标志通常所认知的含义进行判断。申请商标为英文文字“PRINCE OF PEACE”，按照中国公众的一般英语水平，社会公众通常会根据“PRINCE OF PEACE”的各组成单词的含义和语法规则，将其含义理解为“和平王子”或其他近似含义。虽然“PRINCE OF PEACE”亦有指代耶稣基督之义，但对于中国公众而言，该含义属于不常见或生僻含义。因此，中国公众在看到申请商标时，易于将其含义理解为“和平王子”或其他近似含义，而难以将其理解为耶稣基督，故申请商标的注册不会产生不良影响，商标评审委员会关于申请商标具有不良影响的认定错误。一审法院判决撤销商标评审委员会的决定并判令其重新作出裁定。北京市高级人民法院二审认为，对于一个标志是否有“其他不良影响”，应从标志本身的含义来判断，不能仅从相关公众的认知来判断。申请商标“PRINCE OF PEACE”的字典含义为“耶稣基督”，该含义虽然可能并不为中国的相关公众普遍认知，但是不管中国的相关公众是否能够认识到“PRINCE OF PEACE”的字典含义，都不影响申请商标文字作为宗教用语的客观事实，

[1] 参见北京市高级人民法院（2010）高行终字第839号行政判决书和北京市第一中级人民法院（2010）一中知行初字第835号行政判决书。

因此以申请商标文字作为商标可能会产生宗教上的不良影响。

在贵州梵净山国家级自然保护区管理局诉商标评审委员会及凤凰古城旅游有限责任公司“梵净山”商标争议行政纠纷三案[1]中，三个争议商标“梵净山”分别核定使用于第39类旅客运输、旅行社等服务、第44类按摩等服务、第41类夜总会等服务。梵净山管理局以争议商标具有不良影响为由，请求撤销争议商标的注册。商标评审委员会认为，梵净山自然保护区属于自然文化遗产资源，理应得到所在地政府的保护。梵净山管理局作为该保护区的管理者，要么通过对未注册商标的使用获得法律有限度的保护，要么依法通过注册取得商标专用权，否则梵净山管理局并不能当然地获得以景区名称为内容且涵盖多个类别的商标专用权。作为自然文化遗产的梵净山自然保护区，其所有权应归属于国家。至于该文化遗产的名称，因其所指代的对象可能带给人一种美好的联想，从而将其用做商标可能带来一定的商业利益。景区名称用做商标与其他商标在本质上并无不同，其作为一种可注册的商标资源具有一定公共属性，不宜由某些主体享有垄断性的特殊利益，景区管理者与其他人均应通过使用或注册获取相应的商标权益且没有证据表明争议商标的注册会产生任何不良影响。商标评审委员会裁定：争议商标予以维持。一审法院认为，梵净山是国家级自然保护区和著名旅游景点，也是我国著名的佛教胜地，景区遍布佛教场所。将“梵净山”注册在第41类夜总会、第44类按摩等服务上，有害于佛教信徒的宗教信仰和宗教感情，有违公序良俗，属于《商标法》第十条第一款第（八）项规定的“不良影响”。梵净山坐落于贵州省境内，而凤凰古城旅游公司作为争议商标的商标权人，其所在地位于湖南省，争议商标注册在旅客运输等服务项目上容易使消费者对服务的来源产生误认，从而损害消费者的利益并产生不良影响。一审法院判决撤销商标评审委员会的裁定并责令其重新作出裁定。

在赵华诉商标评审委员会“胜利女神 NIKE 及图”商标驳回复审行政纠纷一案[2]中，申请商标系赵华于2005年9月19日申请注册的第4903979号“胜利女神 NIKE 及图”商标，指定使用的商品类别为第3类香皂等商品。引证商标系耐克国际有限公司在先申请并核准注册的第879423号“NIKE”商标，其核定使用的商品为第25类服装等商品。商标局驳回申请商标的注册申请，赵华申请复审。商标评审委员会认为，申请商标由汉字“胜利女神”、英文

---

[1] 参见北京市高级人民法院（2010）高行终字第767、775、777号行政判决书和北京市第一中级人民法院（2010）一中知行初字第431、432、430号行政判决书。

[2] 参见北京市高级人民法院（2010）高行终字第387号行政判决书和北京市第一中级人民法院（2009）一中行初字第1750号行政判决书。

"NIKE"及图形构成，其英文"NIKE"与耐克国际有限公司在先注册的第879423号"NIKE"商标的英文部分完全相同。虽然申请商标指定使用的商品与引证商标核定使用的商品不属于同一种或类似商品，但申请商标若注册并使用，极易使消费者认为申请商标与享有较高知名度的引证商标存在某种特定关系，从而对商品来源产生混淆、误认，产生不良的社会影响。商标评审委员会决定驳回申请商标的注册申请。经查，"NIKE"一词的中文释义为"（希腊）胜利女神、（美国）奈基式地对空导弹"，案外人耐克水力公司于2001年3月23日在第8类和第7类商品上申请注册的"NIKE"商标，案外人新元企业有限公司于2004年1月5日在第21类商品上申请注册的"NIKE"商标，案外人深圳市夜来香保健品有限公司于2002年11月19日在第10类商品上申请注册的"NIKE"商标，均被核准。一审法院认为，申请商标由"图形、NIKE、胜利女神"三个部分组成，其中并无不健康的内容，作为商标注册和使用并不会构成对社会公共利益和社会公共秩序的损害，不会造成其他不良影响。申请商标与引证商标并存是否会导致消费者对商品或服务来源产生误认，并非公序良俗原则所调整的范围。一审法院判决撤销商标评审委员会的决定，并责令其重新作出驳回复审决定。北京市高级人民法院二审认为，申请商标由"图形、NIKE、胜利女神"三个部分组成，其中"胜利女神"是"NIKE"一词的中文释义，虽然该含义较生僻，但该标志并无不良内容，该商标及其构成要素不会对我国政治、经济、文化、宗教、民族等社会公共利益和公共秩序产生消极、负面影响，申请商标应否予以注册不应属于《商标法》第十条第一款第（八）项规定的情形。

22. 关于包含县级以上地名且整体不具备显著性的商标应不予注册的认定

根据《商标法》第十条第二款的规定，县级以上行政区划的地名，不得作为商标使用，但是地名具有其他含义或者作为集体商标、证明商标组成部分的除外。申请注册的商标属于不得作为商标使用的标识或者不得作为商标使用的标识构成申请商标的主要部分的，可以依据《商标法》第二十八条"凡不符合本法有关规定"及第四十一条第一款等规定不予核准注册。

在张巍诉商标评审委员会"网京北老"商标申请驳回复审行政纠纷一案[1]中，张巍申请注册"网京北老"商标。商标局以申请商标逆序可读成"老北京网"，其中"北京"是我国首都，不得作为商标注册为由，驳回了申请商标的注册申请。商标评审委员会认为，申请商标整体并未形成特定的新含义，不

[1] 参见北京市高级人民法院（2010）高行终字第159号行政判决书和北京市第一中级人民法院（2009）一中行初字第1720号行政判决书。

得作为商标注册，决定驳回申请商标的注册申请。一审法院认为，“北京”在申请商标的整体含义中地位突出，申请商标使用在图书出版、在线电子书籍和杂志出版、广播和电视节目制作等指定使用的服务上，易使相关公众对服务提供者的地理来源或者服务内容产生误认，判决维持商标评审委员会的决定。

北京市高级人民法院二审认为，申请商标“网京北老”如果从左到右呼叫则无固定含义，如果从右到左呼叫则为“老北京网”。鉴于汉语词汇具有从右至左书写和呼叫的历史传统和现实基础，在申请商标从左到右呼叫无实际意义的情况下，相关公众很可能从右到左地呼叫和认知申请商标。申请商标从右到左呼叫为“老北京网”，其中“北京”系申请商标的主要部分，“老”字仅起到修饰作用，“网”字使用于指定服务显著性较弱。而“北京”系我国首都名称，其主要具有地名含义，且系县级以上行政区划的地名，申请商标“老北京网”包含该地名，现有证据不足以证明“网京北老”整体使用于指定服务时已获得了足够的显著性。此外，无论“老北京”是否具有独特的历史文化意义，均不可能脱离其在行政区域意义上的基本含义。申请商标使用于图书出版、在线电子书籍和杂志出版、广播和电视节目制作等指定服务时，容易使相关公众对服务提供者的地理来源或者服务内容产生误认。二审法院遂维持原判。

23. 关于虽包含公众所知晓的外国地名但该地名具有其他含义且申请商标整体具有显著性时可以获得注册的认定

申请商标虽包含公众所知晓的外国地名，但该地名具有其他含义，且申请商标整体具有显著性，一般不会使相关公众对商品来源产生混淆误认的，可以获得注册。

在乔治亚太平洋有限责任公司诉商标评审委员会“乔治亚太平洋”商标申请驳回复审行政纠纷一案[1]中，乔治亚太平洋有限责任公司申请注册“乔治亚太平洋”文字商标，商标局以“乔治亚”属于公众知晓的外国地名为由，驳回了申请商标的注册申请。商标评审委员会亦决定对申请商标予以驳回。一审法院认为，申请商标“乔治亚太平洋”不属于《商标法》第十条第二款所规定的不予注册的情形，商标评审委员会依据该条款驳回申请商标的注册申请属于适用法律不当，判决撤销商标评审委员会的复审决定并责令其重新作出复审决定。

北京市高级人民法院二审认为，尽管“乔治亚”和“佐治亚”对应的英

[1] 参见北京市高级人民法院（2010）高行终字第548号行政判决书和北京市第一中级人民法院（2009）一中行初字第2053号行政判决书。

文单词均为“Georgia”，但作为英文姓名的“Georgia”通常被翻译为“乔治亚”，而作为地名的“Georgia”则通常被翻译为“佐治亚”，广为中国公众知晓的地名是“佐治亚”或“佐治亚州”，而不是“乔治亚”。这就是说，与“Georgia”对应的作为美国州名的通常是“佐治亚”而不是“乔治亚”，故“乔治亚”并不必然对应于作为美国州名的“Georgia”，或者说“乔治亚”即使具有表示美国州名的含义，其在该含义之外还具有表示姓氏的其他含义。况且，申请商标中“太平洋”系中国相关公众普遍知晓的特定海洋名称，在申请商标中同样具备显著性，可以作为识别商品来源的标志。因此，申请商标“乔治亚太平洋”从整体上具备一定的显著性，一般不会使中国的相关公众对商品来源产生误认，属于《商标法》第十条第二款所规定可予注册的情形。

24. 关于同类商品通用名称的认定

根据《商标法》第十一条第一款的规定，仅有本商品的通用名称的标志不得作为商标注册。审查判断诉争商标是否属于通用名称，通常以提出商标注册申请时的事实状态为准。在判断诉争商标是否为通用名称时，应当审查其是否属于法定的或者约定俗成的商品名称。除法律规定或者依据国家标准、行业标准属于商品通用名称的外，相关公众普遍认为某一名称能够指代一类商品的，也可将其认定为该类商品的通用名称。

在地奥公司诉商标评审委员会及鲁南公司“银黄”商标争议行政纠纷一案[1]中，争议商标为核定使用在第5类医药制剂商品上的第1580496号“银黄”文字商标，商标权人为鲁南公司。地奥公司以争议商标不符合《商标法》第十一条等规定为由，申请撤销争议商标的注册。商标评审委员会裁定地奥公司的撤销理由不能成立，维持争议商标的注册。一审法院认为，“银黄”系指金银花及黄芩两药材名称的缩称，“银黄”名称的含义并不等同于“银黄口服液”或“银黄颗粒”、“银黄胶囊”等药品名称的含义，故“银黄口服液”属于药品通用名称，但“银黄”并非药品通用名称。鉴于商标评审委员会漏审了地奥公司的主张，一审法院判决撤销商标评审委员会的裁定，并责令其重新作出裁决。

北京市高级人民法院二审认为，虽然鲁南公司早在1987年即开始生产“银黄口服液”，但在争议商标申请注册前，已有大量企业取得“银黄”类药品的生产许可，“银黄口服液”、“银黄颗粒”、“银黄胶囊”或其他含有“银黄”的药品名称已经成为该类药品通用名称。在中药领域，“银黄”是金银花

[1] 参见北京市高级人民法院（2010）高行终字第1162号行政判决书和北京市第一中级人民法院（2010）一中知行初字第353号行政判决书。

及黄芩两药材名称的缩称，作为"银黄口服液"、"银黄颗粒"、"银黄胶囊"或其他含有"银黄"的药品名称中的显著部分，"银黄"的含义虽不完全等同于"银黄口服液"或"银黄颗粒"、"银黄胶囊"等药品名称的含义；但结合《中国药品通用名称命名原则》的相关规定，并考虑到"银黄"类药品在争议商标申请日前的广泛生产，相关公众足以通过"银黄"指代"银黄"类药品的事实，应当认定"银黄"已经构成"银黄"类药品约定俗成的通用名称。原审法院认定"银黄"并非药品通用名称缺乏依据，但其判令商标评审委员会重新作出裁定的结论正确。

25. 关于仅仅直接表示主要原料、质量等商品特点且未获得显著特征的描述性标志的认定

根据《商标法》第十一条的规定，仅仅直接表示商品的质量、主要原料、功能、用途、重量、数量及其他特点的标志，除已经通过使用取得显著特征并便于识别的外，不得作为商标注册。申请注册的商标应当具有显著性，而商标的显著性可以通过使用取得。不具备显著性或者显著性较弱的描述性标志如果能够证明通过使用取得显著性的，可以获得注册。对于是否属于仅仅或主要表示了商品特点的描述性标志，其判断的主体应为相关公众，包括相关消费者及相关同业经营者。如果相关公众将某一商标认知为直接描述指定使用商品的相关特点，或直接使用该商标描述指定使用商品的相应特点，那么该商标属于直接描述性商标。

在可可马司私人有限公司（以下简称可可马司公司）诉商标评审委员会"金椰子 Cocomas"商标驳回复审行政纠纷一案[1]中，可可马司公司在29类"干椰子；椰子脂（烹饪用）；可可油；可可牛奶（以奶为主）、食用棕榈油、食用油"商品上申请注册"金椰子 Cocomas"商标。商标局以申请商标使用在指定商品上，直接表示了原料口味特点或易造成误认为由，驳回了申请商标的注册申请。商标评审委员会经审查认为，申请商标指定使用在"干椰子、椰子油"等商品上，直接表示了指定使用商品的原料、口味特点，属于《商标法》第十一条第一款第（二）项所指不得注册的标志；申请商标指定使用在"可可牛奶（以奶为主）、可可油"等商品上，易使消费者产生误认误购，属于《商标法》第十条第一款第（八）项所指不得作为商标注册和使用的标志，决定驳回申请商标的注册申请。一审法院判决驳回可可马司公司的诉讼请求。可可马司公司在二审诉讼中表示删除申请商标在"可可油、可可牛奶（以奶

[1] 参见北京市高级人民法院（2010）高行终字第286号行政判决书和北京市第一中级人民法院（2009）一中知行初字第2289号行政判决书。

为主)、食用棕榈油、食用油”商品上的注册申请。北京市高级人民法院二审认为，申请商标由中文“金椰子”和英文“Cocomas”组成，申请商标的中文“金椰子”为该商标的主要识别部分，其中“金”对“椰子”起修饰作用，其显著性相对较弱。在此情况下，申请商标包含的中文“椰子”指定使用在干椰子、椰子油等商品上，直接表示了上述商品的原料，不具有商标应有的显著性，其实际使用时亦容易造成消费者的混淆误认，可可马司公司也未提供有效证据证明申请商标已通过在我国的实际使用取得了足够的显著性。

在莆田市三江化学工业有限公司（以下简称三江公司）诉商标评审委员会“清味”商标驳回复审行政纠纷一案[1]中，三江公司在第2类油漆等商品上申请注册“清味”商标，商标局与商标评审委员会均以申请商标仅仅直接表示指定商品的质量特点为由，驳回了申请商标的注册申请。一审法院认为，不具有显著特征的标志仅指直接描述性的标志，并不包括暗示性的标志。申请商标“清味”并非指定使用商品的同业经营者描述该特点所使用的常用方式，消费者亦须加以想象才可以认识到其含义，申请商标相对于指定使用商品而言，并非直接描述性标志，而系暗示性标志，不属于《商标法》第十一条第一款第（二）项所规定的不具有显著特征的情形，故申请商标应当准许注册。北京市高级人民法院二审认为，三江公司在使用“清味”时突出使用了“三棵树”商标，由于“三棵树”商标具有较高的市场知名度，曾被国家工商行政管理总局认定为驰名商标，三江公司在实际使用“三棵树”注册商标时也突出表明该商标系驰名商标，故其突出使用“三棵树”商标也必然弱化对“清味”的商标性使用，相关公众一般也不会认为“清味”系揭示商品来源的商标。此外，申请商标“清味”直接表示了油漆等商品的质量等特点，且已被本行业经营者大量使用于油漆等商品。

在松下电工株式会社与商标评审委员会“FULL－2WAY”商标驳回复审行政纠纷一案[2]中，松下株式会社在第9类商品上申请注册“FULL－2WAY”商标。商标局和商标评审委员会均认为申请商标可理解为“多重传送全2线式”，直接表述了指定使用商品的技术特点，属于《商标法》第十一条第（二）项规定的描述性商标，决定驳回申请商标的注册申请。一审法院认为申请商标使用在指定使用商品上不属于直接描述性标志，具有显著特征应予注册。北京市高级人民法院二审认为，根据申请商标中包含的“FULL”、“2”、

---

[1] 参见北京市高级人民法院（2010）高行终字第293号行政判决书和北京市第一中级人民法院（2009）一中知行初字第2718号行政判决书。

[2] 参见北京市高级人民法院（2010）高行终字第1213号行政判决书和北京市第一中级人民法院（2009）一中知行初字第997号行政判决书。

"WAY" 3个单词和数字，无法得出"多重传送全2线式"的翻译或解释，松下株式会社提交的说明书等证据中的相关表述，也不能反映申请商标的词汇含义与"多重传送全2线式"相对应。同时，商标评审委员会未举证证明"多重传送全2线式"是表明申请商标指定使用商品技术特点的已有词汇，也未举证证明申请商标"FULL－2WAY"具有固定含义且该固定含义与指定使用商品的特点有关，或同业经营者通常使用"FULL－2WAY"描述指定使用商品的技术特点。此外，商标评审委员会也认可互联网上有关"FULL－2WAY"的搜索结果均与松下公司及其代理商、关联公司有关。因此，商标评审委员会有关申请商标直接表述了指定使用商品的技术特点，缺乏显著性的上诉理由依据不足。

在刘佳煜诉商标评审委员会"易用"商标驳回复审行政纠纷一案[1]中，刘佳煜在第19类地板、建筑石料、石膏、水泥等商品上申请注册"易用"商标，商标局和商标评审委员会均以申请商标仅仅直接表示了商品的功能特点，缺乏作为商标应有的显著特征为由，驳回其注册申请。一审法院认为，《商标法》第十一条第一款第（二）项所规定的不具有显著特征的标志仅指直接描述性的标志，并不包括暗示性的标志。暗示性标志并非同业经营者在描述商品或服务特点时所常用的直接的描述方式，具有较大的选择空间，故将其注册为商标不会不适当地影响同业经营者对于商品或服务特点的描述。消费者虽然最终亦能认识到该暗示性标志具有描述商品或服务特点的含义，但该标志并非商品或服务特点的常用描述方式，需要消费者经过一定程度的想象才能得知其含义，其与商品或服务的特点之间联系亦不十分密切。因此，暗示性标志仅属于显著特征较低的情形，不属于不具有显著特征的情形。申请商标"易用"虽然可理解为"好用、管用"等含义，但该词并非指定使用商品的同业经营者描述该特点所使用的常用方式，且申请商标与其指定使用商品并无直接或者固定联系，故申请商标相对于其指定使用商品而言并未直接描述其特点，其仅为暗示性词语，不属于《商标法》第十一条第一款第（二）项所规定的不具有显著特征的情形。一审法院判决撤销商标评审委员会的决定并责令其重新作出复审决定。北京市高级人民法院二审认为，对描述性标志，消费者无须想象即能判断其属于对商品特点的描述，而消费者在看到暗示性标志时需要经过一定程度的想象才能将该标志与商品的特点相联系。申请商标并非描述地板、建筑石料、石膏、水泥等建筑材料类商品特点的词汇，相关消费者在上述商品上看

[1] 参见北京市高级人民法院（2010）高行终字第1057号行政判决书和北京市第一中级人民法院（2010）一中知行初字第802号行政判决书。

到"易用"一词时并不会立刻想到其为描述该类商品特点的词汇，而且该类商品的经营者通常也并不使用"易用"一词来表示其商品的特点。

在湖北午时药业股份有限公司（以下简称午时公司）诉商标评审委员会及罗田县楚天舒生物科技有限责任公司（以下简称楚天舒公司）"银花露"商标争议行政纠纷一案[1]中，午时公司申请注册的争议商标"银花露"指定使用商品为第32类的水（饮料）、矿泉水、植物饮料、水果饮料（不含酒精）、可乐、奶茶（非奶为主）、豆类饮料、饮料制剂、无酒精饮料。楚天舒公司以争议商标直接表示指定使用商品的主要原料为由，请求撤销争议商标的注册申请。商标评审委员会认为，争议商标直接表示指定使用商品的主要原料，裁定争议商标予以撤销。一审法院认为，"银花"系忍冬科植物"金银花"的主要别名之一，已经构成了公认的特定植物的名称。"露"字既可表达产品的物质状态，也可表达产品的制作方法、工艺。午时公司生产的饮料产品标签中，其产品的主要原料包含金银花蒸馏液。因此，争议商标直接表示了其指定使用的植物饮料、饮料制剂、无酒精饮料三类商品的主要原料。但对于相关公众而言，由于水（饮料）、矿泉水一般不会包含其他植物提取液为添加剂，故"银花露"使用在这两种商品上不会被相关公众理解为其是对商品主要原料的描述，商标评审委员会认定争议商标直接表示了其指定使用的水（饮料）、矿泉水等其他商品的主要原料证据不足。北京市高级人民法院二审认为，是否属于描述性标志，应当依据该标志指定使用的商品来判断，在判断时应当根据其指定使用商品的相关公众的一般认识作为判断标准；大部分相关公众认为该标志仅仅直接描述其指定使用商品的特点的，应认定属于描述性标志。《商标法》上的相关公众是指与该标志所指定使用的商品有关的消费者和与此商品的营销有密切关系的其他经营者。争议商标"银花露"指定使用的商品均为饮料类商品，应当根据饮料类商品的相关公众的一般认识来判断争议商标是否属于描述性标志。楚天舒公司和午时公司提交的证据基本上是中药专业书籍，上述中药专业书籍中均无争议商标"银花露"为饮料类商品的描述性标志的记载，并且其中关于"银花"是否为"金银花"主要别名的记载也不能证明其相关内容已经为大多数饮料类商品的相关公众所熟知。争议商标是否属于描述性标志不仅涉及午时公司和楚天舒公司的利益，也涉及社会公众的利益。本案应由商标评审委员会依据争议商标指定使用商品的相关公众的认识重新对争议商标是否应予撤销作出裁定，由于午时公司和楚天舒公司均未提交相关公众对此认

---

[1] 参见北京市高级人民法院（2010）高行终字第477号行政判决书和北京市第一中级人民法院（2009）一中知行初字第2453号行政判决书。

知的证据，因此午时公司和楚天舒公司在商标评审委员会重新审理此案过程中应提供证据证明，争议商标指定使用商品的相关公众是否已经将“银花露”作为描述其指定使用商品的主要原料等特点的标志。鉴于原审判决已经作出撤销商标评审委员会第20415号裁定、并由商标评审委员会重新作出裁定的判决，故二审法院在纠正其判决理由后维持原审判决结论。

26. 关于《商标法》第十三条第二款的“复制、摹仿、翻译”应以被“复制、摹仿、翻译”的商标系驰名商标为前提的认定

就对驰名商标的认定与保护来说，一般应先认定是否属于驰名商标，然后才能对是否保护驰名商标作出判断。如果不认定驰名商标，对已注册商标的保护范围就不会扩大到非类似商品上，保护程度也不会是误导公众而是混淆误认。因此，审查是否构成复制、摹仿、翻译并误导公众应以被复制、摹仿、翻译的商标已经构成驰名商标为前提。但可能由于驰名商标的认定标准和程序都极为严格，商标评审委员会往往在不考虑在先引证商标知名度的情况下直接比较争议商标与引证商标是否近似或争议商标是否构成对引证商标的复制、摹仿、翻译并误导公众，然后再确定是否要给予驰名商标保护；甚至在已经认定引证商标具有较高知名度但不构成复制、摹仿、翻译并误导公众后，商标评审委员会在诉讼中也会否认其已经依据《商标法》第十三条进行审查。北京市高级人民法院在新近的判决中指出，应当在考虑在先引证商标知名度的情况下认定标志本身近似的程度是否会导致混淆误认或误导公众并损害引证商标注册人的利益，而不能将知名度和近似割裂开来分别判断，商标标志本身是否具有独创性并不对该驰名商标的知名度和显著性产生太大影响。

在山西杏花村汾酒厂股份有限公司（以下简称杏花村汾酒公司）诉商标评审委员会及上海杏花村食品厂有限公司（以下简称上海杏花村食品厂）“杏花村”商标异议复审行政纠纷一案❶中，被异议商标系上海杏花村食品厂于2000年4月19日申请注册的第1598795号“杏花村及图”商标，指定使用于第30类的饼干、蛋糕等商品。引证商标系杏花村汾酒公司在先注册并使用的“杏花村”商标，核定使用于白酒、含酒精的饮料。杏花村汾酒公司对被异议商标提出异议申请后，商标局裁定被异议商标予以核准注册。商标评审委员会经审查认为，被异议商标与引证商标属于近似标识，在被异议商标申请注册之前，引证商标已具有较高的知名度。本案的焦点问题在于在非类似商品上提出注册申请的被异议商标是否会误导公众，致使杏花村汾酒公司的商标权益可能

❶ 参见北京市高级人民法院（2010）高行终字第1038号行政判决书和北京市第一中级人民法院（2010）一中知行初字第960号行政判决书。

受到损害。对于混淆、误导可能性的判定，应当综合考虑引证商标的知名度、独创性以及被异议商标与引证商标各自使用的商品的关联程度。引证商标核定使用的第33类白酒等商品与被异议商标指定使用的第30类饼干、蛋糕等商品在主要原料、生产工艺、消费群体等方面区别较大，加之“杏花村”一词并非杏花村汾酒公司所独创，尚难以认定被异议商标的注册和使用将造成消费者的混淆误认并致使其利益受到损害。商标评审委员会据此裁定被异议商标予以核准注册。一审法院认为，现有证据不能证明引证商标属于驰名商标，被异议商标指定使用的商品与引证商标核定使用的商品在主要原料、生产工艺、消费群体等方面区别较大，不致误导公众并损害杏花村汾酒公司的利益，未构成《商标法》第十三条第二款所属情形，判决维持商标评审委员会的裁定。北京市高级人民法院二审认为，从商标评审委员会被诉裁定的内容来看，该裁定不仅引用了《商标法》第十三条第二款，而且将本案争议焦点总结为在被异议商标申请注册之前，在引证商标一“已具有较高的知名度”的前提下，“在非类似商品上提出注册申请的被异议商标是否会误导公众，致使杏花村汾酒公司的商标权益可能受到损害”的问题上。显然，商标评审委员会是从《商标法》第十三条第二款驰名商标保护的角度论述被异议商标是否应当获准注册的，而《商标法》第十三条第二款适用的逻辑前提恰恰是驰名商标的存在。因此，第30783号裁定实际上确认了引证商标一在被异议商标申请注册前已经是在中国注册的驰名商标的事实。原审判决对引证商标一在被异议商标申请日之前系驰名商标的事实未予认定属于事实认定错误。误导公众致使该驰名商标注册人的利益可能受到损害，是指足以使相关公众认为被诉商标与驰名商标具有相当程度的联系，而减弱驰名商标的显著性、贬损驰名商标的市场声誉，或者不当利用驰名商标的市场声誉的情形。这种相当程度的联系，不能是程度不高的“联想”。“杏花村”与酒的联系，并非始自杏花村汾酒公司对引证商标的使用、宣传。杜牧的著名诗句早已使人们将“杏花村”与酒商品联系在一起，虽然杏花村汾酒公司利用这种早已存在的联系建立引证商标一在酒类商品尤其是汾酒商品上的知名度并使之成为驰名商标，但对引证商标一的保护也不应不适当地扩大，尤其是不应当禁止他人同样地从杜牧诗句这一公众资源中获取、选择并建立自己的品牌，只要不会造成对引证商标一及杏花村汾酒公司利益的损害即可。上海杏花村食品厂在饼干、蛋糕等商品上申请注册被异议商标，虽然饼干、蛋糕等商品上的部分相关公众会知晓“杏花村”并可能联想到杏花村汾酒公司，但更大的可能是将“杏花村”与杜牧的诗句联系在一起。因此，被异议商标在饼干、蛋糕等商品上使用并不足以导致相关公众误认为其与引证商标一存在相当程度的联系，从而减弱引证商标一的显著性或不当利用引证商标一的市场声誉。

在雨果博斯股份有限公司（以下简称博斯公司）诉商标评审委员会、吉雅实业有限公司（以下简称吉雅公司）关于“东尼博斯 TONY BOSS 及图”商标异议复审行政纠纷一案[1]中，被异议商标系吉雅公司于1997年2月12日申请注册的第1162247号“东尼博斯 TONY BOSS 及图”商标，指定使用于第18类的小皮夹、皮包、双肩背包等商品。博斯公司对被异议商标提出异议，商标局认为被异议商标与博斯公司提供的五个引证商标均未构成使用在类似商品上的近似商标，裁定被异议商标予以核准注册。商标评审委员会认为，在商标本身已经产生足以为消费者区分的显著区别后，引证商标的知名度对判断两商标是否近似不产生实质性影响。被异议商标与引证商标上未构成使用于同一种或者类似商品上的近似商标，故不能认定被异议商标系对引证商标的“复制、摹仿或翻译”，被异议商标的申请注册不能认定属于《商标法》第十三条第二款所指的“复制、摹仿或翻译”他人驰名商标的情形，裁定准予被异议商标核准注册。一审法院认为，被异议商标与引证商标构成使用在相同或类似商品上的近似商标，鉴于商标评审委员会认定吉雅公司申请注册被异议商标的行为不属于《商标法》第十三条第二款所指的“复制、摹仿或翻译”他人驰名商标的情形的前提是，被异议商标与引证商标未构成相同或近似商标，故一审法院判决撤销商标评审委员会的裁定，并责令其重新作出复审裁定。北京市高级人民法院二审认为，《商标法》第十三条第二款在适用中原则上应首先认定在先的注册商标是否为驰名商标，其次认定申请注册的商标是否构成对在先已注册驰名商标的“复制、摹仿或者翻译”，最后再认定这种“复制、摹仿或者翻译”的商标是否误导公众并可能对驰名商标注册人的利益造成损害。在适用《商标法》第十三条第二款的规定时，上述三个条件一般应有适用顺序上的要求，而且与《商标法》第二十八条中关于近似商标的认定存在实质上的区别。主要是《商标法》第十三条第二款对驰名商标的保护与《商标法》第二十八条中关于近似商标的认定并不完全相同，《商标法》第二十八条中的近似商标在认定时需要考虑商标标志之间的近似程度、商标的知名度和显著性以及使用在同一种或者类似商品上是否容易造成相关公众对商品来源的混淆误认等情况；而《商标法》第十三条第二款中的“误导公众，致使该驰名商标注册人的利益可能受到损害”是指足以使相关公众认为被异议商标与驰名商标具有相当程度的联系，而减弱驰名商标的显著性、贬损驰名商标的市场声誉，或者

[1] 参见北京市高级人民法院（2010）高行终字第390号行政判决书和北京市第一中级人民法院（2008）一中行初字第1112号行政判决书。

不正当利用驰名商标的市场声誉的情况，与是否容易造成相关公众对商品来源的混淆误认也不同。认定《商标法》第十三条第二款中的“误导”和“损害”所需的“复制、摹仿或者翻译”的近似程度与认定《商标法》第二十八条中的近似商标在近似程度上存在明显区别，且二者对商品是否相同或类似的要求也不同。而本案中商标评审委员会在没有对引证商标是否为驰名商标作出认定的情况下，径行依据近似商标的认定标准对是否构成“复制、摹仿或者翻译”作出认定，其实质上不属于对《商标法》第十三条第二款的适用，故商标评审委员会适用法律错误。

27. 关于以商品外形或其部分外形申请注册立体商标或位置商标的认定

《商标法》第十一条规定了缺乏显著特征的标志不得作为商标注册，除非经过使用获得了显著特征。第十二条规定，仅由商品自身性质产生的形状、为获得技术效果而需有的商品形状或者使商品具有实质性价值的形状的三维标志，不得注册商标。对以商品本身或其一部分的形状申请注册立体商标的，除要满足《商标法》第十二条关于立体商标的非功能性要求外，还应当依据第十一条规定审查立体商标是否具有显著特征。如果申请商标所保护的立体形状就是其指定使用商品的形状或其中一部分，申请人必须提供证据证明该商标已经通过使用获得显著特征，相关公众已经能够通过该商品来识别其提供者。未经使用的立体形状即使造型独特也难以起到区分商品来源的作用，也就不能作为立体商标注册。

在艾默生电气公司诉商标评审委员会关于密封端纽立体图形商标驳回复审行政纠纷一案[1]中，艾默生电气公司申请注册第3975565号申请商标，指定使用商品为第7类密封端纽（机器部件）。商标局认为申请商标是为获得技术效果而需有的商品形状，缺乏显著特征且不具备商标识别作用，决定驳回申请商标的注册申请。商标评审委员会认为，申请商标由具有立体感的图形构成，指定使用在密封端纽（机器部件）商品上，消费者不易将其作为商标加以识别，无法起到区分商品来源的作用，申请商标属于不具有显著特征应予禁止注册的标志。一审法院认为，申请商标给相关公众的整体视觉印象是其所指定使用的作为机器部件的密封端纽的产品形状，申请商标中包含的“三叶草”图案并未给相关公众带来超出产品形状之外的新的视觉印象，相关公众不会将申请商标认知为区分商品来源的标记，艾默生电气公司也未提交证据证明其对申请商标的使用已使得相关公众能够将其认知为区分商品来源的标记，故申请商标作

---

[1] 参见北京市高级人民法院（2010）高行终字第131号行政判决书和北京市第一中级人民法院（2009）一中行初字第71号行政判决书。

为一个整体无法起到商标所要实现的区分商品来源的作用，缺乏商标应当具有的显著特征。北京市高级人民法院二审认为，申请商标是其指定使用的商品本身，而以商品本身作为三维标志立体商标申请注册的，由于商标与商品完全重合，因此其原则上不具有可以作为商标注册的显著特征，除非能够证明已经通过使用使消费者能够通过它来识别商品的提供者。艾默生电气公司也没有提交申请商标在中国境内经过使用获得显著特征的证据。

在萨塔有限公司诉商标评审委员会油漆喷枪把手底部颜色、立体组合商标驳回复审行政纠纷一案[1]中，萨塔有限公司在第7类油漆喷枪上申请国际注册第896064号图形商标，基础注册国为德国，国际注册日为2006年6月26日。商标局认为申请商标缺乏显著特征，决定驳回申请商标的注册申请。商标评审委员会认为，申请商标为指定使用商品的常用外形，消费者不易将其作为商标识别，申请商标缺乏显著特征，难以起到商标的识别作用。一审法院认为，如果某一标志表示了商品或服务的某一特点，因该标志使用在商品或服务上，会使相关公众认为其所表示的是该商品或服务的特点，而非该商品或服务的提供者，故此种标志被认为不具有显著特征。此外，如果该标志的使用不会使消费者认为其系作为商标在使用，则此类标志亦不具有显著特征。不具有固有显著特征的标志只有在其通过使用给消费者带来商标意义上的认知，且该认知强于该标志的固有含义时，才被认为具有显著特征。鉴于此类标志的固有含义系为消费者较为熟知，故其作为商标意义上的使用行为只有达到消费者熟知的程度时，才能够使消费者产生强于其固有含义的商标意义上的认知。本案中，申请商标使用在指定商品或服务上时，给消费者所带来的认知系该喷枪的整体图形，而非申请商标。据此，申请商标不具有商标所应具有的内在显著特征，不应作为商标注册。北京市高级人民法院二审认为，萨塔有限公司的申请商标是其指定使用的商品中的一部分，而商品的一部分无论作为三维标志立体商标还是作为颜色商标或者两者的结合申请注册，由于商标属于商品的一部分，往往都不会使消费者认识到其系标示商品提供者的标志，因此原则上不具有可以作为商标注册的显著特征，除非能够证明已经通过使用使消费者能够通过它来识别商品的提供者。现有证据不能证明申请商标在中国境内经过使用获得显著特征。

28. 关于对商标注册申请提出异议的主体及理由的认定

虽然《商标法》规定"任何人"均可提出异议，但任何人提出异议的理由并不是完全没有限制的。一般说来，"任何人"均可基于绝对事由提出异

---

[1] 参见北京市高级人民法院（2010）高行终字第188号行政判决书和北京市第一中级人民法院（2009）一中行初字第1716号行政判决书。

议，但“任何人”基于相对事由提出异议时，通常应证明自己与该相对事由的关联性。即绝对异议事由是任何人都可以提出异议的理由，但相对异议事由一般由在先权利或利害关系人主张。

在大家乐公司诉商标评审委员会及梅江酒厂“大家楽及图”商标异议复审行政纠纷一案[1]中，被异议商标为第1470498号“大家楽及图”，其申请日为1999年6月21日，申请人为梅江酒厂，指定使用商品为第33类上的烧酒、米酒、含酒精液体等商品。大家乐公司以被异议商标侵犯其在先著作权为由提出异议申请，但其主张在先著作权的证据为其从他人处受让取得的在先注册商标，而未提供其在受让该在先注册商标的同时也受让该注册商标图案作品著作权的证据。商标局经审查裁定大家乐公司所提异议理由不成立，第1470498号“大家楽及图”商标予以核准注册。商标评审委员会经审查认定，梅江酒厂未经大家乐公司许可，将大家乐公司享有在先著作权的作品作为商标申请注册，构成《商标法》第三十一条所指的“损害他人现有在先权利”进行注册的行为，裁定被异议商标不予核准注册。一审法院认为，大家乐公司系受让取得在先注册商标，而商标权的转让并不必然造成该商标所涉作品著作权的转移。因此，即使上述商标所包含的图样符合作品构成要件，在无相反证据的情况下，其著作权也应由这些商标的原始注册人享有，而无法随商标专用权的转让而转移给大家乐公司。商标评审委员会仅凭大家乐公司享有上述商标的专用权就认定大家乐公司对相关作品享有著作权，并认定被异议商标构成对大家乐公司在先著作权的侵犯亦缺乏依据。

北京市高级人民法院二审认为，商标权与著作权均为私权，以商标注册损害在先著作权为由提出异议时，异议人应当证明其系该在先著作权的权利人或取得了该权利人的授权。虽然《商标法》第三十条规定“任何人”均可以对初步审定并公告的商标提出异议，但该“任何人”以他人在先权利为依据提出异议时，应当取得了该权利人的授权。本案大家乐公司经受让取得了在先注册商标，但现有证据不足以证明其对上述在先注册商标的图案享有著作权，故商标评审委员会及大家乐公司有关被异议商标的注册损害了大家乐公司在先著作权的上诉理由依据不足。

29. 关于《商标法》第二十八条中的“不符合本法有关规定”所指范围的认定

《商标法》第二十八条规定，申请注册的商标，凡不符合该法有关规定或

---

[1] 参见北京市高级人民法院（2010）高行终字第1352号行政判决书和北京市第一中级人民法院（2010）一中知行初字第97号行政判决书。

者同他人在同一种商品或者类似商品上已经注册的或者初步审定的商标相同或者近似的，由商标局驳回申请，不予公告。如何理解该规定中的“凡不符合本法有关规定”，尤其是该规定是否仅指《商标法》有关禁止作为商标注册和禁止作为商标使用的规定，是否还包括《商标法》中涉及相对事由的不予注册和撤销注册的规定，在审判实践中存在较大分歧。北京市高级人民法院在新近的判决中明确指出，《商标法》第二十八条中的“凡不符合本法有关规定”仅限于《商标法》上的绝对禁止注册事由。

在杰普公司诉商标评审委员会及新恒利公司“GAP”商标异议复审行政纠纷一案❶中，杰普公司先后在第3类洗发水、第18类大手提包、第25类衬衫、第42类时装咨询、第25类衣服等商品和服务上分别注册了“GAP”及“BABY GAP”商标。被异议商标“GAP”的申请日为1999年4月19日，指定使用商品为第9类的眼镜、眼镜（光学）、太阳镜、眼镜架、眼镜玻璃、眼镜盒（镜片盒）、眼镜板。被异议商标经初审公告后，杰普公司提出异议申请。商标局认为，被异议商标指定使用的商品与引证商标核定使用的商品、服务在功能、用途以及服务的方式和对象上均不同，未构成类似商品和服务上的近似商标，裁定核准被异议商标注册。杰普公司申请复审，其提出复审的主要理由是：（1）被异议商标和引证商标构成类似商品上的近似商标；（2）“GAP”虽非杰普公司所独创，但是杰普公司首先将“GAP”用做商标，并创造性地将之与时尚联系在一起，被异议商标就是对引证商标的复制和摹仿；（3）引证商标已经成为驰名商标，应受到《商标法》第十三条的保护，被异议商标的注册和使用将会淡化引证商标的显著性，从而引起相关市场的混乱，导致消费者的误认、误购，最终构成对杰普公司的不正当竞争；（4）被异议商标的注册属于恶意注册，其行为侵犯了杰普公司的商号权，违反了诚实信用原则，不应予以注册。商标评审委员会认为，被异议商标的注册申请未违反《商标法》第二十八条的规定，杰普公司依据《商标法》第十三条规定不予核准被异议商标注册的主张证据不足，被异议商标未违反《商标法》第三十一条的规定。商标评审委员会裁定：被异议商标予以核准注册。

北京市高级人民法院二审认为，《商标法》第二十八条属于商标局依职权驳回商标注册申请的条款，其中的“凡不符合本法有关规定”的内容应当仅限于《商标法》上的绝对禁止注册事由，即仅包括《商标法》第十条、第十一条、第十二条和第四十一条第一款的规定。杰普公司有关《商标法》第二

❶ 参见北京市高级人民法院（2010）高行终字第119号行政判决书和北京市第一中级人民法院（2008）一中行初字第360号行政判决书。

十八条中“凡不符合本法有关规定”的内容还包括《商标法》第十三条、第十五条、第三十一条保护在先商标权益和其他在先权益的相对禁止注册事由的上诉理由，属于对法律理解错误。被异议商标的申请注册并未违反《商标法》第三十一条和第二十八条的规定。

30. 关于商标相似性判定应考虑其使用情况、显著性及知名度等因素的认定

申请注册的商标不得同他人在同一种或者类似商品上已经注册或者初步审定的商标相同或者相近似，否则应当对其申请予以驳回。判断商标是否相同或相近似，应当从商标本身的形、音、义和整体表现形式等方面，以相关公众的一般注意力为标准，采取整体观察与对比主要部分的方法。判断商标是否相同或相近似，还应当考虑商标的使用情况、显著性和知名度，以及是否易使相关公众对商品来源产生混淆、误认。

在江苏省金坛市茅麓茶场（以下简称茅麓茶场）诉商标评审委员会“茅山青锋”商标驳回复审行政纠纷一案[1]中，申请商标“茅山青锋”由茅麓茶场于2004年6月4日申请注册，指定使用商品为国际分类第30类的茶、茶叶代用品、冰茶、茶饮料等商品。引证商标“茅山及图”商标的申请日为1985年1月26日，指定使用在国际分类第30类的绿茶商品。商标局及商标评审委员会均以申请商标与引证商标近似为由，决定驳回申请商标的注册申请，一审法院亦判决维持商标评审委员会的决定。

北京市高级人民法院二审认为，虽然申请商标与引证商标二均含有相同的文字“茅山”，但“茅山”是茅麓茶场所在的地理位置名，属于众所周知的地名，其在申请商标中不具主要识别作用。引证商标“茅山及图”组合商标中除“茅山”二字外，主要部分为图形，故申请商标与引证商标的整体表现形式有明显区别。虽然申请商标申请注册的时间在引证商标申请注册之后，但在引证商标申请注册之前，申请商标已作为商品名称多次被相关部门评为省优质产品、农牧渔业部优质产品，以申请商标命名的商品多次获得相关部门颁发的荣誉证书。因此，申请商标在引证商标申请注册前已有一定影响，且经过茅麓茶场持续使用，至今仍有一定影响。引证商标虽然在先获准在类似商品上注册，但在申请商标经过20余年的使用并已具有一定知名度的情况下，相关公众施以一般的注意力，不易对二者产生混淆和误认。原审法院及商标评审委员会既未考虑到“茅山”系众所熟知的地名，该文字本身缺乏显著性，亦未考

[1] 参见北京市高级人民法院（2010）高行终字第511号行政判决书和北京市第一中级人民法院（2009）一中知行初字第2756号行政判决书。

虑到申请商标的实际使用情况，其关于茅麓茶场在商标评审程序中所提交的证据不足以证明申请商标通过其使用已具有了区别于引证商标的识别效果的认定不当，导致其有关申请商标与引证商标二构成指定使用在类似商品上的近似的认定错误。

31. 关于在商标驳回复审案件中将引证商标的知名度作为商标近似性判定因素的认定

在商标异议复审案件中，引证商标的使用情况及其知名度对判定其与申请商标是否相似具有一定影响。作为文字商标，使用的文字固然有其固有的含义，但是经过实际使用的商标，特别是具有一定知名度的商标，其使用的文字就产生了特殊的意义，与商品以及商品的来源产生了密切的联系。在这种情况下，如果仅仅从文字的固有含义考虑两商标的近似性，就会背离商标用以区别商品来源的基本功能。

在纳爱斯集团有限公司（以下简称纳爱斯公司）诉商标评审委员会及石家庄市神龙油脂化工有限公司（以下简称神龙油脂公司）“冰雕 BINGDIAO”商标异议复审行政纠纷一案[1]中，被异议商标系第1904566号“冰雕 BINGDIAO”商标，由神龙油脂公司于2001年8月13日提出注册申请，指定使用的商品为第3类“肥皂、香皂、透明皂、洗衣用浆粉”。引证商标一系第1086707号“雕及图”商标，其申请日为1996年4月22日，核定使用商品为第3类“肥皂、香皂、护发素、洗面奶、鞋油、牙膏”等。引证商标二系第1086708号“雕”商标，其申请日为1996年4月22日，核定使用商品为第3类“肥皂、香皂、香波、护发素、洗面奶、洗衣粉、化妆品（不包括动物用化妆品）、牙膏”等。引证商标三系第647013号“雕”商标，其申请日为1992年6月9日，核定使用商品为第3类“香皂、肥皂、液体皂、洗衣粉、香波、香水”。上述三个引证商标均已依法转让给纳爱斯公司。纳爱斯公司针对被异议商标向商标局提出异议申请。商标局和商标评审委员会均认为被异议商标与三个引证商标均未构成使用在同一种或类似商品上的近似商标，裁定被异议商标予以核准注册。一审法院维持了商标评审委员会的裁定。

北京市高级人民法院二审认为，被异议商标为“冰雕”文字加汉语拼音“BINGDIAO”，引证商标一为“雕及图”，图形为展翅的猛禽“雕”，引证商标二、三均为单一文字“雕”，被异议商标完整地包含了引证商标的文字。纳爱斯公司在复审程序中提交的证据可以证明“雕”商标使用在洗涤类商品上，

[1] 参见北京市高级人民法院（2010）高行终字第975号行政判决书和北京市第一中级人民法院（2010）一中知行初字第1096号行政判决书。

在被异议商标申请日之前就已达到了较高的知名度，并于1999年被商标局认定为洗涤用品上的驰名商标，取得了较强的显著性，“雕”字与纳爱斯公司产生了较强的关联性，消费者一般不会再去考虑“雕”字本身的含义。洗涤类商品属于一般日常消费用品，消费者众多，由于引证商标所具有的显著性和知名度，一般消费者在选购商品时，看到含有“雕”字的洗涤类商品容易误认为是纳爱斯公司生产的商品，即对商品的来源容易产生混淆误认。被异议商标与引证商标属于使用同一种商品或者类似商品上的近似商标，不应予以注册。

32. 关于争议商标或被异议商标的知名度可能影响商品类似判断的认定

类似商品是指商品在功能、用途、生产部门、销售渠道及消费对象等方面相同，或者相关公众一般认为其存在特定联系，容易造成混淆的商品。认定商品是否类似，应当以相关公众对商品或者服务的一般认识综合判断，《商标注册用商品和服务国际分类表》、《类似商品和服务区分表》可以作为判定类似商品或者服务的参考。判断商品的类似还要考虑该商品所使用商标的知名度，商标的知名度越高，商品被认定为类似的可能性就越大。

在扬州欣和生物科技有限公司（以下简称欣和公司）与商标评审委员会、扬州欣欣食品有限公司（以下简称欣鑫公司）“親親”商标撤销复审行政纠纷一案[1]中，欣欣公司拥有注册在第30类商品“八宝粥”上的“親親”商标和注册在第30类商品“绿豆薏仁汤、红豆魔芋汤、山药银耳汤、粥、莲蓉、寿司、馅饼、方便米饭、盒饭”上的“親親”商标，并以该两商标作为引证商标申请商标评审委员会撤销欣和公司注册在第30类商品“蜂蜜、谷类制品、方便面、调味品、茶、八宝饭、粥、咖啡饮料、豆浆、燕麦粥”上的“親親优士多”商标。欣欣公司注册在“八宝粥”上的“親親”商标自2001年至2007年连续多年被评为江苏省著名商标，具有较高的知名度。商标评审委员会认为争议商标与引证商标均构成使用在类似商品的相似商标，裁定争议商标的注册。一审法院维持了商标评审委员会的裁定。在二审诉讼中当事人认可争议商标核定使用的八宝饭、粥、方便面与引证商标核定使用的八宝粥、粥、方便米饭构成类似商品，但对于争议商标核定使用的蜂蜜、谷类制品、调味品、茶、咖啡饮料、豆浆、燕麦粥商品与引证商标核定使用的商品是否属于类似商品有争议。

北京市高级人民法院二审认为，争议商标与两引证商标的标志构成近似，争议商标使用在八宝饭、粥、方便面商品上时，容易与核定使用在相同或类似

[1] 参见北京市高级人民法院（2010）高行终字第1166号行政判决书和北京市第一中级人民法院（2010）一中知行初字第2064行政判决书。

商品上的引证商标相混淆或造成误认。虽然争议商标核定使用的除八宝饭、粥、方便面之外的燕麦粥等其余商品与引证商标一核定使用的八宝粥商品、引证商标二核定使用的粥等商品在《类似商品和服务区分表》中不属于类似商品，但二者在原料、功能、用途、销售渠道和消费对象等方面具有一定的相似性，具有较为密切的关联性，相关公众一般会认为其存在特定联系。加之引证商标一在八宝粥商品上具有较高知名度、欣欣公司和欣和公司处于同一城市的事实，容易使相关公众产生混淆、误认。因此，争议商标核定使用的除八宝饭、粥、方便面之外的燕麦粥等商品与两引证商标核定使用的八宝粥、粥、汤类商品属于类似商品。

33. 关于与被异议商标同时使用的其他商标的知名度不能当然地作为被异议商标知名度的认定

商标显著性、使用情况和知名度是判定商标相同或相近似的重要因素，但被异议商标与其他商标共同使用时，其他商标的使用情况及知名度情况不能当然地认定为被异议商标的使用及知名度情况。

在浙江英博浙东啤酒有限公司（以下简称英博浙东啤酒公司）诉商标评审委员会及深圳金威啤酒有限公司（以下简称金威啤酒公司）“金威啤酒 Kingway 及图”商标异议复审行政纠纷一案[1]中，英博浙东啤酒公司在先拥有在啤酒、无酒精饮料、水（饮料）商品的 K 图形商标。2001 年 7 月 12 日，金威啤酒公司申请注册被异议商标 K 图形，指定使用商品为第 2 类啤酒、不含酒精的果汁饮料，并于 2002 年 7 月 7 日被初步审定公告。2003 年 10 月 21 日，金威啤酒公司提出第 3762027 号“金威啤酒 Kingway 及图”商标的注册申请，商标局于 2005 年 8 月 14 日核准注册，核定使用于第 2 类啤酒、姜汁淡啤酒、姜汁啤酒、麦芽啤酒等商品。英博浙东啤酒公司针对被异议商标提出异议，商标局认为被异议商标与引证商标已构成使用在同一种或类似商品上的近似商标，裁定被异议商标不予核准注册。商标评审委员会裁定被异议商标予以核准注册。一审法院维持了商标评审委员会的裁定。

北京市高级人民法院二审认为，金威啤酒公司持有的第 3762027 号“金威啤酒 Kingway 及图”商标核准注册及被认定为驰名商标的时间均在被异议商标初步审定及引证商标核准注册之后，且“金威啤酒 Kingway 及图”商标作为图形、文字与字母结合的商标，其中文部分“金威啤酒”应当是该商标的显著特征，故被异议商标与“金威啤酒 Kingway 及图”商标存在明显区别的显著特

[1] 参见北京市高级人民法院（2010）高行终字第 443 号行政判决书和北京市第一中级人民法院（2009）一中知行初字第 2502 号行政判决书。

征，“金威啤酒 Kingway 及图”商标的使用情况不能用以证明被异议商标申请注册时相关公众已经将被异议商标与金威啤酒公司建立特定联系且不会与引证商标产生混淆误认。金威啤酒公司提交的用于证明被异议商标已经使用的证据均为被异议商标与“金威啤酒”或者“Kingway”共同使用的证据，不足以证明被异议商标经其使用具有了较高的知名度，也不足以证明单独使用被异议商标不会导致消费者对使用被异议商标与引证商标的商品来源产生混淆误认。因此，被异议商标与引证商标核定使用的商品构成类似商品，引证商标与被异议商标为图形商标，均由艺术化的字母 K 构成，在构成要素、呼叫等方面均相近似，构成近似商标，共同使用在相同或类似商品上，会导致消费者混淆误认。原审法院及商标评审委员会有关被异议商标与引证商标未构成使用在同一种或类似商品上的近似商标的认定不当。

34. 关于字号作为《商标法》第三十一条规定的在先权利的认定

《商标法》第三十一条前段规定，申请商标注册不得损害他人现有的在先权利。《商标法》已有特别规定的在先权利，应按照《商标法》的特别规定予以保护；《商标法》虽无特别规定，但根据《民法通则》和其他法律的规定属于应予保护的合法权益的，应当根据相应的规定给予保护。字号属于应予保护的民事权益，在依据《商标法》第三十一条的规定认定被异议商标或已注册商标侵犯他人在先使用的字号时，该字号应当在中国境内已经在相同或类似商品上实际使用并已产生了一定的知名度，该商标已经或可能造成相关公众的混淆误认。

在前面提到的杰普公司诉商标评审委员会及新恒利公司“GAP”商标异议复审行政纠纷一案[1]中，杰普公司主张被异议商标的注册侵犯了其在先使用的字号。北京市高级人民法院二审认为，被异议商标指定使用于眼镜、眼镜架等商品，杰普公司以从事服装的生产、销售为主，其引证商标“GAP”核定使用的商品和服务主要是行李袋、衣服、浴用品以及咨询服务等时尚类商品或服务。虽然眼镜具有一定的装饰作用，但主要还是起到矫正视力和保护眼睛的作用，一般消费者不会认为眼镜、眼镜架等商品与服装等时尚类商品存在关联关系，也就不会造成消费者对商品来源的混淆误认。因此，被异议商标指定使用的商品与引证商标核定使用的商品未构成相同或类似商品。即使引证商标“GAP”同时构成杰普公司的字号，由于被异议商标的注册和使用并未产生相关公众的混淆和误认，故申请注册并未侵犯杰普公司的在先字号权。

---

[1] 参见北京市高级人民法院（2010）高行终字第 119 号行政判决书和北京市第一中级人民法院（2008）一中行初字第 360 号行政判决书。

在深圳市名雕装饰股份有限公司（以下简称深圳名雕公司）诉商标评审委员会及重庆市名雕装饰有限公司（以下简称重庆名雕公司）"名雕及图"商标争议行政纠纷一案[1]中，争议商标"名雕及图"的专用权人为重庆名雕公司，核定使用于第37类室内装潢、室内外油漆、室内装潢修理、纸张裱糊、用纸糊墙、粉饰、屋顶修复服务。重庆名雕公司成立时间为2000年4月18日，经营范围包括室内外装饰工程设计、施工等。深圳名雕公司成立于1999年8月24日，经营范围包括装饰装修工程的设计、施工等。深圳名雕公司于2004年3月17日请求撤销争议商标的注册，其主要理由为：深圳名雕公司对"名雕"拥有在先企业名称权，争议商标的注册侵犯了深圳名雕公司的在先权利。商标评审委员会认为，现有证据不能证明深圳名雕公司的"名雕"商号已在全国较大范围尤其是重庆地区家居装饰行业产生一定知名度和影响力，不能认定重庆名雕公司将注册争议商标的行为属于不正当竞争的恶意行为。故虽然争议商标标识中的文字部分与深圳名雕公司的商号相同，但争议商标未构成对深圳名雕公司在先商号权的侵犯。商标评审委员会裁定维持争议商标的注册。一审法院判决维持商标评审委员会的裁定。北京市高级人民法院二审认为，判断重庆名雕公司申请注册争议商标是否损害了深圳名雕公司的在先商号权，应当以"名雕"为深圳名雕公司所拥有的在先商号且在中国相关公众中具有一定知名度为前提。深圳名雕公司成立时间早于争议商标申请注册日，其对"名雕"享有在先商号权。争议商标为图文组合商标，其文字部分"名雕"为显著识别部分，争议商标所指定使用的室内装潢等服务与深圳名雕公司所经营的服务项目构成类似服务。在争议商标申请注册之前，深圳名雕公司在《深圳特区报》、《深圳商报》上对"名雕"进行了大量广告宣传，也获得了一些荣誉，其中包括被中国建筑装饰协会评为"全国优秀家装标兵企业"，足以证明深圳名雕公司在争议商标申请注册之前在国内的家居装饰行业具有一定的影响力，其"名雕"商号在中国相关公众中具有一定知名度。重庆名雕公司作为同行业的竞争者，应当对"名雕"商号的知名度有所了解，其申请注册争议商标容易导致相关公众对于服务的来源发生混淆误认，从而使深圳名雕公司的在先商号权受到损害。原审判决在认定"名雕"商号具有一定知名度的情况下，仅就重庆地区的消费者是否会造成混淆误认作为判断重庆名雕公司申请注册争议商标是否损害"名雕"商号权的标准，属于适用法律错误。

---

[1] 参见北京市高级人民法院（2010）高行终字第638号行政判决书和北京市第一中级人民法院（2009）一中行初字第2355号行政判决书。

35. 关于药品商品名称属于《商标法》第三十一条规定中“在先权利”的认定

《商标法》第三十一条规定的“在先权利”应包括《民法通则》、《商标法》及其他法律规定的民事权利和民事权益。如果《商标法》或者其他法律没有特别规定，但根据《中华人民共和国侵权责任法》（以下简称《侵权责任法》）的一般规定属于应予保护的合法权益的，同样应当作为《商标法》第三十一条规定的“在先权利”予以保护。对于药品商品名称来说，由于其取得和使用需要经过特定的行政审批程序，其使用有一定的排他性，也可视为属于《民法通则》规定的应予保护的合法权益。

在九龙公司诉商标评审委员会及康宝公司“可立停”商标争议行政纠纷一案[1]中，1994年1月21日，原卫生部药政管理局批准九龙公司生产的“磷酸苯丙哌林口服液”的商品名为“可立停”。2003年2月20日，国家食品药品监督管理局向九龙公司颁发了商品名为“可立停”的“磷酸苯丙哌林口服液”的《药品注册证》。1999年3月17日，山西省卫生厅批准康宝公司生产的止咳糖浆增加商品名称为“可立停”。康宝公司自1999年11月起，投入大量资金在中央电视台CCTV－5《体育频道》和全国26家地方电视台对其“可立停”糖浆进行广告宣传。2000年6月6日，康宝公司提出争议商标“可立停”的注册申请，并于2007年被核准注册，核定使用商品为第5类的医药制剂、药用胶囊、原料药、各种丸、各种针剂、片剂、中药、成药、医用药物、维生素制剂。2007年8月，九龙公司以争议商标侵犯其在先享有的原判商品名称为由，请求撤销争议商标的注册。商标评审委员会经审查认定，药品的商品名称经主管部门批准后，获批企业对这一药品名称享有独占使用权和将其申请商标注册的权利，此项权利应属于《商标法》第三十一条保护的在先权利。康宝公司将与九龙公司药品名称完全相同的文字作为商标注册在同类商品（药品）上，损害了九龙公司对“可立停”商品名称的独占使用权和注册商标申请权，已构成《商标法》第三十一条规定的损害他人现有在先权利的行为，商标评审委员会裁定：争议商标予以撤销。一审法院认为，法定权利是指法律明确设定并对其取得要件、保护内容等均作出明确规定的权利，法律未明确设定的权利均不被认定为法定权利。鉴于现有的法律中并未将药品的商品名称设定为一种法定权利，故九龙公司的药品商品名“可立停”并不属于《商标法》第三十一条中所规定的在先权利，商标评审委员会认定争议商标侵犯九龙公司

[1] 参见北京市高级人民法院（2009）高行终字第1455号行政判决书和北京市第一中级人民法院（2008）一中行初字第1289号行政判决书。

的在先权利有误。

北京市高级人民法院二审认为，九龙公司主张其经过国家药品行政管理部门审批获得的“可立停”药品商品名称为其合法享有的在先权利。《民法通则》、《商标法》及其他法律虽然并未对经过国家药品行政管理部门审批获得的药品的商品名称属于一种民事权利作出明确规定。但是，药品商品名称的取得须经国家药品行政管理部门审批，国家药品行政管理部门还要审查该名称是否与他人已经使用的药品商品名称相同或相近似；而且药品商品名称经审批获得后才能在药品上使用，并能够排斥他人在同一种药品上使用相同或近似名称。因此，对经过审批获得的药品商品名称，药品名称申请人享有一定的合法利益。虽然九龙公司的“可立停”口服液尚未通过使用在2000年之前成为知名商品，但是九龙公司在获得原卫生部药政管理局对其“可立停”药品商品名称的审批后在其口服液商品上已实际使用了“可立停”文字，而这种对其审批获得的“可立停”药品商品名称的使用即使无法达到构成知名商品的特有名称的程度，仍能够构成一定的合法权益，此合法权益属于《商标法》第三十一条规定的在先权利。鉴于九龙公司经过审批获得的“可立停”药品商品名称属于在先权利，而康宝公司与九龙公司同属于药品生产行业，两企业生产的“可立停”药品也均为止咳类药品，且在争议商标申请注册前九龙公司对“可立停”口服液进行了一定的使用。虽然其尚未构成知名商品，但“可立停”实际上能够起到指示商品来源的作用。在此情况下，康宝公司将与九龙公司药品名称完全相同的文字作为商标注册在同类商品（药品）上，损害了九龙公司对“可立停”商品名称所享有的在先权利，已构成《商标法》第三十一条规定的损害他人现有在先权利的行为，故争议商标应予以撤销。

36. 关于虽与在先作品相似但亦与该在先作品创作完成之前公开发表的作品相似的争议商标未侵犯该在先作品著作权的认定

如果申请商标申请注册时虽然与受《著作权法》保护的某一在先作品相同或相似，但该申请商标亦与另一作品相似，且该另一作品公开发表的时间早于该在先作品的创作完成时间，现有证据也不能证明申请商标的注册人接触了该在先作品的，或者不能证明申请商标的注册人只接触了该在先作品而未接触另一更在先作品的，则不宜认定申请商标的注册侵犯了该在先作品的著作权。

在宁波拳王电器有限公司（以下简称宁波拳王公司）诉商标评审委员会及广东益华集团投资有限公司（以下简称益华公司）“拳王 QUANWANG 及

图”商标争议行政纠纷一案❶中，宁波拳王公司在第9类插座、插头等商品上申请注册了争议商标“拳王 QUANWANG 及图”。泰力公司以争议商标的图形部分侵犯其在先著作权等为由请求撤销争议商标的注册。后益华公司依法取代泰力公司参加评审程序。商标评审委员会认定争议商标的注册构成《商标法》第三十一条所指的损害他人在先著作权的情形，裁定撤销争议商标的注册。一审法院维持了商标评审委员会的裁定。二审法院补充查明：益华公司主张在先著作权的作品版权登记证书上记载的作品创作完成时间为1992年10月1日，而1992年3月18日的《广州青年报》已经公开了该作品，且益华公司不能证明其对《广州青年报》在先公开的作品亦享有著作权，也不能证明宁波拳王公司在申请注册争议商标时实际接触了其主张在先著作权的作品。

北京市高级人民法院二审认为，益华公司主张争议商标侵犯其在先著作权，但从版权登记证明等证据来看，即便上述版权登记证明所记载的作品创作完成时间属实，益华公司所主张在先著作权的作品的完成时间也为1992年10月1日，但1992年3月18日的《广州青年报》已经公开了相同的图形，而益华公司拒绝提供其是否对《广州青年报》已经公开的图形享有著作权的证据。本案现有证据不足以认定争议商标的注册人在申请注册争议商标时或之前实际接触了益华公司主张在先著作权的作品，且在益华公司主张著作权的作品公开之前，相同或相似的作品已经公开发表。此外，本案争议商标与益华公司主张的引证商标并不构成使用在相同或类似商品上的相同或相近似商标，现有证据亦表明争议商标经过多年使用已经具有了较高知名度，从尊重市场实际和维护市场秩序出发，争议商标也不宜轻意撤销。

37. 关于以不正当手段抢先注册他人已经使用并有一定影响的商标的认定

《商标法》第三十一条规定，申请商标不得以不正当手段抢先注册他人已经使用并有一定影响的商标。在中国境内实际使用并为一定范围的相关公众所知晓的商标，即应认定属于已经使用并有一定影响的商标。当事人之间的民事诉讼情况、所处地域是否相同等因素均可以作为认定是否构成抢注他人商标的因素。

在佛山市富士宝电器科技股份有限公司（以下简称富士宝公司）诉商标评审委员会及吴树填“富士寶 FUSHIBAO 及图”商标争议行政纠纷一案❷中，争议商标“富士寶 FUSHIBAO 及图”的注册日为2002年2月21日，核定使用

❶ 参见北京市高级人民法院（2010）高行终字第518号行政判决书和北京市第一中级人民法院（2009）一中知行初字第2461号行政判决书。

❷ 参见北京市高级人民法院（2009）高行终字第1145号行政判决书和北京市第一中级人民法院（2008）一中行初字第1238号行政判决书。

商品为第 11 类“空气冷却装置、空气加热器、空气干燥器、空气调节器、风扇（空气调节）、厨房用抽油烟机、个人用电风扇、排气风扇、消毒碗柜、饮水机”，原注册人为顺宝厂，目前商标权人为吴树填。引证商标一“富士寶FUSHIBAO 及图”的注册日为 1992 年 12 月 10 日，核定使用商品为第 11 类“煮水器、电热水器”，案外人南海富士宝公司曾经受让该商标，现引证商标一的专用权人为富士宝公司。引证商标二“Fushibao 及图”的注册日为 1997 年 8 月 28 日，核定使用商品为第 11 类“电热开水器”，注册人为南海富士宝公司，目前引证商标二的专用权人为富士宝公司。2002 年 6 月 10 日，南海市富士宝公司依据《商标法》第二十八条、第三十一条等规定申请撤销争议商标，后富士宝公司取代南海市富士宝公司参加评审程序。商标评审委员会经审查认为，争议商标指定使用的商品中仅饮水机一项与引证商标一、二指定使用的商品类似，争议商标指定使用的风扇（空气调节）、消毒碗柜等其他商品与引证商标一、二指定使用的商品均不属于类似商品。就饮水机而言，争议商标与引证商标一、引证商标二均构成使用在类似商品上的近似商标。南海富士宝公司认为吴树填具有恶意的理由缺乏事实依据，其证据不足以证明其“富士宝”标识在争议商标申请注册前，已通过在风扇（空气调节）、消毒碗柜等商品上的使用在相关公众中具有一定影响。因此，南海富士宝公司认为争议商标在这些商品上的注册损害了其商号权或在先使用未注册商标权的理由不能成立。商标评审委员会裁定：（1）争议商标在饮水机商品上的注册予以撤销；（2）争议商标在风扇（空气调节）、消毒碗柜等商品上的注册予以维持。一审法院认为，富士宝公司在本案诉讼中提交的证据无法显示其在空调扇、电风扇等商品上使用了未注册的“富士宝”商标，其有关吴树填注册争议商标的行为构成以不正当手段抢先注册其已经使用并有一定影响的商标的主张缺乏事实依据。由于争议商标与富士宝公司的企业名称差别较大，富士宝公司仅凭其拥有企业名称的事实不足以证明争议商标的注册损害了其在先的企业名称权。

北京市高级人民法院二审认为，南海富士宝公司与顺宝厂同处广东省，南海富士宝公司在评审阶段提供的销售发票可以认定，在争议商标申请注册日之前，该公司已经销售“富士宝”牌空调扇。顺宝厂于 2000 年 5 月 24 日因被南海富士宝公司起诉其生产空调扇等商品的行为侵犯引证商标专用权而被法院裁定对其予以财产保全，其于不到一个月后的 2000 年 6 月 6 日在空调扇等商品上提出与引证商标一、二主要元素一致的争议商标的注册申请，其抢先注册他人已经使用的商标的意图显而易见。南海富士宝公司提供的销售发票、北京市高级人民法院（1999）高知初字第 75 号民事判决书与最高人民法院（2003）民三终字第 2 号民事调解书可以证明，在争议商标申请注册日之前，“富士宝”牌空调扇的产销量已经达到一定规模，“富士宝”品牌已经具有一定知名度。商标评审委员会应在综合原有证据以及当事人在诉讼过程中提交的证据的基础上，重新对争议商标作出裁定。

38. 关于已注册商标构成《商标法》第三十一条规定中的“在先使用并有一定影响的商标”的认定

《商标法》第三十一条规定中的“在先使用并有一定影响的商标”通常是未注册商标，但争议商标在相同或类似商品或服务上注册在先，如果“在先使用并有一定影响的商标”也在相同或类似商品或服务上在后申请并获得注册，是依据《商标法》第二十八条的规定处理，还是依据《商标法》第三十一条的规定撤销争议商标，司法实践中存在一定分歧。北京市高级人民法院新近的判决表明，如果在争议商标申请注册前，在获准后注册的商标确属“在先使用并有一定影响的商标”，可以依据《商标法》第三十一条的规定撤销争议商标的注册。

在珠海元朗食品有限公司（以下简称元朗公司）诉商标评审委员会与陈锦祺“无朗 WULANG”商标争议行政纠纷一案[1]中，争议商标系第 1773616 号“无朗 WULANG”商标，其申请日为 2001 年 4 月 29 日，核定使用于第 30 类曲奇、月饼等商品。引证商标“元朗”的申请日为 2002 年 8 月 12 日，并于 2004 年 2 月 7 日获准注册，核定使用于第 30 类糕点等商品，注册人为旺旺公司，后引证商标依法转让给元朗公司。2004 年 10 月 25 日，元朗公司请求撤销争议商标，其理由是争议商标构成《商标法》第三十一条所指“以不正当手段抢先注册他人已经使用并有一定影响的商标”。商标评审委员会及一审法院均认为元朗公司提供的证据不足以证明在争议商标申请注册前引证商标属于“在先使用并有一定影响的商标”，并维持争议商标的注册。

北京市高级人民法院二审认为，元朗公司在评审阶段提交的证据可以证明，在争议商标申请日前，作为广东省焙烤食品行业中主要生产蛋卷商品的龙头企业，“元朗”商标的原注册人旺旺公司在其蛋卷商品的销售发票以及广告上使用了“元朗”商标，旺旺公司在先使用的引证商标“元朗”已经具有《商标法》第三十一条所要求的“一定影响”。原审法院及商标评审委员会认定元朗公司的证据无法证明“元朗”商标在争议商标申请日前具有一定影响，属于认定事实和适用法律错误。鉴于争议商标的申请人与旺旺公司、元朗公司同处于广东省，其应当知道“元朗”商标在先使用并具有一定影响，故其申

[1] 参见北京市高级人民法院（2010）高行终字第 295 号行政判决书和北京市第一中级人民法院（2009）一中行初字第 1562 号行政判决书。

请注册争议商标具有一定的主观恶意，争议商标的注册构成《商标法》第三十一条所规定的“以不正当手段抢先注册他人已经使用并有一定影响的商标”情形。

39. 关于仅以维持注册为目的象征性使用注册商标的认定

根据《商标法》第四十四条的规定，连续三年停止使用的注册商标可以依法撤销。在《商标法》意义上使用商标包括将商标用于商品、商品包装或者容器以及商品交易文书上，或者将商标用于广告宣传、展览以及其他商业活动中。商标使用应当具有真实性和指向性，即商标使用是商标权人控制下的使用，该使用行为能够表达出该商标与特定商品或服务的关联性，能够使相关公众意识到该商标指向了特定的商品或服务。对于仅以或主要以维持注册效力为目的的象征性使用注册商标的行为，不应视为在《商标法》意义上使用商标，至少不足以产生维持商标注册的效力。判定商标使用行为是否属于仅以或主要以维持注册效力为目的的象征性使用行为，应综合考察行为人使用该商标的主观目的、具体使用方式、是否还存在其他使用商标的行为等因素。

在杭州油漆公司诉商标评审委员会及金连琴“大桥 DAQIAO 及图”商标驳回复审行政纠纷一案[1]中，复审商标“大桥 DAQIAO 及图”核定使用于第19类胶合板、非金属建筑物涂料等商品，商标权人为金连琴。杭州油漆公司以复审商标连续三年停止使用为由，申请撤销复审商标在非金属建筑物涂料商品上的注册。商标局和商标评审委员会均认为金连琴提交的使用证据有效，决定维持复审商标的注册。一审法院认为，虽然复审商标原注册人所实施的广告投放行为属于商标意义上的使用行为，但鉴于其仅为一次性的广告投放行为，未达到一定规模，在无其他证据佐证的情况下，无法认定该使用行为属于真实的、善意使用商标的行为，商标评审委员会有关复审商标在涉案三年期间内进行了使用的认定有误。

北京市高级人民法院二审认为，金连琴系受让取得复审商标，在复审三年期间里，使用复审商标的商品销售额仅为1 800元，并仅有一次广告行为投放于在全国发行量并不大的《湖州日报》上，且上述销售及广告行为均发生在复审三年期间的最后三个月，故复审商标的上述使用系出于规避《商标法》第四十四条的规定以维持其注册效力的象征性使用行为，而不是出于真实商业目的使用复审商标。因此，复审商标的上述使用不属于《商标法》第四十四条规定的使用行为，不足以产生维持复审商标注册的效力。

---

[1] 参见北京市高级人民法院（2010）高行终字第294号行政判决书和北京市第一中级人民法院（2009）一中行初字第2131号行政判决书。

40. 关于在类似商品上使用注册商标可以视为不构成“连续三年停止使用”的认定

《商标法》第四十四条第（四）项中的商标使用既包括在争议商标核定商品或服务上的使用，也包括在与争议商标核定商品或服务相同或类似的商品或服务上的使用。

在现代联合控股集团有限公司（以下简称现代公司）诉商标评审委员会及孙民“现代”商标撤销复审行政纠纷一案中，争议商标“現代”核定使用于第4类工业用油及油脂、润滑剂（不包括燃料用油）、液体等商品，商标权人为现代公司。孙民以争议商标连续三年停止使用为由提出撤销申请。商标局及商标评审委员均决定撤销争议商标的注册。在原审法院审理过程中，现代公司提交了以下主要新证据：（1）江苏省盐城市大丰工商局处罚大丰市大中镇丰润汽配经营部（经营者韦凤元）经销北京现代公司“现代”牌系列润滑油等产品的检查笔录。（2）韦凤元关于其经销“现代”润滑油的情况说明。（3）北京现代公司向韦凤元出具的授权证明等材料，主要内容为：韦凤元为北京现代公司正式在盐城地区的授权经销商、授权期限为2003年1月1日至2003年12月31日。（4）江苏省盐城市大丰工商局处罚韦凤元的相关文书。（5）江苏省盐城市大丰工商局出具的听证笔录、听证告知书等。现代公司用上述证据证明：自2001年大丰市大中镇丰润汽配经营部成立以来，一直经销由北京现代公司提供的“现代”润滑油；江苏省盐城市大丰工商局认可自2003年9月1日以后，大丰市大中镇丰润汽配经营部基于现代公司的授权已取得合法销售资质；孙民系北京现代公司经理，其提出撤销申请违反诚实信用原则。商标评审委员会认为，韦凤元系在润滑油商品上使用“现代”商标，而非本案争议商标“現代”，且争议商标核定使用的商品中并无润滑油商品，韦凤元的上述使用行为因被工商部门查处故属于违法使用争议商标的行为，而违法使用行为不应视为现代公司对争议商标的正当合法使用。

北京市高级人民法院二审认为，现代公司在诉讼期间提交的证据可以证明，案外人韦凤元于2003年9月28日销售了“现代”牌润滑油，由于韦凤元经北京现代公司授权获得了2003年1月1日至2003年12月31日期间在盐城地区的经销权，而北京现代公司系经现代公司的授权，故韦凤元的销售行为系合法使用争议商标，且应视为现代公司争议商标的使用。虽然上述销售行为所涉及的商品是润滑油，而争议商标核定使用的商品为工业用油及油脂、润滑剂等，但根据石油化工行业中的常识，润滑剂是润滑油的一个上位概念，润滑剂最主要的品种为润滑油，润滑油与润滑剂应属于相同商品。虽然现代公司在润滑油上使用的商标为“现代”，争议商标为“現代”，但根据相关公众施以一般注意力及通常的认读习惯，通常会将“现代”视为“現代”的简写体而不加以区分，即对“现代”的使用可视为对“現代”的使用。因此，现代公司在润滑油商品上使用“现代”商标的行为，应视为争议商标在润滑剂上的使用。现代公司提交的证据足以证明在2000年10月30日至2003年10月29日期间，现代公司在第4类“工业用油及油脂、润湿剂”商品上对争议商标进行了具有商业意义的实际使用。

41. 关于贴牌加工视为属于《商标法》第四十四条第（四）项规定中“使用”的认定

《商标法》第四十四条第（四）项关于连续三年停止使用的注册商标由商标局责令限期改正或撤销其注册的规定，目的在于促使商标的实际使用，发挥商标的实际效用。在判断是否存在维持注册的使用行为时，既要防止商标资源的浪费，又要防止已注册商标被轻率撤销而损害商标注册人的合法权益。对于贴牌加工行为，即仅在我国制造的商品使用已注册商标，且使用该商标的商品全部销售到我国境外，如果有人以该注册商标未在我国境内使用为由依据《商标法》第四十四条的规定请求撤销该商标的注册，则必须判断注册商标的这种使用是否属于《商标法》意义上的使用，而这正是司法实践中存在较大分歧的问题。北京市高级人民法院新近的判决表明，贴牌加工行为可以视为属于商标法意义上的使用行为。

在宏比福比有限公司（以下简称宏比福比公司）诉商标评审委员会及温克勒国际有限公司（以下简称温克勒公司）“SCALEXTRIC”商标撤销复审行政纠纷一案[1]中，复审商标系宏比福比公司1995年2月21日获准注册的“SCALEXTRIC”商标，核定使用的商品为第28类玩具。温克勒公司以复审商标在1998年4月3日至2001年4月2日之间的三年内未进行使用为由，申请撤销复审商标的注册。商标局经审查决定撤销复审商标的注册。在复审过程中，宏比福比公司提交的证据表明，在争议三年期限内，宏比福比公司委托我国企业生产了使用复审商标的商品，且该商品全部销售到我国境外。商标评审委员会认为，宏比福比公司提交的证据不能证明复审商标在中国大陆进行了有效使用，决定撤销复审商标的注册。一审法院认为，宏比福比公司仅将使用复审商标的玩具部件委托中国的加工企业加工成玩具成品，加工后的玩具成品仍销往国外，在中国境内并无销售行为。鉴于使用复审商标的商品并未投入中国的市场流通领域，即便在加工环节具有使用复审商标的行为，中国境内的玩具

[1] 参见北京市高级人民法院（2010）高行终字第265号行政判决书和北京市第一中级人民法院（2009）一中行初字第1840号行政判决书。

商品的消费者亦无接触到该商品的可能性，因此该使用行为在中国境内无法起到区分商品来源的识别作用，不属于《商标法》意义上的使用行为。一审法院判决维持商标评审委员会的决定。

北京市高级人民法院二审认为，来料加工是中国企业利用外国企业提供的原材料、零部件等，按照外国企业的要求进行加工，成品交由外国企业销售的一种贸易形式。虽然来料加工的成品并未实际进入中国大陆市场流通领域，但是如果不认定来料加工为商标使用行为，相关商标专用权因未使用而构成被撤销的理由，恐不尽公平，且有悖于拓展对外贸易的政策。涉案三年期间内，宏比福比公司从境外将其使用复审商标的玩具部件运至中国的加工企业，委托中国企业加工成玩具成品，加工后的玩具成品全部销往国外。虽然复审商标核定使用的商品为玩具，但是基于玩具赛车商品和来料加工方式的特性，将复审商标使用在玩具部件并通过来料加工方式加工成玩具成品销往国外的行为，应当视为复审商标在核定使用的玩具商品上的商标使用行为。

三、商标民事案件

42. 关于未使用的注册商标被侵权时赔偿数额的认定

在商标侵权案件中，如果原告的权利依据为未实际使用的注册商标，在考虑侵权赔偿数额时应考虑该商标未使用的实际情况。

在薛中鼎诉北京华谊兄弟音乐有限公司、中国音乐家音像出版社、北京精彩无限文化传播有限公司、北京图书大厦有限责任公司、北京市新华书店王府井书店侵犯商标权纠纷一案[1]中，薛中鼎系“战国音乐及图”注册商标的专用权人，北京华谊兄弟音乐有限公司等未经薛中鼎许可使用了该商标，侵犯了薛中鼎对该商标享有的专用权。一审法院判令北京华谊兄弟音乐有限公司等赔偿薛中鼎经济损失5万元及合理支出2万元。

北京市高级人民法院二审认为，虽然薛中鼎未能证明在其注册商标核定使用范围内使用或许可他人使用了其注册商标，也没有举证证明其因侵权行为遭受的实际损失，就其主张的诉讼合理支出数额也未提交证据；但考虑薛中鼎曾经作为音乐CD光盘的监制，以及曾任滚石唱片（新加坡）有限公司北京代表处首席代表的事实，可以认定薛中鼎与涉案商标核定使用的商品相关的领域具有一定的关联，具有实际使用涉案商标的可能性，被控侵权行为可能对薛中鼎

[1] 参见北京市高级人民法院（2010）高民终字第1831号民事判决书和北京市第二中级人民法院（2009）二中民初字第15369号民事判决书。

使用或许可他人使用涉案商标获取经济利益产生一定的影响，故原审法院在综合考虑薛中鼎未使用涉案商标持续的时间，制止侵权行为支出的合理开支，涉案侵权行为的性质、情节、范围以及商品种类等因素，酌情确定的赔偿数额及合理支出数额尚属合理。

43. 关于侵权损失应当与侵权行为造成的损害具有因果关系的认定

损害赔偿应当是对因权利受侵害而生的损害加以赔偿，因此损害与侵权行为之间要存在相当因果关系。由于知识产权价值来源有一定的特殊性，侵犯知识产权的损害赔偿数额往往较侵犯有体财产权行为更加不容易确定。虽然侵犯商标权的损害赔偿数额可以通过权利人的损失、侵权人的获利来确定，但在确定侵权人的获利时，应当将非因侵权行为所获利益排除出在损害赔偿数额之中，否则权利人将会不当占有侵权人的合法获利。《商标法》第五十六条将侵权人在侵权期间因侵权所获得的利益作为确定侵犯商标专用权赔偿数额的一种标准或方法，就表明了这种行为与损害之间的因果关系。

在天津环渤海文化产业有限公司（以下简称环渤海公司）诉中央电视台使用“周末喜相逢”栏目名称侵犯其第1774209号“周末喜相逢”商标专用权一案[1]中，一审法院在认定侵权后，以环渤海公司与中央电视台2000年至2004年关于涉案栏目的合作协议中约定的520万元年广告代理费作为赔偿数额的主要参考因素，确定侵权损害赔偿数额为300万元。

北京市高级人民法院二审认为，中央电视台和环渤海公司的合作协议中约定的520万元广告代理费应由环渤海公司向中央电视台支付，环渤海公司之所以支付520万元广告代理费是因为其预期能够通过中央电视台这一国家媒体和“周末喜相逢”这一栏目获得更高收益，这种收益的获得更多是源于中央电视台本身的知名度而非第1774209号“周末喜相逢”商标的知名度，因此520万元广告代理费与中央电视台的被控侵权行为之间不存在因果关系，不能作为计算侵权损害赔偿的主要参考因素。鉴于2000年至2004年中央电视台和环渤海公司合作使用“周末喜相逢”商标所获得的知名度更大程度上是基于“周末喜相逢”栏目的成功和中央电视台的知名度，因此在2006年10月之后中央电视台使用“周末喜相逢”的侵权行为所造成的损害赔偿数额不能简单根据中央电视台所获相应收益来确定。在综合考虑中央电视台对“周末喜相逢”栏目知名度的贡献，其侵权行为的性质、持续时间、后果，环渤海公司的合理诉讼支出等因素，北京市高级人民法院将赔偿

---

[1] 参见北京市高级人民法院（2007）高民终字第1731号民事判决书和北京市第一中级人民法院（2009）一中民初字第1747号民事判决书。

数额改判为 30 万元。

四、著作权及技术合同案件

44. 关于数码照片可以作为享有著作权的初步证据的认定

根据《最高人民法院关于审理著作权民事纠纷案件适用法律若干问题的解释》第七条的规定，当事人提供的涉及著作权的底稿、原件、合法出版物、著作权登记证书、认证机构出具的证明等可以作为享有著作权的初步证据。数码照片系以数码相机拍摄的以数字形式存储的可视化图像，数码相机一般均有记忆卡，它是储存数码照片文件的原始载体。与使用化学胶片或照相纸拍摄并可形成底片的传统照片不同的是，由于可以反复使用，记忆卡保存的作品等资料随时可以复制到其他载体上，这使得这些作品的权利人难以提供与记忆卡结合在一起的类似底片的原始载体。在这种情况下，应考虑数码技术的特点，并结合被控侵权人使用、举证等因素，认定权利人是否享有著作权。

在英国 A. B. C 特选食品有限公司（以下简称 ABC 公司）诉张书乐侵犯著作权纠纷一案[1]中，ABC 公司主张其对 6 幅图片享有著作权，并向法院提交了涉案图片的数码文件。张书乐曾于 2008 年 1～9 月在 ABC 公司北京办事处任职，其经营的“www. ocean－treasure. com”网站刊载了涉案 6 幅图片。张书乐主张涉案图片数码文件属性中除了相机本身序列号以外，其他属性如拍摄日期及型号等均可通过软件进行修改，ABC 公司没有提交涉案图片的原始文件，故不能证明其对涉案图片享有著作权。ABC 公司确认其提交的涉案图片数码文件并非原始文件，亦认可涉案图片数码文件的属性可以修改，但主张其提供的数码文件是从数码相机的存储卡直接传输到电脑上，再通过复制保存到光盘介质中的，该数字文件与拍摄当时形成的数字文件完全一致。将 ABC 公司主张权利的图片和被控侵权图片进行对比，后者明显属于对前者的剪裁或编辑。一审法院认为，ABC 公司主张对涉案图片的著作权但未能提供涉案作品的源文件，且数码作品具有容易修改的属性，现有证据不足以证明 ABC 公司享有涉案图片的著作权，判决驳回 ABC 公司基于其著作权提出的诉讼请求。

北京市高级人民法院二审认为，ABC 公司在本案中主张对涉案 6 幅数码照片享有著作权，并提交了复制有涉案照片的光盘作为其享有著作权的证据。张书乐虽主张数码照片文件的属性可以修改且 ABC 公司提交的上述证据不具有

---

[1] 参见北京市高级人民法院（2010）高民终字第 484 号民事判决书和北京市第一中级人民法院（2009）一中民初字第 8760 号民事判决书。

真实性，但基于数码照片文件的性质和特点，在张书乐并未说明也未举证证明涉案数码照片的参数被修改过。结合张书乐曾经在ABC公司北京办事处任职的事实，可以认定被控侵权图片系来源于ABC公司在本案中主张权利的涉案照片。由于被控侵权作品与ABC公司主张权利的作品相同或相似，张书乐的行为已构成侵犯著作权，二审法院改判张书乐停止侵犯著作权的行为、赔偿ABC公司经济损失并公开赔礼道歉。

45. 关于剧本是否符合要求的认定

在因剧本的创作、修改、改编、付酬等引发的纠纷中，剧本应达到的要求和质量往往是当事人争议的焦点和裁判的难点。个人喜好、文化程度、人文修养、价值观、审美观不同，对文学作品的评价也会不同。文学作品是否取得满意、达到认可，取决于人的主观认识。剧本是否达到可拍摄影视的程度、是否达到委托人的要求，并没有一个固定的、格式化的标准，无法依据质量标准进行判断。因此，当涉及剧本创作质量的争议时，首先或者主要的是依据当事人在合同中约定的标准和要求来确定。合同有详细约定的，依照其约定进行评判。合同约定剧本要得到委托方的认可的，应当以委托方的主观认识为标准，除非存在合同无效或者可以变更或者撤销的情形。当然，是否达到委托方的认可，也要根据合同履行的具体情况来判断，要分析委托方的理由是否正当，而不能绝对地以委托方的无理理由为标准。同时，在处理剧本质量纠纷时，要注意贯彻诚实信用原则，平等保护投资人和作者的合法权利，注意维护作者利益。

在许特生诉北京华影天诚影视文化投资有限公司（以下简称华影天诚公司）委托创作合同纠纷一案❶中，华影天诚公司委托许特生在许特生享有著作权的《爱在远方》剧本的基础上改编并创作30集电视连续剧《迷恋吉木萨尔》剧本；许特生应在双方协商的创作周期内完成创作，并保证剧本质量满足拍摄需要；剧本修改稿创作完成后许特生应交给华影天诚公司的剧本评审委员会进行审查，华影天诚公司应在15个工作日内提出修改意见，并应在约定时间内向许特生支付剧本著作权出让费及修改创作稿酬。合同签订后，许特生在约定时间内将剧本交给华影天诚公司。后双方因故发生争议，华影天诚公司以许特生提交的剧本质量不符合合同约定致使合同目的不能实现为由，拒不支付合同约定款项。一审法院认为，许特生已经履行了定向改编并创作剧本的合同义务，华影天诚公司在收到许特生提交的剧本后，没有向许特生支付任何报

❶ 参见北京市高级人民法院（2010）高民终字第873号民事判决书和北京市第二中级人民法院（2009）二中民初字第12984号民事判决书。

酬，违反了双方所签协议，已经构成违约。北京市高级人民法院二审认为，鉴于双方协议对于华影天诚公司根据许特生完成剧本的情况负有分期支付剧本稿酬义务进行了明确约定，根据合同权利义务对等的原则，在许特生向华影天诚公司履行了定向改编并创作剧本的合同义务的情况下，华影天诚公司并未提供任何证据证明其就许特生提交的剧本提出过修改意见，其所主张的剧本字数不符合合同约定、质量未达到拍摄标准、未通过评审委员会的评审等事由，不能成为其不履行合同约定的分期付酬义务的抗辩事由，故对其上诉主张不予支持。

46. 关于汇编作品著作权范围的认定

汇编作品的独创性体现在对已有作品、作品的片段或者不构成作品的材料的选择或者编排上，而不及于已有作品、作品的片段或者不构成作品的材料，即汇编作品著作权人不能排除他人对已有作品、作品的片段或者不构成作品的材料的使用。因此，汇编作品的独创性应从对已有作品或者作品的片断、材料的选择或者编排方面寻找，即构成汇编作品必须在选择或者编排已有作品或者作品的片断、材料方面体现出独创性，体现出编者的理解和判断。对于是否构成对汇编作品著作权的认定，关键在于确定他人是否使用了汇编作品对已有作品、作品的片段或者不构成作品的材料的选择或者编排，如果被控侵权作品实质上或者主要是利用了汇编作品的表达，则构成对汇编作品的使用。

在陈世清诉中国商业出版社（以下简称商业出版社）侵犯著作权纠纷一案[1]中，某出版社在先出版了陈世清编著的图书《秉性能移》（以下简称《秉性》），商业出版社在后出版了雷池编著的图书《性格决定一生成败》（以下简称《性格》）。将两书相比较，《性格》与《秉性》两书52个章节标题相同或相似，前者收录了后者101个标题里的相关内容，其中前者收录了后者的86个标题里的全部或者实质性内容及15个标题里的部分文字内容；《性格》在其收录《秉性》的相关章节内容基础上还增加了相应的文字内容形成《性格》的章节。一审法院认为，陈世清将他人享有著作权的作品和作品片断进行具有独创性的选择和编排，最终形成汇编作品，应受《著作权法》保护；《秉性》对他人作品和作品片断具有独创性的选择和编排被《性格》大量采用，两书的涉案章节内容的文字表达形式基本相同，两书的编排体例、编排顺序及编著内容已构成实质性相似；《性格》的编辑人员接触过陈世清修改的相同选题书稿，但未与陈世清就书稿的出版达成合意。因此，商业出版社构成对陈世清汇

[1] 参见北京市高级人民法院（2010）高民终字第432号民事判决书和北京市第一中级人民法院（2008）一中民初字第7180号民事判决书。

编作品《秉性》的抄袭、剽窃。北京市高级人民法院二审认为，鉴于《秉性》对他人作品和作品片断具有独创性的选择和编排被《性格》大量采用，且少量独创性内容被《性格》使用，考虑到商业出版社接触过陈世清修改的相同选题书稿但未与陈世清就书稿的出版达成合意，应当认定商业出版社未经许可使用陈世清享有著作权的《秉性》的内容，其行为构成对陈世清享有著作权的《秉性》的侵犯。

五、反不正当竞争及垄断民事案件

47. 关于将他人在先使用并具有较高知名度的企业字号注册为域名并使用于相同业务时可以认定该域名注册不当的认定

根据《最高人民法院关于审理不正当竞争民事案件应用法律若干问题的解释》第六条第一款的规定，企业登记主管机关依法登记注册的企业名称，以及在中国境内进行商业使用的外国（地区）企业名称，应当认定为《反不正当竞争法》第五条第（三）项规定的“企业名称”；具有一定的市场知名度、为相关公众所知悉的企业名称中的字号，可以认定为《反不正当竞争法》第五条第（三）项规定的“企业名称”。擅自将他人在先使用并具有较高知名度的企业字号注册为域名，且该域名实际使用于与他人企业字号相同的业务时，可以认定该域名注册行为不当，并可判决该域名归该他人所有。

在美智公司诉美世公司计算机网络域名权属纠纷一案[1]中，在美智公司注册争议域名“mercer. com. cn”前，美世公司已经在先使用“mercer”为企业字号，并在先注册了“mercer. com”、“mercerhr. com”等域名，美世公司在中国注册的多家分支机构已在中国广泛使用“mercer”，美世公司及其在中国的分支机构对“mercer”的使用已经使之具有较高知名度。美智公司使用争议域名的业务与美世公司相同或基本相同。经美世人力资源咨询公司投诉，中国国际经济贸易仲裁委员会域名争议解决中心裁决：争议域名归美世公司所有。美智公司向原审法院起诉，请求确认争议域名归其所有。一审法院认为，争议域名的注册、使用并不违反法律规定，也未构成对美世公司的侵权或不正当竞争，判决争议域名归美智公司所有。美世公司不服原审判决提出上诉，并在二审诉讼中补充提交了其大量在先使用“mercer”的证据。

北京市高级人民法院二审认为，域名“mercer. com”和域名“mercerhr.

---

[1] 参见北京市高级人民法院（2010）高民终字第1196号民事判决书和北京市第一中级人民法院（2009）一中民初字第9672号民事判决书。

com”系美世公司在先注册的域名，“美世”及“mercer”系美世公司或其在华关联公司的企业字号。虽然“mercer”具有其固有的“绸缎商”的含义，但在争议域名注册前，通过美世公司及其在华关联公司的使用，“美世”及“mercer”在我国相关公众中已经具有较高知名度，故可以认定美世公司对“美世”及“mercer”享有合法有效的民事权益。由于争议域名与美世公司在先注册的域名“mercer. com”和域名“mercerhr. com”相似，美世公司与美智公司从事的主要业务相同或相近似，二者同时使用足以造成相关公众的混淆，且美智公司不能证明其对争议域名或其主要部分“mercer”享有在先合法权益，也不能证明其注册、使用争议域名的具有其他正当理由或其他足以证明其不具有恶意的情形，故可以认定美智公司为商业目的注册、使用与美世公司在先注册的域名相同或近似的争议域名，故意造成与美世公司提供的服务或者其网站的混淆，容易误导网络用户访问其网站。因此，美智公司注册、使用争议域名等行为构成不正当竞争，争议域名应归美世公司所有。

48. 关于滥用市场垄断地位应以鉴定相关市场为前提的认定

根据《中华人民共和国反垄断法》（以下简称《反垄断法》）的规定，具有市场支配地位的经营者不得滥用市场支配地位，排除、限制竞争，并禁止具有市场支配地位的经营者从事滥用市场支配地位的行为。这里所称的市场支配地位是指经营者在相关市场内具有能够控制商品价格、数量或者其他交易条件，或者能够阻碍、影响其他经营者进入相关市场能力的市场地位。《反垄断法》所称经营者是指从事商品生产、经营或者提供服务的自然人、法人和其他组织；所称相关市场是指经营者在一定时期内就特定商品或者服务进行竞争的商品范围和地域范围。相关地域市场，是指需求者获取具有较为紧密替代关系的商品的地理区域，这些地域之间表现出较强的竞争关系，在反垄断执法中可以作为经营者进行竞争的地域范围。相关服务市场，是根据服务的特性、用途及价格等因素，由需求者认为具有较为紧密替代关系的一组或一类服务所构成的市场。相关市场范围的大小主要取决于服务的可替代程度，在市场竞争中对经营者行为构成直接和有效竞争约束的，是市场里存在需求者认为具有较强替代关系的服务，界定相关市场主要从需求者角度进行需求替代分析。一般说来，从需求者角度来看，服务之间的替代程度越高，竞争关系就越强，就越可能属于同一相关市场。在与滥用市场支配地位有关的垄断民事诉讼中，原告负有证明相关市场、被告在该相关市场上占有支配地位、被告实施了滥用其市场支配地位的行为以及被告滥用市场支配地位的行为给原告造成了实际损失的责任。

在李方平诉网通北京分公司垄断纠纷一案[1]中，李方平称其在向网通北京分公司报装固定电话时，只能办理“预付费业务”，而北京户籍市民报装固定电话则是办理“后付费业务”，导致备受不公平待遇，网通北京分公司的行为属于《反垄断法》第十七条规定的“没有正当理由，对条件相同的交易相对人在交易价格等交易条件上实行差别待遇”的垄断行为。李方平在诉讼中主张被控垄断行为的相关市场范围仅为固定电话或固定电话、小灵通及ADSL业务。法院认为，李方平提交证明涉案相关服务市场的证据不足，未能举证证明涉案相关服务市场；且从通信服务的需求者角度而言，更关心的是通信服务的价格和功能，而非实现通信的工具和物理方式。因此，固定电话、小灵通与移动电话之间，计算机的ADSL上网与无线上网之间分别存在较强的可替代性，故李方平关于涉案相关服务市场范围仅为固定电话、小灵通及ADSL业务的主张依据不足，即使在其所主张的相关市场上李方平亦未能证明网通北京分公司占有市场支配地位，故判决驳回李方平的诉讼请求。

唐山人人公司诉百度公司垄断纠纷一案[2]中，唐山人人公司经营全民医药网，其于2008年3月参与百度公司经营网站竞价排名，2008年5月开始降低竞价排名的投入，至2008年7月投入额降至最低。全民医药网的访问量也随之大幅减少。唐山人人公司认为百度公司构成垄断，百度公司主张因网络中存在大量指向全民医药网的“垃圾外链”，故其在自然排名部分对全民医药网采取了减少收录的措施。一审法院认为，“中国搜索引擎服务市场”构成本案的“相关市场”。唐山人人公司既未能举证证明百度公司在“中国搜索引擎服务市场”中占据了支配地位，也未能证明百度公司存在滥用市场支配地位的行为。相反，百度公司已经能够证明其对全民医药网实施的减少收录数量的措施系对其存在大量“垃圾外链”行为的处罚，其涉案行为具有正当性。一审法院判决驳回唐山人人公司的诉讼请求。

北京市高级人民法院二审认为，对相关市场范围的界定包括相关服务市场和相关地域市场两个方面。本案的相关服务市场为“搜索引擎服务”，百度公司以提供中文搜索引擎服务为主，虽然互联网信息服务具有跨越国界的特点，但是使用中文搜索引擎的多数用户位于中国，而中国用户可以选择并获取的具有较为紧密替代关系的搜索引擎服务一般也来源于中国境内，即中国境内相关服务的提供者会表现出较强的竞争关系，因此可以确定“中国”为本案的相

---

[1] 参见北京市高级人民法院（2010）高民终字第481号民事判决书和北京市第二中级人民法院（2008）二中民初字第17385号民事判决书。

[2] 参见北京市高级人民法院（2009）高民终字第489号民事判决书和北京市第一中级人民法院（2009）一中民初字第845号民事判决书。

关地域市场。虽然唐山人人公司为证明百度公司在相关市场的支配地位作出了很大努力，但现行民事诉讼证据制度中并未针对垄断案件作出举证责任方面的特别安排，因此在举证责任的分配上仍应当遵循“谁主张，谁举证”的原则，唐山人人公司不能证明百度公司占据相关市场支配地位，应承担相应的举证不能责任。即使百度公司占据了中国搜索引擎服务市场的支配地位，其涉案行为亦具有一定正当性，不属于滥用市场支配地位的行为。这主要是因为全民医药网存在“垃圾外链”，这种“垃圾外链”被搜索引擎识别后会受到相应的处罚，其中包括减少收录数量。虽然唐山人人公司主张在未查明设链者身份的情况下即实施屏蔽缺乏正当性，但互联网经济是注意力经济，用户的关注度对网站的经营发展至关重要。通过人为地针对搜索引擎设置大量与网站内容无关的“垃圾外链”，能够提高自然排名部分的位次，从而吸引用户点击。如果对其听之任之，则不仅会加剧各网站利用“垃圾外链”无序竞争，同时也会大大降低用户的检索质量。为尽可能地以最迅捷的手段降低“垃圾外链”对用户利益的损害，即使在未查明“垃圾外链”设置者身份的情况下，百度公司实施涉案屏蔽行为也具有一定正当性。

2011年

北京市高级人民法院
2011年知识产权审判新发展

2011年，北京市高级人民法院知识产权庭共受理知识产权案件1 579件，其中一审案件3件，二审案件1 576件。在1 579件新收案件中，著作权案件137件，专利行政案件293件，专利民事案件86件，商标行政案件996件，商标民事案件29件，不正当竞争案件12件，技术合同案件4件，其他知识产权案件22件。全年共审结知识产权案件1 534件，其中一审案件1件，二审案件1 533件。在1 534件已结案件中，著作权案件146件，专利行政案件251件，专利民事案件111件，商标行政案件963件，商标民事案件30件，不正当竞争案件12件，技术合同案件5件，其他知识产权案件16件。下文拟向知识产权界介绍北京市高级人民法院2011年知识产权审判的最新发展和动向。

一、专利行政案件

1. 关于对比文件不能实施的技术方案能否用于评价专利新颖性及创造性的认定

在进行新颖性判断时，首先应当判断被审查专利申请的技术方案与对比文件的技术方案是否实质上相同。如果专利申请要求保护的是一种化合物，而对比文件里已经提到该化合物，即推定该化合物不具备新颖性，但申请人能够提供证据证明在申请日之前无法获得该化合物的除外。如果专利申请要求保护的是一种组合物，则其新颖性判定方式与化合物专利申请新颖性的判定方式有所不同，组合物专利申请的撰写方式如封闭式撰写方式、开放式撰写方式、排除法撰写方式对其新颖性判断均有影响。只要对比文件记载的技术方案公开了本专利的技术方案或某些技术特征，无论该对比文件所记载的技术方案是否可实施，均不影响将其作为评判本专利新颖性和创造性的对比文件。

在三菱树脂株式会社诉专利复审委员会及韩元牧“氧化铝纤维聚集体及

其制造方法”发明专利权无效行政纠纷一案[1]中，三菱树脂株式会社是本专利的专利权人。韩元牧请求专利复审委员会宣告本专利全部无效，其理由包括权利要求1~6不符合《专利法》第二十二条第二款、第三款的规定。韩元牧提交的证据5系在先公开的名称为“铝硅纤维、陶瓷纤维、陶瓷纤维聚集体、紧固密封材料及其制备方法，以及氧化铝纤维聚集体的制备方法”的第CN1463323A号中国发明专利（对比文件1）申请公开说明书，其中第四组的实施例9通过一定的制备方法，制得了由硅铝纤维形成的紧固密封材料。专利复审委员会认为本专利权利要求1~6已被对比文件1公开，故其不具备新颖性，决定宣告本专利全部无效。一审法院维持了专利复审委员会的决定。

北京市高级人民法院二审认为，本专利权利要求1~6所要求保护的内容并不包括该氧化铝纤维聚集体的制造方法和制备工艺，且氧化铝纤维聚集体系一种组合物，在包括实施例9在内的对比文件1第四组实施例已经披露了该聚集体及其相关数据信息的情况下，本领域技术人员已经可以获知存在如本专利权利要求1~6所限定的氧化铝纤维聚集体。而且无论对比文件1实施例9公开的技术方案是否属于无法实施的技术方案，在对比文件1公开了本专利权利要求1~6所记载的氧化铝纤维聚集体的情况下，均应认定本专利的权利要求1~6不具备新颖性。

2. 关于申请过程中对技术特征的限制性陈述不宜直接读进权利要求的认定

在申请专利过程中，申请人可能会根据审查员的要求对权利要求作某些修改，包括放弃某些技术方案或者对某些技术特征作限制性陈述，如果这种修改符合《专利法》第三十三条的规定，即没有超越原申请文件所记载的范围，则申请人应及时将这种修改体现在权利要求中。在没有明确记入权利要求的情况下，申请人放弃某些技术方案或者对某些技术特征作限制性陈述，在无效过程中不宜直接读进权利要求。

在清华大学诉专利复审委员会及浙江安博特环保科技有限公司（以下简称安博特公司）涉及“一种由纤维丝束和丝束节构成的过滤材料”发明专利权无效行政纠纷一案[2]中，本专利的专利权人为清华大学。本专利授权公告文本中权利要求1为“一种由纤维丝束和丝束节构成的过滤材料，其特征在于所述的纤维丝束固定在丝束节中，纤维丝束在丝束节两边的长度相等或

[1] 参见北京市高级人民法院（2010）高行终字第1303号行政判决书和北京市第一中级人民法院（2010）一中知行初字第135号行政判决书。

[2] 参见北京市高级人民法院（2011）高行终字第307号行政判决书和北京市第一中级人民法院（2010）一中知行初字第849号行政判决书。

不等”。在授权过程中，审查员认为相对于附件4，本专利的权利要求1不具备新颖性，权利要求1～4不具备创造性。清华大学针对上述审查意见提交意见陈述书称：“本申请的特征在于该过滤材料由纤维丝束和丝束节组成，纤维丝束固定在丝束节中，权利要求1以纤维丝束描述滤料状态，亦即本申请中滤料上的纤维呈束状而不是球状”。附件4系清华大学与国家环境保护局于1985年1月1日共同申请并于1986年1月15日公开的实用新型专利申请说明书，其公告文本说明书载明：“本实用新型的任务是以如下的方式完成的：将所需的滤料球的直径d为间距，理齐的一束纤维（1）用细线或者细丝（2），紧紧地拦腰捆扎住，然后从相邻两个捆扎处的中央剪断，整理后得到的大致呈球形的绒团。本实用新型可以使用来源广，价格便宜的合成纤维，例如涤纶丝等材料。在实际应用一般使用直径5～100微米的纤维制成直径10～80毫米的滤料球。细线或者细丝（2）应具有足够的强度以紧紧地捆扎住纤维束（1），并且能长时间浸泡在水中而不变质。一般可采用合成纤维纺成的线，例如涤纶线或者锦纶线；也可以采用塑料丝；还可以采用金属丝，例如铜丝、铝丝或者有防锈层的铁丝。”2009年6月24日，安博特公司向专利复审委员会提出宣告本专利无效的请求，理由是本专利不符合《专利法》第二十二条第三款和《专利法实施细则》第二十条第一款的规定，并提交了包括附件4在内的多份证据。专利复审委员会认为，本专利权利要求1相对于附件4不具备新颖性和创造性，权利要求2、3、4的技术方案相对于附件2和3的结合是非显而易见的，故决定宣告本专利的权利要求1无效，在权利要求2～4的基础上维持该专利权有效。清华大学不服该决定并提起诉讼。一审法院维持专利复审委员会的审查决定。

清华大学不服原审判决提出上诉，其主要上诉理由为：（1）原审判决对本专利权利要求1的理解认定有误，本专利系一种由纤维丝束和丝束节构成的过滤材料，其过滤材料为束状，而附件4系纤维球滤料结构，这一区别技术特征带来了创造性的效果，而原审法院及专利复审委员会未对此进行审理。（2）专利复审委员会忽略了清华大学在审查程序中对本专利权利要求1的客观解释，原审判决没有客观公正地认定清华大学在审查程序中对本专利权利要求1客观解释的真实意图。清华大学在本专利申请程序中说明“本申请的特征在于该过滤材料由纤维丝束和丝束节组成，纤维丝束固定在丝束节中，纤维丝束描述滤料状态，亦即本申请中滤料上的纤维呈束状而不是球状”，该陈述客观地解释本专利权利要求1中技术方案的过滤材料为长条束状而不包括“滤料为球状”，由此不同于附件4的技术方案并产生了预料不到的技术效果，原审法院错误地理解和适用《最高人民法院关于审理侵犯专利权纠纷案件应用法律若干问题的解释》第六条的规定。（3）专利复审委员会针对附件4与本专利权利要求1进行比较的方法和结论均不能成立，专利复审委员会仅依据附件4的说明和附图便下结论，无视本领域的技术知识，其论述过于宽泛和空洞。（4）丝束节是本专利与附件4的区别技术特征，专利复审委员会对丝束节的含义和作用的归纳与事实不符。综上，本专利与附件4实质不同，并且具有明显优于附件4的技术效果，是对产业的巨大贡献，专利复审委员会关于本专利不具备新颖性和创造性的结论缺乏证据支持。

北京市高级人民法院二审认为，本专利的权利要求书、说明书及附图均未明确将过滤材料限定为束状，本领域技术人员在阅读本专利权利要求及说明书后也难以认识到本专利的过滤材料为束状。虽然清华大学在本专利的授权过程中明确称"本申请中滤料上的纤维呈束状而不是球状"，但其并未将该特征明确记入权利要求书中。由于本专利的权利要求1既没有对"纤维丝束"及"丝束节"的形状进行明确限定，也没有明确记载"由纤维丝束和丝束节构成的过滤材料"的形状，尤其没有明确限定其形状为排除"球状"的"束状"，同样也没有明确记载"纤维丝束"是如何固定在"丝束节"中的，而附件4公开了一种用于水处理的纤维球滤料，制作方式是将理齐的一束纤维（1）用细线或细丝（2）紧紧地拦腰捆扎住，然后从相邻两个捆扎处的中央剪断，整理后得到大致成球形的绒团。其中一束纤维（1）、细线或细丝（2）分别对应于本专利权利要求1中的纤维丝束和丝束节。本领域技术人员由此容易想到根据预期的形状需求使得纤维在细线或细丝两边的长度相等或不等。由于过滤材料为束状并非本专利权利要求记载的技术特征，且即使本专利的过滤材料为束状，由附件4记载的技术方案也很容易想到将过滤材料由球状整理为束状，故专利复审委员会对"丝束节"的认定并无不当。

3. 关于独立权利要求缺少必要技术特征的认定

专利独立权利要求应当从整体上反映发明或者实用新型的技术方案，记载解决技术问题的必要技术特征。在判断独立权利要求是否从整体上反映了发明或者实用新型的技术方案，是否记载了解决技术问题的必要技术特征时，可以根据权利要求书的记载并结合本领域普通技术人员阅读说明书及附图后对权利要求的理解来确定，说明书对权利要求用语有特别界定的，可从其特别界定。对于在权利要求书中出现的特定术语，如果能够从说明书及其附图中明确该术语的特定含义，则一般应当遵从说明书及其附图的表述。

在爱立信股份有限公司（以下简称爱立信公司）诉专利复审委员会及西安天工商务咨询有限公司（以下简称天工公司）"在SDH网络中的数据传输"

发明专利权无效行政纠纷一案[1]中，爱立信公司拥有的涉案专利的权利要求 1 为："1、一种同步数字系列网络，用于在虚拟级联信息结构中运送数据，所述网络包括辅助接口，所述辅助接口被安排和被配置为处理从所述网络的外部接收的信号，以便将这些信号变换为虚拟级联形式，从而通过所述网络传送，其中所述虚拟级联信息结构包括多个帧，用于按顺序发送，并且包括多个虚拟容器，其中每个虚拟容器包括路径开销信息，其中所述接口被安排为通过使用路径开销的一部分指示所述帧的顺序来处理路径开销信息。"本专利说明书第 2 页第 5 行记载："本发明的目的是提供一种具有传送增加带宽的信号能力的 SDH 网络，还有一个目的是让运送在接触级联的虚拟容器中的数据的 STM 信号的信息内容能够在一个本身不能够传送接触级联的信号的 SDH 网络上传输。本发明提供一种方法，用于在同步数字系列（SDH）网络中传送数据……本发明有利地提供了一种方法，用于将接触级联信号变换为虚拟级联信号以便在网络中传输。"本专利说明书第 4 页第 10 ~ 17 行记载："也需要保证在VC－4－4VC 中每个 VC －4 的帧是正确排序的。因此 H4 字节被用于帧顺序指示（FSI），以便网络能恢复原来的顺序……在接收 VC －4 －4VC 信号的网络节点的背面端口上，采用缓存器（buffer）依据由路径轨迹值及帧顺序值提供的信息对 VC－4 －4VC 中的虚拟级联 VC－4 作调准。"2008 年 9 月 24 日，天工公司请求专利复审委员会宣告本专利无效，其理由之一为本专利权利要求 1 ~ 25 均不符合《专利法实施细则》第二十一条第二款的规定。专利复审委员会经审查认为，本专利不符合《专利法实施细则》第二十一条第二款的规定，宣告本专利全部无效。一审法院维持了被诉决定。

北京市高级人民法院二审认为，从本专利所要解决的技术问题及相应的解决方案来看，对接收信号的调整和处理包括指示虚拟级联中虚拟容器顺序的内容，是本专利必不可少的技术特征。而本专利权利要求 1 中仅记载有"所述接口被安排为通过使用路径开销的一部分指示所述帧的顺序来处理路径开销信息"，缺乏将所接收的信号转换为虚拟级联形式时用于指示虚拟级联信息结构中虚拟容器顺序的内容，因而没有完整记载对接收信号的转换和处理的方案，从而导致无法在 SDH 网络中恢复原来所接收的信号。虽然爱立信公司主张权利要求 1 中"所述帧的顺序"既包括虚拟容器在虚拟级联中的顺序，也包括帧在虚拟容器中的顺序，但根据本专利说明书的记载，本专利权利要求 1 中所述的帧的顺序仅表示了在虚拟容器之下的帧的顺序，故本专利权利要求 1 记载

[1] 参见北京市高级人民法院（2011）高行终字第 693 号行政判决书和北京市第一中级人民法院（2009）一中知行初字第 2580 号行政判决书。

的“路径开销的一部分”仅是指在虚拟容器中指示帧的顺序的字节，而并不包括指示虚拟容器在虚拟级联信息结构中的顺序的字节。因此，本专利权利要求1缺乏必要的技术特征，一审法院认定其不符合《专利法实施细则》第二十一条第二款的规定并无不当。

4. 关于专利权人在无效审查程序中对其外观设计专利设计要点的陈述是否对将该外观设计专利作为对比文件审查另一实用新型专利创造性产生影响的认定

在审查实用新型专利的创造性时，应当考虑其技术方案的所有技术特征，不仅要考虑技术方案本身，还要考虑其所属技术领域、所解决的技术问题和所产生的技术效果。如果对比文件是在先外观设计专利，可以引用该外观设计专利包括其附图所公开的技术内容来评判该实用新型专利的创造性。但只有能够从附图中直接地、毫无疑义地确定的技术特征才属于公开的内容，对于由附图推测的内容、或者无文字说明且仅仅是从附图中测量得出的尺寸关系及其他不够明确的技术内容，即使该外观设计的专利权人在涉及该外观设计专利的无效审查程序中曾有陈述，一般也不宜作为已公开内容来评判该实用新型专利的创造性。

在广东科进尼龙管道制品有限公司（以下简称广东科进公司）诉专利复审委员会及镇江市营房塑电有限公司（以下简称镇江营房塑电公司）涉及“一种带法兰的铸型尼龙管道”实用新型专利权无效行政纠纷一案[1]中，本专利的授权公告日为2005年9月28日，申请日为2003年9月28日，专利权人为广东科进公司。本专利说明书记载：“直管或管件与法兰一次成型，不但制作简便，具有良好的耐腐性和耐磨性，而且能够提高强度和抗压能力，消除膨胀或收缩产生的内力，大大提高管道的抗疲劳能力和使用寿命。”专利复审委员会作出的已生效的第9751号决定，宣告本专利权利要求1和从属权利要求7引用权利要求1的技术方案无效，维持本专利权利要求2～6以及权利要求7引用权利要求2～6的技术方案有效。2009年4月10日，镇江营房塑电公司就本专利向专利复审委员会提出无效宣告请求，其无效理由为本专利的权利要求2～4、权利要求7不符合《专利法》）第二十二条第三款的规定。镇江营房塑电公司提交了两份附件作为对比文件，对比文件1系名称为“直管”的中国外观设计专利，其简要说明部分记载：“本外观设计系采用特殊的MC尼龙材料一次性铸造成型的，具体长度可依实际情况而定。”专利复审委员会在诉讼

[1] 参见北京市高级人民法院（2011）高行终字第31号行政判决书和北京市第一中级人民法院（2010）一中知行初字第3085号行政判决书。

中称，对比文件1主视图中管道两端的圆柱形凸起不能确定为法兰。对比文件2系中华人民共和国化学工业部标准《管法兰》、《管件、连接件及管道的法兰紧密面》，其中公开了法兰的圆柱形台面上有若干"V"形沟槽，其图1右侧部分即公开了法兰与管道一次成型的设计。

专利复审委员会认为，权利要求2与对比文件1相比其区别特征在于：(1)权利要求2是法兰与直管为一体式，而对比文件1是圆柱形凸起与直管为一体式；(2)权利要求2所述圆柱形台面设有若干条"V"形沟槽，其底部形成夹角。关于区别特征1，根据本专利说明书记载，本专利的目的是提供一种法兰与管道一次成型的铸型尼龙管道，采用铸型尼龙管道可以耐磨、耐腐蚀、直管与法兰一次成型可以解决法兰在连接处容易发生爆裂、泄漏等现象的问题。对比文件1公开了直管与两端有圆柱形凸起一体成型这个特征，从本领域技术人员的角度看，直管两端的圆柱形凸起的作用一般是用于连接管道或封头，即对比文件1客观上已经公开了"直管与用于管道连接的连接件一体成型"这个特征，其作用是防止直管与连接件在连接处泄漏。而权利要求1中法兰的作用也是用于连接管道或筒体或封头，因此本领域技术人员在对比文件1公开的"直管与圆柱形凸起一体成型"的基础上容易想到将直管与法兰一体成型，从而得到法兰与直管一体式的技术方案。关于区别特征2，对比文件2公开了一种"管件、连接件及管道的法兰紧密面"，在图1的法兰中，法兰圆柱形台面上设置有三个"V"形沟槽，因此该区别特征已经被对比文件2所公开。对比文件2中法兰圆柱形台面上的"V"形沟槽所起的作用与其在权利要求2中所起作用相同，都是用于增大摩擦防止密封垫圈脱位、加强密封性能。因此，将对比文件1和2结合得到权利要求2所保护的技术方案对本领域技术人员来说是显而易见的，权利要求2所要求保护的技术方案不具有实质性特点和进步，不具有创造性。权利要求3和4是权利要求2的从属权利要求，其附加技术特征已经被对比文件2所公开，权利要求3和4不具有创造性。对于本领域技术人员而言，在管道的连接处设置加强筋是本领域常用的技术手段，故权利要求7不具有创造性。基于上诉理由，专利复审委员会决定宣告本专利权利要求2~4无效，权利要求7引用权利要求2~4的技术方案无效，维持权利要求5和6以及权利要求7引用权利要求5和6的技术方案有效。广东科进公司不服该决定并提起诉讼。

一中院认为，本案对比文件1中的主视图只能看到直管以及其两端点圆柱形凸起，不能直接地、毫无疑义地确定该圆柱形凸起为法兰或其他管道连接部件，亦不存在将直管和法兰铸为一体式的技术启示。虽然对比文件2公开了管道连接部分有"V"形沟槽的技术内容，但即便对比文件1和2相结合，亦未公开本专利权利要求2中“直管和法兰为一体式”这一区别技术特征，且该区别技术特征的技术效果恰恰在于实现本专利的发明目的。因此，本专利权利要求2具有创造性，其从属权利要求3、4以及权利要求7引用权利要求2～4时亦具有创造性。专利复审委员会认定事实不清，适用法律错误，一审法院遂判决撤销被诉决定。镇江营房塑电公司在二审诉讼中提交了新的证据证明了如下事实：在涉及本案对比文件1中记载的外观设计专利的无效审查决定认定，对比文件1与该案附件的区别在于：（1）对比文件1的法兰上没有小圆孔，而附件的法兰靠近边缘的位置有数个小圆孔；（2）对比文件1的法兰面中部有一略微凸起的环状台面，而附件的法兰面为一个平面，没有凸起台面。二审法院就上述审查决定所作终审判决书记载，对于上述第1点区别，附件中的圆盘状法兰上具有数个小圆孔，从其使用状态图可知这些小圆孔是连接管道时供螺丝穿过的，是由管道的连接功能唯一限定的特定形状，对比文件1的直管明显省略了这种小圆孔，不能认为这种功能性结构的省略会对外观设计产品的整体视觉效果产生显著影响；对于上述第2点区别，对比文件1位于圆盘状法兰上的环状台面仅仅是略微凸起，这种差异不足以对产品的整体视觉效果产生显著影响。

北京市高级人民法院二审认为，广东科进公司在涉及本案对比文件1的无效审查行政及诉讼程序中，明确表示对比文件1中直管的两端就是法兰。对比文件1中的主视图只能看到直管以及其两端点圆柱形凸起，不能直接地、毫无疑义地确定该圆柱形凸起为法兰或其他管道连接部件，亦不存在将直管和法兰铸为一体式的技术启示。虽然镇江营房塑电公司二审新提交的证据表明，广东科进公司作为对比文件1中外观设计的专利权人，在该外观设计专利的无效审查程序中多次陈述直管两端的圆柱形凸起系法兰，但外观设计专利权的保护范围以表示在授权公告图片或者照片中的该产品的外观设计为准，专利权人在授权后的陈述一般不得作为确定外观设计专利保护范围的依据，故从本案对比文件1中的主视图来看，直管两端的圆柱形凸起不能直接地、毫无疑义地确定为法兰或其他管道连接部件。虽然对比文件2公开了管道连接部分有“V”形沟槽的技术内容，但即便对比文件1和2相结合，亦未公开本专利权利要求2中“直管和法兰为一体式”这一区别技术特征，而该区别技术特征对于实现本专利的发明目的有重要意义。因此，一审法院认为本专利权利要求2具有创造性，其从属权利要求3、4以及权利要求7引用权利要求2～4时亦具有创造性并无不当。

5. 关于区别技术特征是否属于常规技术手段或是否产生意外技术效果的认定

在创造性的判断中，如果认为某项技术特征属于本领域的常规技术手段，或者认为该技术特征没有产生意料之外的技术效果，专利复审委员会可以要求无效宣告请求人提供相应的证据。同样，在相关诉讼中，法院在必要时也可要求专利复审委员会或无效宣告请求人提供相应的证据。

在扎尔曼技术株式会社诉专利复审委员会、深圳市超频三科技有限公司发明专利无效行政纠纷一案❶中，本专利系扎尔曼株式技术会社为专利权人的名称为“散热器”的发明专利，超频三科技有限公司请求专利复审委员会宣告本专利无效。专利复审委员会认为，本专利独立权利要求与对比文件1的三点区别在结合对比文件2的基础上均是所属技术领域的技术人员容易想到的技术方案，故本专利独立权利要求不具备创造性，在此基础上本专利全部权利要求均不具备创造性。专利复审委员会决定宣告本专利全部无效，一审法院维持了专利复审委员会的审查决定。

北京市高级人民法院二审认为，本专利权利要求2与对比文件2相比较，其区别特征在于：（1）本专利权利要求2不需要对散热器片折叠至预定角度；（2）本专利权利要求2中的垫片向一个方向折叠，不侵占邻接折叠部的空间，而对比文件2中的凹部22与突部23对应存在，在各散热器片紧密接触时，突部23会陷入邻接散热器片的凹部22中。由此可见，本专利权利要求2所限定的结构技术特征并没有被对比文件2所公开，其所实现的技术效果也完全不同于对比文件2的技术效果，本领域技术人员在现有技术条件下只有付出创造性劳动才能实现本专利权利要求2的技术方案，即本专利权利要求2具备《专利法》第二十二条第三款规定的创造性。专利复审委员会在没有相关证据支持的情况下，即认定权利要求2的技术方案属于本领域的常规技术手段，亦没有产生意料之外的技术效果，缺乏事实依据。

6. 关于本领域普通技术人员所应具备的知识和能力的认定

本领域普通技术人员是专利授权及无效审查中的重要概念，《审查指南》的相关规定侧重于其所应具有的知识和能力，其目的在于统一审查标准，尽量避免审查员主观因素的影响。但《审查指南》的规定过于抽象，通常只能由审查员在个案中根据不同的技术领域和不同的案情，具体确定特定案件中所属领域技术人员应具备的知识和能力。要特别注意避免将所属技术领域技术人员应具备的知识和能力定位过高或过低这两种倾向，以准确确定本领域技术人员所应具备的知识和能力。

在重庆川东化工（集团）有限公司（以下简称川东公司）与专利复审委

❶ 参见北京市高级人民法院（2011）高行终字第784号行政判决书和北京市第一中级人民法院（2010）一中知行初字第1283号行政判决书。

员会、绵阳启明星磷化工有限公司（以下简称启明星公司）发明专利权无效行政纠纷一案[1]中，本专利权利要求 1 涉及用过磷酸酸化甲酸钠生产甲酸并联产各种磷酸钠盐的方法，就其中的技术特征“蒸馏出甲酸的副产物配制成溶液……调节 pH 值，并按……生产各种磷酸盐”而言，本专利原申请公开文本说明书和权利要求书中的相应描述分别为“副产物于 80℃左右配成 40% 许的水溶液”、“副产物以纯碱或合成甲酸钠的废碱液及磷酸调整 pH 值，即可生产……各种复合磷酸钠盐”。一审法院与专利复审委员会均认为，原申请公开文本具体限定了上述特征，如具体限定了将副产物配制成水溶液，且水溶液的浓度为 40%、用纯碱或合成甲酸钠的废碱液及磷酸调整 pH 值、所制备的产物为磷酸钠盐等，在原申请公开文本中并没有记载除获得磷酸钠盐之外的其他方法内容。本领域技术人员知道，通过将副产物溶解于溶液中用不同试剂调节溶液的 pH 值可能获得不同的磷酸盐，如当用氨水溶液调整 pH 值时，即可获得磷酸钠铵；用氢氧化钾调节 pH 值时，将得到复合磷酸钠钾盐。相应地，本专利原申请公开文本中记载的是用纯碱、烧碱、生产甲酸钠的废碱液或磷酸调整 pH 值，此时只能得到磷酸钠盐，这与授权文本中的权利要求 1 所反映出的“除了可以获得磷酸钠盐之外还可以获得其他类型磷酸盐”的信息完全不同，因此川东公司对权利要求 1 的修改导入了不能从原申请公开文本的说明书和权利要求书中直接地、毫无疑义地确定的信息，不符合《专利法》第三十三条的规定。

北京市高级人民法院二审认为，本领域技术人员应当是磷化工行业的普通技术人员。本领域技术人员通过阅读本专利原申请公开文本及授权文本可知，本专利所使用的反应物为过磷酸及甲酸钠。作为磷化工领域的普通技术人员，其应当知晓正常反应条件下产物是固定的，本专利的发明目的是“生产甲酸联产各种磷酸钠盐”。尽管通过修改，授权文本中“磷酸钠盐”变为“磷酸盐”，但从川东公司提交的《第一次审查意见通知书》等审查文档可以明确看出，本专利原始申请人在修改时存在明显的笔误，授权文本中“磷酸盐”应指“磷酸钠盐”。作为磷化工行业的普通技术人员，其当然知晓为实现取得甲酸及磷酸钠盐等产物的发明目的，应当避免引入其他杂质。在产物已经确定的前提下，本领域技术人员应当首选磷酸、烧碱、纯碱或甲酸钠废碱液调整 pH 值，这样才符合最大经济效益原则。因此，本领域技术人员在阅读本专利授权文本及公开文本后，结合本领域的公知常识，应当知晓选用以纯碱或合成甲酸

---

[1] 参见北京市高级人民法院（2010）高行终字第 1417 号行政判决书和北京市第一中级人民法院（2010）一中知行初字第 1220 号行政判决书。

钠的废碱液及磷酸调整 pH 值，本专利公开文本的“以纯碱或合成甲酸钠的废碱液及磷酸调整 pH 值”修改为授权文本的“调节 pH 值”并未实质性地改变了本专利的技术方案。

7. 关于在确定专利技术方案时如果权利要求对某个技术术语有明确定义则不宜作出与该定义不同解释的认定

发明或者实用新型专利权的保护范围以其权利要求的内容为准，如果专利权利要求对某个技术术语有明确的定义，在确定专利技术方案时则不宜作出与该定义不同的解释。

在崔军诉专利复审委员会及赵东红“测定人体反应时的方法及其装置”的发明专利无效纠纷一案❶中，本专利的独立权利要求为：“1. 一种测定人体反应时的方法，其特征是它包括如下步骤：a）受试者按下启动键后，在若干个信号灯中不定时随机地使任一个信号灯发光，或信号灯发光同时发声器发声；b）受试者必须看到某一信号灯发光后，才能手离开启动键，正确按下与之相对应的反应键；c）用仪器记录下直接反应时和间接反应时；所述直接反应时是，当信号灯发光或发声器发声后，受试者手离开启动键的时间，它反映受试者对信号灯或发声器的反应时间；所述间接反应时是，当信号灯发光或发声器发声后，受试者手按下反应键的时间，它反映受试者对信号反应判断及动作快慢。”崔军以本专利不符合《专利法》第二十六条第三款、第二十二条第三款的规定等为由，请求专利复审委员会宣告本专利无效。专利复审委员会经审查认为，根据本专利权利要求 1 的限定可知，权利要求 1 中的“间接反应时”是当信号灯发光或发声器发声后，受试者的手离开启动键到正确按下反应键的时间，故决定维持本专利有效。一审法院认为，根据权利要求 1 记载的“所述间接反应时是，当信号灯发光或发声器发声后，受试者手按下反应键的时间，它反映受试者对信号反应判断及动作快慢”来看，“间接反应时”起始点是信号灯发光或发声器发声，并非“受试者的手离开启动键”，故专利复审委员会对权利要求 1 中的“间接反应时”的认定错误，其对本专利权利要求 1 的创造性审查有误，故判决撤销专利复审委员会的审查决定。

北京市高级人民法院二审认为，本专利权利要求 1 和附件 1 的区别技术特征在于，附件 1 没有公开本专利权利要求 1 中的“用仪器记录下间接反应时，所述间接反应时是，当信号灯发光或发声器发声后，受试者手按下反应键的时间，它反映受试者对信号反应判断及动作快慢”。根据本专利权利要求 1 的记

❶ 参见北京市高级人民法院（2011）高行终字第 751 号行政判决书和北京市第一中级人民法院（2010）一中知行初字第 818 号行政判决书。

载，“间接反应时”起始点是信号灯发光或发声器发声，并非“受试者的手离开启动键”。赵东红虽然强调“间接反应时”包含了手离开启动键的过程，但其在原审诉讼中亦认可“间接反应时”的起点是反光或发声。专利复审委员会认定本专利权利要求1中的“间接反应时”是受试者的手离开启动键到正确按下反应键的时间，既未与本专利权利要求1的上述记载保持一致，亦与作为专利权人的赵东红的陈述相悖。因此，一审法院有关专利复审委员会对本专利权利要求1中的“间接反应时”的认定错误的判断是正确的。

8. 关于创造性判断中区别技术特征是否属于公知常识的认定

在创造性判断中，如果现有技术中给出将区别特征应用到最接近的现有技术以解决其存在的技术问题的启示，且这种启示会使本领域的技术人员在面对所述技术问题时，有动机改进该最接近的现有技术并获得要求保护的发明，则可以认定该区别技术特征属于公知常识。但是，认定区别技术特征属于公知常识通常应当有教科书或者工具书等证据佐证，或者特殊情况下难以提供上述证据时，应当进行充分的说明，不能仅以“断言”的形式说明。

在株式会社高永科技与专利复审委员会、CKD株式会社发明专利权无效行政纠纷一案❶中，对比文件未公开本专利以下技术特征：“工作台具有设置在其一侧的预定的基准面”、“发光装置，其安装于所述图像获取装置的一侧，用于产生和发射具有预定波长的光”、“控制单元将从安装于所述图像获取装置的一侧的所述发光装置产生的光照射到设定于所述工作台的一侧的基准面，随后通过所述图像获取装置接收反射光的图像，测量垂直距离，从而恒定地维持所述测量对象和所述图像获取装置之间的焦距”（技术特征B）。专利复审委员会和一审法院均认为，虽然对比文件对具体的对焦过程均未作出详细描述，但在现有技术中进行三维图像的测量都需要将测量对象和图像获取装置对焦，维持测量对象和图像获取装置之间焦距恒定，最终使得测量对象能够在图像获取装置的成像面上精确成像，对焦都需要以一个面作为对焦的基准面，并利用自然光或者光源发出的光来实施这一过程，这是本领域技术人员都知道的且是必然的过程。至于所述基准面是利用测量对象如待测印刷电路板的待测面还是在工作台上设置，用于对焦的光是利用自然光还是单独设置一个发出预定波长的光的激光源或者是图像获取装置本身的光源，以及对焦是手动还是利用控制装置实施的自动方式，都不会给对焦过程本身带来实质上的显著变化，本专利说明书中也未对该技术特征所带来的技术效果进行任何详细的描述，因此

❶ 参见北京市高级人民法院（2011）高行终字第464号行政判决书和北京市第一中级人民法院（2009）一中知行初字第1966号行政判决书。

技术特征 B 不能使得本专利具有突出的实质性特点和显著的进步。

北京市高级人民法院二审认为，技术特征 B 通过恒定地维持所述测量对象和所述图像获取装置之间的物距，以确保测量中因测量对象本身发生变形导致图像测量精度差的技术问题。没有证据证明在相同或相近技术领域中在测量时恒定地维持所述测量对象和所述图像获取装置之间的物距以确保或提高测量精度是公知常识。即使上述技术内容属于公知常识，测量中所使用的方法、设备、计算方式、所选择光源等具体的实施方式仍然可以使整体技术方案具有新颖性、创造性。不能认为测量过程中恒定地维持所述测量对象和所述图像获取装置之间的物距以确保或提高测量精度是公知常识而认为为实现这一技术目的的各种具体实施测量的方法、设备均属于公知常识。本专利权利要求 1 所限定的技术方案中，恒定地维持物距是实现发明目的不可或缺的重要组成部分。本领域技术人员通过阅读说明书明确知晓后续的测量、计算均要以前期测量物距为基础。而本专利权利要求 1 采用具有预定波长的光能够确保物距测量的精确度。综上，本专利能够通过"利用预设基准面以及维持物距恒定"，进而实现对测量对象本身变形的随时调焦，实现了准确测量被测物的发明目的。二审法院遂改判撤销原审判决和被诉决定。

9. 关于缺乏合理因素推导出的技术内容不能作为判断新颖性及创造性证据的认定

在判断新颖性及创造性时，均需要将与专利技术方案最接近的一篇现有技术作为对比文件。而《专利法》意义上的现有技术应当是在申请日以前公众能够得知的技术内容，即其应当在申请日以前处于能够为公众获得的状态，并包含有能够使公众从中得知实质性技术知识的内容。因此，现有技术应当充分披露相关实质性技术知识，不能用没有合理因素所推导出的技术内容来进行新颖性、创造性的判断。技术启示应当是明确的指引，而不应进行推定。

在豪佳电子股份有限公司（以下简称豪佳公司）与专利复审委员会、威虎公司、广州大凌实业股份有限公司（以下简称大凌公司）实用新型专利权无效行政纠纷案[1]中，豪佳公司系本专利的专利权人，威虎公司、大凌公司均请求宣告本专利无效。附件 2. 1 系某国外网站的网页及翻译件。该相关网页上载有《数字图像转换器》一文的内容与附图。专利复审委员会和一审法院均认为，本领域技术人员由附件 2. 1 所公开的内容或结合公知常识可以得到本专利权利要求 1 与现有技术存在的三点区别技术特征，由此认定本专利权利要求

---

[1] 参见北京市高级人民法院（2011）高行终字第 322 号行政判决书和北京市第一中级人民法院（2009）一中知行初字第 1320 号行政判决书。

1 不具备创造性。

北京市高级人民法院二审认为：在实用新型专利创造性判断中，现有技术通常应当是记载了产品的形状、结构等技术内容的专利文献、科技期刊、论文等技术资料，如果现有技术为附图，则该附图应当完整地公开相关技术特征。本案中，附件 2.1 由附图及文字组成，其中附图系该《数字图像转换器》产品的照片，仅仅公开了部分外观，未公开其内部结构；文字内容描述了《数字图像转换器》功能及使用方式，但并未对产品的形状、结构作任何描述。本专利与现有技术的区别技术特征之一为本专利权利要求 1 中装置的底支架结合在架体下部，底盖从下部结合固定，从附件 2.1 附图披露的外部结构无法看到该产品内部是否存在低支架、底盖以及与架体的连接方式，本领域技术人员也不能毫无疑义地推知其内部的结构。因此，附件 2.1 没有公开上述区别技术特征。一审法院及专利复审委员会认定附件 2.1 公开了上述区别技术特征的依据不足。

10. 关于申请方案是否属于技术方案的认定

《专利法》所称的发明是指对产品、方法或者其改进所提出的新的技术方案，而技术方案是对要解决的技术问题所采取的利用了自然规律的技术手段的集合。技术手段通常由技术特征来体现。未采用技术手段解决技术问题，以获得符合自然规律的技术效果的方案，不属于专利保护的客体。因此，是否存在需要解决的技术问题，是否利用了自然规律解决了该技术问题，是认定申请方案是否属于技术方案的核心。

在友达光电股份有限公司与专利复审委员会发明专利驳回复审行政纠纷案[1]中，本申请权利要求 1 请求保护一种像素阵列，其采用的解决方案是该像素阵列由多个第一像素构成，该第一像素至少包括一次像素以及配置在该次像素侧边的第一定址像素。专利复审委员会及一审法院均认为，本申请上述方案要解决的问题是提供一种像素阵列的构成方式，但上述方案只给出了像素阵列的构成和各像素的位置配置关系，其既没有给出构成该像素阵列的一次像素、定址像素的具体物理结构、材料或功能，也没有给出所述像素相互间的具体连接关系，而只是对像素阵列的构成进行了人为规定。这种人为规定不属于技术手段，其没有解决技术问题，更无法推知其所要达到的技术效果，因此本申请权利要求 1 不是《专利法》意义上的技术方案。

北京市高级人民法院二审认为，本申请说明书载明，本申请是针对触控式

[1] 参见北京市高级人民法院（2010）高行终字第 1409 号行政判决书和北京市第一中级人民法院（2009）一中知行初字第 2157 号行政判决书。

面板接触加压后产生分辨率不足、接触压力大容易损害面板以及发光效率低、耗电量高等技术问题而提出的发明申请。针对上述技术问题，本申请权利要求1采用次像素用于显示影像以及定址像素用于定位，并限定了定址像素与次像素之间的位置关系。由上述像素结构组成的像素阵列用于构成一种非接触式的面板输入装置，利用图光笔类的传感器接收由像素结构中的定址像素所发出的电磁波来进行定位，确认所需输入的位置。此外，本申请权利要求2及说明书中均披露，定址像素使用可产生不可见光波长的电磁辐射波的材质。根据上述内容，本领域技术人员使用上述技术方案可以解决所述的技术问题。因此，本申请属于技术方案，符合《专利法实施细则》第二条第一款的规定。原审判决及被诉决定认为上述方案不是《专利法》意义上的技术方案缺乏依据。

11. 关于相关领域产品设计趋势不影响外观设计专利授权的认定

外观设计专利制度存在的基础和授予外观设计专利权的主要目的，在于促进产品外观的改进，增强产品的市场竞争力，美化生活或者工作的环境和氛围。在外观设计领域，也始终存在追求样式新颖、风格时尚、美观大方、赏心悦目的发展趋势。是否符合相关领域产品外观设计的基本趋势，不是判断某一产品外观设计是否应当授予专利权的衡量因素。

在上海罗恩网络信息有限公司（以下简称罗恩公司）诉专利复审委员会、苹果公司“移动式通讯装置”外观设计专利权无效行政纠纷一案[1]中，罗恩公司针对苹果公司拥有的本专利提出无效宣告请求，专利复审委员会决定维持本专利有效。罗恩公司在原审诉讼中主张本专利“较大的显示区域，较小的输入区域”的外观设计特征属于同类产品的“惯常设计”的观点，但未提交相应证据。一审法院判决维持本专利有效。

罗恩公司二审中将其在无效宣告审查程序中提交的4份对比文件以及本专利的显示区域、输入区域在整个机身中所占比例进行了统计对比：对比文件1中的显示区域占比为51.6%，输入区域占比为39.7%；对比文件2中的显示区域占比为55.1%，输入区域占比为32.2%；对比文件3、4中的显示区域占比为60%，输入区域占比为28%；本专利的显示区域占比为65%，输入区域占比为15%。在此基础上罗恩公司二审主张，在本专利申请日之前，本领域产品的外观设计趋势是显示区域越做越大，输入区域越做越小，本专利仅仅是在这样的趋势下稍稍增大了显示区域、缩小了输入区域；相对于对比文件3、4，本专利的显示区域仅仅大5%，以目测方式基本已经看不出区别；对比文

---

[1] 参见北京市高级人民法院（2011）高行终字第832号行政判决书和北京市第一中级人民法院（2010）一中知行初字第1274号行政判决书。

件1～4中显示区域均超过50%，而输入区域均小于50%。按照普通公众的理解，上述对比设计均符合“较大的显示区域、较小的输入区域”的外观特征，故本专利的外观设计特征在申请日之前早已存在，本专利不符合《专利法》第二十三条的规定。北京市高级人民法院二审认为，是否符合相关领域产品外观设计的基本趋势，不是判断某一产品外观设计是否应当授予专利权的衡量因素。罗恩公司关于在本专利申请日之前本领域产品存在显示区域越做越大、输入区域越做越小的外观设计趋势，本专利仅仅是在这样的趋势下稍稍增大了显示区域、缩小了输入区域，因而本专利不符合《专利法》第二十三条规定的上诉理由不能成立。

12. 关于已授权专利相对于其国际申请文本出现了译文错误应由专利权人自行承担后果的认定

《专利法实施细则》第一百一十六条规定：“国际申请在国际阶段被有关国际单位拒绝给予国际申请日或者宣布视为撤回的，申请人在收到通知之日起2个月内，可以请求国际局将国际申请档案中任何文件的副本转交国务院专利行政部门，并在该期限内向国务院专利行政部门办理本细则第一百零三条规定的手续，国务院专利行政部门应当在接到国际局传送的文件后，对国际单位作出的决定是否正确进行复查。”该规定的本意在于，如果授权的专利权利要求的某个术语相对于国际申请文本的原文出现了译文错误，专利权人不能基于自己的失误或者错误而获得不应有的利益。如果国际申请文本的权利要求中并没有某一术语或相应的技术特征，已授权专利权利要求中的某一术语是申请人在国际申请文件译文基础上对权利要求书进行主动修改的情况下增加的，则在对该术语进行解释时可以不适用《专利法实施细则》第一百一十六条的规定。

在B. 布劳恩梅尔松根公司（以下简称布劳恩公司）诉专利复审委员会、北京市安伦律师事务所（以下简称安伦事务所）发明专利权无效行政纠纷案[1]中，布劳恩公司是名称为“用于注射针头的保护装置”发明专利的专利权人。安伦事务所向专利复审委员会提出宣告本专利权无效的请求。专利复审委员会认为，本专利权利要求1～3相对于附件2不具备新颖性，权利要求4～6、8～15不具备创造性，权利要求7不符合《专利法》第二十六条第四款的规定，决定宣告本专利无效。一审法院认为，本专利的国际申请文本中的“弹性臂”应翻译为复数形式，而本专利权利要求1中的“弹性臂”的表述包含了弹性

---

[1] 参见北京市高级人民法院（2011）高行终字第100号行政判决书和北京市第一中级人民法院（2009）一中行初字第120号行政判决书。

臂可为单数或复数的两种情形，根据2002年《专利法实施细则》第一百一十六条的规定，本专利的保护范围超出了国际申请的原文所表达的范围，因此应依据原文中“弹性臂”为复数确定本专利的保护范围。附件2中的片簧只有一个弹性臂，与本专利中“弹性臂”为复数的结构存在明显的差异，其所达到的技术效果亦不同，故本专利权利要求1相当于附件2具备新颖性。一审法院判决撤销被诉决定。

北京市高级人民法院二审认为，本专利国际申请文本记载的“elastische Arme”（复数个弹性臂）只是背景技术的技术特征，与本专利权利要求中的技术特征并没有必然联系；其记载的“交叉臂”只是本专利一个实施例的技术特征，并不构成对本专利权利要求中的技术特征的限制。因此，本专利国际原始文本的权利要求部分和发明内容部分都没有“弹性臂”，本专利权利要求1不存在翻译错误的问题。原审判决认为存在翻译错误，属于事实认定不清。本专利国际申请文本的权利要求中并没有“弹性臂”这一术语或相应技术特征，本专利权利要求1中的“弹性臂”是布劳恩公司在国际申请文件的译文基础上对权利要求书进行主动修改的情况下增加的，故在对“弹性臂”进行解释时，可以不适用《专利法实施细则》第一百一十六条的规定。原审判决依据《专利法实施细则》第一百一十六条的规定对本专利权利要求1的“弹性臂”的单复数进行解释，属于法律适用错误。

13. 关于专利复审委员会发现申请文件存在驳回决定未指出的明显实质性缺陷时可以依据该理由作出维持驳回决定的审查决定的认定

2006年《审查指南》第四部分第二章第4.1节规定：“除驳回决定所依据的理由和证据外，合议组发现审查文本中存在下列缺陷的，可以对与之相关的理由及其证据进行审查，并且经审查认定后，应当依据该理由及其证据作出维持驳回决定的审查决定：……（2）驳回决定未指出的明显实质性缺陷或者与驳回决定所指出缺陷性质相同的缺陷。”根据该条规定，专利复审委员会如果发现申请文件存在驳回决定未指出的明显实质性缺陷，可以依据该理由作出维持驳回决定的审查决定。

在张伟民诉专利复审委员会涉及“手机付费服务系统”发明专利申请驳回复审行政纠纷一案[1]中，本申请系张伟民于2007年8月28日申请的名称为“手机付费服务系统”的发明专利申请，国家知识产权局于2009年8月14日作出驳回决定，其理由是：本申请权利要求1～10的保护范围不清楚，不符合

[1] 参见北京市高级人民法院（2011）高行终字第473号行政判决书和北京市第一中级人民法院（2010）一中知行初字第2703号行政判决书。

《专利法实施细则》第二十条第一款的规定。专利复审委员会受理该复审请求后，先后两次向张伟民发出复审通知书，指出本申请不属于《专利法实施细则》第二条第一款规定的技术方案。2010年4月28日，专利复审委员会经过审查认定，本申请不属于《专利法实施细则》第二条第一款规定的技术方案，决定维持国家知识产权局于2009年8月14日对本申请作出的驳回决定。一中院判决维持了第22835号决定。

北京市高级人民法院二审认为，从《审查指南》第四部分第二章第4.1节的规定来看，专利复审委员会如果发现申请文件存在驳回决定未指出的明显实质性缺陷，可以依据该理由作出维持驳回决定的审查决定。本案中专利复审委员会在认定本申请不符合《专利法实施细则》第二条第二款的规定，不属于发明专利保护客体的基础上，未再审查本申请是否符合《专利法实施细则》第二十条第一款的规定即作出维持驳回决定的审查决定具有事实和法律依据。《专利法》所称发明，是指对产品、方法或者其改进所提出的新的技术方案。所谓技术方案是指对要解决的技术问题所采取的利用了自然规律的技术手段的集合，未采用技术手段解决技术问题以获得符合自然规律的技术效果的方案，不属于发明专利保护客体。一般而言，技术方案应具备技术手段、技术问题和技术效果等要素，技术方案是技术手段的集合，通过技术手段解决的问题一般都是技术问题，通过技术手段实现的效果一般都是技术效果。因此，一项发明是否属于技术方案，通常应从技术手段、技术问题和技术效果等方面予以评判。本申请未采用技术手段解决技术问题，以获得符合自然规律的技术效果的技术方案，因此不属于《专利法》所保护的技术方案。

14. 关于无效请求人在二审诉讼中不得变更涉案专利不具创造性的证据组合方式的认定

在评价发明创造是否具备创造性时，可以将一份或多份现有技术中的不同技术内容组合在一起对要求保护的发明进行评价。对于无效请求人主张的涉案专利不具备创造性的证据组合方式，专利复审委员会通常应分别予以审查并得出无效请求是否成立的结论。人民法院在审查专利无效审查决定的合法性时，通常审查专利复审委员会是否评判了无效请求人指出的证据组合方式。无效请求人在诉讼中变更证据组合方式的，由于变更后的证据组合方式未经专利复审委员会且不是其作出被诉决定的基础，故人民法院通常也不予审查。

在广东美的制冷设备有限公司（以下简称美的公司）诉专利复审委员会及珠海格力电器股份有限公司（以下简称格力公司）“控制空调器按照自定义

曲线运行的方法”发明专利权无效行政纠纷一案[1]中，美的公司请求专利复审委员宣告本专利无效，并提交了6份附件。美的公司在无效审查程序中主张本专利权利要求1～7不具备创造性的具体理由是：（1）本专利权利要求1～7相对于附件1、2的结合不具有创造性；（2）权利要求1、2相对于附件1、3及公知常识，或相对于附件4、3及公知常识的结合不具有创造性；（3）在独立权利要求不具备创造性的情况下，其从属权利要求3～7也不具有创造性。在专利复审委员会维持本专利有效后，美的公司诉至一审法院。一审法院判决维持专利复审委员会的审查决定。

北京市高级人民法院二审诉讼中，美的公司中主张本专利权利要求1相对于附件1或结合公知常识或结合附件3不具备创造性、本专利权利要求1相对于附件4或结合公知常识或结合附件3不具备创造性、权利要求2相对于附件1或结合公知常识或附件3不具备创造性、权利要求2相对于附件4或结合公知常识或附件3不具备创造性。北京市高级人民法院二审认为，美的公司在二审诉讼中主张本专利的权利要求1、2无效的对比文件的组合方式已不同于其在无效审查行政程序中的相应主张，而其在二审诉讼中主张本专利的权利要求1、2无效的对比文件的组合方式系未经专利复审委员会及一审法院审查的新主张，故对该主张不予审查，美的公司如坚持该主张，可依法另行向专利复审委员会提出无效宣告审查程序。

15. 关于专利复审委员会未中止无效审查程序可能损害专利权人利益的认定

在专利权无效审查过程中，如果存在专利权属民事纠纷，当事人可以请求专利复审委员会中止无效审查程序。《审查指南》虽然也规定无效宣告请求程序可以因相关专利权属纠纷而中止审查，但同时规定中止期限不超过一年，且在无效宣告程序中专利复审委员会指定的期限不得延长。《审查指南》的上述规定在给专利复审委员会的无效审查工作带来规范、高效、便捷等利益的同时，也要求专利复审委员会承受相应的风险。因此，《审查指南》的前述规定虽然保障了无效审查程序的效率，但相应地，无效审查决定亦可能因为专利复审委员会未延长中止期限导致专利权人的合法利益受到损害而被撤销。

在丹东北方环保工程有限公司（以下简称丹东北方公司）诉专利复审委员会及孙雅申“双级过滤式自动清洗过滤器”实用新型专利无效行政纠纷一

[1] 参见北京市高级人民法院（2010）高行终字第1354号行政判决书和北京市第一中级人民法院（2010）一中知行初字第503号行政判决书。

案[1]中，本专利的原专利权人为赵清娥。2009 年 7 月 17 日，孙雅申针对本专利提出无效宣告请求。2009 年 4 月 17 日，国家知识产权局针对丹东北方公司提出的中止程序请求，作出《中止程序请求审批通知书》并于 2009 年 4 月 24 日发文，其中记载：本专利的中止程序请求人丹东北方公司于 2009 年 3 月 31 日提出的中止程序请求符合有关法律规定，专利局自 2009 年 3 月 31 日起至 2010 年 3 月 31 日，对该专利申请或专利执行中止。2009 年 9 月 14 日，辽宁省沈阳市中级人民法院作出（2009）沈中民四初字第 11 号民事判决书，确认本专利归丹东北方公司所有。2009 年 12 月 17 日，辽宁省高级人民法院作出（2009）辽高民三终字第 224 号民事判决书（以下简称第 224 号判决），维持了辽宁省沈阳市中级人民法院（2009）沈中民四初字第 11 号民事判决。2010 年 1 月 5 日，专利复审委员会向赵清娥和孙雅申发出口审通知，定于 2010 年 4 月 1 日进行口头审理，后专利复审委员会如期举行了口头审理。2010 年 4 月 16 日，国家知识产权局针对丹东北方公司提出的延长期限请求作出《延长期限审批通知书》并发文，其中记载：不同意延长国家知识产权局于 2009 年 4 月 24 日发出的《中止程序请求审批通知书》中规定的期限，理由是本专利处于无效宣告程序中，中止期限已届满。2010 年 4 月 28 日，专利复审委员会作出审查决定，以本专利的权利要求 1 不具备新颖性为由，决定宣告本专利全部无效。2010 年 5 月 7 日，丹东北方公司收到第 224 号判决。2010 年 5 月 19 日，丹东北方公司依据第 224 号判决向国家知识产权局专利局提出著录项目变更请求。2010 年 5 月 24 日，专利复审委员会向赵清娥和孙雅申发出第 14860 号决定。2010 年 6 月 18 日，专利局发出视为未提出通知书，认为丹东北方公司的著录项目变更请求不符合《专利法实施细则》的相关规定，缺少新专利权人地址编码，视为未提出。2010 年 6 月 25 日，丹东北方公司再次向专利局提出著录项目变更请求，专利局于 2010 年 7 月 21 日向丹东北方公司发出手续合格通知书，告知丹东北方公司本专利的专利权人已经变更为丹东北方公司。2010 年 8 月 12 日，丹东北方公司不服上述决定并提起诉讼。

一审法院认为，第 224 号判决已经终审判决确认丹东北方公司为本专利的专利权人，由于赵清娥并未向专利复审委员会如实陈述本专利经司法程序已经确认归丹东北方公司所有，致使真正的专利权人丹东北方公司并未参加包括口审在内的全部行政程序，造成专利复审委员会作出的第 14860 号决定存在程序错误。鉴于赵清娥作为本专利的原权利人在无效宣告程序中未依法履行保护本

---

[1] 参见北京市高级人民法院（2011）高行终字第 509 号行政判决书和北京市第一中级人民法院（2010）一中知行初字第 3007 号行政判决书。

专利的权利，其并未针对无效宣告请求人孙雅申提出的无效宣告理由和事实发表意见，从而放任本专利被宣告无效，故专利复审委员会应当在听取丹东北方公司的意见后重新作出审查决定。因此，专利复审委员会作出第14860号决定的主要证据不足，程序违法，应予撤销。一审法院故判决撤销被诉决定并由专利复审委员会重新作出审查决定。专利复审委员会不服原审判决提起上诉。

北京市高级人民法院二审认为，本专利在无效审查程序中虽已有生效司法判决确认丹东北方公司为本专利的专利权人，但专利复审委员会在作出第14860号决定时并不知道相关司法裁判情况，且本专利的专利权人变更也发生在第14860号决定作出之后。因此，一审法院以赵清娥未告知专利复审委员会相关司法裁判情况导致丹东北方公司未参加无效审查程序为由，认定专利复审委员会作出第14860号决定程序违法缺乏依据。但是，由于本案的无效宣告请求是在辽宁省沈阳市中级人民法院一审判决本专利归丹东北方公司所有后才由孙雅申向专利复审委员会提出的，且在专利复审委员会无效审查程序中，辽宁省高级人民法院已终审判决确认本专利归丹东北方公司所有。虽然第14860号决定仅以不具有新颖性为由宣告本专利权无效，但第224号判决在第14860号决定作出后才送达丹东北方公司，且本专利的原专利权人赵清娥亦未及时告知专利复审委员会第224号判决有关本专利权属问题的终审判决内容，并鉴于本专利的真正专利权人丹东北方公司并未参加相应的无效审查程序，一审法院为切实保护其合法利益，判决专利复审委员会在保障各方当事人合法权利的基础上重新作出审查决定并无不当。

二、商标行政案件

（一）《商标法》第十条第一款第（八）项“不良影响”条款

16. 关于将仅损害私权的标志申请注册商标一般不宜认定为具有不良影响的认定

《商标法》第十条第一款第（八）项规定，有害于社会主义道德风尚或者有其他不良影响的标志不得作为商标使用。审查判断有关标志是否构成具有其他不良影响的情形时，应当考虑该标志或者其构成要素是否可能对我国政治、经济、文化、宗教、民族等社会公共利益和公共秩序产生消极、负面影响。如果有关标志的注册仅损害特定民事权益，由于《商标法》已经另行规定了救济方式和相应程序，故不宜认定其属于具有其他不良影响的情形。

在盐城市艾斯特体育器材有限公司（以下简称艾斯特公司）与商标评审

委员会、邓亚萍商标争议行政纠纷案[1]中，邓亚萍依据《商标法》第十条第一款第（八）项的规定，请求撤销艾斯特公司注册在第28类乒乓球拍商品上的争议商标“亚平YAPING及图”。商标评审委员会认定邓亚萍所提撤销理由成立，裁定撤销争议商标的注册。一审法院判决维持被诉裁定。

北京市高级人民法院二审认为，争议商标由汉字“亚平”及图构成，该商标标志本身具有一定的显著性。争议商标核定使用的商品为第28类乒乓球拍，该商标标志中的文字部分“亚平”的发音与“邓亚萍”相近似，相关公众可能会认为争议商标核定使用的商品与邓亚萍存在某种关联，但这种后果不会对我国政治、经济、文化、宗教、民族等社会公共利益和公共秩序产生消极、负面影响。争议商标的注册仅仅涉及是否损害邓亚萍本人的民事权益的问题，属于特定的民事权益，并不涉及社会公共利益或公共秩序，故不应适用《商标法》第十条第一款第（八）项的规定，故商标评审委员会及原审判决适用法律错误。

17. 关于不宜将实际使用中是否容易造成商品来源的混淆误认作为具有不良影响的认定

《商标法》的“不良影响”条款属于民法上的公序良俗原则的具体体现，只有在申请注册的商标标志具有违反社会公共利益、公共秩序，对我国政治、经济、文化、宗教、民族等产生消极、负面影响的情况下，才能适用该规定，标志在使用中是否容易造成商品来源的混淆误认不属于不良影响条款所规范的内容。

在福建南少林药业药业有限公司（以下简称南少林公司）诉商标评审委员会及中国嵩山少林寺（以下简称少林寺）“南少林”商标争议行政纠纷一案[2]中，南少林公司在水针剂商品上注册了争议商标“南少林”及图形，少林寺以该争议商标的注册容易导致相关公众误认为其与少林寺存在特定联系，违反《商标法》第十条第一款第（八）项等规定为由提出撤销申请。商标评审委员会认定少林寺的撤销理由不能成立，裁定维持争议商标的注册。一审法院认为，少林寺历史悠久，在我国宗教界具有举足轻重的地位，并形成了禅、武、医三位一体的少林文化。对社会公众而言，“少林”作为少林寺的简称，二者已经形成了唯一的对应关系，而现有证据不能证明“南少林”已形成独立于少林寺的其他含义。即使“南少林”能与少林寺相区分，但南少林公司

[1] 参见北京市高级人民法院（2011）高行终字第168号行政判决书和北京市第一中级人民法院（2010）一中知行初字第3083号行政判决书。

[2] 参见北京市高级人民法院（2011）高行终字第452号行政判决书和北京市第一中级人民法院（2010）一中知行初字第1585号行政判决书。

仅以其住所地与“南少林”遗址所在地均位于福建省福清市为由，从而认为其与南少林具有特定联系的主张亦不能成立。因此，南少林公司在第5类水针剂商品上注册争议商标，易使相关公众认为其商品来源于少林寺或“南少林”，或者与少林“医”文化有关，从而导致消费者对商品的来源产生误认，进而产生不良影响。一审法院遂撤销被诉裁定。

北京市高级人民法院二审认为，“南少林”有其产生的历史渊源，与少林寺并非同一事物，相关公众能够将二者区分；从“南少林”文字本身来看，该文字作为商标使用并不会对社会秩序和社会公共利益产生消极、负面影响；少林寺亦未有证据证明争议商标获准注册至今争议商标的使用造成了宗教方面的消极、负面影响。因此，商标评审委员会关于争议商标不具有不良影响的认定正确。

（二）《商标法》第十条第二款“地名商标”条款

18. 关于非我国公众知晓的外国地名可以作为商标注册的认定

根据《商标法》第十条第二款的规定，公众知晓的外国地名不得作为商标，但地名具有其他含义或者作为集体商标、证明商标组成部分的除外。该规定中的“公众知晓”应指为我国公众所普遍知晓，对于非属我国公众知晓的外国地名，其申请人在相同或类似商品或服务上将该地名早已申请为注册商标，且该在先商标已具有一定知名度时，可以核准其注册。

在上海清水日用制品有限公司（以下简称上海清水公司）诉商标评审委员会涉及“SHIMIZU”商标申请驳回复审行政纠纷一案[1]中，申请商标由上海清水公司于2006年5月18日申请注册，指定使用于第21类保温瓶、隔热瓶等商品。商标局以申请商标中“SHIMIZU”译为“清水”，是日本清水市市名，属公众知晓的外国地名为由，决定驳回申请商标的注册申请。上海清水公司不服该决定并申请复审。商标评审委员会经审查认定，申请商标中“SHIMIZU”译为“清水”，系日本静冈县第三大城市，也是日本重要的港口城市，属公众知晓的外国地名，故不得作为商标使用，故决定驳回申请商标的注册申请。一审法院认为，申请商标中的“SHIMIZU”虽然具有“清水”的含义，但中国公众很难将“SHIMIZU”认知为日本清水，商标评审委员会以申请商标属于公众知晓的外国地名为由决定驳回其注册的主要证据不足，故判决撤销被诉裁定并责令商标评审委员会重新作出裁定。

北京市高级人民法院二审另查明，上海清水公司于1996年1月29日申请

---

[1] 参见北京市高级人民法院（2011）高行终字第384号行政判决书和北京市第一中级人民法院（2010）一中知行初字第3592号行政判决书。

注册“SHIMIZU”商标，于1997年7月7日被核准注册，注册号为1045926，核定使用商品为真空瓶、暖水瓶等。商标评审委员会认可该商标核定使用的商品与本案申请商标指定使用的商品构成相同或类似商品。此外，包含“SHIMIZU”的国际注册第873707号商标由上海清水公司于2005年11月21日申请国际注册，并于2007年9月21日在日本获准注册，指定商品为真空瓶、冷藏瓶等。北京市高级人民法院认为，本案申请商标中包含有“SHIMIZU”，商标评审委员会所举的《英汉大词典》可以证明“SHIMIZU”具有“清水”的含义并指向了作为地名的日本清水市；但因语言差异的缘故，中国公众一般难以将“SHIMIZU”认知为作为地名的日本清水市，现有证据亦不足以证明“清水市”作为日本地名已为中国公众所知晓。此外，上海清水公司于1997年7月7日在与本案申请商标指定使用的商品相同或类似的商品上获准注册了“SHIMIZU”商标，随后其亦大量使用了该商标，如果本案申请商标不能获得注册，则难以保护上海清水公司基于上述商标对商标行政机关产生的信赖利益。而且，考虑到包含“SHIMIZU”的国际注册第873707号商标由上海清水公司于2007年9月21日在日本获准注册的事实，申请商标亦应获得注册。

19. 关于具有其他含义的地名通常只有在其非地名含义强于地名含义时才可以获得注册的认定

根据《商标法》第十条第二款的规定，县级以上行政区划的地名或者公众知晓的外国地名，不得作为商标，但地名具有其他含义或者作为集体商标、证明商标组成部分的除外；已经注册的使用地名的商标继续有效。这主要因为县级以上行政区划的地名含义相对明确和固定，如果允许将其作为商标使用必然会淡化其地名含义，可能导致对地名的不恰当垄断并引起社会公众对其地名含义和商标含义的混淆。虽然对于那些既具有地名含义又具有其他含义的标志，不能因为其具有地名含义就一律禁止其作为商标注册，但通常只有在其非地名含义强于地名含义时才可以获得注册。

在山西省新绛县绛州澄泥砚研制所诉商标评审委员会及山西省新绛县绛艺苑砚社涉及“绛及图”商标异议复审行政行政纠纷一案[1]中，被异议商标“绛及图”由绛艺苑砚社于2002年4月8日提出注册申请，指定使用在第16类印章（印）、图章盒、毛笔、笔架、宣纸、砚（墨水池）、块墨、墨汁商品上。绛州澄泥砚研制所以被异议商标与其已注册的第948285号“绛州及图”商标已构成使用在类似商品上的近似商标为由，于2003年6月18日对被异议商标

[1] 参见北京市高级人民法院（2011）高行终字第400号行政判决书和北京市第一中级人民法院（2010）一中知行初字第2206号行政判决书。

提出异议。商标局裁定被异议商标在"砚（墨水池）、块墨、墨汁"商品上的注册申请不予核准，在其余商品上的注册申请予以核准。绛州澄泥砚研制所向商标评审委员会提出异议复审申请，其主要复审理由："绛"是山西省运城市境内的县级行政区划名称，被异议商标的注册申请违反了《商标法》第十条第二款的规定，不应核准。经查，绛县目前为山西省运城市的一级县级行政区划名称。商标评审委员会经审查认定，"绛县"虽是山西省县名，但"绛"亦有"深红色"的含义，普通消费者在通常情况下不易将单独一个"绛"字与"绛县"联系起来识别，绛州澄泥砚研制所以被异议商标属于《商标法》第十条第二款所指的"县级以上行政区划的地名"为由，请求不予注册的理由不能成立，故裁定被异议商标在复审商品上予以核准注册。

一审法院认为，被异议商标为"绛及图"的图文组合商标，"绛"为该商标的显著识别部分，其指定使用的商品为印章（印）、图章盒、毛笔、笔架、宣纸、砚（墨水池）、块墨、墨汁，考虑到绛县为我国四大名砚之一"澄泥砚"的产地，相关公众在上述指定商品上一般会将被异议商标中的"绛"理解为"绛县"，而不会作为商标予以识别，而绛县为山西省运城市的一级县级行政区划名称。因此，绛州澄泥砚研制所关于被异议商标属于《商标法》第十条第二款所指的"县级以上行政区划的地名"的主张成立。一审法院判决撤销被诉裁定并责令商标评审委员会重新作出裁定。商标评审委员会不服原审判决并提出上诉。北京市高级人民法院认为，被异议商标为"绛及图"的图文组合商标，"绛"为其显著识别部分，虽然"绛"既具有"绛县"的地名含义，也具有"深红色"的含义，但并无证据表明其"深红色"的含义强于"绛县"的含义，故被异议商标在复审商标上的注册应不予核准，遂维持原判。

（三）《商标法》第十一条"显著性"条款

20. 关于具有固有含义的专业性词汇是否具备商标显著性的认定

商标的显著特征是指足以使相关公众区分商品来源的特征，判断商标标志是否具有显著性，应当综合考虑该标志本身的含义、呼叫和外观构成，以及商标指定使用商品、商标指定使用商品的相关公众的认知习惯、商标指定使用商品所属行业的实际使用情况等因素。对于外文商标，应当根据我国境内相关公众的通常认识，判断诉争外文商标是否具有显著特征。诉争标志中的外文虽有固有含义，但相关公众能够以该标志识别商品来源的，不影响对其显著性的认定。

在纽普雷克斯公司诉商标评审委员会商标驳回复审行政纠纷一案❶中，纽普雷克斯公司提出第6045128号“NUPLEX”商标注册申请，指定使用在第1类工业用化学品等商品上，商标局以申请商标缺乏识别性为由驳回该商标的注册申请，商标评审委员会亦认为申请商标缺乏商标显著特征，依据《商标法》第十一条第一款第（三）项规定，决定对申请商标予以驳回。一审法院认为，申请商标由英文“NUPLEX”构成，其中“NUPLEX”的含义为（建在核反应堆周围的）核动力工（农）业综合企业；申请商标将单词“NUPLEX”作为商标注册使用，又无其他易于识别的特征，易使消费者误以为其是对企业特点的描述，而不易将其作为商标加以识别，故申请商标缺乏商标应有的显著特征，判决维持被诉决定。

北京市高级人民法院二审认为，申请商标“NUPLEX”由英文字母组成，“NUPLEX”属于具有固有含义的专业性词汇。申请商标所指定使用的商品“工业用化学品；照像用化学制剂；未加工人造树脂；未加工塑料；工业用粘合剂”与“NUPLEX”一词的含义即“（建在核反应堆周围的）核动力工（农）业综合企业”无关联性，故申请商标使用在指定的商品上，不会使消费者误以为是对企业特点的描述，能够以该标志识别商品来源，该外文商标具有显著特征。原审判决及商标评审委员会认定申请商标依据《商标法》第十一条第一款第（三）项规定不具有显著性缺乏依据。

21. 关于英文词组缩写商标显著性的认定

根据《商标法》第十一条的规定，仅有本商品的通用名称、图形、型号的，仅仅直接表示商品的质量、主要原料、功能、用途、重量、数量及其他特点的以及缺乏显著特征的标志不得作为商标注册，但是上述标志经过使用取得显著特征并便于识别的，可以作为商标注册。对于采用文字缩写方式申请注册商标的，应当考虑该标识的显著性及其对应文字的含义、商标申请人对该标识的使用情况等因素。

在财务策划标准委员会有限公司（以下简称财务策划公司）与商标评审委员会、中国注册理财规划师协会商标异议复审行政纠纷一案❷中，被异议商标系财务策划公司申请注册的第3444245号“CFP”商标，指定使用于第41类教育等服务。理财规划师协会依法提出异议申请，商标局裁定准予被异议商标注册。商标评审委员会认为，理财规划师协会提交的证

---

❶ 参见北京市高级人民法院（2011）高行终字第409号行政判决书和北京市第一中级人民法院（2010）一中知行初字第2198号行政判决书。

❷ 参见北京市高级人民法院（2011）高行终字第824号行政判决书和北京市第一中级人民法院（2009）一中知行初字第3298号行政判决书。

据可以证明“CFP”是“Certified Financial Planner”理财规划师的英文简称，只有经过职业培训并通过职业资格考试的人员，才能正式取得理财规划师职业资格；“CFP”指定使用在培训、教育等服务上，仅仅直接表示了服务的内容等特点，消费者不易将其作为商标来认读，也不宜由财务策划公司独占使用；财务策划公司称“CFP”已与其形成唯一的、特定的联系的主张缺乏证据支持；被异议商标属于《商标法》第十一条第一款第（三）项规定不得作为商标注册的标志。商标评审委员会裁定被异议商标不予核准注册。一审法院认为，财务策划公司提交的证据仅能证明“CFP”商标的被许可人对该商标使用情况，不能证明被异议商标已与财务策划公司形成唯一对应关系。被异议商标“CFP”是“Certified Financial Planner”注册理财规划师的英文简称，故其使用在被异议商标指定使用的服务上，仅仅表示了该服务的相关特点，不具有显著性，不符合《商标法》第十一条第一款第（二）项的规定。商标评审委员会认为被异议商标的注册不符合《商标法》第十一条第一款第（三）项的规定不够严谨，依法予以纠正，但未影响本案结论，故仍维持被诉裁定。

北京市高级人民法院二审认为，虽然被异议商标是“Certified Financial Planner”即注册理财规划师的英文缩写，但是被异议商标本身具有一定的显著性。当事人提交的关于“CFP”的证据均在被异议商标申请日之后，可以证明“CFP”标识经过长时间的使用，逐渐被相关公众接受并作为注册理财规划师的教育、培训、认证所使用的标识。本案大量证据均证明，“CFP”标识是财务策划公司首先在中国使用，并许可中国金融教育发展基金会等相关机构在中国就注册理财规划师教育、培训、认证等项目管理中使用。因此，财务策划公司对“CFP”标识拥有正当的权利，其注册被异议商标符合《商标法》的规定。

22. 关于申请商标在申请日后被作为其他商品的通用名称不影响其获准注册的认定

仅仅直接表示商品的质量、主要原料、功能、用途、重量、数量及其他特点的标志，根据《商标法》的规定一般不得作为商标注册。提出注册申请后，申请商标被有关部门作为商品或服务的通用名称，只要该商品或服务与申请商标指定使用的商品或服务不属于相同或类似商品或服务，就不宜以该申请商标仅仅直接表示商品的质量、主要原料、功能、用途、重量、数量及其他特点为由，驳回其注册申请。

在兰精公司向商标评审委员会及上海赛洋企业管理咨询有限公司（以下

简称赛洋公司）商标争议行政纠纷一案[1]中，争议商标系赛洋公司于2004年6月16日申请并于2008年1月14日被核准注册的第4123072号“莫代尔 MA ALLO及图”商标，核定使用于第25类的服装、鞋、帽等商品。兰精公司以争议商标违反了《商标法》第十一条第一款第（二）项规定为由提出争议。经查，国家标准化管理委员会于2005年12月31日批准、2006年3月1日起实施的《纺织名词术语（化纤部分）》国家标准将“莫代尔”作为一种“用化学方法溶解纤维素纤维”的名称。商标评审委员会认为，《纺织名词术语（化纤部分）》国家标准虽将“莫代尔”作为一种“用化学方法溶解纤维素纤维”的名称，但其修正日期及实施日期均晚于争议商标提出注册申请的日期，因此不能认定争议商标属于《商标法》第十一条第一款第（二）项仅仅直接表示商品的主要原料及其他特点的标志，故裁定争议商标予以维持。一审法院维持了被诉裁定。

北京市高级人民法院二审认为，争议商标“莫代尔 MA ALLO及图”于2004年8月22日申请，而“莫代尔”一词被收入国家标准的时间是2005年12月31日，该标准是2006年3月1日实施的，故争议商标申请的时间早于“莫代尔”收入国家标准的时间，兰精公司未提供证据证明在争议商标申请或者核准注册时“莫代尔”一词已经成为某种纤维的特有名称。况且争议商标除含有文字“莫代尔”外，还包含“MA ALLO及图”，即便“莫代尔”一词根据国家标准具有某种纤维的含义，也并不因此必然排除其具有表明商品来源标志的含义，故商标评审委员会及一审法院认定争议商标未违反《商标法》第十一条第一款第（二）项的规定正确。

（四）《商标法》第十三条“驰名商标”条款

23. 关于争议人提交的证据能否证明在争议商标申请注册日前引证商标已构成驰名商标的认定

《商标法》第十三条第二款规定，就不相同或者不相类似商品申请注册的商标是复制、摹仿或者翻译他人已经在中国注册的驰名商标，误导公众，致使该驰名商标注册人的利益可能受到损害的，不予注册并禁止使用。在商标争议行政纠纷案件中，当事人引用此条款撤销注册商标应满足的要件之一是引证商标在争议商标申请日前已经驰名且已经在中国注册。判断引证商标是否构成驰名商标应视个案情况综合考虑相关公众对该商标的知晓程度，该商标的宣传工作的持续时间、程度和地理范围以及其作为驰名商标受保护的

[1] 参见北京市高级人民法院（2011）高行终字第1072号行政判决书和北京市第一中级人民法院（2011）一中知行初字第533号行政判决书。

记录等因素。当事人可通过提交引证商标所使用的商品的合同、发票，涉及该商标的广播、电视、报纸等媒体广告、评论及其他宣传活动资料，商标行政主管机关或者司法机关曾认定该商标为驰名商标并给予保护的相关文件等证据对商标知名度予以证明，但上述证据的形成时间应早于争议商标申请日，或者虽形成于争议商标申请日后但可以证明争议商标申请日前引证商标已经达到了驰名的程度。

在商标评审委员会、河北广太石膏矿业有限公司（以下简称广太公司）与圣象集团有限公司（以下简称圣象公司）“圣象及图”商标争议行政纠纷一案[1]中，争议商标是广太公司于2001年10月8日申请注册的第1989239号“圣象及图”商标，核定使用于第19类“石膏、石膏板”等商品，圣象公司依据《商标法》第十三条第二款的规定请求撤销争议商标，其引证商标为第1002957号“圣象及图”商标，核定使用于第19类“地板”等商品。商标评审委员会认为圣象公司未提供充分证据证明引证商标在争议商标申清注册之前已达到驰名程度，其争议申请理由均不成立，裁定争议商标予以维持。一审法院认为圣象公司对引证商标的使用已使其在市场上广为知晓，具有相当高的知名度，对圣象公司关于争议商标注册违反了《商标法》第十三条规定的主张予以支持，并判决撤销被诉裁定。北京市高级人民法院二审认为，圣象公司提交的证据不足以证明引证商标在争议商标申请日之前构成驰名商标，遂撤销原审判决并维持被诉裁定。

24. 关于因《类似商品和服务区分表》中商品名称的变化导致商标实际使用的商品的认定

由于《类似商品和服务区分表》中所列的商品名称在各个版本之间存在变化，即使同一种商品在不同时期的商标注册证上核定的商品名称也可能因此而存在差异。如果商标注册人没有按照新修订的《类似商品和服务区分表》进行商品名称的变更，则应结合商标注册人的经营范围、商标注册人拥有的其他注册商标核定的商品名称以及相关行业协会有关商品名称的证明等因素进行客观的认定。

在广东喜之郎集团有限公司（以下简称喜之郎公司）与商标评审委员会、汕头市亚联药业有限公司（以下简称亚联公司）商标争议行政纠纷一案[2]中，喜之郎公司以亚联公司注册在第3类商品上的“喜之郎及图”商标构成《商

[1] 参见北京市高级人民法院（2010）高行终字第478号行政判决书和北京市第一中级人民法院（2009）一中知行初字第2473号行政判决书。

[2] 参见北京市高级人民法院（2011）高行终字第458号行政判决书和北京市第一中级人民法院（2010）一中知行初字第2031号行政判决书。

标法》第十三条第二款规定的复制、摹仿或者翻译其注册在第29类商品上的“喜之郎”商标为由，申请撤销争议商标的注册。喜之郎公司的引证商标核定使用的商品中包含“啫喱”等食品，而喜之郎公司提交的证明引证商标驰名的证据均是引证商标在“果冻”商品上使用的证据。商标评审委员会认为引证商标核定使用的商品中只有“啫喱”，没有“果冻”，因此引证商标不属于核定使用在“果冻”上的注册商标，不应适用《商标法》第十三条第二款的规定，裁定维持争议商标的注册。一审法院维持了商标评审委员会的裁定。

北京市高级人民法院二审认为，根据喜之郎公司提交的全国食品发酵标准化中心和中国焙烤食品糖制品工业协会分别出具的证明，可以认定在食品领域“啫喱”与“果冻”系同一商品。结合喜之郎公司的经营范围为生产、销售糕点、果冻、奶制品等食品领域的事实，应当认定引证商标核定使用的第29类商品中的“啫喱”即为“果冻”。商标评审委员会关于引证商标核定使用的商品不包含“果冻”，喜之郎公司在“果冻”商品上没有注册商标，故本案不满足《商标法》第十三条第二款规定的已注册驰名商标法律构成要件的认定错误。

25. 关于商事主体及相关技艺的历史传承对商标知名度的参考作用的认定

判断商标是否具有较高知名度，主要应考虑相关公众对该商标的知晓程度、该商标使用的持续时间等商标本身的因素，商事主体及相关技艺是否具有悠久的历史传承，仅能作为参考因素之一。商品提供者主体的变更、商标标志使用历史的中断、市场状况的变化等诸多原因，均可能导致某一商标原本所拥有的知名度并不必然地能够为后来的该商标注册人所承继。

在镇江唐老一正斋药业有限公司（以下简称一正斋公司）诉商标评审委员会、吉林一正药业集团有限公司（以下简称一正公司）商标争议行政纠纷一案❶中，争议商标系一正公司于2003年10月8日申请注册并于2006年2月7日获准注册的第3743982号“一正”商标，核定使用在第5类“人用药、中药成药、膏剂”等商品上。2008年3月5日，一正公司的“一正”商标在第5类膏剂商品上被商标局认定为驰名商标。2008年7月2日，一正斋公司向商标评审委员会提出撤销申请，请求撤销争议商标的注册，其理由为：一正斋公司生产的“一正膏”系340余年老字号“唐老一正斋”祖传密制的神奇膏药，争议商标与其在先注册的引证商标“唐老一正斋 唐萼楼肖像及图”商标构成近似商标，商标局关于争议商标为驰名商标的认定有误。商标评审委员会认为

❶ 参见北京市高级人民法院（2010）高行终字第1495号行政判决书和北京市第一中级人民法院（2010）一中知行初字第2475号行政判决书。

一正斋公司的撤销理由不能成立，裁定争议商标予以维持。一审法院判决维持了该裁定。

争议商标

引证商标

北京市高级人民法院二审认为，商标权是以保护商标为目的的民事权利，而商标是一种使用在商业上的标志，是用来区分商品或者服务来源的。本案相关证据虽然证明“唐一正斋”及后来的“唐老一正斋”有长期的历史传承，并曾于1930年注册了与本案引证商标标志基本相同的商标，但上述证据同时也证明，1967年以后，“一正膏”的配方经调整后改称“镇江膏药”，原注册商标也不再使用。“唐萼楼肖像”商标的长期中断使用，使其丧失了区分商品或者服务来源的基本功能，其原本拥有的知名度也必然受到大幅减损。虽然此后唐氏后人唐镇凯于1992年注册成立了一正斋公司并于1994年获准注册了引证商标，但由于商品提供者主体的变更、使用历史的中断、市场状况的变化等诸多原因，原“唐萼楼肖像”商标所拥有的知名度并不必然地能够为一正斋公司所承继。一正斋公司虽然提供了其于2005年6月被中国商业联合会下属的中华老字号工作委员会评为“中华老字号”会员单位以及2007年3月其“一正斋”膏药制作技艺被江苏省人民政府列为江苏省非物质文化遗产等相关证据，但相关证据的证明对象均为其历史传承之悠久。而判断商标是否具有较高知名度，主要应考虑相关公众对该商标的知晓程度、该商标使用的持续时间等商标本身的因素，商事主体及相关技艺是否具有悠久的历史传承，仅能作为参考因素之一。一正斋公司提供的有关引证商标知名度的证据仅为引证商标于1996年8月获得镇江市首届知名商标称号的证据。而争议商标的申请注册时间虽然晚于引证商标的申请注册时间，但争议商标经过实际使用，已建立了较高的市场声誉，形成了相关的公众群体，并于2008年3月5日被商标局认定为驰名商标。在争议商标具有较高知名度的情况下，相关公众能够将争议商标与引证商标区分开来，不会造成混淆误认。

（五）《商标法》中“商品类似”条款

26. 关于非分类表中规范商品的类似性判断

判断商品或者服务是否类似应以相关公众对商品或者服务的一般认识综合考虑，如果申请商标指定使用的商品或服务并非《商标注册用商品和服务国际分类表》或《类似商品和服务区分表》中规范的商品或服务名称，在判断商品或服务是否类似时更不宜局限于所核定商品或服务的类别或类似群组，而应综合考虑商品的功能、用途、生产部门、销售渠道、消费群体，以及服务的目的、内容、方式、对象等因素，以相关公众对商品或服务的一般认识为标准作出判断。

在厦门彰泰隔热膜有限公司（以下简称彰泰公司）与商标评审委员会、侯敏仪“雷明”商标异议复审行政纠纷一案❶中，被异议商标是侯敏仪任业主的登封新宁汽配经营部申请注册的“雷明”商标，指定使用商品为第17类1703群组的“非包装用塑料膜”。异议人提出异议所引证的“雷朋”商标核定使用的商品是“隔热纸、滤光防热片、汽车隔热纸”，核定的商品类别为第17类1705类似群组的“保温、隔热、隔音材料”，这一类似群组的“保温、隔热、隔音材料”主要是以石棉作为基料的，一般不需要具备滤光的功能。商标局及商标评审委员会均认为被异议商标指定使用的商品与引证商标核定使用的商品未构成相同或类似商品，裁定被异议商标予以核准注册。一审法院判决维持了商标评审委员会的裁定。

北京市高级人民法院二审认为，由于引证商标核定使用的商品并非商品国际分类中的规范商品名称，故在判断商品是否类似时应综合考虑其用途、消费群体、通常效用、产品原材料、销售渠道等因素。引证商标核定使用的产品，主要是用于汽车玻璃上的隔热、滤光、防爆的塑料薄膜，另外还有用在建筑物玻璃上起到隔热、滤光作用的塑料薄膜。从功能上看，被异议商标指定使用的“非包装用塑料膜”通常不是用于包装的塑料材质薄膜，引证商标核定使用的商品主要用于隔热、滤光、防爆，也不是用于包装。从材料和物态上看，引证商标核定使用的商品与被异议商标指定使用的商品均是以塑料为基料的薄膜。因此，引证商标核定使用的“隔热纸、滤光防热片、汽车隔热纸”在原料、物态、功能、用途方面与被异议商标指定使用的“非包装用塑料膜”为类似商品，虽然引证商标核定在第17类的1705类似群组上，但其核定的商品在功能、用途及材料上与1705类似群组中的商品并不相同。北京市高级人民法院遂改判商标评审委员会重新作出裁定。

27. 关于引证商标使用状况及知名度影响类似商品判断的认定

在认定被异议商标是否侵犯他人在先商号时，应以被异议商标核定使用的商品或服务与该在先商号实际使用的商品或服务构成相同或类似商品服务为前

❶ 参见北京市高级人民法院（2010）高行终字第1068号行政判决书和北京市第一中级人民法院（2010）一中知行初字第114号行政判决书。

提。在判断被异议商标核定使用的商品或服务与在先商号实际使用的商品或服务是否构成相同或类似商品服务时，如果该商号具有较高知名度且被异议商标在申请注册前并未大量使用，则可适当考虑被异议商标核定使用的商品或服务与在先商号实际使用的商品或服务的关联程度及混淆可能性，认定二者构成相同或类似商品或服务。

在小肥羊有限公司（以下简称小肥羊公司）诉商标评审委员会及昆区金洋食品厂（以下简称金洋食品厂）商标异议复审行政纠纷一案[1]中，被异议商标系金洋食品厂申请注册的第1988700号“小肥垟”文字商标，指定使用于第32类水（饮料）、矿泉水、奶茶（非奶为主）商品。在被异议商标初审公告期间，小肥羊公司提出异议，商标局裁定驳回其异议。小肥羊公司不服该裁定，以被异议商标侵犯在先商号权为由申请复审。商标评审委员会认为，虽然在被异议商标申请注册之前，小肥羊公司的“小肥羊”商号在餐饮业具有一定知名度，但其提交的在案证据难以证明在被异议商标申请注册之前，该商号已在矿泉水等商品所属行业内使用，并具有一定知名度，消费者看到被异议商标时不会将其与小肥羊公司的商号联系在一起，进而对商品来源产生混淆，损害小肥羊公司的在先商号权。商标评审委员会裁定被异议商标予以核准注册。一审法院认为，虽然小肥羊公司提交的证据可以证明“小肥羊”系其知名商号，但没有证据显示在被异议商标申请注册之前，小肥羊公司将“小肥羊”或第3043421号商标用于被异议商标指定使用的矿泉水等商品上，并已产生了一定的影响。况且餐饮服务与被异议商标指定使用的矿泉水等商品在经营领域、商品种类与来源等存在较大差异，消费者不会将被异议商标指定使用的矿泉水类商品误以为源自小肥羊公司，小肥羊公司主张被异议商标侵犯了小肥羊公司的上述权利依据不足。一审法院维持被诉裁定。

北京市高级人民法院二审认为，小肥羊公司明确以“小肥羊”系其知名商号作为其主张的在先权利。商标注册是否损害他人在先商号权应考虑该商号在同行业中是否具有较高知名度及消费者是否会将该商标与在先商号联系在一起，进而对商品来源产生混淆，损害在先商号权人的利益。本案现有证据可以证明，“小肥羊”系小肥羊公司的商号，并且在餐饮行业有一定的知名度。虽然餐饮服务与被异议商标指定使用的矿泉水等商品在商品种类存在不同，但是餐饮服务与被异议商标指定使用的矿泉水等商品之间关联程度比较高，在小肥羊公司在餐饮行业有一定知名度的情况下，被异议商标指定使用在矿泉水等商

---

[1] 参见北京市高级人民法院（2011）高行终字第1065号行政判决书和北京市第一中级人民法院（2010）一中知行初字第1368号行政判决书。

品上易使消费者认为被异议商标指定使用的矿泉水类商品与小肥羊公司存在特定联系，进而对商品来源产生混淆误认。因此，被异议商标的注册会对小肥羊公司的商号权产生损害，属于《商标法》第三十一条规定不应予以核准注册的情形。

28. 关于在实际使用过程因可能同时使用或具有相同的功能、用途而被作为类似商品的认定

商品类似的判断虽然通常应当考虑《类似商品和服务区分表》的划分，但也应注意到，这种划分并非认定类似的依据。而且该表在商品类别及类似的划分中所依据的标准并不统一，有的商品类别的划分依据的是商品的材质，如金属制品和非金属制品属于不同的大类；有的划分又依据用途，如建筑用玻璃和家具用玻璃分属不同大类；有的划分则依据其动力来源，如电动工具和手动工具也分属不同大类。但这些商品在实际使用过程仍可能同时使用或具有相同的功能、用途而被认定为类似商品。

在上海工具厂有限公司诉商标评审委员会及温岭市丰华工具厂“上工牌”商标争议行政纠纷一案[1]中，争议商标注册在第8类磨刀器、农业器具（手动的）、剃须刀、手动千斤顶等商品上，引证商标核定使用于第8类钻头等商品及第7类金属切削工具、切割工具（手工具）、螺丝攻（手工具）等商品。商标评审委员会及一审法院均认为二者不构成相同或类似商品。

北京市高级人民法院二审认为，虽然争议商标核定使用商品与引证商标核定使用商品确实不在同一类似群，但其在功能、用途、生产部门、销售渠道、消费群体方面有一定的关联；引证商标经过多年持续使用已经具有一定知名度，当事人并未提供充分证据证明争议商标的使用足以使消费者能够将之与引证商标的来源相区分，因此可以认定二者已构成类似商品，争议商标与引证商标构成类似商品上的近似商标，争议商标的注册将会导致相关公众对商品来源的混淆误认。二审法院遂改判商标评审委员会重新作出裁定。

29. 关于在已注册商标基础上申请注册关联商标时应考虑该已注册商标情况的认定

根据《商标法》第二十二条的规定，注册商标需要改变其标志的，应当重新提出注册申请。商标权人在使用注册商标的过程中，如果因为某种原因认为原来设计的商标存在这样或者那样的问题，如与企业经营理念不协调，可以改变使用商标标志。但由于该商标系注册商标，故商标权人对该注册商标的变

---

[1] 参见北京市高级人民法院（2010）高行终字第1389号行政判决书和北京市第一中级人民法院（2010）一中知行初字第1778号行政判决书。

化使用并不享有专用权，甚至这种使用可能违反《商标法》的相关规定，故商标权人应将其变化后的商标重新申请为注册商标。无论是在核准其注册过程中，还是在商标争议过程中，均应在考虑该商标与原注册商标关联关系的基础上，适当处理该商标与其他已注册商标的关系。

在屈炯森诉商标评审委员会及中顺洁柔公司商标争议行政纠纷一案[1]中，第734525号“洁柔及图”商标（见下图）系屈炯森申1995年3月14日获准注册的商标，核定使用商品为卫生巾，该商标于2005年3月13日因到期未续展已由商标局注销。争议商标系屈炯森于2002年3月13日申请并于2004年2月7日获准注册的第3112825号“洁柔”商标（见下图），核定使用商品为第5类：卫生巾；空气清新剂；蚊香；牙科光洁剂；医用棉；医药制剂；伤风油；隐形眼镜清洗液。引证商标二的核准注册日为1998年12月7日，核定使用商品为第16类卫生纸、纸巾等商品，商标注册人为中顺洁柔公司。引证商标三的核准注册日为1999年2月7日，核定使用商品为第16类卫生纸、纸巾等商品，商标注册人为中顺洁柔公司。2008年8月25日，中顺洁柔公司提出对争议商标的撤销注册申请。商标评审委员会认定争议商标指定使用的卫生巾商品与引证商标二、三指定使用的卫生纸等商品构成类似商品上的近似商标，故裁定争议商标在卫生巾商品上的注册予以撤销，在其他商品上的注册予以维持。一审法院维持了商标评审委员会的裁定。

第734525号商标

争议商标

引证商标二

引证商标三

北京市高级人民法院二审认为，屈炯森拥有的第734525号商标申请注册

[1] 参见北京市高级人民法院（2011）高行终字第395号行政判决书和北京市第一中级人民法院（2010）一中知行初字第3211号行政判决书。

日为1993年9月27日，有效期至2005年3月13日。该商标核定使用的商品为卫生巾，屈炯森在该商标有效期间保留了原商标的主要部分即“洁柔”文字部分并加以改动之后，在同类商品上重新申请了争议商标，争议商标核定使用的商品也包括卫生巾，屈炯森主观上没有放弃“洁柔”商标的意图，可以视为对第734525号商标权利的延续。虽然2002年8月修改《类似商品和服务区分表》时将第5类“卫生巾”商品与第16类“卫生纸”等商品划分为类似商品，但根据第734525号商标及争议商标在申请注册时适用的《类似商品和服务区分表》，卫生巾商品与卫生纸、纸巾等商品未划分为类似商品。此外争议商标一直实际使用在卫生巾商品上，相关消费者对争议商标具有了一定的认知度，本着公平原则，从尊重历史角度，保留该商标也有利于维护市场秩序的稳定。

30. 关于在已有商标上延伸注册相关商标不得损害现有已注册商标的认定

商标权人在其已注册商标的基础上延伸注册相同或相似的商标本无可非议，但如果延伸注册的商标与其他现有的已注册商标构成使用在相同或类似商品上的近似商标，或者存在其他危及或损害现有已注册商标的情形，对该注册申请应不予核准。

在广州市好迪化妆品有限公司（以下简称广州好迪公司）诉商标评审委员会及四川迪康科技药业股份有限公司（以下简称迪康公司）“好迪康”商标异议复审行政纠纷一案[1]中，成都迪康公司拥有的“迪康”商标于1997年5月13日获准注册，核定使用于第3类香料等商品。广州好迪公司的“好迪”商标于2000年1月21日获准注册，核定使用于第3类洗面奶等商品。成都迪康公司于2001年5月28日申请注册被异议商标“好迪康”，指定使用于第3类浴液等商品。广州好迪公司就被异议商标提出异议，商标局经审查裁定，予以被异议商标核准注册。广州好迪公司不服该裁定并申请复审。商标评审委员会经审查裁定被异议商标予以核准注册。广州好迪公司不服该裁定并提起诉讼。一审法院认为，被异议商标的标识与引证商标的标识相近似，商标评审委员会及成都迪康公司关于被异议商标标识与引证商标标识在音、形、义上存在区别，两者不相近似的主张不能成立，由于商标评审委员会未对于被异议商标指定使用商品与引证商标核定使用商品是否类似进行明确评述，故该裁定应予撤销。一审法院判决撤销被诉裁定。

北京市高级人民法院二审认为，根据《商标法》第二十八条的规定，申

[1] 参见北京市高级人民法院（2011）高行终字第230号行政判决书和北京市第一中级人民法院（2010）一中知行初字第515号行政判决书。

请注册的商标同他人在相同商品或类似商品上已经注册的商标近似的，由商标局驳回申请，不予公告。判断两商标是否相同或相似，主要从商标的文字字形、读音、含义相似等方面判断，尤其要注意判断两商标分别使用于相同或类似商品时是否容易使相关公众对商品的来源产生混淆误认或者认为二者具有特定联系。本案被异议商标由文字“好迪康”组成，引证商标由文字“好迪”和一椭圆形图形组合而成。对相关公众而言，商标中起主要识别作用的通常是可以呼叫的文字部分，故文字“好迪康”为被异议商标的主要识别部分，“好迪”为引证商标的主要识别部分，其在相关公众认知商标时起主要作用。“好迪”与“好迪康”仅在字体上存在差别，故被异议商标完整包含了引证商标的主要识别部分。由于“好迪”与“好迪康”均为臆造词，并非固定搭配，被异议商标仅在“好迪”二字后增加“康”字，并未产生区别于“好迪”的新的含义，并鉴于引证商标在化妆品等商品上具有较高的知名度，相关公众极易认为被异议商标与引证商标之间存在某种关联性。因此，被异议商标的标识与引证商标的标识相近似，商标评审委员会有关被异议商标与引证商标未构成近似商标的上诉理由依据不足，法院不予支持。鉴于商标评审委员会在二审诉讼中认可其在第 26604 号裁定中未对被异议商标指定使用的商品与引证商标核定使用的商品是否类似进行审查，故商标评审委员会应进一步对被异议商标指定使用的商品与引证商标核定使用的商品是否类似，被异议商标与引证商标是否构成使用在相同或类似商品上的相同或相似商标进行审查。

31. 关于在已注册商标基础上申请注册的关联商标如果与他人已注册商标相似则应予撤销的认定

虽然商标注册人出于各种需要，会注册多个有联系的商标，但不同的注册商标其专用权是相互独立的，不存在注册商标专用权之间的承继和延续问题，在判断商标注册人的某一商标与引证商标是否构成相同或类似商品上的近似商标时，不能仅仅因为商标注册人拥有在先其他注册商标，就维持在后有联系的商标的注册。

在永记造漆工业股份有限公司（以下简称永记造漆公司）诉商标评审委员会、南通雄鹰涂料有限公司（以下简称南通雄鹰公司）商标争议行政纠纷一案[1]中，永记造漆公司拥有的第 131415 号商标（见下图）于 1979 年 10 月 31 日获准注册，核定使用在第 2 类“油漆”商品上，但该商标因专用权期满未申请续展而于 2006 年 12 月 12 日被依法注销。引证商标系南通雄鹰公司拥

[1] 参见北京市高级人民法院（2011）高行终字第 82 号行政判决书和北京市第一中级人民法院（2010）一中知行初字第 1379 号行政判决书。

有的第170496号“彩虹牌CAIHONGPAI及图”商标（见下图），其申请日为1982年6月16日，并于1983年3月1日获准注册，核定使用于第2类“聚醋酸乙烯乳胶漆涂料”商品，其注册商标专用权期限经续展至2013年2月28日。争议商标系永记造漆公司2001年1月19日申请注册的第1740936号“彩虹RAINBOW及图”商标（见下图），并于2002年4月7日获准注册，核定使用于第2类油漆等商品，专用权期限至2012年4月6日。2006年3月28日，南通雄鹰公司以争议商标与引证商标构成使用在相同或者类似商品上的近似商标为由，请求撤销争议商标的注册。商标评审委员会认为该撤销理由成立，裁定争议商标予以撤销。一审法院维持了商标评审委员会的裁定。永记造漆公司不服并上诉称，争议商标在第131415号商标专用权期限内提出注册申请并获准注册，永记造漆公司对彩虹商标享有的专用权是延续的，商标评审委员会撤销争议商标有违商标专用权延续性原理。

第131415号商标

引证商标

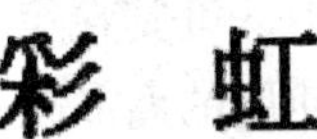

争议商标

北京市高级人民法院二审认为，不同注册商标的专用权是相互独立的，一般不存在注册商标专用权之间的承继和延续问题。虽然永记造漆公司曾经享有第131415号商标的专用权，但该商标与本案争议商标为不同的注册商标，因而永记造漆公司针对第131415号商标与本案争议商标所享有的专用权各自独立，二者之间不存在注册商标专用权的延续问题，故永记造漆公司关于争议商标是对其第131415号商标的延续的上诉主张于法无据。

（六）《商标法》中“商标近似”条款

32. 关于引证商标具有较高知名度而争议商标不具有较高知名度时商标相似性的认定

在适用《商标法》第二十八条的规定判定两商标是否相同或近似时，主要从商标的文字字形、读音、含义相似等方面判断，尤其要注意判断两商标分别使用于相同或类似商品时是否容易使相关公众对商品来源产生混淆误认或者认为二者具有特定联系，一般说来引证商标的知名度越高，就越有可能导致相关公众的混淆误认。应当指出的是，商标近似性的认定不仅需要证据证明，它还具有较强的主观性，在先程序中对商标是否相同或近似的认定大多都能得到在后程序的尊重，但确有证据表明在先程序对商标近似性的认定明显错误的，也应予以纠正。

在谢文胜诉商标评审委员会及烟台威龙葡萄酒股份有限公司（以下简称烟台威龙公司）商标争议行政纠纷一案❶中，烟台威龙公司在先注册了第 500139 号、第 992731 号“威龙及图”商标，核定使用于第 33 类的酒、含酒精的饮料（啤酒除外）商品。商标局于 2005 年 6 月 22 日作出商标驰字（2005）第 22 号《关于认定“威龙及图”商标为驰名商标的批复》，该批复认定烟台威龙公司使用在第 33 类葡萄酒商品上的“威龙及图”注册商标为驰名商标，该批复所附商标图样与第 992731 号商标图样相同。被异议商标为谢文胜 2002 年 7 月 30 日申请注册的“威龙假日”文字商标，核定使用在第 33 类葡萄酒等商品。商标评审委员会认定：引证商标于 1997 年 4 月 28 日取得注册，于 2005 年被商标局在侵权案件中认定为在葡萄酒商品上的驰名商标，可以推定在争议商标申请注册日之前引证商标已在市场上享有一定的知名度。争议商标指定使用的葡萄酒、酒（饮料）等商品与烟台威龙公司在先注册的引证商标核定使用的商品酒属同一种或类似商品。争议商标与引证商标构成《商标法》第二十八条所指的在同一种或类似商品上的近似商标。商标评审委员会裁定争议商标予以撤销。谢文胜不服上述裁定并提起诉讼。此外，商标局于 2008 年 1 月 9 日曾针对烟台威龙公司就争议商标提出的商标异议申请作出第 119 号裁定，该裁定认为争议商标与烟台威龙公司引证于类似商品上在先注册的“威龙及图”商标未构成近似，烟台威龙公司称争议商标摹仿其引证商标证据不足，烟台威龙公司异议理由不成立，争议商标予以核准注册。第 119 号裁定因未进入复审程序而生效。

一审法院认为，争议商标与第 992731 号商标、第 500139 号商标在元素构成、文字构成、呼叫、含义等方面具有较大差别，不易造成相关消费者的混淆误认。商标评审委员会认定争议商标与“引证商标”已经构成同一种或类似商品上的近似商标并据此作出第 11049 号裁定缺乏根据。商标局认定烟台威龙公司使用在第 33 类葡萄酒商品上的“威龙及图”注册商标为驰名商标的商标驰字（2005）第 22 号《关于认定“威龙及图”商标为驰名商标的批复》是 2005 年 6 月 22 日作出的，无法证明“威龙及图”商标在被异议商标申请注册前已经驰名，亦无法证明争议商标与“引证商标”构成近似。商标局于 2008

❶ 参见北京市高级人民法院（2011）高行终字第 691 号行政判决书和北京市第一中级人民法院（2010）一中知行初字第 2629 号行政判决书。

年1月9日曾针对烟台威龙公司就争议商标提出的商标异议作出了争议商标与烟台威龙公司于类似商品上在先注册的“威龙及图”商标未构成近似的认定，并对争议商标予以核准注册。基于商标行政确权的稳定性和对信赖利益的保护，商标评审委员会在本案评审程序中应当对商标局的相关裁定及其之后当事人对争议商标的使用情况予以适当考虑。第11049号裁定的主要证据不足，依法应予撤销。一审法院判决遂撤销被诉裁定。

北京市高级人民法院二审认为，烟台威龙公司的“威龙及图”商标在被异议商标申请注册时已经具有了较高知名度，虽尚不能证明在被异议商标申请注册时烟台威龙公司的“威龙及图”商标已经驰名，但仍能够证明烟台威龙公司“威龙及图”商标在被异议商标申请注册前已经具有较高知名度。商标局于2008年1月9日作出的第119号裁定虽然认定争议商标与烟台威龙公司于类似商品上在先注册的“威龙及图”商标未构成近似，但商标异议程序和撤销程序是不同的法律程序，该异议结果亦未进入商标评审委员会的复审程序，且商标评审委员会在撤销程序中有权独立进行审查，通常不受商标局异议裁定的约束。一审法院将第119号裁定作为认定争议商标与烟台威龙公司的“威龙及图”商标相似的考量因素确有不当。本案争议商标由四个汉字“威龙假日”构成，而第992731号商标和第500139号商标均由汉字和图形两种元素构成，其文字部分“威龙”分别构成据以呼叫的主要识别部分。虽然争议商标的文字部分为“威龙假日”，在文字上相对于“威龙”产生了新的含义，但由于“威龙”系争议商标和烟台威龙公司的“威龙及图”商标中的主要识别部分和呼叫部分，其同时使用在相同或类似商品上容易造成相关公众的混淆误认，或者容易使相关公众认为二者所使用的商品来源相同或具有其他联系，故争议商标与烟台威龙公司的“威龙及图”商标应属于《商标法》意义上的近似商标。由于其使用的商品已构成相同或类似商品，故二者属于使用在相同或类似商品上的相同或近似商标。一审法院认定二者未构成使用在相同或类似商品上的相同或近似商标属于认定事实及适用法律错误。

33. 关于非显著性部分在判断商标是否近似时可不予考虑的认定

认定商标是否近似，既要考虑商标标志构成要素及其整体的近似程度，也要考虑相关商标的显著性和知名度、所使用商品的关联程度等因素，以及是否容易导致混淆。不具备显著性的部分在认定是否相似时可不予考虑或不给予过多考虑。

在施永根诉商标评审委员会及第三人会稽山绍兴酒股份有限公司（以下

简称会稽山公司）“会稽越彫及图”商标争议行政纠纷一案[1]中，争议商标（见下图）由施永根注册在第33类的黄酒等商品上且未指定颜色，引证商标“会稽山及图”（见下图）由会稽山公司在先注册在第33类黄酒等商品且指定颜色。商标评审委员会以争议商标与引证商标构成近似商标为由，决定撤销争议商标，一审法院亦维持了商标评审委员会的决定。

争议商标

引证商标

北京市高级人民法院二审认为，争议商标与引证商标文字部分前两个汉字均为“会稽”，但“会稽”既可指今浙江中部的“会稽山”，也可作绍兴的别称，均系地理名词，不具显著性。引证商标由“会稽山”三个汉字和置于椭圆形内的“山水及建筑物”组合图形构成，文字位于椭圆形内侧正下方；争议商标由“会稽越彫”四个汉字和置于椭圆形内的“鸡头形壶”图形构成，文字位于椭圆形外侧正上方。图形在两商标中均占较大比例，引证商标突出的是“山水及建筑物”组合图形；争议商标强调的是“鸡头形壶”图形。引证商标为指定颜色，争议商标未指定颜色。将二者进行比对，图形给人的印象最为直接、快捷，图形部分构成两商标的显著部分。虽然，施永根与会稽山公司地处同一地区，引证商标确有一定知名度，但商标标志近似是判断混淆和误认的前提。就争议商标和引证商标的标志而言，相关公众施以一般注意力，能够感知到两商标存在的较大差异，两商标使用在相同或类似的商品上不会导致商品来源的混淆和误认，不构成近似商标。

34. 关于引证商标与被异议商标的使用及知名度均影响其近似性的认定

审理商标授权确权案件时，应充分考虑消费者和同业经营者的利益，有效遏制不正当抢注及傍名牌的行为，尽可能消除商业标志混淆的可能性。判断两商标是否近似，应当按照相关公众对商标的一般识别和对文字、呼叫、图形等商标组成部分的理解进行，既要考虑商标标志构成要素及其整体的近似程度，也要考虑相关商标的显著性和知名度、所使用商品的关联程度等因素，以是否

[1] 参见北京市高级人民法院（2011）高行终字第1079号行政判决书和北京市第一中级人民法院（2011）一中知行初字第95号行政判决书。

容易导致混淆作为判断标准。在商标异议复审行政纠纷中，在认定被异议商标与引证商标是否会构成近似并导致消费者的混淆时，不应仅考虑被异议商标的使用情况，更应考察引证商标的使用情况。

在杨世群与商标评审委员会、重庆富侨保健服务有限公司（以下简称重庆富侨公司）商标异议复审行政纠纷一案[1]中，针对杨世群经初审公告的第3413981号被异议商标“渝富桥 YUFUQIAO”商标，重庆富侨公司提出商标异议，商标局以被异议商标与引证商标未构成使用在相同或类似服务上的近似商标为由，对被异议商标予以核准注册，而商标评审委员会认定二者构成使用在相同或类似服务上的近似商标，裁定被异议商标不予核准注册。一审法院认为，被异议商标指定使用的服务与引证商标核定使用的服务属于类似服务。尽管被异议商标中文部分“渝富桥”的首字“渝”通常容易理解为重庆市的别称，且“富桥”与“富侨”存在读音相同等因素，但是被异议商标与引证商标的汉字部分在整体呼叫、文字构成和含义上存在一定的区别。引证商标指定颜色的图形部分占较大比重，与被异议商标仅为楷体文字和汉语拼音相比，两者整体外观区别较为明显，据此尚难以认定被异议商标的注册将容易使相关公众对其服务来源产生混淆误认。此外，杨世群为证明其已在全国范围使用被异议商标并已建立较高市场声誉，提交了所获荣誉证书及分店和加盟店照片等证据。综合考虑上述证据及客观市场经营情况，足以认定被异议商标使用时间较长、已建立较高市场声誉并形成了相关公众群体。基于前述被异议商标与引证商标的区别和杨世群对被异议商标的使用情况，为尊重相关公众已在客观上将相关商业标志区别开来的市场实际，维护已经形成的市场秩序，一审法院认定被异议商标与引证商标未构成近似商标，故判决撤销被诉裁定。

渝富桥
yufuqiao

被异议商标

引证商标

北京市高级人民法院二审认为：从被异议商标与引证商标的商标标识上

[1] 参见北京市高级人民法院（2011）高行终字第581号行政判决书和北京市第一中级人民法院（2010）一中知行初字第2881号行政判决书。

看，文字是其主要认读部分，具有较强识别作用，“富侨”与“渝富桥”读音只相差一字，“渝”可以理解为重庆市的简称，且“富侨”并非汉语的固定词汇，没有固有含义，尽管引证商标还指定颜色及图形，但“富侨”与“渝富桥”在整体呼叫、文字构成上是相近似的，两者若同时使用在类似的服务上，容易使相关公众对服务来源产生混淆误认，被异议商标与引证商标构成近似商标。杨世群为证明其已在全国范围使用被异议商标并已建立较高市场声誉，提交了所获荣誉证书及分店和加盟店照片等证据，一审法院据此认定被异议商标使用时间较长、已建立较高市场声誉并形成了相关公众群体。但是，上述对被异议商标的使用均在被异议商标申请注册之后，杨世群并未提交证据证明在被异议商标注册之前，其已对被异议商标进行大量使用，并建立较高市场声誉。相反，在商标异议复审过程中，重庆富侨公司已向商标评审委员会提交了足以证明在杨世群申请注册被异议商标之前，引证商标已经进行了一定的宣传和使用，并取得了一定荣誉，具有一定知名度的证据。一审法院片面考虑被异议商标在注册申请之后的使用情况，而未考虑引证商标在被异议商标申请注册日前所具有的知名度，以及双方当事人同处于重庆市，均从事类似的保健、按摩等服务的客观情况，未充分考虑消费者和同业经营者的利益，故有关被异议商标与引证商标未构成使用在同一种或类似服务上的近似商标的认定错误。二审法院遂改判维持被诉裁定。

35. 关于外文商标及其中文译文商标是否构成近似商标的认定

在驳回复审诉讼中，当引证商标是外文文字商标，申请商标的主要识别部分是该外文的中文译文时，如果二者使用在相同或类似商品或服务上，相关公能够将该外文与其中文译文对应起来，则可以认定二者构成使用在相同或类似商品上的相同或近似商标。

在诺德公司诉商标评审委员会商标驳回复审纠纷一案[1]中，申请商标系诺德公司于1999年7月20日在德意志联邦共和国国际注册第727211号“NORD及图”商标。2006年1月5日，诺德公司向商标局提出申请商标在中华人民共和国的领土延伸保护申请，申请商品类别为第7类和第9类，指定使用商品为齿轮以及齿轮发动机、传导、变压、存储、调节以及控制用强电流技术工程设备，即用于电子速度控制以及制动断路器的频率转换器。1994年7月20日，中国北方工业集团公司在第7类马达及其部件等商品上申请注册了引证商标二第844544号“北方”商标。针对诺德公司的商标注

[1] 参见北京市高级人民法院（2011）高行终字第1418号行政判决书和北京市第一中级人民法院（2011）一中知行初字第1293号行政判决书。

册申请，商标局以申请商标与在类似商品上已注册的引证商标近似为由，决定驳回申请商标的注册申请。商标评审委员会认为：申请商标中的显著识别文字“NORD”为法语单词，其中文含义为“北方”，与引证商标二含义相同，分别注册使用在齿轮以及齿轮发动机与马达及部件类似商品上，易引起消费者的混淆、误认，申请商标与引证商标已构成使用在类似商品上的近似商标，决定对申请商标在第7类齿轮以及齿轮发动机商品上在中国的领土延伸保护申请予以驳回，在第9类传导、变压、存储、调节以及控制用强电流技术工程设备，即用于电子速度控制以及制动断路器的频率转换器商品上在中国的领土延伸保护予以初步审定。

北京市高级人民法院及一审法院均认为，引证商标二为中文“北方”，申请商标由“NORD”及具有立体感的齿轮图形构成，其文字部分为显著识别部分。法语是世界上众多国家、地区以及国际组织的官方语言或通用语言，“NORD”作为法语中的常见单词，其中文含义为“北、北方”，与引证商标二的含义相同，申请商标与引证商标二构成近似商标。申请商标指定使用的齿轮以及齿轮发动机与引证商标二核定使用的马达及其部件在功能、用途、销售渠道、消费对象等方面相近，构成类似商品。申请商标与引证商标二分别注册使用在上述类似商品上，易引起相关消费者的混淆误认，申请商标与引证商标二已构成使用在相同或类似商品上的近似商标。商标评审委员会据此依照《商标法》第二十八条的规定决定驳回申请商标在齿轮以及齿轮发动机商品上在中国的领土延伸保护申请的结论正确，应予维持。

36. 关于判断商标近似可适当考虑引证商标权利人存续状态的认定

判断商标是否相同或者近似，应当从商标本身的形、音、义和整体表现形式等方面，以相关公众的一般注意力为标准，采取整体观察与对比主要部分的方法。判断商标是否相同或相近似，还应当考虑商标的使用情况、显著性和知名度，以及是否易使相关公众对商品来源产生混淆、误认。如果引证商标权利人已被吊销营业执照且无证据表明引证商标仍在继续使用，可以作为判断商标是否近似混淆的因素。

在海口新德装饰材料有限公司（以下简称新德公司）诉商标评审委员会及北京润地广告策划有限公司（以下简称润地公司）“海岛厨房”商标驳回复审行政纠纷一案[1]中，申请商标“海岛厨房”的申请人为新德公司，指定使用于第43类提供营地设施、出租活动房屋、咖啡馆、饭店、餐馆、茶馆、酒吧、

[1] 参见北京市高级人民法院（2011）高行终字第1182号行政判决书和北京市第一中级人民法院（2011）一中知行初字第789号行政判决书。

旅馆预订、快餐馆、餐厅等服务。引证商标“海岛人家及图”由北京砂煲兄弟饭店管理有限公司于2000年6月7日申请注册，指定使用于第42类餐馆、快餐馆、食宿旅馆、备办宴席、酒吧、菜馆、美容院、按摩、蒸气浴、住所（旅馆，供膳寄宿处）等服务。商标局及商标评审委员会均以申请商标与引证商标近似为由，驳回申请商标在咖啡馆、饭店、餐馆、茶馆、酒吧、旅馆预订、快餐馆、餐厅服务上的注册申请，一审法院维持了商标评审委员会的决定。

海島廚房

申请商标

引证商标

北京市高级人民法院二审认为，文字是两商标的主要呼叫部分，“海岛”、“厨房”、“人家”均属汉字的常用词汇，判断两商标标志是否近似应从商标含义及要素结构进行比对。申请商标“海岛厨房”容易被理解为“在海岛上搭建的厨房”，引证商标“海岛人家”容易被理解为“在海岛上供人们休憩、渡假的场所”，二者均有各自独立的含义。同时，申请商标由汉字“海岛厨房”组成，引证商标从上至下由“椭圆形黑底镂空的椰树图形”、“HAIDAO RENJIA”拼音、“海岛人家”汉字组成，两商标整体外观、视觉效果差异较大。此外，北京市工商行政管理局朝阳分局向砂煲兄弟公司下达的京工商朝处字（2007）第D34235号行政处罚决定书以及商标局2011年4月11日就引证商标作出的撤销申请受理通知书新记载的事实表明，砂煲兄弟公司于2007年10月26日至今处在被吊销营业执照状态。综合上述因素考虑，申请商标与引证商标指定使用在同类服务项目上不会引起相关公众的混淆和误认，不构成近似商标，故判决撤销原审判决及被诉裁定，判令商标评审委员会重新作出裁定。

37. 关于具有包容关系的外文商标是否近似的认定

近似商标是指文字、数字、图形或颜色等商标的构成要素在发音、视觉、意义或排列顺序以及整体上虽有一定区别，但易产生混淆的商标。判断两个商标近似与否，应当结合个案的具体情形，以商标的字形、读音、含义等是否易使相关公众对商品的来源发生混淆为标准予以判定。在商标异议复审行政纠纷中，如果被异议商标与引证商标均为外文商标且被异议商标完全包含了引证商标，引证商标客观上也具有较高知名度，则可能会影响到对商标近似性及混淆可能性的认定。

在宝马股份公司诉商标评审委员会及江西赣江机械厂商标异议复审行政纠纷一案[1]中，被异议商标系江西赣江机械厂申请注册的第1589945号“BMW-CO及图”商标，指定使用于第12类“摩托车”。在其初步审定公告期间，宝马股份公司提出异议，引证商标为其在第12类“机动车辆、摩托车及其零部件”商品上在先注册的第282195号“BMW”商标。商标局和商标评审委员会均认定被异议商标与引证商标未构成近似商标，裁定被异议商标予以核准注册。一审法院维持了被诉决定。

被异议商标

引证商标

北京市高级人民法院二审认为，被异议商标由“BMWCO及图”组成，其中的主要识别部分为BMWCO的美术体，完整地包含了引证商标，在商业实践中，“CO”的含义为“company（公司）”，两商标在市场上并存容易使消费者在购买、识别产品时产生误认，认为两者是关联商标，故两商标已构成近似商标。被异议商标指定使用的“摩托车”商品与引证商标核定使用的“机动车辆、摩托车及其零件”商品属于同一种或类似商品。商标评审委员会及一审法院认定被异议商标与引证商标未构成使用在相同或类似商品上的近似商标，被异议商标的注册申请不属于《商标法》第二十八条规定的情形依据不足。

38. 关于恶意并非构成混淆和商标近似必要条件的认定

商标近似是指商标的文字的字形、读音、含义或者图形的构图及颜色，或者其各要素组合后的整体结构相似，或者其立体形状、颜色组合近似，易使相关公众对商品的来源产生误认或者认为其来源与引证商标核定使用的商品有特定的联系。争议商标的注册申请是否具有恶意不是认定构成混淆和商标近似的必要条件。

---

[1] 参见北京市高级人民法院（2010）高行终字第1170号行政判决书和北京市第一中级人民法院（2010）一中知行初字第470号行政判决书。

在李鸿良诉商标评审委员会及杨荣金商标争议行政纠纷一案[1]中，杨荣金于2003年4月29日申请注册了引证商标，李鸿良于2003年5月29日申请注册争议商标。2008年11月24日，杨荣金向商标评审委员会提出撤销争议商标注册的申请。商标评审委员会裁定：争议商标在鞋、足球鞋商品上的注册予以撤销，在其余商品上的注册予以维持。一审法院认为，虽然引证商标申请在先，但争议商标与引证商标的申请注册时间仅相差一个月，且二者申请时均没有经过长期使用，共同申请在同种商品上应属巧合，李鸿良在主观上没有搭引证商标便车的故意。李鸿良与杨荣金虽同处福建省，但分处不同城市，各自已经形成一定的消费群体。而且，争议商标于2005年10月21日获准注册，至今已经经过较长时间的使用，且具有了一定的市场知名度，已形成相关公众群体。为充分尊重相关公众已在客观上将二商标区分开来的市场实际，注重维护已经形成和稳定的市场秩序，可以认定两商标经过长期经营并共存于市场，消费者已经能够将二者区分开来，二者未构成使用在同一种或者类似商品上的近似商标。一审法院遂撤销被诉裁定。

北京市高级人民法院二审认为，李鸿良在引证商标提出申请后一个月提出争议商标申请，虽然不足以证明其有恶意，但恶意并非认定构成混淆和商标近似的必要条件。《最高人民法院关于审理商标授权确权行政案件若干问题的意见》第1条要求充分尊重相关公众已在客观上将二商标区分开来的市场实际，注重维护已经形成和稳定的市场秩序。李鸿良在原审诉讼中提交使用、宣传争议商标及其商品的证据较少，且销售合同无发票佐证、宣传证据仅一份，不足以证明其对争议商标的使用能够使相关公众将争议商标与引证商标相区别，李鸿良也没有提供相关公众实际不会将使用争议商标和引证商标的商品来源相混淆的其他证据，因此不具有适用该条的条件。原审判决仅以李鸿良申请争议商标不具有恶意且已经使用为由，就认定争议商标和引证商标在使用中不会造成混淆缺乏事实和法律依据。

39. 关于以常见词语或有特定含义的词语组成的商标是否相似的认定

由于语言文字的局限性，某些反映某些事物的文字是唯一的，如某种动物、某些物体的名称等是判断商标近似的重要因素。但有些文字经过人们长期的使用或者文学作品中的使用，可能会使之具有了某种特殊的含义。由于上述两种情况的存在，在以文字作为商标注册时，应当着重考虑该商标的整体构成是否会造成相关公众对商品的来源产生混淆或误认为其来源与引证商标核定使用的商品有特

---

[1] 参见北京市高级人民法院（2011）高行终字第724号行政判决书和北京市第一中级人民法院（2010）一中知行初字第2783号行政判决书。

定的联系，而不能仅以作为申请注册的商标的显著识别部分的文字与注册商标的文字是否相同或近似就作出两个商标是否相同或近似的判断。申请注册的商标在申请注册前已经使用的，还应当考虑其使用情况对其知名度的影响。

在漳州市双飞日用化学品有限公司（以下简称双飞日化公司）诉商标评审委员会及雪洁公司商标争议行政纠纷一案[1]中，雪洁公司2004年6月针对双飞日化公司2003年6月获得注册的争议商标“青蛙王子”（见下图）提出撤销争议，理由是争议商标与其在先注册的四个引证商标（见下图）构成近似商标。商标评审委员会认为雪洁公司撤销理由成立，裁定争议商标予以撤销。双飞日化公司不服该裁定提起诉讼，并提交了若干新证据证明：1995年年初，双飞日化公司将“青蛙王子”商标使用在洗发露、沐浴露和儿童营养霜等商品上，后将11项“青蛙王子”商标在第3类、第5类、第10类等10余种商品类别上进行商标申请并获得注册。2003年3月以后，双飞日化公司对上述“青蛙王子”系列商标进行推广，取得了国内儿童护肤品包括牙膏牙刷市场的极高占有率。其“青蛙王子”商标于2003年、2004年分别获得“漳州市知名商标”、“福建省著名商标”。2007年11月8日，（2007）抚民三初字第48号民事判决书认定双飞日化公司的“青蛙王子及图”系列商标为驰名商标，该判决已生效。2008年3月，双飞日化公司以该品牌为题材制作52集动画片《青蛙王子》，并已在中央电视台少儿频道播出。2008年8月至11月，双飞日化公司委托广州市印象广告有限公司制作“青蛙王子”儿童牙膏、牙刷广告，广东电视台卫星频道连续播出。2009年10月，双飞日化公司的青蛙王子牙刷、牙膏广告在中国儿童护理网、江西美容美发网、中国化妆品网、慧聪网以图、文等多种方式进行大量宣传。此外，“青蛙王子”儿童系列产品还多次被官方权威机构评选为“质量信得过产品”及“群众最喜爱、最畅销产品”。一审法院认为，争议商标与引证商标未构成近似商标，双飞日化公司通过对争议商标在牙刷、电动牙刷等商品上长期持续的使用和广泛大量的宣传，使得争议商标具有很高的知名度，已经形成了与双飞日化公司唯一、固定的对应关系，争议商标与四个引证商标共存于市场中，不易导致消费者的混淆误认，故判决撤销被诉裁定并由商标评审委员会重新作出裁定。

北京市高级人民法院二审认为，四个引证商标的显著识别部分均包括中文文字“青蛙”，而“青蛙”的含义为自然界中一种常见的动物。争议商标的显著识别部分为中文文字“青蛙王子”，而“青蛙王子”为格林童话中的经典童

---

[1] 参见北京市高级人民法院（2011）高行终字第536号行政判决书和北京市第一中级人民法院（2010）一中知行初字第520号行政判决书。

争议商标

青　蛙

引证商标一

青蛙

FROG

引证商标二

引证商标三、四

话人物，对公众而言具有特定的含义，为公众所熟知。争议商标与四个引证商标的中文文字的含义不同，可以为相关公众所区分。争议商标的中文文字部分“青蛙王子”虽然包括了四个引证商标的中文文字部分“青蛙”，但是，由于“青蛙王子”在公众中已经形成特定含义，相关公众在认读该文字时，不会将“青蛙”与“王子”分别阅读和理解，故争议商标的中文文字部分在读音上以相关公众的认知水平能够与四个引证商标的中文文字部分区分开来。争议商标是由变形的中文文字“青蛙王子”构成。四个引证商标的“青蛙”均为未变形中文文字，故争议商标的字形与四个引证商标的字形，以相关公众的认知水平能够予以区分。因此，争议商标与四个引证商标的文字在字形、读音、含义上均存在不同，在整体结构上不构成近似。

（七）《商标法》第三十一条“在先权利”及“在先使用并具有一定影响”条款

40. 关于主张已注册商标侵犯姓名权的主体的认定

根据《商标法》第四十一条第二款的规定，已注册的商标，违反该法第三十一条规定的，自商标注册之日起五年内，商标所有人或者利害关系人可以请求商标评审委员会裁定撤销该注册商标。姓名权作为自然人的一项人身权利，应由其自行行使，仅在特定情况下才可由他人代为行使。《商标法》对姓名权的保护不仅考虑到系争商标与他人的姓名相同，同时也考虑到该姓名权人在社会公众中尤其是相关公众中的知晓程度。主张已注册商标侵犯姓名权的，应当系该姓名权的权利人或经该权利人特别授权的主体。

在荆胜强诉商标评审委员会及第三人英国商·史东模特儿经纪有限公司（以下简称商·史东公司）商标争议行政纠纷一案[1]中，针对荆胜强所注册的第3271558号“凯特·苔藓 KATE MOSS”商标，商·史东公司向商标评审委员会提出撤销注册申请。商标评审委员会认为，争议商标“KATE MOSS 凯特·苔藓”的英文部分系英国一超级名模的姓名，中文部分“凯特·苔藓”是英文的翻译，该模特在时装业内享有一定的知名度。争议商标使用于指定商品上可能导致对他人的姓名权造成损害，违反了《商标法》第三十一条所述的申请商标注册不得损害他人现有在先权利的规定，故裁定撤销争议商标的注册。

一审法院认为，商·史东公司所提争议理由为争议商标的注册损害了模特“KATE MOSS”的姓名权，但现有证据仅可证明 KATE MOSS 授权商·史东公司作为其代理人处理本案争议商标的相关事务，而未授权其对 KATE MOSS 这一姓名享有任何实体上的权益。在商·史东公司未提交其他证据的情况下，仅凭该授权书无法证明商·史东公司系 KATE MOSS 这一姓名的利害关系人，因此其无权以该在先权为由提起本案所涉争议申请，商标评审委员会不应受理商·史东公司基于该在先姓名权而提出的争议申请。一审法院遂撤销被诉裁定。

北京市高级人民法院二审认为，商·史东公司所提争议理由为争议商标的注册损害了模特“KATE MOSS”的姓名权。商·史东公司为证明其有权以争议商标的注册损害了模特“KATE MOSS”的姓名权为由提起争议，提交了模特 KATE MOSS 出具的授权书，该授权书中明确载明模特 KATE MOSS 授权商·史东公司作为其“代理人及代表处理模特儿业务和其他商业活动”，同时“全权处理于中国地区之‘KATE MOSS 凯特·苔藓’商标争议案申请（注册号3271558；类别：25）……全部所须递交之文件及任何须采取之相关申请行动”。在行政审查过程中，荆胜强并未对商·史东公司提起本案争议的主体资格提出异议，并且模特“KATE MOSS”本人向二审法院提交了声明书，进一步明确其授权商·史东公司提出商标争议系其真实意思表示，并“已把我所拥有的我的姓名、肖像、传记、绰号及商标之使用权全部授给商·史东公司”。综合上述授权书、声明书，足以认定模特“KATE MOSS”认可商·史东公司以自己名义提起本案商标争议的行为，更为重要

[1] 参见北京市高级人民法院（2011）高行终字第723号行政判决书和北京市第一中级人民法院（2010）一中知行初字第534号行政判决书。

的是，商·史东公司与“KATE MOSS”这一姓名具有商业上的直接利害关系，属于《商标法》第四十一条第二款规定的“利害关系人”，可以提起本案商标争议申请。

41. 关于主张注册商标侵犯在先商号权须证明其与该在先商号具有利害关系的认定

商号属于应予保护的民事权益的一种，但依据《商标法》第三十一条规定保护的作为在先权利的商号，通常是指在与争议商标核定使用的商品或服务相同或类似的商品或服务上在先使用并已产生一定知名度且容易导致相关公众混淆或误认的商号。主张注册商标侵犯在先商号权的，应证明其与该在先商号具有利害关系，仅有投资关系且并非唯一投资者一般不宜认定为具有利害关系。

在湖南梅兰日兰电器有限公司（以下简称湖南梅兰日兰公司）诉商标评审委员会及施耐德电气（中国）投资有限公司（以下简称施耐德公司）涉及“梅兰日兰”商标争议行政纠纷一案[1]中，争议商标核定使用于国际分类第9类的电度表、成套电气校验装置等商品，商标权人为湖南梅兰日兰公司。施耐德公司以争议商标侵犯其在先商号权等理由提出撤销申请，但其在商标评审程序中提交的证据均系其关联企业天津梅兰日兰公司在涉及断路器商品上的生产经营活动中对“梅兰日兰”商号或商标标识的使用情况。商标评审委员会经审查认定：（1）争议商标核定使用的电度表等商品与引证商标核定使用的断路器、电缆等商品功能、用途均有所不同，在《类似商品和服务区分表》中也分属不同的类似群组，不构成类似商品。通常情况下，使用在非类似商品上的近似商标不易导致相关公众对商品来源产生混淆，争议商标与三个引证商标未构成使用在类似商品上的近似商标。（2）依据现有证据尚难以认定争议商标构成《商标法》第十三条第二款所述在不相类似商品上对他人已注册驰名商标的抄袭模仿。（3）在争议商标申请日前，“梅兰日兰”作为商号具有一定的知名度，与天津梅兰日兰公司产生对应联系。虽然争议商标指定使用商品与断路器等商品不属于类似商品，但是在实际使用中与断路器等商品的消费对象、销售渠道等方面联系密切，争议商标的注册和使用易使相关公众将其与天津梅兰日兰公司建立联系，对商品来源产生混淆误认，并可能损害天津梅兰日兰公司的利益。湖南梅兰日兰公司注册争议商标构成《商标法》第三十一条所指“损害他人现有的在先权利”的行为。商标评审委员会裁定撤销争议商

---

[1] 参见北京市高级人民法院（2011）高行终字第346号行政判决书和北京市第一中级人民法院（2010）一中知行初字第474号行政判决书。

标的注册。一审法院认为，施奈德公司自身从未将“梅兰日兰”作为商号使用，其投资的天津梅兰日兰公司在先使用“梅兰日兰”商号形成的任何在先权益并不能当然地归属于施奈德公司所有，且天津梅兰日兰公司的在先商号权益所涉及“断路器”商品与争议商标核定使用的电度表、成套电气校验装置商品在具体的功能、用途、生产部门等诸方面均存在差异，不属于类似商品，商标评审委员会将《商标法》第三十一条的规定适用于非类似商品，违背了《商标法》第三十一条的立法本意，故判决撤销被诉裁定并责令商标评审委员会重新作出裁定。

北京市高级人民法院二审认为，争议商标申请于2002年12月17日，施奈德公司在商标评审程序中提交的证据均系其关联企业天津梅兰日兰公司在涉及断路器商品上的生产经营活动中对“梅兰日兰”商号或商标标识的使用情况，即使天津梅兰日兰公司对“梅兰日兰”标识的使用已经使之在争议商标申请日之前形成了商号权益，但由于施奈德公司自身从未将“梅兰日兰”作为商号使用，且施奈德公司与天津梅兰日兰公司均系独立的商事主体及施奈德公司并非天津梅兰日兰公司的唯一发起人或股东，故施奈德公司未经天津梅兰日兰公司授权不宜依据天津梅兰日兰公司的商号权主张争议商标违反了《商标法》第三十一条的规定。因此，一审法院认定天津梅兰日兰公司对“梅兰日兰”商号形成的在先权益不能当然地由施奈德公司所有并无不当。

42. 关于先商号的权利范围应限于相同或类似商品或服务的认定

根据《最高人民法院关于审理不正当竞争民事案件应用法律若干问题的解释》第六条的规定，具有一定的市场知名度、为相关公众所知悉的企业名称中的字号，可以认定为《反不正当竞争法》第五条第（三）项规定的“企业名称”。主张争议商标系其在先商号的，该在先商号应当符合上述规定，即其应为“具有一定的市场知名度、为相关公众所知悉的企业名称中的字号”。由于企业名称具有地域上的相对性，故在先商号权的权利范围也应具有地域性，其权利范围应当随商号的知名度大小而确定，并同时考虑抢注的主观恶意。如果在全国范围内具有知名度的商号被抢注，则可以推定抢注者具有主观恶意。此外，在先知名商号权仅能阻却在后商标在与该商号所使用商品或服务相同或类似商品或服务上的注册，在判断商品或服务是否类似时应考虑在先商号的知名度。

在汤尼威尔（上海）服饰有限公司（以下简称汤尼威尔公司）与商标评审委员会、北京百利豪眼镜有限公司（以下简称百利豪公司）“汤尼威尔

TONY WEAR"商标异议复审行政纠纷一案[1]中，被异议商标系百利豪公司申请在第9类眼镜等商品上注册的第3155046号"汤尼威尔TONYWEAR"商标，汤尼威尔公司以"汤尼威尔"系其在先注册并使用的企业字号为由提出注册异议，裁定被异议商标予以核准注册。一审法院维持了商标评审委员会的裁定。

北京市高级人民法院二审认为，《商标法》第三十一条规定的在先商号权，并非指所有早于商标申请日期的商号，而应指具有一定的市场知名度、为相关公众所知悉的企业名称中的字号，而且在先的知名商号权仅能阻却在后商标在相同或类似商品或服务上的注册。虽然汤尼威尔公司及其北京分公司的成立时间均早于被异议商标的申请时间，但由于汤尼威尔公司提交的证据均不能证明其在先注册并使用的"汤尼威尔"商号具有一定知名度。同时，汤尼威尔公司的商号使用在服装上，而被异议商标指定使用在眼镜、眼镜框、眼镜片、眼镜盒、眼镜布、眼镜链、太阳眼镜、老花眼镜、光学眼镜、隐形眼镜商品上，汤尼威尔公司不能证明其从事了与被异议商标指定使用商品相关的经营活动，且服装与被异议商标指定使用的商品并不构成类似商品，故汤尼威尔公司在服装经营上拥有的商号权不能成为阻却被异议商标在指定商品上注册的理由。

43. 关于具有一定知名度的企业名称的简称构成在先权利的认定

具有一定的市场知名度、为相关公众所知悉的企业名称中的字号可以认定为《商标法》第三十一条规定的在先权利，企业名称的简称如果具有一定知名度，也可认定为《商标法》第三十一条规定中的在先权利。

在广汽本田汽车有限公司（以下简称广汽丰田公司）诉商标评审委员会及李军辉商标异议复审行政纠纷一案[2]中，被异议商标系李军辉申请注册的第3668351号"广本"商标，指定使用商品为第7类的包装机、洗衣机、干洗机、非陆地车辆发动机、发电机等商品。被异议商标经初审公告后，广汽本田公司提出异议申请，商标局认定"广本"是广汽本田公司企业字号的简称，其经过长期使用在社会公众中已经具有较高知名度，李军辉将被异议商标申请注册，易误导公众并产生不良的社会影响，故裁定被异议商标不予核准注册。李军辉不服该裁定并申请复审。商标评审委员会认为，虽然广汽本田公司提供的证据能够证明其"广本"企业名称在汽车生产行业具有一定的知名度，但

---

[1] 参见北京市高级人民法院（2011）高行终字第311号行政判决书和北京市第一中级人民法院（2010）一中知行初字第1004号行政判决书。

[2] 参见北京市高级人民法院（2011）高行终字第521号行政判决书和北京市第一中级人民法院（2010）一中知行初字第1571号行政判决书。

并不能证明其在第7类包装机等商品上具有相应的知名度。同时，被异议商标指定使用的非陆地车辆发动机等商品与汽车所处行业不同，消费者看到被异议商标时不会与广汽本田公司的“广本”企业名称联系在一起，或认为二者具有一定的关联性，进而对商品来源产生混淆、误认，损害广汽本田公司的商号权。广汽本田公司提交的证据不能证明被异议商标的核准注册会导致“广本”商号或“本田”商标的显著性被淡化，被异议商标未违反《商标法》第三十一条的规定。商标评审委员会裁定：对被异议商标予以核准注册。

一审法院认为，虽然“广本”经常被作为广汽本田公司企业名称的简称进行指代和使用，但广汽本田公司所提交的证据均未显示在被异议商标申请日之前，广汽本田公司曾经在被异议商标核定使用的包装机、洗衣机、干洗机、马达和引擎启动器或与之类似的商品上实际开展过经营活动。而广汽本田公司所提供的现有证据所能证明的仅为其在汽车商品之上开展了实际的生产经营活动，而汽车与被异议商标所核定使用的商品在功能、用途、销售渠道等诸方面均存在较大差别，不构成类似商品，即广汽本田公司并未在被异议商标申请日之前在类似商品之上形成了受到法律保护的字号权益，故商标评审委员会所作被异议商标未违反《商标法》第三十一条规定的认定正确。

北京市高级人民法院二审认为，广汽本田公司在商标异议复审程序中提供的证据能够证明“广本”系其企业名称的简称，在汽车生产行业具有一定的知名度。被异议商标指定使用的非陆地车辆发动机、发电机、马达和引擎启动器、泵（机器）等商品属于第7类商品，该类虽然有明确的“陆地车辆用除外”的表示，但在具体注册和使用中仍有可能与第12类的汽车、汽车零部件、汽车配件商品有密切关联，而且《类似商品和服务区分表》中也要求将非陆地车辆发动机与第12类的汽车零部件、汽车配件商品进行交叉检索。考虑到“广本”作为广汽本田公司企业名称简称所具有的一定知名度，商标评审委员会和一审法院关于被异议商标指定使用的相关商品与广汽本田公司的商品不类似、被异议商标未违反《商标法》第三十一条规定的认定，缺乏事实和法律依据。

44. 关于涉及老字号及企业名称中断使用情况如何适用《商标法》第三十一条的认定

企业名称权的存在是以企业依法注册并使用该名称为前提的，企业名称权并不单纯地因企业的合并、分立等企业法律关系主体的变更而当然地归属于后续的法律主体。对字号的停止使用，可能导致丧失其相应的企业名称权的后果。

在黄锦琪诉商标评审委员会、广州市越秀区三多轩文房用品商店（以下简称三多轩商店）商标异议复审行政纠纷一案[1]中，老字号“三多轩”创始于清咸丰年间，创始人是黄锦琪的高祖父黄其佩，主要经营和制作笔墨纸砚等。1956 年公私合营后，三多轩资产转归国有后其字号被停用。1985 年 10 月 18 日，三多轩商店复业经营。但三多轩商店仅使用了“三多轩”字号，而并未在相关商品上使用“三多轩”商标。2000 年以后，三多轩商店处于停业整顿状态。2002 年 9 月 26 日，黄锦琪在第 16 类笔、纸等商品上申请注册被异议商标“三多轩”，后被三多轩商店提出异议。商标评审委员会认为，在公私合营后，黄家对其字号不再享有所有权。三多轩商店享有“三多轩”在先商号权，黄锦琪申请注册被异议商标已构成《商标法》第三十一条所指的“损害他人现有的在先权利”之情形；同时，“三多轩”作为三多轩商店的商号的主要部分，一直使用至今，该字号在实际使用中已起到了商标的识别作用，被异议商标的注册已构成《商标法》第三十一条所指“以不正当手段抢注他人已使用并有一定影响的商标”之情形。因此，商标评审委员会裁定被异议商标不予核准注册。一审法院认为，三多轩商店虽然自 1957 年即享有“三多轩”企业名称权，并获得“广州老字号”证书，但综合考虑黄氏家族对“三多轩”的贡献和三多轩商店的实际经营状态，该老字号证书不能证明“三多轩”字号具有的市场知名度是基于三多轩商店的经营活动所带来的。本案现有证据不足以证明三多轩商店使用“三多轩”的企业字号在相关公众中已经与三多轩商店之间产生唯一的对应关系，并且该唯一对应关系已经由于三多轩商店的经营活动具有了一定的市场知名度。黄锦琪作为“三多轩”创始人的后代，其在第 16 类笔墨纸砚等商品上申请注册“三多轩”商标具有合理理由。一审法院撤销了商标评审委员会的裁定。

北京市高级人民法院二审认为，自公私合营至三多轩商店复业经营期间，因“三多轩”字号停止使用，其相应的企业名称权亦不复存在。自 1983 年 5 月 4 日三多轩商店成立以来，由于三多轩商店注册、使用其企业名称的行为，三多轩商店才享有了以“三多轩”为字号的企业名称权。三多轩商店虽因其注册、使用行为享有了以“三多轩”为字号的企业名称权，被相关单位认定为“广州老字号”并具有一定的影响，但《商标法》第三十一条对在先权利加以保护的目的在于通过对他人现有在先权利的保护，避免权利冲突和相关公众对商品来源的混淆误认。而综合本案相关证据，“三多轩”成为“广州老字号”并具有一定影响，除了三多轩商店复业以来的经营使用外，更多地有赖

[1] 参见北京市高级人民法院（2011）高行终字第 685 号行政判决书和北京市第一中级人民法院（2010）一种知行初字第 2933 号行政判决书。

于黄氏家族长期以来的经营活动，相关公众对三多轩商店及“三多轩”字号的认可离不开黄氏家族在原“三多轩”经营活动中所积累的工艺技术和建立的良好声誉，因此，“三多轩”字号与三多轩商店之间的联系是建立在特定的历史条件下的，相关公众对“三多轩”的认识更多地是与黄氏家族联系在一起的，黄锦琪作为黄氏家族的后人申请注册被异议商标，并不会造成相关公众的混淆误认。从现实情况看，三多轩商店自2000年以来确实已处于停业状态，不再进行实际的经营活动。因此，黄锦琪注册被异议商标不会造成相关公众对商品来源的混淆误认，并未损害三多轩商店的在先权利。原审判决综合考虑了相关历史因素，在探究《商标法》第三十一条立法本意的基础上撤销被诉裁定，符合本案的实际情况和《商标法》的基本精神。包含字号在内的企业名称，在性质与功能等方面与商标并不相同，因而对企业名称的使用并不等同于对商标的使用。三多轩商店仅是将“三多轩”作为字号在其企业名称中使用，而未在商品或者服务上使用商标，因此不能认定三多轩商店在先使用了“三多轩”商标，更不能证明该使用产生了一定影响，故被异议商标的注册也不属于以不正当手段抢先注册他人已经使用并有一定影响的商标的情形。

45. 关于《商标法》第三十一条所规定的“在先权利”的认定

依据《商标法》第三十一条主张在先权利的当事人，应当就其拥有在先权利承担举证责任，即其系所主张的在先权利的权利人或利害关系人，并且其所主张的“在先权利”应当是根据《民法通则》和其他法律规定属于应予保护的合法权益。

在车智洁与商标评审委员会、高丽莉“瑞贡天朝”商标争议行政纠纷一案[1]中，争议商标是高丽莉于2005年8月29日申请注册的第4863722号“瑞贡天朝”商标，核定使用在第43类“茶馆、酒吧”等服务项目上。车智洁以其对“瑞贡天朝”拥有在先权利为由提出撤销申请，理由为：车智洁的前人车顺来创办的“车顺号”茶庄获得了清朝皇帝赐予的“瑞贡天朝”牌匾，且牌匾存世仅一块，故“车顺号”与牌匾内容“瑞贡天朝”之间形成了唯一对应关系，高丽莉将“瑞贡天朝”作为商标进行注册，损害了车智洁的在先权利，违反了《商标法》第三十一条的规定。商标评审委员会认为车智洁未能提交充分证据证明“瑞贡天朝”匾额与“车顺号”茶庄已经形成唯一对应关系。同时，“车顺号”和“瑞贡天朝”曾一度中止使用，“车顺号”和“瑞贡天朝”之前所享有的商誉并不必然归车智洁所有，车智洁有关其对“瑞贡天

---

[1] 参见北京市高级人民法院（2011）高行终字第1383号行政判决书和北京市第一中级人民法院（2011）一中知行初字第1316号行政判决书。

朝”享有在先权利的主张不能成立，争议商标的注册未违反《商标法》第三十一条有关“申请商标注册不得损害他人在先权利”的规定，裁定争议商标予以维持。一审法院认为，即使车智洁家族拥有的“瑞贡天朝”匾额为保存至今的唯一真匾，现有证据亦无法表明“车顺号”茶庄与“瑞贡天朝”形成了唯一的对应关系，故车智洁主张争议商标注册损害了其在先权利缺乏事实和法律依据，判决维持了商标评审委员会所作裁定。

北京市高级人民法院二审认为，车智洁的证据不能证明在争议商标申请注册日之前，其对“瑞贡天朝”商标拥有在先权利，亦无证据证明车智洁在争议商标核定使用的茶馆等服务项目上在先使用“瑞贡天朝”商标并已具有一定影响，车智洁关于争议商标注册违反《商标法》第三十一条规定的主张不能成立。

46. 关于停止使用对“有一定影响的商标”认定的影响

《商标法》第三十一条后半段规定禁止他人抢先注册的商标，除须具备在先使用的前提外，还应当具有一定的影响。而所谓“一定影响”，是指相关商标有一定的持续使用时间、区域、销售量或者广告宣传等，从而能够使一定范围的相关公众知晓该商标，进而对商品来源加以区分。如果在先商标虽然曾经使用并产生过一定影响，但该使用行为由于各种原因已经停止，则经过一定的时间后，不能再单纯根据其以往的使用行为认定该商标为“有一定影响的商标”。

在广州市番禺区万声达电子电器厂（以下简称万声达厂）诉商标评审委员会、蔡力商标异议复审行政纠纷一案[1]中，被异议商标系万声达厂于2003年11月4日申请注册的第3782232号“T－KOKOPA及图”商标，指定使用在第9类扬声器音箱、扩音器等商品上。蔡力针对被异议商标提出异议申请，理由为：蔡力担任法定代表人的广州市宇龙腾科技有限公司（以下简称宇龙腾公司）在被异议商标申请日前已在《慧聪商情广告》上刊登了宣传使用在先商标的广告并具有一定影响，被异议商标违反了《商标法》第三十一条的规定。商标局与商标评审委员会均认为该异议理由成立，裁定被异议商标不予核准注册。一审法院亦维持商标评审委员会的裁定。

北京市高级人民法院二审认为，虽然现有证据能够证明在先商标在被异议商标指定使用商品或与其类似的商品上进行了实际的使用，但是仅凭2001年5月《慧聪商情广告》上的一则广告，尚不足以认定在被异议商标申请注册前

[1] 参见北京市高级人民法院（2011）高行终字第365号行政判决书和北京市第一中级人民法院（2010）一中知行初字第1248号行政判决书。

在先商标已经具有了一定的影响。审查判断诉争商标是否损害他人现有的在先权利，虽然一般以诉争商标申请日为准，但如果在先权利在诉争商标审查核准时已经不存在，则不影响诉争商标的注册。本案中宇龙腾公司于2005年4月15日被工商行政主管部门依法吊销后，该公司即停止了对在先商标的使用行为，现有证据亦无法证明其他公司对在先商标或与其近似商标进行了在先使用并产生了一定影响，被异议商标的申请注册未违反《商标法》第三十一条的规定。

47. 关于对原告诉讼新证据的适当采信及在先使用商标是否具有一定影响的认定

在商标行政诉讼中，做出行政行为的被告负有证明被诉行政行为具有合法性举证责任。《中华人民共和国行政诉讼法》（以下简称《行政诉讼法》）第三十二条规定："被告对作出的具体行政行为负有举证责任，应当提供作出该具体行政行为的证据和所依据的规范性文件。"但提供证据不仅是当事人的义务，也是当事人的诉讼权利。《行政诉讼法》的上述规定虽然将举证义务分配给作出行政行为的行政机关，但并未限制或排除其他当事人的举证权利。《最高人民法院关于行政诉讼证据若干问题的规定》第六条规定："原告可以提供证明被诉具体行政行为违法的证据。原告提供的证据不成立的，不免除被告对被诉具体行政行为合法性的举证责任"。司法解释的上述规定进一步保障了行政诉讼当事人的举证权利，如果行政诉讼的原告依法提交了证明被行政行为不具有合法性的证据，人民法院可以接收并依法采信。

在美国高思公司（以下简称高思公司）诉商标评审委员会及东莞市东之声电器有限公司（以下简称东之声公司）商标异议复审行政纠纷一案[1]中，东之声公司申请注册的被异议商标"KOSS及图"指定使用于第9类扩音器喇叭、车辆用收音机、录音机等商品，高思公司提出异议申请，商标局裁定该异议理由不成立。高思公司向商标评审委员会申请复审，其主要理由为高思公司的"KOSS"商标在行业内享有极高知名度，在中国也构成在先使用并有一定影响的商标。高思公司同时提交了15份证据。商标评审委员会认为，高思公司提交的证据能够证明其在中国大陆地区在先使用"KOSS"商标，但不足以证明其"KOSS"商标进入中国市场后在被异议商标注册申请日之前已经在中国大陆地区产生一定知名度，故裁定被异议商标予以核准注册。高思公司不服该裁定并提起诉讼，其为证明在被异议商标申请日之前，

---

[1] 参见北京市高级人民法院（2010）高行终字第841号行政判决书和北京市第一中级人民法院（2010）一中知行初字第175号行政判决书。

其“KOSS 及图”商标已在中国使用并具有很高知名度，提交了 32 份证据材料。一审法院认为，高思公司在诉讼中提交了一些在异议阶段以及异议复审阶段没有提交过的证据材料，这些证据材料不是商标评审委员会作出裁定的依据，故不予采信。高思公司在评审阶段提交的证明其“KOSS 及图”商标在被异议商标申请日之前具有知名度的证据材料不足以证明该商标经过高思公司的使用已经具有一定影响，并且这种影响已经及于东之声公司，因此被异议商标不属于“以不正当手段抢先注册他人已经使用并有一定影响的商标”，故判决维持被诉裁定。

北京市高级人民法院二审认为，在高思公司向商标评审委员会提交的证据中，商标评审委员会已经认定部分证据可以证明在被异议商标注册申请日前，高思公司在中国大陆地区已在先使用其“KOSS 及图”，只是该使用尚未产生《商标法》第三十一条规定的“一定影响”。在此基础上，根据《最高人民法院关于行政诉讼证据若干问题的规定》第六条的规定，高思公司作为原审原告在原审诉讼中补充提交证据并无不可，一审法院以这些证据未在异议阶段以及异议复审阶段提交为由一律不予考虑过于机械。行政诉讼应正确处理避免审级损失与诉讼经济原则的关系，虽然在被异议商标获得注册后高思公司尚可请求撤销其注册，但如果依据现有证据足以认定被异议商标不应被核准注册，亦不宜以存在其他救济途径为由完全不考虑当事人在诉讼中提交的新证据。高思公司向商标评审委员会及一审法院提交的证据可以证明，在被异议商标申请注册日前，高思公司对“KOSS 及图”、“KOSS”商标的在先使用已经产生“一定影响”，在被异议商标注册申请日后，高思公司的“KOSS 及图”仍在持续使用并具有一定知名度。由于在东莞、深圳、珠海地区有多家企业接受委托生产高思公司“KOSS”品牌耳机，东之声公司作为位于东莞市的同业经营者，完全可能接触到高思公司的“KOSS 及图”商标或“KOSS”标志，故其申请注册被异议商标的行为已经构成《商标法》第三十一条规定的“以不正当手段抢先注册他人已经使用并有一定影响的商标”的情形，依法应不予注册。

48. 关于对《商标法》第三十一条“不正当手段”的认定

申请商标不得以不正当手段抢先注册他人已经使用并有一定影响的商标。如果申请人明知或者应知他人已经使用并有一定影响的商标而予以抢注，即可认定其采取了不正当手段。有证据证明在先商标有一定的持续使用时间、区域、销售量或者广告宣传等的，可以认定其有一定影响。

在董怀谷诉商标评审委员会及山东省东方国际贸易股份有限公司（以下

简称东方国际贸易公司）商标撤销争议行政纠纷一案[1]中，争议商标系董怀谷在第8类剃须刀、指甲锉等商品注册的3602695号“Rose及图”商标，东方国际贸易公司请求商标评审委员会根据《商标法》第三十一的规定撤销争议商标，并提交了产品包装盒、商标许可使用协议、商标注册证、产品销售发票及提单复印件等证据，用以证明其产品“在一定范围内具有一定影响”，其中产品销售发票均为出口发票，该发票及提单表明其产品销往印度、智利等国家。商标评审委员会裁定争议商标在“剪刀、钢刀、佩刀”商品上的注册予以撤销。一审法院认为，东方国际贸易公司仅提供了产品销售发票及提单复印件用以证明其产品“在一定范围内具有一定影响”，上述证据只能证明“Rose”品牌在其产品上使用过，并不能证明其产品“在一定范围内具有一定影响”，故判决撤销被诉裁定。二审另查明，中国轻工业进口公司山东省分公司于1966年10月即注册了第53196号“Rose及图形”商标，1995年转让于山东省日用百货公司，2003年8月转让于东方国际贸易公司。该商标曾于1972年经核准扩大使用在“折剪、小刀，指甲钳”商品上。1981年10月经核准扩大使用在“园艺用刀剪、剃刀，指甲钳、保安刀片、刀架、折剪”等商品上。1994年中国加入《商标注册用商品和服务国际分类尼斯协定》后，该商标保留第26类“缝衣针”商品，其余第8类园艺用刀剪、剃刀、指甲钳、保安刀片、刀架、折剪等商品并另行换发第380911号商标注册证。该商标于2003年2月28日因有效期满后未续展被注销。东方国际贸易公司向法院提交了销售发票的原件，并提交了两份商标使用许可合同、第53196号“Rose及图形”商标知识产权海关保护备案证书（有效期限至2010年9月16日止）、时间为2002年至2004年期间的销售发票原件（7份）及中译文，用以佐证其玫瑰牌折剪在先使用并有一定影响。

北京市高级人民法院二审认为，东方国际贸易公司二审提交的销售发票原件及中文译本，属于对发票证据形式的完善。该证据表明，在争议商标申请注册日之前，东方国际贸易公司多次向印度等出口了较大数量的“Rose”品牌“折叠剪刀”商品，且该商标（1972年起为第53196号，1994年换发商标注册号为第380911号）从1972年起指定使用在园艺用刀剪、剃刀、指甲钳、保安刀片、刀架、折剪等商品上并一直持续使用，虽然该商标于2003年2月28日有效期满后因未续展被注销，但由于东方国际贸易公司长期、持续的使用，该商标的声誉并不因其未续展而中断，因此，应认定在中国生产、并使用在园

[1] 参见北京市高级人民法院（2011）高行终字第491号行政判决书和北京市第一中级人民法院（2010）一中知行初字第2385号行政判决书。

艺用刀剪等商品上的该商标在争议商标申请注册前已具有一定影响。此外，东方国际贸易公司的“Rose 及图形”商标有较强的独创性。争议商标指定使用的商品与东方国际贸易公司的产品相同或类似，争议商标与东方国际贸易公司在先注册和使用的“Rose 及图”商标相似，董怀谷作为与东方国际贸易公司的同业经营者应当知悉东方国际贸易公司在先注册和使用的商标，在董怀谷未提交证据说明其争议商标与东方国际贸易公司在先使用的“Rose 及图”商标相同的合理理由的情况下，其在“剪刀”等商品上注册与东方国际贸易公司在先使用并有独创性的“Rose 及图”商标相同的争议商标并非偶然。二审法院遂改判维持被诉裁定。

49. 关于仅有一份荣誉证书通常不足以证明在先使用并有一定影响的认定

主张申请商标系以不正当手段抢先注册他人已经使用并有一定影响的商标的，应当提供有效证据证明其该注册商标系其已经在先使用并有一定影响的商标。

在重庆市世湖圆食品有限公司（以下简称重庆世湖圆公司）诉商标评审委员会及重庆市石柱县老川江食品有限公司（以下简称重庆老川江公司）涉及“老川江情”商标争议行政纠纷一案[1]中，争议商标系重庆世湖圆公司于 2003 年 7 月 28 日提出注册申请的“老川江情”商标，2005 年 8 月 28 日被核准注册，核定使用于第 29 类风肠、板鸭等商品。2006 年 4 月 3 日，重庆老川江公司根据《商标法》第三十一条等规定请求商标评审委员会撤销争议商标。商标评审委员会经审查认定：重庆世湖圆公司提交的湖北省商品质量计量管理协会颁发的“老川江”牛肉干被确认为“2002 年度湖北市场质量信得过品牌”荣誉证书，能够证明在争议商标申请注册日期之前，重庆老川江公司的“老川江”商标已经具有了一定的知名度，重庆世湖圆公司明知“老川江”为他人在先使用并有一定影响的商标，却在肉干等商品上抢先申请注册与“老川江”文字近似的“老川江情”商标，其行为违反了诚实信用原则，损害了重庆老川江公司就“老川江”商标所享有的在先权益，构成了《商标法》第三十一条规定的“以不正当手段抢先注册他人已经使用并有一定影响商标”的行为。商标评审委员会裁定争议商标予以撤销。在诉讼中商标评审委员会明确表示其认定“老川江”商标具有一定知名度的证据仅有一份，即湖北省商品质量计量管理协会颁发的重庆市万州区昌源食品企业公司“老川江”牛肉干被确认为“2002 年度湖北市场质量信得过品牌”荣誉证书。一审法院认为，商标评审委员会认定争议商标的注册属于《商标法》第三十一条规定的“以

---

[1] 参见北京市高级人民法院（2011）高行终字第 433 号行政判决书和北京市第一中级人民法院（2010）一中知行初字第 2722 号行政判决书。

不正当手段抢先注册他人已经使用并有一定影响的商标”的情形缺乏事实依据，判决撤销被诉裁定。

北京市高级人民法院二审认为，本案属于商标授权确权行政诉讼，主要审查商标评审委员会被诉行政行为的合法性，对商标评审委员会未予审查的对象一般不予审查。重庆老川江公司为证明争议商标属于“以不正当手段抢先注册他人已经使用并有一定影响的商标”，向商标评审委员会提交了大量的证据。商标评审委员会在法院庭审时虽称其对重庆老川江公司提交的全部证据均进行了审查，并在该审查的基础上认定重庆老川江公司提交的全部证据均不足以证明“老川江”属于重庆老川江公司在先使用并具有一定影响的商标，故其仅依据重庆世湖圆公司提交的“2002 年度湖北市场质量信得过品牌”荣誉证书这一份证据认定“老川江”属于重庆老川江公司在先使用并具有一定影响的商标。但是，从第 12808 号裁定中难以得出商标评审委员会对重庆老川江公司提交的全部证据均已进行审查的结论，故商标评审委员会的该主张依据不足。此外，商标评审委员会仅依据重庆世湖圆公司提交的“2002 年度湖北市场质量信得过品牌”荣誉证书这一份证据，即认定“老川江”属于重庆老川江公司在先使用并具有一定影响的商标，依据不足。在缺乏其他有效证据佐证的情况下，一审法院有关该证据不足以证明“老川江”属于重庆老川江公司在先使用并具有一定影响的商标的认定并无不当，商标评审委员会在重新作出裁定时应全面、综合审查各方当事人提交的证据。

（八）《商标法》四十一条第一款“其他不正当手段”条款

50. 批量抢注他人商标并转卖牟利可视为《商标法》第四十一条第一款规定的“以其他不正当手段取得注册的”行为

申请商标注册不得损害他人现有的在先权利。《商标法》第四十一条规定，已经注册的商标是以欺骗手段或者其他不正当手段取得注册的，由商标局撤销该注册商标，其他单位或者个人可以请求商标评审委员会裁定撤销该注册商标。在他人作品具有较高知名度时，将该作品名称大量抢注为商标，甚至将其抢注的商标出售牟利的，可以将该注册商标视为“以其他不正当手段取得注册的”商标。

在江苏蜡笔小新服饰有限公司诉国家工商行政总局商标评审委员会、日本株式会社双叶社商标争议行政纠纷系列案件[1]中，日本株式会社双叶社早在 2005 年针对上述商标提出争议申请。商标评审委员会裁定维持争议商标

---

[1] 参见北京市高级人民法院（2011）高行终字第 1427、1428、1432 行政判决书和北京市第一中级人民法院（2011）一中民知行初字第 1228、1229、1230 行政判决书。

的注册，双叶社不服提出行政诉讼。法院虽判决维持争议裁定，但认为“双叶社提交的诚益公司曾经及现在持有的商标的档案资料表明，诚益公司具有大批量、规模性抢注他人商标并转卖牟利的行为，情节恶劣严重。‘蜡笔小新’文字及图形作为作品具有独创性，且在本案争议商标申请日前在日本及我国台湾、香港具有较高知名度，诚益公司复制了上述作品并将其作为商标在中国大陆地区予以注册，结合其批量性、大规模注册他人商标的行为，可以认为诚益公司明显具有侵害他人、抢注他人商标的恶意，有违诚实信用原则，其行为违反了《商标法》第四十一条之规定。鉴于双叶社在商标评审程序中并未提出上述证据，本院不宜直接作出处理”。2007年双叶社再次提出撤销争议商标的申请，并提出大量证据证明争议商标的申请人存在大量抢注他人知名商标的行为，主观恶意明显。商标评审委员会认为：综合考虑争议商标原注册人规模性抢注他人知名商标的事实，原注册人申请注册争议商标的行为已经违反了诚实信用原则，扰乱了商标注册管理秩序及公共秩序，损害了公共利益，已构成《商标法》第四十一条第一款所指“以其他不正当手段取得注册”的情形，故裁定争议商标予以撤销。一审法院判决维持了被诉裁定。

北京市高级人民法院二审认为，《商标法》第四十一条第一款规定，已经注册的商标，是以欺骗手段或者其他不正当手段取得注册的，其他单位或个人可以请求商标评审委员会裁定撤销该注册商标。《蜡笔小新》系列漫画及动画片早于争议商标申请日之前已在日本、中国香港、中国台湾地区广泛发行和播放，具有较高知名度。争议商标的原申请人诚益公司地处广州，毗邻香港，理应知晓“蜡笔小新”的知名度。诚益公司将“蜡笔小新”文字或卡通形象申请注册商标，主观恶意明显。同时考虑到诚益公司具有大批量、规模性抢注他人商标并转卖牟利的行为，情节恶劣，因此商标评审委员会认定诚益公司申请注册争议商标，已经违反了诚实信用原则，扰乱了商标注册管理秩序及公共秩序，损害了公共利益，构成《商标法》第四十一条第一款所指“以其他不正当手段取得注册”的情形，其结论正确。

（九）《商标法》第四十四条“连续三年停止使用”条款

51. 关于经营者内部单据可否作为商标使用证据的认定

《商标法》第四十四条第（四）项规定，注册商标连续三年停止使用的，由商标局责令限期改正或者撤销其注册商标。商标的使用包括将商标用于商品、商品包装或者容器以及商品交易文书上，或者将商标用于广告宣传、展览及其他商业活动中。商标的使用应当是在商业活动中对商标的真实使用，以使商标起到区分商品来源的作用。商标使用的证据材料，包括商标注册人使用注册商标的证据材料和商标注册人许可他人使用注册商标的证据材料。经营者内部单据在有其他证据佐证的情况下，可以作为证明商标使用的证据。

在万金刚、商标评审委员会及王建娣商标撤销复审行政纠纷一案[1]中，王建娣以连续三年停止使用为由申请撤销万金刚拥有的复审商标“骆驼牌及图”的注册，商标局及商标评审委员会均驳回该撤销申请，维持复审商标。一审法院认为，商标评审委员会认定万金刚使用复审商标的证据是加鳄公司获得商标使用许可的合同、加鳄公司给实兴公司出具的五张收款收据以及加鳄公司送货单。由于收款收据及送货单系公司内部使用的单据，其印制、使用具有较大的随意性，商标评审委员会仅仅依据加鳄公司出具的收款收据和送货单认定复审商标已经在商业活动中进行了真实的使用，证据尚不充分，故商标评审委员会的复审决定证据不足。

北京市高级人民法院二审认为，万金刚在评审阶段提交的证据中，万金刚与骆驼公司签订的商标许可使用合同、骆驼公司与加鳄公司签订的商标使用许可合同及相应的商标使用许可合同备案通知书等证据可以证明加鳄公司为复审商标合法的被许可人。而加鳄公司2006年给实兴公司出具的五张收款收据，均载明为订购“骆驼牌”、“骆驼牌及图形”、“骆驼牌图形”的款项，加鳄公司2006年的送货单载明的客户名称为实兴公司。以上票据是商业交易中常用的票据形式，加盖了加鳄公司的公章，上述证据可以得到相互印证，在王建娣没有提供相反证据的情况下，商标评审委员会以此认定复审商标在三年内已经实际使用是恰当的。

52. 关于既不相同也不类似的商品或服务上使用注册商标不足以产生维持注册的效力

《商标法》第四十四条注册商标“连续三年停止使用”条款的目的，是督促商标权人对于其注册商标在核定使用的商品或服务上的实际使用，从而发挥商标的实际效用，防止浪费商标资源。如果注册商标使用在既不相同也不类似的商品或服务上，将不能产生维持其注册的效力。

在深圳发展银行股份有限公司（以下简称深圳发展银行）诉商标评审委员会及华崇东商标撤销复审行政纠纷一案[2]中，复审商标系深圳发展银行注册的第1509884号“发展卡”商标，核定使用于第9类的“智能卡（集成电路

---

[1] 参见北京市高级人民法院（2011）高行终字第550号行政判决书和北京市第一中级人民法院（2010）一中知行初字第1863号行政判决书。

[2] 参见北京市高级人民法院（2011）高行终字第402号行政判决书和北京市第一中级人民法院（2010）一中知行初字第2913号行政判决书。

卡）、磁性识别卡”商品。华崇东以复审商标连续三年停止使用为由，申请撤销上述商标。商标局认为深圳发展银行提供的商标使用证据有效，决定驳回华崇东的撤销申请复审商标继续有效。华崇东不服商标局的上述决定申请复审。深圳发展银行向商标评审委员会提交了其发展卡借记卡、信用卡样卡及开立个人银行账户申请书原件及相关的广告宣传材料。商标评审委员会复审认为，深圳发展银行的证据均是其复审商标在第36类金融事务服务、信用卡服务等服务上的使用证据，而非在第9类磁性识别卡等商品上的使用证据，进而无法认定在争议三年期限内复审商标在磁性识别卡等商品上进行了真实、合法、有效的商业使用，故决定撤销复审商标的注册。一审法院认为，复审商标指定使用于第9类的智能卡（集成电路卡）、磁性识别卡商品上，但深圳发展银行在评审程序提供的证据仅仅体现了复审商标在其非指定使用的金融事务服务、信用卡服务等服务上的使用情况，而不能证明复审商标在其指定使用的第9类的智能卡（集成电路卡）、磁性识别卡商品上存在使用行为，故判决维持商标评审委员会的审查决定。

北京市高级人民法院二审认为，深圳发展银行在评审程序提供了发展卡借记卡、信用卡样卡及开立个人银行账户申请书，深圳发展银行举办的活动宣传材料等证据，上述证据仅仅体现了复审商标在金融事务服务、信用卡服务等服务上的使用情况，而非复审商标在其核定使用的第9类的智能卡（集成电路卡）、磁性识别卡商品上的使用。虽然发展卡借记卡、发展卡信用卡本身即为磁性识别卡和智能卡（集成电路卡），但是深圳发展银行向消费者发行发展卡借记卡和发展卡信用卡，由消费者进行使用，仅是深圳发展银行向消费者提供卡片本身所蕴含的金融服务的过程，并不能达到有效地使消费者区别借记卡、信用卡本身商品来源的功效，从而实现复审商标在第9类磁性识别卡、智能卡（集成电路卡）上的商业使用。因此，深圳发展银行提供的证据并不能证明在争议三年期限内复审商标在磁性识别卡、智能卡（集成电路卡）商品上进行了真实、合法、有效的商业使用，故维持原审判决。

53. 关于商品或服务特点对是否构成商标使用产生影响的认定

注册商标的使用，既包括商标注册人自己的使用，也包括获得商标注册人许可的其他主体的使用。对于商标是否进行了真实、合法的商业使用，应当考虑使用该商标的商品或服务的自身特点，根据相关证据并结合日常生活经验法则加以综合判断。

在晋江市力奇精细材料有限公司（以下简称力奇公司）诉商标评审委员会、中国乐凯胶片集团公司（以下简称乐凯公司）商标撤销复审行政纠纷一案[1]中，复审商标系乐凯公司拥有的第1248056号“LUCKY”商标，核定使用在第2类“喷墨打印用油墨（印墨）、复印机用墨（调色剂）”商品上。2004年11月5日，力奇公司以复审商标连续三年停止使用为由，申请撤销复审商标的注册。商标局和商标评审委员会均决定维持复审商标的注册。一审法院认为，商标评审委员会仅依据商标许可合同和墨水包装盒认定复审商标的使用，但商标许可合同只能证明复审商标的许可，墨水包装盒仅是商品外包装，在无其他证据佐证的情况下，不足以证明贴附有复审商标的商品实际投入消费市场，进而起到区分商品来源的作用。一审法院遂判决撤销被诉决定。

北京市高级人民法院二审认为，除了许可保定乐凯数码影像有限公司（以下简称乐凯数码公司）自2001年5月18日至2006年5月17日使用复审商标的商标许可使用合同和生产日期分别为2004年4月1日、2004年8月5日、2004年9月26日的墨水包装盒外，乐凯公司还向商标评审委员会提交了2001年11月5日至2004年11月4日期间大量的商标标志印制发票、产品销售发票等证据。虽然在产品销售发票中载明的货物名称多为“爱普生墨水”、“米玛克墨水”、“NOVA墨水”、“罗兰墨水”、“MIMAKI墨水”、“EPSON墨水”、“HP3000墨水”、“Mutoh墨水”、“Roland墨水”、“惠普5000墨水”、“武腾墨水8000”等不同型号的墨水及相纸等商品，但考虑到复审商标核定使用的商品为“喷墨打印用油墨（印墨）、复印机用墨（调色剂）”，相关商品在实际使用过程中通常对应于相应的打印机型号而生产、销售，相关发票载明的货物名称多以“某一其他厂商商标、字号或打印机型号＋墨水”的形式体现。在乐凯公司已提交了商标许可使用合同和墨水包装盒的前提下，根据日常生活经验法则，现有证据足以证明经乐凯公司许可的乐凯数码公司在2001年11月5日至2004年11月4日期间对复审商标进行了真实、合法的商业使用。此外，乐凯公司在诉讼中提交了大量的其他证据，包括复审三年期间内生产的商品实物和2004年11月4日之后的商标使用证据，足以证明复审商标不仅在本案诉争三年期间内进行了实际使用，而且其实际使用复审商标的意图是长期一贯并持续至今的。在此情况下撤销复审商标与《商标法》相关规定的立法本意相悖。二审法院据此改判维持被诉决定。

54. 关于未经许可的使用及仅发生在商标权人和被许可人之间的交易不能产生维持商标注册效力的认定

在没有商标许可使用合同等相关证据加以佐证的情况下，其他主体对商标

[1] 参见北京市高级人民法院（2011）高行终字第25号行政判决书和北京市第一中级人民法院（2010）一中知行初字第2680号行政判决书。

的使用行为不能认定为商标注册人的使用行为。商标的基本功能在于区分商品或服务的来源，标识有被许可的注册商标标志的商品买卖行为如果仅发生在注册商标许可使用人与被许可使用人之间，也不能认定是该被许可使用商标起到区分商品来源作用的商业使用行为。

在强韧有限公司（以下简称强韧公司）诉商标评审委员会、斯特森有限公司（以下简称斯特森公司）商标撤销复审行政纠纷一案[1]中，斯特森公司以连续三年停止使用为由对强韧公司在第 25 类成品衣等商品上注册的第 1937137 号“T. U. F 及图”商标提出撤销申请，商标局驳回了该申请。商标评审委员会决定撤销对复审商标的注册。一审法院认为，强韧公司提交的证据 7. 2，即汕头市包浩斯服饰制品有限公司（以下简称包浩斯公司）向强韧公司出具的广东省出口商品统一发票、发票附页、合同和相关产品的照片等复印件，能够证明复审商标在涉案三年期间的使用，故判决撤销被诉决定。

北京市高级人民法院二审认为，证据 7. 2 中仅有一份合同中所附“生产图样”隐约可见复审商标标志的部分内容，其对于本案中复审商标的使用情况这一待证事实的证明力较弱，单纯依靠该证据并不足以证明复审商标于涉案三年期间在复审商品上的使用情况。而且，该证据同时显示，强韧公司为该商品的购买者，包浩斯公司才是该商品的生产者和销售者。因此，即使认定该合同中的商品标示了复审商标并且该商品已进入商业流通领域、复审商标有实际的商业使用行为，复审商标的使用主体也是包浩斯公司而非强韧公司。在强韧公司未提交其与包浩斯公司之间就复审商标存在许可使用关系的情况下，该使用行为不能认定为强韧公司对复审商标的使用。商标的基本功能在于区分商品或服务的来源，即使强韧公司与包浩斯公司之间存在许可使用关系，这种发生在注册商标许可使用人与被许可使用人之间的商品买卖行为，也难以认定复审商标起到区分商品来源作用的商业使用行为，故强韧公司提交的证据 7. 2 及其相关补强证据，不足以证明复审商标于涉案三年期间在复审商品上进行了真实、公开、合法的商业使用。二审法院改判维持被诉决定。

55. 关于仅有一份作为顾客报销凭证的发票尚不足以证明注册商标的实际使用的认定

商标使用应当具有真实性和指向性，即商标使用是商标权人控制下的使用，该使用行为能够表达出该商标与特定商品或服务的关联性，能够使相关公众意识到该商标指向了特定的商品或服务。对于仅以或主要以维持注册效力为

---

[1] 参见北京市高级人民法院（2011）高行终字第 866 号行政判决书和北京市第一中级人民法院（2010）一中知行初字第 3212 号行政判决书。

目的的象征性使用商标的行为，可以不视为足以产生维持商标注册效力的使用商标行为。判定商标使用行为是否属于仅以或主要以维持注册效力为目的的象征性使用行为，应综合考察行为人使用该商标的主观目的、具体使用方式、是否还存在其他使用商标的行为等因素。

在付亚楠诉商标评审委员会及深圳市盛天龙视听科技有限公司（以下简称盛天龙视听科技公司）涉及“TAMASHI”商标复审争议行政纠纷一案[1]中，复审商标系深圳市盛天龙实业有限公司于1999年4月1日申请并于2000年10月14日获准注册的第1457817号“TAMASHI”商标，核定使用在第9类影碟机、音响设备、电声组合件、功放机、电池、报警器商品上。2005年3月3日，复审商标依法转让给盛天龙视听科技公司。2003年11月26日，付亚楠以连续三年停止使用为由针对复审商标提出撤销申请。盛天龙视听科技公司向商标局提交了一张其于2003年11月3日开具的影碟机商品销售发票作为复审商标在涉案三年期间内实际使用的证据，该发票为第二联的顾客报销凭证并加盖了盛天龙视听科技公司的公章，其中记载顾客姓名为陈希慧。商标局以盛天龙视听科技公司提供的商标使用证据有效为由，决定维持复审商标的注册。商标评审委员会复审认为：盛天龙视听科技公司提交的发票可以证明复审商标在规定期限内在影碟机商品上进行了商业使用。复审商标核定使用的音响设备、电声组合件、功放机与影碟机在功能、用途、销售渠道及消费对象等方面较为接近，属于类似商品，故盛天龙视听科技公司提交的使用证据可以视为其在上述类似商品上已对复审商标进行了商业使用。盛天龙视听科技公司提交的证据材料不能证明复审商标在规定期限内在电池、报警器商品上进行了实际商业使用。商标评审委员会决定撤销商标局的决定并撤销复审商标在电池、报警器商品上的注册，维持在影碟机、音响设备、电声组合件、功放机商品上的注册。一审法院认为，商标评审委员会认定复审商标在涉案三年期间内在影碟机上进行了商业使用缺乏依据，其决定维持复审商标在影碟机、音响设备、电声组合件、功放机商品上注册的主要证据不足，判决撤销被诉决定并由商标评审委员会重新作出决定。

北京市高级人民法院二审认为，本案证明复审商标在涉案三年期间内进行了使用的主要证据是一张2003年11月3日开具的影碟机商品的销售发票。鉴于该发票通常应由顾客而不是产品销售方持有，盛天龙视听科技公司作为销售方在没有提供有效证据证明其如何取得该发票的情况下向商标局提交该发票不

[1] 参见北京市高级人民法院（2011）高行终字第264号行政判决书和北京市第一中级人民法院（2010）一中知行初字第3151号行政判决书。

符合常理。在缺乏其他有效证据佐证该发票所记载的复审商标实际使用的事实，且付亚楠对该发票的真实性不予认可的情况下，难以确定该发票及其相应销售行为的真实性。因此，仅凭该发票不足以认定复审商标在涉案三年期间内存在足以维持其注册效力的使用行为。而且，即使该销售发票及相应的销售行为属实，复审商标的该使用行为也属于以维持注册为目的的象征性使用行为，一审法院认定现有证据不足以证明复审商标在涉案三年期间内在影碟机上进行了商业使用的结论正确，商标评审委员会有关复审商标在涉案三年期间内在影碟机上进行了商业使用的上诉主张不能成立。

三、知识产权民事案件

（一）著作权民事案件

56. 关于权利人仅提交印有权利人作品及被诉侵权人基本信息的宣传资料能否证明被诉侵权人使用了权利人作品的认定

在著作权侵权案件中，权利人仅提供一份使用其作品并包含被诉侵权人的名称、地址、电话等信息的宣传资料，没有提供其来源的证据，且该宣传资料不属于正式出版物，被诉侵权人仅主张该宣传资料并非其印制和使用，或虽提供了其他不同的宣传资料但不能证明权利人存在违法举证情形的，可以根据案件的具体情形认定该权利人提交的宣传资料是被诉侵权人的，并由此认定被诉侵权人使用了权利人的作品。

在华盖创意（北京）图形技术有限公司（以下简称华盖创意公司）分别诉北京鸿坤伟业房地产开发有限公司（以下简称鸿坤伟业公司）、北京鼎瑞特阀业有限公司（以下简称鼎瑞特公司）、北京世嘉房地产开发有限公司侵犯著作权系列纠纷案[1]中，华盖创意公司仅提供了分别印有三被控侵权人名称、地址、电话，以及相关人员姓名、照片、文章的宣传资料，但没有提交取得该宣传资料的相关证据。一审法院认为在三被控侵权人否认其使用了三份宣传资料的情况下，华盖创意公司仅凭三份宣传资料不能证明三被控侵权人使用了其享有著作权的作品，故判决驳回了华盖创意公司的诉讼请求。

北京市高级人民法院二审认为，华盖创意公司提供的三份宣传资料分别包含鸿坤伟业公司和鼎瑞特公司的企业详细信息，特别是鸿坤伟业公司的宣传图册中还包含公司宣传团队中总编、主编、责任编辑、编辑等人的真实姓名，因

[1] 参见北京市高级人民法院（2011）高民终字第 211、212、251 号民事判决书和北京市第一中级人民法院（2010）一中民初字第 9606、9607、9608 号民事判决书。

此虽然企业详细信息能够从公开途径获得，但鸿坤伟业公司和鼎瑞特公司要否认宣传册是其印制并发放，应提交相应证据予以证明。在鸿坤伟业公司和鼎瑞特公司均未就涉案宣传图册是他人假冒其名义印制提交任何证据，且鸿坤伟业公司认可曾经委托的广告公司设计过上述宣传图册的情况下，根据民事诉讼证据的盖然性原则和证据优势原则，结合华盖创意公司提交的宣传图册的内容及外部形态，可以认定其证明鸿坤伟业公司和鼎瑞特公司使用涉案摄影作品的初步举证责任已经完成。在初步举证责任完成后，举证责任发生转移，即证明上述宣传图册并非鸿坤伟业公司和鼎瑞特公司印制的举证责任转移至鸿坤伟业公司和鼎瑞特公司一方。鸿坤伟业公司和鼎瑞特公司没有提交任何证据，没有完成其举证责任。因此，可以认定华盖创意公司完成了证明鸿坤伟业公司和鼎瑞特公司使用涉案摄影作品的举证责任。二审法院遂改判侵权成立。

57. 关于达到创造性高度的智力成果构成《著作权法》所保护的作品的认定

《著作权法》中的作品是指文学、艺术和科学领域内具有独创性并能以某种有形形式复制的智力成果。而作品的独创性作品是作者独立构思的产物，其中必须包含作者的创作性劳动，即表达形成过程中有作者的取舍、选择、安排和设计。构成作品所要求的创作性劳动必须包含必要的“创作”因素，即表现为《著作权法》上所要求的创造性高度。

在乐高公司诉广东小白龙动漫玩具实业有限公司（以下简称小白龙动漫公司）及北京华远西单购物中心有限公司（以下简称西单购物中心）侵犯著作权纠纷一案[1]中，乐高公司享有第2551号玩具积木块的著作权，其在西单购物中心购买了小白龙动漫公司生产的涉案被控侵权积木块。一审法院认为，判断涉案积木块这一载体所承载的表达是否构成美术作品，其关键在于该表达是否由乐高公司独立创作且已达到《著作权法》所要求的基本的智力创作性高度。在小白龙动漫公司未提供反证的情况下，可以认定涉案积木块中所体现出的表达系由乐高公司所独创，但这一智力成果的创作性高度过于微不足道，未达到作品的独创性所要求的基本的创作性高度，不构成美术作品，故判决驳回了乐高公司的诉讼请求。

北京市高级人民法院二审认为，乐高公司所提交的涉案积木块为划艇的形态，划艇虽常见，但表现划艇的形态及样式却可以多种多样，乐高公司的涉案积木块系对划艇的一种艺术抽象，具有一定的艺术美感，体现了乐高公司的选

---

[1] 参见北京市高级人民法院（2011）高民终字第2439号民事判决书和北京市第一中级人民法院（2010）一中民初字第16769号民事判决书。

择、取舍、安排，达到了《著作权法》上所要求的创造性高度。因此涉案积木块所承载的表达符合《著作权法》对独创性的要求，属于《著作权法》意义上的作品。小白龙动漫公司未经乐高公司许可，生产与乐高公司涉案积木块实质相似的被控侵权积木块，侵犯了乐高公司的复制权，其与西单购物中心销售被控侵权积木块的行为亦构成对乐高公司作品发行权的侵犯，因此二审法院改判侵权成立。

58. 关于在商业性教学中将他人享有著作权的教材制作成视频并提供下载服务构成侵犯信息网络传播权及复制权的认定

根据《著作权法》的规定，信息网络传播权是指以有线或者无线方式向公众提供作品，使公众可以在其个人选定的时间和地点获得作品的权利。在商业性教学中将他人享有著作权的教材制作成网络视频课程以供学员下载，以及在授课中利用该视频教材对每篇课文进行朗读，页面显示全部或部分教材内容的行为，构成对他人作品复制权及信息网络传播权的侵犯。

在朱莉亚·班纳·亚历山大诉北京市海淀区戴尔培训学校（以下简称戴尔学校）、北京洲际文化艺术交流有限公司（以下简称洲际公司）侵犯著作权纠纷一案[1]中，《新概念英语》由外语教学与研究出版社与朗文出版亚洲有限公司于1997年10月联合出版，路易·乔治·亚历山大系《新概念英语》英语部分的著作权人，其去世后著作权归朱莉亚·亚历山所有。《新概念英语》第1～3册中课文为作者原创，第4册中课文均系引用他人文章或片断。洲际公司系戴尔学校的举办者和相关网站的经营者。朱莉亚·亚历山大的委托代理人在戴尔学校购买了“新概念英语1～4册下载学”网络课程，因上述课程只能固定到一台电脑上进行学习，不能进行复制或者在其他电脑上操作，朱莉亚·亚历山大的代理人特提供了一台笔记本电脑从戴尔学校的网站下载“新概念英语1～4册下载学”学习软件。上述课件的授权使用期限只有半年，超过该期限后经后戴尔学校同意可继续使用。戴尔学校课件中老师的讲解方式如下：第1册中单词和课文基本为逐一和逐句朗读、讲解以及页面显示，页面上同时会显示老师扩充讲解的部分内容；第2～4册中仍然会逐一和逐句地朗读和讲解单词及课文，但只有部分单词和课文中的句子在页面上显示，大部分显示的内容是老师延伸讲解的内容。朱莉亚·亚历山大指控戴尔学校、洲际公司未经许可，以营利为目的、非法使用其享有著作权的作品内容制作网络学习课件，并通过互联网提供上述课件的网络下载服务的行为，侵犯了其依法享有的复制

---

[1] 参见北京市高级人民法院（2008）高民终字第185号民事判决书和北京市第一中级人民法院（2007）一中民初字第10169号民事判决书。

权、发行权和信息网络传播权。

一审法院认为，《新概念英语》是用于英语学习的一套教材，故戴尔学校、洲际公司应有权利选择其作为教学对象，开设课堂、招收学员进行讲授，这与著作权人出版发行该作品的目的并不违背，且并不影响著作权人的利益。语言类教学相对具有其特殊性，“听”和“读”是两种重要的语言能力，在《新概念英语》教材中亦体现出对上述能力进行训练的重要性和必要性。故老师在讲授过程中朗读课文，均服务于其教学目的。随朗读出现的页面显示也是其正常的教学手段，除了第1册简单对话外，其并非全部内容显示，而是有选择地对老师认为是重点或难点的单词或句子进行显示，证明其确是为了更好地进行讲授，而进行讲解更是课堂的主要目的和意义所在，与复制原告作品无关。上述行为与《著作权法》意义上的复制显然不是同一概念，其并非简单地再现《新概念英语》，其目的亦并非向相关公众提供该作品的复制件，而其学员虽然能下载其课件，但仅限于在一定期限内在固定的一台计算机终端上使用，且不能将相关内容另行下载保存，亦即不能通过此途径获得著作权人的作品。通过网络的教学虽然与传统课堂教学有所不同，但本案中戴尔学校的行为仍然是正常的教学行为，其性质并不改变，故戴尔学校、洲际公司并未侵犯朱莉亚·亚历山大对作品享有的复制权。相应地，戴尔学校销售上述网络学习课件并对其学员提供下载学习服务，亦不侵犯发行权及信息网络传播权。一审法院判决：驳回朱莉亚·亚历山大的诉讼请求。

北京市高级人民法院二审认为，戴尔学校制作了名称为“新概念1～4册下载学”的网络课程，报名该课程的用户可以在戴尔学校指定的网站下载该课程的学习课件，通过视频的方式进行《新概念英语》的学习。在该课件中，授课老师对每篇课文进行朗读，页面显示全部或部分课文内容，是对涉案作品在网络上进行的公开传播，该传播行为未经著作权人许可，使公众可以通过互联网在个人选定的时间和地点获得涉案作品，已经构成对朱莉亚·亚历山大享有的信息网络传播权的侵犯。戴尔学校、洲际公司是在将涉案作品进行数字化复制后，再通过互联网提供课件下载服务，该复制行为未经朱莉亚·亚历山大许可，已经构成对朱莉亚·亚历山大享有的复制权的侵犯。虽然《新概念英语》是为学习英语而创作的教材，但创作的目的以及作为教材本身的性质并不能成为他人可以违反法律关于合理使用的规定而进行复制和向公众传播的依据。判断是否构成合理使用一般参考以下标准，即是否基于商业目的而使用、所使用作品的性质、使用的数量和比例、使用行为对作品的潜在市场价值是否有较大的不利影响。本案中，戴尔学校作为营利性教学机构使用《新概念英语》的行为，显然不属于非商业使用；戴尔学校对《新概念英语》绝大部分英文内容进行了使用，而非少量使用；学员通过涉案网络教学中的朗读和显示，完全可以不再购买《新概念英语》而进行学习，这对《新概念英语》潜在的市场价值也具有较大的不利影响。因此，戴尔学校、洲际公司关于使用涉案作品系合理使用的抗辩理由于法无据。二审法院遂改判侵权成立。

59. 关于仅在栏目下设立链接而未参与被链接网站的经营亦无法控制被链接网站内容不构成侵犯信息网络传播权的认定

信息网络传播权是指以有线或者无线方式向公众提供作品，使公众可以在其个人选定的时间和地点获得作品的权利。仅在自己经营的网站中设立链接，未参与被链接网站的经营，无法控制被链接网站内容的，不宜认定为侵犯信息网络传播权。

在北京慈文影视制作有限公司（以下简称慈文公司）诉深圳市腾讯计算机系统有限公司（以下简称腾讯公司）、北京锐进万通网络科技发展有限公司（以下简称锐进万通公司）侵犯信息网络传播权纠纷一案[1]中，慈文公司拥有电影《七剑》的中国大陆地区的版权、发行权以及由此产生的各种形式的收益权，并有独立的、排他的诉讼和非诉讼权利。腾讯公司经营的“www. tenpay. com”网站首页左上角标明：“财付通”及“腾讯旗下网站”，该首页下方横向排列有“关于财付通”、“财付空间”等八个栏目。点击“财付空间”，进入“zone. tenpay. com”页面。该页面上方有横向的频道栏，有“影视剧”、“动漫”、“游戏”、“商城”等九个栏目。在该频道栏的右上方另标有“网站地图”等五个栏目。点击其中“网站地图”，进入“zone. tenpay. com/map/”页面。该页面上方亦有与“财付空间”页面完全相同的横向的频道栏。同时该页面中还将该频道栏进行纵向排列，在每个栏目后面均列有具体的子栏目。其中，在“影视剧”栏目后的子栏目中有“520电影”。点击“520电影”即进入“qq. 520mov. com”网站的页面，该网站网页左下角标明：“520mov. com网络实名：我爱电影”。“qq. 520mov. com”网站的经营者为锐进万通公司。在该页面搜索栏中输入“七剑”，即可搜索到电影“七剑”，依次点击下方的“播放列表CD1、播放列表CD2”会弹出付费对话框。其中包括两种付费方式：Q币支付、财付通支付。付费后可进行在线观看，在播放页面的顶部显示有“http：//qq. 520mov. com——七剑——财付空间”字样。点击腾讯公司经营的“财付通”网站下方的“关于财付通”，进入相应页面。该页面显示，“财付通是腾讯公司创办的在线支付平台，致力于为企业提供安全、

[1] 参见北京市高级人民法院（2009）高民终字第3782号民事裁定书和北京市第一中级人民法院（2008）一中民初字第4129号民事判决书。

便捷、专业的在线支付服务”。慈文公司认为，腾迅公司未经许可在 www. tenpay. com 网站电视剧频道中的520电影栏目中提供电影作品《七剑》（国语、粤语版）的在线播放服务，虽然该电影在线播放时的网址是 qq. 520mov. com，但鉴于腾迅公司对 qq 享有权利，故 qq. 520mov. com 网站的经营者锐进万通公司与腾迅公司为合作关系，二者共同实施的在线播放涉案电影的行为侵犯了慈文公司的信息网络传播权，应共同承担侵权责任。

一审法院认为，由于在锐进万通公司经营的网址为 http：//qq. 520mov. com 的网站中，在搜索栏中输入“七剑”进行搜索并付费后，即可对该电影进行在线播放，故可认为锐进万通公司实施了对涉案电影进行信息网络传播的行为。对于腾讯公司的行为，虽然在线播放涉案电影的 http：//qq. 520mov. com 网站并非由腾讯公司经营，但网络用户在腾讯公司经营的http：//www. tenpay. com 网站中，点击其“影视剧”栏目下的“520 电影”即可进入 http：//qq. 520mov. com 网站从而最终获得涉案电影的在线观看。该过程会使网络用户认为涉案电影是由 http：//www. tenpay. com 网站的“520 电影”栏目所提供，因此，腾讯公司的该行为亦属于信息网络传播行为。虽然锐进万通公司网站网址 qq. 520mov. com 中含有 qq 字样，但仅凭该网址并不能当然认为两公司存在合作关系。但由查明事实可知，点击腾讯公司网站页面的520电影栏目即可进入锐进万通公司网站页面并最终获得涉案电影的播放，同时在涉案电影的在线播放页面的顶部显示有“http：//qq. 520mov. com——七剑——财付空间”字样，其中“qq. 520mov. com”为锐进万通公司经营网站的网址，“财付空间”为腾讯公司经营网站的栏目名称，故两公司网站之间具有合作关系，其共同实施了侵犯涉案电影信息网络传播权的行为。

北京市高级人民法院二审认为，财付通网站是为企业提供在线支付服务的网站。该网站设置了包括“影视剧”在内的多个栏目，每一栏目内又包含多个子栏目，“520 电影”为“影视剧”栏目的一个子栏目。“520 电影”子栏目也即“我爱电影”网站，该子栏目是通过链接到锐进万通公司网站的方式以实现浏览。诚然，腾讯公司与锐进万通公司确具有合作关系，但这种合作主要体现在：腾讯公司为实现其在线支付服务，根据网络用户的需要，以网络用户使用便利为目的，在各栏目下设立相应的链接。腾讯公司并未参与被链接网站的经营，对被链接网站的内容亦无法进行控制。因此，腾讯公司提供的涉案链接应认定为一般意义上的链接服务。根据《信息网络传播权保护条例》的相关规定，网络服务提供者为服务对象提供链接服务，只有在明知或应知所链接的作品侵权的，才与直接侵权人承担共同侵权责任。本案中，根据财付通网站提供服务的性质、“我爱电影”网站的专业性、两个网站之间的合作关系的性质等方面综合考虑，均不能认定腾讯公司知道或者应当知道其链接的涉案电影作品为侵权作品，故腾讯公司不具有主观过错，其涉案行为不构成对慈文公司信息网络传播权的侵犯。因此，原审法院关于腾讯公司与锐进万通公司网站之间具有合作关系，共同实施了涉案侵权行为，以及腾讯公司的行为不是法律意义上的链接而是信息网络传播行为的认定缺乏依据。

60. 关于确认不侵权之诉受理条件的认定

确认不侵权之诉，是指在被控侵权人是否构成对权利人侵权的法律关系不明朗的情况下，被控侵权人主动向有管辖权的法院起诉，请求法院确认其行为不构成对权利人民事权利的侵犯。确认不侵权诉讼制度，旨在遏制知识产权滥用行为，既保护权利人的合法权益和投资安全，又防止权利人滥用诉权。《最高人民法院关于审理侵犯专利权纠纷案件应用法律若干问题的解释》第十八条规定："权利人向他人发出侵犯专利权的警告，被警告人或者利害关系人经书面催告权利人行使诉权，自权利人收到该书面催告之日起一个月内或者自书面催告发出之日起二个月内，权利人不撤回警告也不提起诉讼，被警告人或者利害关系人向人民法院提起请求确认其行为不侵犯专利权的诉讼的，人民法院应当受理。"由于目前《著作权法》、《商标法》等法律和相关的司法解释尚未就此作出明确的规定，故审判实践中确认不侵犯著作权和确认不侵犯商标权的案件受理条件，可以参照上述专利司法解释规定处理。

在网聚精英（北京）信息技术有限公司（以下简称网聚精英公司）诉华盖创意（北京）图像技术有限公司（以下简称华盖创意公司）确认不侵犯著作权纠纷一案❶中，华盖创意公司曾经以网聚精英公司未经许可、未支付报酬在其网站上使用华盖创意公司拥有著作权的 3 幅摄影作品为由将网聚精英公司诉至法院，后华盖创意公司以需要补充证据为由撤回了起诉。在华盖创意公司撤诉后，网聚精英公司起诉要求确认其未侵犯华盖创意公司的著作权。一审法院受理后进行了实体审理，并认为华盖创意公司提交的证据不足以证明其享有涉案 3 幅摄影作品的著作权或相关权利，故判决确认网聚精英公司未侵犯华盖创意公司涉案摄影作品的著作权。

北京市高级人民法院二审认为，确认不侵权诉讼的成立条件是权利人向他人发出侵权的警告，被警告人或者利害关系人书面催告权利人行使诉权，权利人收到该书面催告后，在合理期限内既未撤回警告也未提起诉讼，此时被警告人或者利害关系人向人民法院提起请求确认其行为不侵权诉讼的，人民法院应

---

❶ 参见北京市高级人民法院（2011）高民终字第 251 号民事裁定书和北京市第一中级人民法院（2010）一中民初字第 13867 号民事判决书。

当受理。本案中，虽然华盖创意公司曾经针对网聚精英公司提出了侵犯著作权之诉，但在华盖创意公司撤诉后，华盖创意公司并未另行向网聚精英公司提出侵犯其著作权的警告，网聚精英公司也未书面催告华盖创意公司行使诉权。因此，网聚精英公司不具备提起确认不侵权诉讼的条件，一审法院对本案进行实体审理不当。二审法院遂改判驳回网聚精英公司的起诉。

（二）专利权民事案件

61. 关于在可以确定侵权人的获利时不宜酌定赔偿数额的认定

《专利法》第五十七条第一款规定了确定侵犯专利权赔偿数额的确定方法，通常只有在通过其他方式无法确定赔偿数额时才能由法院根据案件具体情况酌情确定赔偿数额。如果现有证据可以证明侵权人因侵犯专利权而获利的状况，则应据此确定赔偿数额，而不宜再由法院酌定赔偿数额。在依照《专利法》第五十七条第一款的规定追究侵权人的赔偿责任时，可以根据权利人的请求，按照权利人因被侵权所受到的损失或者侵权人因侵权所获得的利益确定赔偿数额；侵权人因侵权所获得的利益可以根据该侵权产品在市场上销售的总数乘以每件侵权产品的合理利润所得之积计算；侵权人因侵权所获得的利益一般按照侵权人的营业利润计算，对于完全以侵权为业的侵权人，可以按照销售利润计算。

在本田技研工业株式会社（以下简称本田株式会社）、石家庄双环汽车股份有限公司（以下简称双环股份公司）与北京旭阳恒兴经贸有限公司（以下简称旭阳恒兴公司）、江苏卡威汽配有限公司（以下简称江苏卡威公司）侵犯外观设计专利权纠纷一案[1]中，本田株式会社系名称为“汽车保险杠”的外观设计专利的权利人。双环股份公司制造、旭阳恒兴公司销售的“LAIBAO” S－RV（双环 HBJ6461）运动型多功能车辆所使用的后保险杠外观设计与涉案专利相近似。一审法院认定侵权成立，并酌情确定赔偿数额及合理费用共计人民币 50 万元。

北京市高级人民法院二审认为，根据双环股份公司在另案中提交的《审计报告》及《咨询报告书》，可以确定每辆来宝车的销售成本、整车利润及销售数量；根据双环股份公司提交的由保定德鑫公司向双环有限公司开具的发票，后保险杠单价为人民币 286.32 元，由此可以确定该产品在整车中所占比重，据此可以确定双环股份公司制造销售、江苏卡威公司制造侵权产品所获利润为人民币 172 万元，双环股份公司及江苏卡威公司应当就此承担连带赔偿责

[1] 参见北京市高级人民法院（2010）高民终字第 2556 号民事判决书和北京市第一中级人民法院（2004）一中民初字第 9887 号民事判决书。

任。原审判决对本田株式会社提交的足以证明侵权人获利的证据未予采信，而是结合涉案专利的类别及设计难度，双环股份公司、江苏卡威公司的侵权性质和情节、侵权持续时间等因素酌情确定赔偿数额，属于认定事实错误。二审法院遂将赔偿数额改判为 172 万元。

（三）商标权民事案件

62. 关于在商品销售环节使用与他人注册商标相同或近似的标志构成侵权的认定

在同一种或类似商品上，将与他人注册商标相同或者近似的标志作为商品名称或者商品装潢使用并误导公众的，属于侵犯注册商标专用权的行为。在商品销售环节，将与他人注册商标相同或者近似的标志作为商品的名称用于销售小票、商品价签上，综合考虑案件的全部因素后，认为该使用行为足以误导公众的，可认定为侵犯注册商标专用权的行为。

在艾尔弗雷德·邓希尔有限公司（以下简称邓希尔公司）诉北京天兰奥莱商贸有限公司（以下简称天兰奥莱公司）侵犯注册商标专用权纠纷一案[1]中，邓希尔公司主张天兰奥莱公司在销售衬衫时将“登喜路”、“登喜露”作为商品名称用于销售小票和商品价签上的行为，侵犯了其对“dunhill”商标和“登喜路”商标的专用权。一审法院判决驳回了邓希尔公司的诉讼请求，但对于天兰奥莱公司在销售小票上使用“商品名称：登喜路”以及在商品价签上使用“登喜露”的行为未作认定。

北京市高级人民法院二审认为，本案中的销售小票是用于销售衬衫的小票，衬衫属于服装，与邓希尔公司“登喜路”文字商标核定使用的商品类别相同，且该销售小票中标注的商品名称“登喜路”与邓希尔公司“登喜路”文字商标中的“登喜路”完全相同，结合该销售小票所对应的衬衫上标注的“lbdenxilu”标识，容易误导公众，故该行为构成对邓希尔公司的“登喜路”文字商标专用权的侵犯。商品价签同样用于销售衬衫，与邓希尔公司的“登喜路”文字商标核定使用的商品类别亦相同，其中标注的品名为“登喜露”，与“登喜路”文字商标中的“登喜路”近似，同样因为该衬衫上标注了“lbdenxilu”标识，容易误导公众，该行为亦构成对邓希尔公司“登喜路”文字商标专用权的侵犯。二审法院遂改判侵权成立。

[1] 参见北京市高级人民法院（2011）高民终字第 744 号民事判决书和北京市第一中级人民法院（2010）一中民初字第 13885 号民事判决书。

（四）特许经营合同案件

63. 关于违反法律、行政法规强制性规定的特许经营合同应为无效合同的认定

根据《合同法》第五十二条的规定，违反法律、行政法规的强制性规定的合同无效。特许经营合同涉及医疗器械的，由于国家法律法规对医疗器械的生产及相关生产、销售、经营活动均有强制性规定，特许经营合同的相关内容违反上述强制性规定的，可以认定合同无效。

在窦琴芬诉北京老伴医疗器械科技有限公司（以下简称老伴公司）特许经营合同纠纷一案[1]中，2009年6月5日，老伴公司与窦琴芬签订了特许经营合同。该合同约定："老伴公司是依我国法律有效成立的法人，窦琴芬在江苏省常州市有广泛的医疗器械及药品的销售网络，且具备医疗器械和药品方面的销售队伍及销售经验，能为老伴公司提供医疗器械及药品的客户资源，窦琴芬希望成为老伴公司的加盟连锁经销商。老伴公司同意授权窦琴芬作为老伴公司在江苏省常州市的加盟连锁经销商……甲方（指老伴公司）授权乙方（指窦琴芬）在合同约定的地区特许经营甲方生产或者指定的产品。乙方可根据自身需要成立公司或其他经济组织。特许经营加盟者必须依法办理特许经营所需的证、照等（包括但不限于《营业执照》、《药品经营许可证》、《医疗器械经营许可证》、《卫生许可证》）。"涉案合同第六条还有如下约定："甲方保证将产品保质、保量、按期交付乙方，乙方在提货时发现货物有破损或丢失情况时，应在提货前向甲方提出异议，同时让货运公司出示证明，否则甲方不承担相应的经济损失。"涉案合同同时还对加盟条件、产品授权、期限和范围、知识产权、换货、争议解决以及老伴加盟店的运营、必备物品等条款进行了约定。涉案合同签订以后，老伴公司通过物流公司向窦琴芬发送了30张涉案合同约定的D床，窦琴芬向老伴公司出具了货款欠条。现老伴公司起诉追款。一审法院认为，窦琴芬收到D床后，未按涉案合同约定支付相应货款并出具了欠条，故窦琴芬的行为已构成违约，其应当履行相应义务并承担相应的违约责任。窦琴芬有关本案中涉及的D床属于医疗器械，老伴公司未获得相应的医疗器械生产和经营许可证，违反了《医疗器械监督管理条例》中的禁止性规定，故涉案合同应属无效的主张不能成立。一审法院判决窦琴芬向老伴公司支付所欠货款及违约金。

北京市高级人民法院二审认为，2000年4月1日起施行的《医疗器械监

---

[1] 参见北京市高级人民法院（2011）高民终字第2483号民事判决书和北京市第一中级人民法院（2010）一中民初字第17384号民事判决书。

督管理条例》第五条规定："国家对医疗器械实行分类管理。第一类是指，通过常规管理足以保证其安全性、有效性的医疗器械。第二类是指，对其安全性、有效性应当加以控制的医疗器械。第三类是指，植入人体；用于支持、维持生命；对人体具有潜在危险，对其安全性、有效性必须严格控制的医疗器械。医疗器械分类目录由国务院药品监督管理部门依据医疗器械分类规则，商国务院卫生行政部门制定、调整、公布。"第八条规定："国家对医疗器械实行产品生产注册制度。生产第一类医疗器械，由设区的市级人民政府药品监督管理部门审查批准，并发给产品生产注册证书。生产第二类医疗器械，由省、自治区、直辖市人民政府药品监督管理部门审查批准，并发给产品生产注册证书。生产第三类医疗器械，由国务院药品监督管理部门审查批准，并发给产品生产注册证书。生产第二类、第三类医疗器械，应当通过临床验证。"第十四条规定："医疗器械产品注册证书有效期4年。持证单位应当在产品注册证书有效期届满前6个月内，申请重新注册。连续停产2年以上的，产品生产注册证书自行失效。"第十五条规定："生产医疗器械，应当符合医疗器械国家标准；没有国家标准的，应当符合医疗器械行业标准。医疗器械国家标准由国务院标准化行政主管部门会同国务院药品监督管理部门制定。医疗器械行业标准由国务院药品监督管理部门制定。"第十六条规定："医疗器械的使用说明书、标签、包装应当符合国家有关标准或者规定。"第十七条规定："医疗器械及其外包装上应当按照国务院药品监督管理部门的规定，标明产品注册证书编号。"第二十一条规定："医疗器械生产企业在取得医疗器械产品生产注册证书后，方可生产医疗器械。"第三十九条规定："违反本条例规定，经营无产品注册证书、无合格证明、过期、失效、淘汰的医疗器械的，或者从无《医疗器械生产企业许可证》、《医疗器械经营企业许可证》的企业购进医疗器械的，由县级以上人民政府药品监督管理部门责令停止经营，没收违法经营的产品和违法所得，违法所得5 000元以上的，并处违法所得2倍以上5倍以下的罚款；没有违法所得或者违法所得不足5 000元的，并处5 000元以上2万元以下的罚款；情节严重的，由原发证部门吊销《医疗器械经营企业许可证》；构成犯罪的，依法追究刑事责任。"由此可见，医疗器械的生产、经营必须符合上述《医疗器械监督管理条例》的规定。涉案合同属于特许经营合同，从其前序部分的内容来看，涉案合同的标的物应为医疗器械，涉案合同亦明确要求窦琴芬办理《药品经营许可证》、《医疗器械经营许可证》等证照。因此，综合涉案合同的内容来看，其约定的首批供货产品即规格为D型床（铝合金腿）的温热理疗床应为医疗器械。老伴公司虽主张其具有生产医疗器械的资质，但其未提供相应证据证明该主张，尤其是未提供证据证明具有生产规格为D型床（铝合金腿）的温热理疗床的资质，亦未提供证据证明涉案合同约定的规格为D型床（铝合金腿）的温热理疗床已获得医疗器械产品注册证书。在这种情况下，其生产并通过涉案合同销售规格为D型床（铝合金腿）的温热理疗床违反了上述《医疗器械监督管理条例》的强制性规定，应为无效合同，老伴公司向窦琴芬追偿货款及违约金损失缺乏依据，其诉讼请求应予驳回。一审法院对涉案合同的效力认定有误，在二审法院认定涉案合同为无效合同后，涉案规格为D型床（铝合金腿）的温热理疗床应予返还或由老伴公司自行取回，相关费用应由老伴公司承担。

四、知识产权案件程序部分

（一）专利行政案件程序

64. 关于专利复审委员会对同一请求人先后提出的无效宣告请求分别审理并分别作出审查决定时不应擅自将两次无效请求的证据混合使用的认定

在无效宣告请求的审理中，专利复审委员会应基于当事人在本案中提交的证据进行审理，在必要时可以依职权引入公知常识性证据，但不得直接将一个无效宣告案件中的证据在另一个无效宣告案件中使用。同一无效请求人先后提出的两次相互独立的专利无效宣告请求的，专利复审委员会在第一次无效请求审查中，不能依据第二次无效请求提交的证据进行审查。

在哈尔滨世纪热能技术开发有限公司（以下简称世纪热能公司）诉专利复审委员会、北京嘉德兴业科技有限公司（以下简称嘉德公司）实用新型专利权无效行政纠纷案[1]中，世纪热能公司是名称为“模块化智能控制脉冲吹灰装置”的实用新型专利的专利权人。2009年2月1日，嘉德公司针对本专利提出第一次无效宣告请求。2009年7月20日，嘉德公司针对本专利再次提出无效宣告请求。2010年2月21日，专利复审委员会针对两次无效请求分别作出第14488号决定和第14489号决定，均以本专利相对于第二次无效请求中的证据不具备创造性为由，宣告本专利全部无效。世纪热能公司不服第14488号决定和14489号决定分别提起行政诉讼。在针对第14488号决定的诉讼中，一审法院认为，专利复审委员会审查的是第一次无效请求，但第14488号决定对本专利创造性的判断却是依据第二次无效请求的证据，且该证据不是公知常识性证据，故专利复审委员会作出第14488号决定程序违法，一审法院判决：撤

---

[1] 参见北京市高级人民法院（2011）高行终字第66号行政判决书和北京市第一中级人民法院（2010）一中知行初字第1851号行政判决书。

销第 14488 号决定并由专利复审委员会重新作出审查决定。专利复审委员会不服并上诉。

北京市高级人民法院二审认为，嘉德公司先后提出的无效请求是相互独立的无效宣告请求审查案件，专利复审委员会并未进行合并审理，故其不能依据第二次无效请求提交的证据对第一次无效请求进行审查。第 14488 号决定中对于本专利的创造性判断所依据的是第二次无效请求的证据，且该证据也不是公知常识性证据，故专利复审委员会作出第 14488 号决定违反了法定程序。但是，由于本专利已经于 2011 年 7 月 18 日被该院二审判决维持的第 14489 号决定宣告全部无效，判决专利复审委员会再就已经被宣告无效的本专利重新作出无效宣告请求审查决定已无必要。二审法院遂撤销原审判决并改判驳回世纪热能公司的诉讼请求。

65. 关于专利申请人未依法有效答复国家知识产权局在专利申请程序中发出的相关文件时应自行承担后果的认定

《专利法》第三十七条规定："国务院专利行政部门对发明专利申请进行实质审查后，认为不符合本法规定的，应当通知申请人，要求其在指定的期限内陈述意见，或者对其申请进行修改；无正当理由逾期不答复的，该申请即被视为撤回。"国家知识产权局作为《专利法》规定的国务院专利行政部门，负责对发明专利申请是否可以授权进行实质审查。国家知识产权局对发明专利申请是否符合《专利法》的规定提出审查意见，并以审查意见通知书的形式告知发明专利申请人。发明专利申请人应针对审查意见通知书中提出的意见在指定期限内予以答复，陈述意见。专利申请人向国家知识产权局发出文件以外的部门提交书面材料的，不能被视为专利申请人提交了书面材料。专利申请人如果认为国家知识产权局发出的文件内容错误，亦应在法律法规规定的期限或者国家知识产权局指定的期限内向发出该文件的部门提出。专利申请人以国家知识产权局发出文件的工作人员存在违法违纪问题为由，向其他部门如纪检监察部门而不是国家知识产权局发出该文件的部门提出书面意见的，不属于对国家知识产权局发文如审查意见通知书等文件的答复。

在谢桂荣诉国家知识产权局发明专利行政纠纷一案[1]中，谢桂荣向国家知识产权局提出名称为"燃烧各种燃料前或燃烧中加水可节省燃料并增加效益"的发明专利申请，国家知识产权局受理该申请后依法予以公布，并告知谢桂荣涉案专利申请已进入实质审查程序。此后，国家知识产权局于 2007 年 6 月 8

[1] 参见北京市高级人民法院（2010）高行终字第 1359 号行政判决书和北京市第一中级人民法院（2010）一中知行初字第 2383 号行政判决书。

日、2008年6月6日、2009年4月24日分别作出第一次、第二次、第三次审查意见通知书。其中《第三次审查意见通知书》中载明：“根据《专利法》第三十七条的规定，申请人应在收到本通知书之日起的两个月内陈述意见，如果申请人无正当理由逾期不答复，其申请将被视为撤回。”谢桂荣收到《第三次审查意见通知书》后，向国家知识产权局专利局材料工程审查部部长发出信件，对负责涉案专利申请审查的审查员的工作提出意见，要求尽快对涉案专利申请授权。谢桂荣的上述信件落款日期为2009年6月11日。国家知识产权局于2009年7月24日向谢桂荣发出《对审查意见通知书答复的补正通知书》，认为谢桂荣于2009年6月13日提交的意见陈述书存在缺陷，要求谢桂荣在收到通知书两个月内针对《第三次审查意见通知书》进行答复，期满未补正或补正不符合规定的，该补正视为未提出，涉案专利申请被视为撤回。2009年12月11日，国家知识产权局作出《视为未提出通知书》，以未在补正通知书指定的期限内收到答复或补正为由，将谢桂荣于2009年6月13日提交的答复视为未提出。2009年12月18日，国家知识产权局作出《视为撤回通知书》，以谢桂荣未在《第三次审查意见通知书》规定的期限内答复为由，将涉案专利申请视为撤回。国家知识产权局信访室于2009年5月6日向谢桂荣发出函件，告知谢桂荣其举报审查员有违规违纪行为一事已按职能转国家知识产权局纪检部门处理。国家知识产权局信访室于2009年5月20日向谢桂荣发出函件，告知谢桂荣对于其反映的涉案专利申请审查过程中的问题，该室已交办到相关业务部门核实情况，并随函将业务部门的答复函转给谢桂荣。2009年7月31日，国家知识产权局信访室再次向谢桂荣发出信函，告知谢桂荣其认为涉案专利申请的审查意见通知书有误，已交办到相关业务部门核实情况，随函将业务部门的答复函转交给谢桂荣。在国家知识产权局信访室上述函件所附的相关审查部门的答复函均为国家知识产权局专利局材料工程发明审查部发出，该两封答复函对谢桂荣所反映的问题进行了说明。在诉讼中，谢桂荣明确其在涉案专利申请审查程序中未针对《第三次审查意见通知书》进行答复，随后又改称其进行了答复，但无证据证明其进行了答复。一审法院认为，谢桂荣在指定期限内未对审查意见通知书进行答复，依法应当视为其撤回涉案专利申请，故判决驳回谢桂荣的诉讼请求。

北京市高级人民法院二审认为，谢桂荣认为国家知识产权局向其发出的三次审查意见通知书存在错误，应向发出上述审查意见通知书的国家知识产权局提出意见陈述。谢桂荣虽在收到《第三次审查意见通知书》后向国家知识产权局专利局材料工程审查部部长发出信件，对负责涉案专利申请审查的审查员的工作提出意见，要求尽快对涉案专利申请授权，但是该信件并非对《第三次审查意见通知书》的答复。国家知识产权局信访室及国家知识产权局专利局材料工程审查部对谢桂荣的信件也均进行了回复，对其提出的问题给予说明。在此情况下，谢桂荣在收到《第三次审查意见通知书》后并未在指定期限内进行答复且缺乏法定正当理由。在国家知识产权局发出《对审查意见通知书答复的补正通知书》后，谢桂荣仍未在指定期限内进行答复。因此，国家知识产权局作出《视为撤回通知书》，以谢桂荣未在《第三次审查意见通知书》规定的期限内答复为由，将涉案专利申请视为撤回，符合《专利法》的相关规定。

66. 关于专利复审委员会对涉及重复授权处理方式的认定

同样的发明创造只能被授予一项专利，任何人可以请求专利复审委员会宣告其中一项专利权无效，专利权人可以通过选择放弃另一项专利权来维持被请求宣告无效的专利权有效。在无效宣告请求人请求宣告涉及重复授权的各项专利权均无效，而专利权人又不放弃任何专利权的情况下，专利复审委员会可以在法律规定的职责和权限范围内根据实际情况，宣告其他专利权无效并待上述无效宣告请求决定生效后，维持其中一项专利权有效，从而避免出现重复授权的情况。

在上海罗恩网络信息有限公司（以下简称罗恩公司）诉专利复审委员会、苹果公司“移动式通讯装置”外观设计专利权无效行政纠纷一案[1]中，苹果公司向国家知识产权局分别申请了“声音或图像的记录或复制设备”、“数据处理装置”和“移动式通讯装置”三项外观设计专利并先后被授权，专利号分别为200730148751. 9、200730148767. X 和 200730148719. 0。罗恩公司针对上述三项专利权于 2008 年 11 月 21 日向专利复审委员会提出无效宣告请求。由于上述三项专利权涉及重复授权问题，专利复审委员会多次告知苹果公司可以进行选择，但是苹果公司明确表示拒绝选择。2009 年 3 月 19 日，专利复审委员会首先宣告了“声音或图像的记录或复制设备”和“数据处理装置”两项外观设计专利权无效，待到该两项无效决定生效后，专利复审委员会于 2009 年 7 月 30 日作出第 13757 号无效宣告请求审查决定，维持了本案中的第 200730148719. 0 号“移动式通讯装置”专利权有效。罗恩公司不服第 13757 号决定提起诉讼。罗恩公司认为，基于专利权的私权性质，专利复审委员会作为行政机关，无权替苹果公司进行选择，故专利复审委员会替苹果公司选择保留某项专利权的行为没有法律依据，而且专利复审委员会也无法解释为什么维持本案专利权有效而无效另两项专利，而不是无效本案专利、维持另一项专利有效。

---

[1] 参见北京市高级人民法院（2011）高行终字第 832 号行政判决书和北京市第一中级人民法院（2010）一中知行初字第 1274 号行政判决书。

北京市高级人民法院二审认为，根据《审查指南》的相关规定，任何人认为属于同一专利权人的具有相同申请日的两项专利权不符合《专利法实施细则》第十三条第一款“同样的发明创造只能被授予一项专利”规定的，可以请求专利复审委员会宣告其中一项专利权无效，专利权人也可以通过选择放弃另一项专利权来维持被请求宣告无效的专利权有效。如果本案外观设计专利与苹果公司拥有的其他两项外观设计专利均为相近似的外观设计，则应当至少维持一项外观设计专利有效，而非将该三项外观设计专利全部宣告无效。而根据《专利法》第四十七条第一款的规定，被宣告无效的专利权视为自始即不存在，不应当再将其作为判断是否重复授权的对比文件。在苹果公司的第200730148751.9号外观设计专利和第200730148767.X号外观设计专利被依法宣告无效后，《专利法实施细则》第十三条第一款所述的重复授权的情形已不存在，故本专利符合《专利法实施细则》第十三条第一款的规定。由于相关法律法规并没有对专利复审委员会在审理涉及《专利法实施细则》第十三条第一款重复授权情形的多个专利时如何处理作出明确规定，作为行政机关的专利复审委员会有权在法律规定的职责和权限范围内根据实际情况作出相应的具体行政行为，故罗恩公司的相关上诉主张不能成立。

（二）商标行政案件程序

67. 关于商标评审委员会作出异议复审裁定后引证商标的合法受让人有权提起行政诉讼的认定

针对异议人就被异议商标的注册申请提出的异议，商标评审委员会裁定异议理由不成立并核准被异议商标的注册申请后，引证商标依法转让的，受让人如不服商标评审委员会的异议复审裁定，可以在法定期限内依法提起行政诉讼。

在厦门彰泰隔热膜有限公司（以下简称彰泰公司）与商标评审委员会、侯敏仪“雷明”商标异议复审行政纠纷一案[1]中，被异议商标是侯敏仪任业主的登封新宁汽配经营部申请注册的“雷明”商标，指定使用商品为第17类1703群组的“非包装用塑料膜”，新泰公司以被异议商标与其在先注册在第17类1705类似群组的“保温、隔热、隔音材料”上的引证商标的“雷朋”构成使用在相同或类似商品上的相同或近似商标为由提出异议。商标局和商标评审委员会均认定新泰公司的异议理由不成立，裁定核准被异议的注册。在商标评审委员会作出异议复审裁定后，引证商标经商标局核准依法转让给彰泰公司。彰泰公司不服商标评审委员会的裁定并提起行政诉讼。商标评审委员会认为彰

[1] 参见北京市高级人民法院（2010）高行终字第1068号行政判决书和北京市第一中级人民法院（2010）一中知初字第114号行政判决书。

泰公司不是其作出被诉行政行为的相对人，其不具备起诉资格。

一审法院认为，引证商标由原评审程序的申请人新泰公司转让给彰泰公司，各方当事人对此事实无异议，彰泰公司因引证商标发生转让的事实承受商标评审程序的原申请人新泰公司的地位，作为利害关系人提起本案诉讼的行为并无不妥，其是本案当中的适格原告。商标评审委员会认为彰泰公司无权提起本案诉讼的主张缺乏相应的事实与法律依据。北京市高级人民法院二审维持了该认定。

68. 关于引证商标在申请商标异议期间依法转让其受让人不服异议复审裁定有权提起行政诉讼的认定

根据《商标法》的规定，对初步审定的商标，自公告之日起3个月内，任何人均可以提出异议，商标局应当听取异议人和被异议人陈述事实和理由，经调查核实后作出裁定，当事人不服该裁定可向商标评审委员会申请复审，由商标评审委员会作出裁定，并书面通知异议人和被异议人。当事人对商标评审委员会的裁定不服的，可以自收到通知之日起30日内向人民法院起诉。在异议复审程序中，异议人注册的引证商标依法转让且异议人也被受让人吸收兼并的，引证商标的受让人依法取得异议人资格。

在法国网球协会诉商标评审委员会、北京国风网球体育发展有限责任公司（以下简称北京国风公司）商标异议复审行政纠纷一案[1]中，被异议商标由北京国风公司于2000年11月30日申请注册，指定使用于第43类的提供食宿旅馆、咖啡馆、餐厅等服务。在被异议商标的法定异议期内，罗兰·加洛斯公司对被异议商标提出了异议申请，商标局认定被异议商标与引证商标均未构成使用在同一种或者类似商品或者服务上的近似商标，裁定被异议商标予以核准注册。罗兰·加洛斯公司不服该裁定并申请复审。2008年2月21日，罗兰·加洛斯公司注册的引证商标依法转让给法国网球协会。2010年5月4日，商标评审委员会裁定被异议商标予以核准注册。法国网球协会不服该裁定提起诉讼，称其与罗兰·加洛斯公司存在控股关系，但二者均为独立存在的经营实体，法国网球协会代替罗兰·加洛斯公司提起本案诉讼的理由是其已经受让了引证商标。

一审法院认为，任何人均可以对他人申请注册且通过商标局初步审定并公告的商标提出异议，而不论该被异议商标是否侵犯了申请人自身所享有的相关权利。因此，申请人提出的异议理由中所涉及的相关权利是否转让给他人，并

---

[1] 参见北京市高级人民法院（2011）高行终字第506号行政裁定书和北京市第一中级人民法院（2010）一中知行初字第3378号行政裁定书。

不导致申请人地位的改变。复审程序中的申请人资格和后续诉讼程序中的当事人资格均不因权利移转而受到影响。本案引证商标在评审程序中已经由罗兰·加洛斯公司转让给法国网球协会，但引证商标权利的转让不产生诉讼权利随之转让的法律后果，在罗兰·加洛斯公司仍为独立存在的民事主体的情况下，只有被诉裁定的相对人罗兰·加洛斯公司有权提起本案诉讼，法国网球协会不具有提起本案诉讼的原告主体资格，故裁定驳回法国网球协会对商标评审委员会的起诉。法国网球协会不服原审判决提出上诉，并提交了经过公证、认证的罗兰·加洛斯公司注册证明摘要等证据，用以证明罗兰·加洛斯公司于2005年3月31日被法国网球协会兼并，法国网球协会有资格提起行政诉讼。

北京市高级人民法院二审认为，法国网球协会二审提交的经过公证、认证的罗兰·加洛斯公司注册证明摘要等证据，可以证明罗兰·加洛斯公司于2005年3月31日被法国网球协会兼并，即引证商标在复审程序中已经由罗兰·加洛斯公司转让予法国网球协会。作为引证商标权利人，法国网球协会对被异议商标的申请注册有法律上的利害关系，罗兰·加洛斯公司在本案中的相关诉讼权利与义务均由法国网球协会承继，故法国网球协会与被诉裁定有法律上的利害关系，其有资格对本案提起行政诉讼。一审法院认为法国网球协会不具有提起本案诉讼的原告主体资格错误。此外，商标评审委员会于2010年5月4日作出被诉裁定时，罗兰·加洛斯公司已经不复存在，而商标评审委员会在没有查明相关事实的情况下，仍然对已经不存在的主体作出裁决，行政程序违法，亦应予以纠正。

69. 关于被异议人不服商标异议复审裁定并起诉后被异议商标依法转让时可将受让人列为诉讼第三人的认定

申请商标被商标局初步审定并公告后，任何人均可提出异议。该异议经过商标局的初步裁定和商标评审委员会的复审裁定不予核准注册的，被异议人可以提起诉讼。在被异议人提起诉讼后被异议商标经商标局核准依法转让的，受让人可以作为第三人参加诉讼。

在广州斯巴达企业发展有限公司（以下简称斯巴达公司）诉商标评审委员会、巴博拉特公司、广州市奥途体育用品有限公司（以下简称奥途公司）商标异议复审行政纠纷一案[1]中，被异议商标的申请日为2000年5月25日，申请人为斯巴达公司，指定使用商品为第25类服装、运动衫、背心（马甲）、风衣、T恤衫、体操服、游泳衣、足球鞋、领带、绑腿等多项商品上，初步审

[1] 参见北京市高级人民法院（2010）高行终字第1270号行政判决书和北京市第一中级人民法院（2009）一中知行初字第1877号行政判决书。

定公告日为 2001 年 3 月 21 日，初步审定号为 1589158。巴博拉特公司在法定期限内向商标局提出异议申请，商标局经审查作出（2005）商标异字第 00345 号裁定，认定巴博拉特公司所提异议理由不成立，被异议商标予以核准注册。2005 年 4 月 12 日，巴博拉特公司向商标评审委员会提出商标异议复审申请，2009 年 5 月 25 日，商标评审委员会作出第 14243 号裁定，认定异议复审理由成立，对被异议商标不予核准注册。斯巴达公司不服该裁定并提起诉讼，一审法院于 2009 年 7 月 24 日受理了本案。2009 年 9 月 28 日，被异议商标依法转让给奥途公司。一审法院随即通知奥途公司作为本案第三人参加诉讼。北京市高级人民法院二审维持了该做法。

70. 关于评审阶段争议商标转让后受让人经声明可以作为评审裁定当事人的认定

《商标评审规则》第三十一规定，在商标评审程序中，当事人的商标权发生转让、移转的，受让人或者承继人应当及时以书面形式声明承受转让人的地位，参加后续评审程序并承担相应的评审后果。以争议商标违反《商标法》第二十八条规定为由请求撤销争议商标的注册，在评审阶段引证商标依法转让的，如果受让人向商标评审委员会声明，则可以作为评审裁定的当事人。受让人对评审裁定不服并提起诉讼的，可以不将转让人列为诉讼当事人。

在武汉市影霓时装有限责任公司（以下简称影霓公司）诉商标评审委员会、俞淇纲商标争议行政纠纷一案[1]中，争议商标系俞淇纲于 2002 年 9 月 30 日申请并于 2004 年 5 月 28 日获准注册的第 3326767 号“音儿”商标，核定使用在第 25 类的“服装、运动衫、制服、婴儿全套衣、鞋、帽、袜、手套（服装）、披肩、腰带”商品上。2009 年 5 月 27 日，大有公司以争议商标违反了《商标法》第二十八条的规定为由，针对争议商标向商标评审委员会提出撤销注册申请，并提供了其在先注册并使用在第 25 类“服装”等商品上的三份引证商标。但上述三引证商标在商标评审期间经核准均转让给影霓公司所有，影霓公司于 2010 年 11 月 10 日向商标评审委员会声明参加争议案件的后续评审程序并承担相应的评审后果。大有公司、影霓公司、广州影霓时装有限公司还向商标评审委员会提交说明，称大有公司与影霓公司及广州影霓时装有限公司属同一投资人，其组成人员完全一致，其资本同属一家。2010 年 11 月 29 日，商标评审委员会作出裁定，将大有公司与影霓公司均列为当事人，认定影霓公司及大有公司撤销理由不成立，裁定争议商标予以维持。影霓公司不服该裁定

---

[1] 参见北京市高级人民法院（2011）高行终字第 1283 号行政判决书和北京市第一中级人民法院（2011）一中知行初字第 1352 号行政判决书。

并提起诉讼，而一审法院仅将影霓公司作为当事人，未将大有公司作为诉讼当事人。

71. 关于商标个案审查与统一审查标准关系的认定

在商标授权确权行政案件中，个案审查和审查标准的统一应当实现辩证的统一。一方面，每个案件的具体情况不可能完全相同，故对个案的审查应当充分考虑个案的差异，这就是个案审查规则；另一方面，对于案情大致相同的类型化案件尤其是关联案件，应当考虑到审查标准的适当统一，不宜以个案审查为由完全忽视类型化案件的类似性。类型化案件应当有大致统一的裁判标准，当类型化案件的类似性对案件裁判结果的影响大于其差异性对案件裁判结果的影响时，应当尽量统一裁判标准；当类型化案件的差异性对案件裁判结果的影响大于类似性对案件裁判结果的影响时，应当适当适用个案审查规则。因此，类型化案件的类似性和差异性是量变质变的关系，是矛盾的统一体，司法裁判应当在寻求辩证的平衡，而不宜一味地强调个案审查或裁判标准的统一。

在内蒙古小肥羊餐饮连锁有限公司（以下简称小肥羊公司）诉商标评审委员会及烟台信发工贸集团有限公司（以下简称信发公司）“小肥羊”商标争议行政纠纷一案[1]中，争议商标“小肥羊”由信发公司申请注册并核定使用在第30类粉丝（条）商品上的“小肥羊”文字商标。小肥羊公司以争议商标属于《商标法》第三十一条规定的不应予以注册的情形等理由请求撤销其注册，并提供了其在先注册的“小肥羊 LITTLE SHEEP 及图”作为引证商标，该商标核准使用于第42类餐厅、饭店等服务。商标评审委员会裁定维持争议商标的注册。一审法院认为，争议商标核定使用的商品为第30类粉丝（条），引证商标“小肥羊”涉及餐饮等服务不属于相同或类似的商品或服务，故判决维持了商标评审委员会的裁定。但在一审法院同一承办法官与本案同时期审理的另一案件中，小肥羊公司以同一引证商标和基本相同的理由对指定使用于第29类制汤剂、腌制蔬菜商品另一“小肥羊”文字商标提出异议，在商标评审委员会认定引证商标与该商标不构成使用在类似商品或服务上的近似商标并裁定准许该商标注册后，一审法院认为被异议商标核定使用的第29类制汤剂、腌制蔬菜与引证商标核定使用的服务构成类似商品或服务，并判决撤销了商标评审委员会的裁定。该判决因各方当事人均未上诉而已生效。

北京市高级人民法院二审认为，现有证据足以证明小肥羊公司的“小肥羊”服务名称在争议商标申请注册前在餐饮服务上已经具有较高知名度并已

---

[1] 参见北京市高级人民法院（2010）高行终字第1498号行政判决书和北京市第一中级人民法院（2010）一中知行初字第2710号行政判决。

成为其知名服务的特有名称。本案争议商标核定使用的商品为第30类粉丝（条），作为“知名服务特有名称”的“小肥羊”涉及餐饮等服务，两者的消费群体均为普通消费者，其销售渠道、消费场所具有一定的关联性，相关公众在从事、接受、参与作为“知名服务特有名称”的“小肥羊”所涉及的餐饮等服务时，很有可能涉及粉丝（条）产品，同时考虑到“小肥羊”在争议商标申请注册前就已经具有较高知名度并已成为小肥羊公司“知名服务特有名称”，可以认定二者已构成类似商品和服务，争议商标的注册侵犯了小肥羊公司对“小肥羊”作为其“知名服务特有名称”所享有的在先权利。一审法院及商标评审委员会均认定争议商标未侵犯小肥羊公司的在先权利，属于事实认定错误和法律适用不当。

72. 关于商标评审委员会根据生效判决重新作出异议复审裁定时仅变更部分合议组人员未构成程序违法的认定

行政机关根据人民法院的生效判决重新作出具体行政行为的，应当重新组成合议庭进行评审，以防止在先审查人员对案件形成先入为主的观念，从而影响行政执法的公正性，此为行政程序正当原则的内在要求之一。但在目前法律及行政法规并未规定商标评审委员会重新组成合议组进行审查的具体形式的情况下，商标评审委员会重新作出具体行政行为时，不能简单地因其仅变更部分合议组成员而判决撤销该重审行政行为。

在阿菠罗素株式会社诉商标评审委员会、佳慧化学工业有限公司（以下简称佳慧公司）商标异议复审行政纠纷一案[1]中，被异议商标系佳慧公司申请注册的第1307693号“黑彩”商标，指定使用于第3类冷烫发液、染发膏、毛发着色剂商品。阿菠罗素株式会社依法向商标局提出异议。商标局于2001年10月25日作出第3217号裁定，裁定被异议商标不予核准注册。佳慧公司不服该裁定并申请复审。商标评审委员会以吴新华、王继红、张力伟三人组成合议组，于2005年1月10日作出第0064号裁定，裁定被异议商标不予核准注册。佳慧公司不服商标评审委员会作出的第0064号裁定并提起行政诉讼。一审法院于2005年12月20日作出第668号行政判决，撤销了第0064号裁定。二审法院于2006年5月8日作出第110号行政判决，维持了第668号行政判决。此后，商标评审委员会以吴新华、何敏、尤丽丽组成新的合议组，重新针对被异议商标再次进行了审查，并于2007年5月28日作出第58号裁定：被异议商标予以核准注册。阿菠罗素株式会社不服第58号裁定提起诉讼。一审法院

[1] 参见北京市高级人民法院（2011）高行终字第1463号行政判决书和北京市第一中级人民法院（2010）一中知行初字第116号行政判决书。

于2008年12月18日作出第1374号行政裁定，以第58号裁定为第110号行政判决书的效力所羁束为由，驳回了阿菠罗素株式会社的起诉。阿菠罗素株式会社不服并提起上诉。二审法院于2009年9月18日作出第490号行政裁定，该裁定认定：一审法院作出的第668号行政判决依法撤销了商标评审委员会作出的第0064号裁定，并驳回了佳慧公司的其他诉讼请求，二审法院作出的第110号行政判决对前述判决予以维持。在此情况下，商标评审委员会应另行组成合议组，针对佳慧公司提出复审的事实、理由和证据等，依据一定的程序重新进行复审，并依法作出裁定。该重新作出的裁定是对当事人权益产生影响的新的具体行政行为，当事人如不服，可以依法向人民法院提起行政诉讼，故二审法院裁定撤销第1374号裁定，指令一审法院继续审理。一审法院随后作出的判决认定，第58号裁定系二审法院第110号行政判决生效后，商标评审委员会对第0064号裁定涉及的异议复审案件重新进行的审查。对此，二审法院第490号行政裁定明确指出，在第0064号裁定被撤销后，商标评审委员会应另行组成合议组，针对佳慧公司提出复审的事实、理由和证据等，依据一定的程序重新进行复审并依法作出裁定。但商标评审委员会在作出第58号裁定时，并未另行组成新的合议组对佳慧公司提起的异议复审申请进行复审，其程序违法，依法应予撤销。一审法院遂判决撤销第58号裁定，并由商标评审委员会重新作出裁定。

北京市高级人民法院二审认为，商标评审委员会、佳慧公司均认为商标评审委员会在重新审查过程中更换了两名合议组成员，应当视为重新组成了合议组，并对各方当事人提交的证据、理由进行了全面评审，并未剥夺双方当事人的任何权利。一审法院以行政机关根据法院的生效判决重新作出具体行政行为，应当重新组成合议组进行评审，以防止在先审查人员对案件形成先入为主的观念，从而影响行政执法的公正性为由撤销了第58号裁定。但商标评审委员会在作出第58号裁定时，根据人民法院生效判决重新组成了合议组，更换了两名合议组成员。因相关法律和行政法规并未规定商标评审委员会重新组成合议组进行审查的具体形式，故一审法院认为商标评审委员会并未另行组成新的合议组属于程序违法缺乏事实和法律依据。

73. 关于当事人虽未明确引用某一法条但根据其在相关材料及行政程序中提出的事实理由可以认定其以该法条为依据时应对该法条予以评审的认定

商标评审委员会审理不服商标局异议裁定的复审案件，应当针对当事人复审申请和答辩的事实、理由及请求进行评审。当事人在行政程序中虽未明确其据以依据的法律条文，但根据其提交的相关材料以及陈述所表述的事实理由，可以认定其以某一法律条文为其主张的法律依据，则行政机关应当对以此条文为法律依据的事实、理由及请求进行评审。

在深圳市胜捷消防器材工程有限公司（以下简称深圳胜捷公司）与商标评审委员会、冯毅商标异议复审行政纠纷一案❶中，被异议商标系由冯毅申请注册的“胜捷及图”商标，指定使用于第9类报警电铃等商品。引证商标系深圳胜捷公司所有的“胜捷及图”商标，核定使用于第9类消防器材。深圳胜捷公司对被异议商标提出异议申请，请求不予核准被异议商标的注册。商标评审委员会认定冯毅申请注册被异议商标的行为，属于以不正当手段抢先注册他人已经使用并有一定影响的商标的情形，违反了《商标法》第三十一条的规定，故裁定被异议商标不予核准注册。一审法院认为，无论是冯毅提交的商标异议复审申请还是深圳胜捷公司提交的商标异议答辩理由，均未涉及《商标法》第三十一条的内容，商标评审委员会依据该条规定作出复审结论，超出了商标异议程序中出现的事实和理由，也超出了异议复审申请人和答辩人的主张，且未听取当事人意见，明显违反法定程序，故判决撤销被诉裁定。

北京市高级人民法院二审认为，深圳胜捷公司作为复审案件的答辩人，在答辩意见中明确提出了冯毅趁国有企业改制之机，将下属企业变更为自己的企业，并趁机抢注深圳胜捷公司的“胜捷”商标；长期非法使用深圳胜捷公司注册在先、使用在先的知名商标，违反了诚实信用原则等理由，这些表述应当认为是深圳胜捷公司对被异议商标的注册违反《商标法》第三十一条规定提出的意见，且冯毅对上述意见亦有回应。因此，商标评审委员会根据当事人在异议复审阶段提出的事实和理由，依据《商标法》第三十一条的规定对本案进行审理并无不妥。

74. 关于当事人明确主张将异议程序的证据作为异议复审程序时商标评审委员会应予采纳的认定

商标评审委员会审理不服商标局异议裁定的复审案件，应当针对当事人复审申请和答辩的事实、理由及请求进行评审。当事人在商标异议复审程序中明确表示将其在商标异议程序中所提交证据作为复审案件中的相关根据，商标评审委员会未予以采纳该证据亦未告知相关当事人不予采纳的结果的，可能损害当事人合法权益并影响案件公正裁决，属于行政程序违法。

在深圳市巨龙腾实业发展有限公司（以下简称巨龙腾公司）诉商标评审委员会及卢立建因商标异议复审行政纠纷一案❷中，卢立建申请注册的被异议

---

❶ 参见北京市高级人民法院（2011）高行终字第40号行政判决书和北京市第一中级人民法院（2010）一中知行初字第1153号行政判决书。

❷ 参见北京市高级人民法院（2011）高行终字第240号行政判决书和北京市第一中级人民法院（2010）一中知行初字第3401号行政判决书。

商标指定使用于第4类工业用脂等商品。巨龙腾公司提出异议申请后，商标局裁定被异议商标不予核准注册。卢立建申请复审时明确要求商标评审委员会查阅、审核巨龙腾公司在向商标局提出异议时和本次答辩时提交的全部证据后依法裁定，但商标评审委员会仅依据巨龙腾公司在商标异议复审程序中提交的证据进行审查，并裁定被异议商标予以核准注册。一审法院在未对巨龙腾公司在商标异议程序中所提交证据进行认定的情况下，维持了商标评审委员会作出的异议复审裁定。

北京市高级人民法院二审认为，巨龙腾公司在异议复审程序中向商标评审委员会提交的答辩状中已经明确载明了依据其在商标局异议提出时和本次答辩时提交的全部证据进行依法裁定的请求。因此，巨龙腾公司在商标异议程序中提交的证据应当在异议复审的审查范围内。在巨龙腾公司明确其答辩事实和理由的情况下，商标评审委员会在未进行告知亦未采纳异议程序中证据的前提下，仅依据巨龙腾公司在商标异议复审程序中提交的证据进行审查，作出异议复审裁定，属于程序违法，并且损害了当事人的合法权益。

75. 关于商标评审委员会漏审当事人的主张构成程序违法的认定

商标评审委员会对涉及以《商标法》第四十一条为由请求裁定撤销注册商标的案件，应当针对当事人申请和答辩的事实、理由及请求进行评审。商标评审委员会未全面审查当事人提出的撤销主张的，构成程序违法。

在第一电子工业株式会社（以下简称第一电子株式会社）诉商标评审委员会及慈溪市新华接插件厂（以下简称慈溪新华厂）商标争议行政纠纷一案❶中，争议商标系慈溪新华厂申请注册的第1634435号“DDK”及图商标，核定使用于第9类的电器接插件、接线盒（电）等商品。2004年6月22日，第一电子株式会社向商标评审委员会提出撤销争议商标注册的申请，其主要理由为：（1）第一电子株式会社是目前世界电气接插件工业的主要厂商；（2）“DDK”商标是第一电子株式会社自创商标，已经有40多年的使用以及商标注册的历史；（3）“DDK”商标在连接件和接插件行业中有较高的知名度，在中国已经在相关消费者和用户中成为人人皆知的驰名品牌；（4）争议商标完全是抄袭复制第一电子株式会社的“DDK”商标；（5）“DDK”是第一电子株式会社的商号名称，同时第一电子株式会社也拥有“DDK及图”标识的著作权，慈溪新华厂恶意抢注第一电子株式会社商标，侵害了第一电子株式会社的在先权利，依据《商标法》第十三条第一款、第三十一条、第四十一条第二款以及《商标法实施条例》

❶ 参见北京市高级人民法院（2011）高行终字第532号行政裁定书和北京市第一中级人民法院（2010）一中知行初字第950号行政裁定书。

第二十八条之规定请求商标评审委员会撤销争议商标的注册。此外，第一电子株式会社还向商标评审委员会提交了其在其他国家及地区注册的“DDK”商标注册证明、在中国展览会上的照片、著作权登记证书等证据。商标评审委员会经审查认定：第一电子株式会社提交的证据不能证明，在争议商标申请注册日期之前，其“DDK”商标在中国通过使用已经具有一定影响，在中国相关公众中已成为驰名商标，也不能证明其将“DDK”作为商号在中国通过使用产生了一定的知名度。因此，第一电子株式会社称争议商标的注册违反了《商标法》第十三条、第三十一条的规定证据不足。商标评审委员会裁定：争议商标的注册予以维持。

北京市高级人民法院及一审法院均认为，第一电子株式会社在向商标评审委员会提交的撤销争议商标注册的申请书中，已经明确提到了争议商标的注册侵犯了其在先的著作权这一理由，并依据《商标法》第四十一条第二款、第三十一条之规定请求商标评审委员会撤销争议商标的注册。但是，商标评审委员会在被诉裁定中对于争议商标的注册是否侵犯第一电子株式会社著作权的相关事实与理由并未进行评审，属于程序违法，应予撤销。虽然商标评审委员会向慈溪新华厂转送第一电子株式会社向其提交的著作权方面的证据的事实，但该转送证据材料的行为并不能认定商标评审委员会对争议商标的注册是否侵犯第一电子株式会社著作权一事进行了评审。

76. 关于商标公告上公告的收件人错误视为未送达的认定

根据《商标法实施条例》第十一条的规定，商标局或者商标评审委员会采用邮寄、直接递交等方式无法送达各种文件时，可以通过公告方式送达当事人，自公告发布之日起满 30 日，该文件视为已经送达。如果商标局或商标评审委员会在采用公告方式送达时，未将应当公告送达的当事人准确地列为收件人，则该公告不对被送达的当事人发生法律效力，亦不能自公告发布之日起满 30 日即视为送达。

在韩梅与商标评审委员会、杜拉维特股份公司商标异议复审行政纠纷案[1]中，商标评审委员会按照韩梅所留的通信地址邮寄异议复审裁定被退回后，遂在《商标公告》刊登了送达公告，但其未将韩梅列为公告中的收件人，而是错误地将杜拉维特股份公司作为收件人。后韩梅亲自到商标评审委员会领取了异议复审裁定，并不服该裁定提起诉讼。一审法院认为，韩梅起诉已经超过法定起诉期限，裁定驳回了韩梅的起诉。

---

[1] 参见北京市高级人民法院（2011）高行终字第 59 号行政裁定书和北京市第一中级人民法院（2010）一中知行初字第 565 号行政裁定书。

北京市高级人民法院二审认为，虽然商标评审委员会有权采用公告的方式向韩梅送达被诉裁定，且所发公告中包含被异议商标的基本信息等内容，但由于该公告的收件人并非韩梅，故不能据此认定商标评审委员会向韩梅公告送达了被诉裁定。一审法院以该公告的时间认定韩梅提起行政诉讼超过法定期限，属于认定事实错误。

77. 关于商标异议审查期间颁发的商标注册证的效力认定

当商标注册仍处于异议审查阶段时，无论是处于商标异议阶段、商标异议复审阶段还是商标异议复审诉讼阶段，只要异议审查尚未得出最终生效的结论，商标局针对被异议商标颁发的商标注册证都不应成为衡量被异议商标是否应当获准注册的依据。

在周新桂、曹云平诉商标评审委员会及红蜻蜓集团有限公司（以下简称红蜻蜓公司）商标异议复审行政纠纷一案[1]中，被异议商标为第3235698号"神州蜻蜓王"商标，其申请日为2002年7月8日，指定使用于第25类鞋、服装等商品。2003年10月14日，被异议商标获商标局初步审定并公告。公告期内，红蜻蜓公司以被异议商标与其在先注册的"红蜻蜓及图"商标近似为由提出异议。由于红蜻蜓公司系通过邮寄的方式提出异议申请，故商标局实际收到异议申请的时间已超过了三个月的法定期限，但红蜻蜓公司异议申请的交寄时间在三个月的法定期限内。2004年1月14日，商标局向业主为周新桂、曹云平的个体工商户温州市郭溪以勒皮鞋厂颁发了商标注册证，注册商标专用权期限自2004年1月14日至2014年1月13日。2008年4月14日，商标局作出第1965号裁定，裁定被异议商标予以核准注册。红蜻蜓公司随后向商标评审委员会提出复审申请。2010年3月1日，商标评审委员会作出第4909号裁定，认为被异议商标与引证商标构成使用在同一种或类似商品上的近似商标，裁定被异议商标不予核准注册。一审法院维持了被诉裁定。周新桂、曹云平上诉称商标局已核发了被异议商标的商标注册证，基于对商标局发证行为的信赖，周新桂、曹云平已大量使用了被异议商标，如任意判定近似从而对被异议商标不予核准注册，必将对周新桂、曹云平善意经营的既有利益造成极大的损失，请求撤销原审判决。

北京市高级人民法院二审认为，《商标法》第三十条规定，公告期满无异议的方予以核准注册，发给商标注册证并予公告。《商标法实施条例》第二十三条第二款规定："被异议商标在异议裁定生效前已经刊发注册公告的，撤销

[1] 参见北京市高级人民法院（2010）高行终字第1460号行政判决书和北京市第一中级人民法院（2010）一中知行初字第1655号行政判决书。

原注册公告，经异议裁定核准注册的商标重新公告。”虽然商标局向周新桂、曹云平颁发了商标注册证，但是，在红蜻蜓公司已经在法定期限内提出异议申请、被异议商标仍处于商标异议审查期间的情况下，商标注册证的颁发与否并不是认定被异议商标是否应予注册和是否已经注册的依据，被异议商标是否应予核准注册，仍然应当依据《商标法》的相关规定予以审查判定。因此，周新桂、曹云平关于商标局已核发被异议商标的商标注册证、如对被异议商标不予核准注册将对其既有利益造成损失的上诉主张缺乏法律依据。

78. 关于当事人在诉讼中以引证商标被提出撤销申请为由请求中止案件审理的处理

商标授权确权行政案件是行政诉讼的一种具体类型，人民法院审查的是被诉具体行政行为的合法性，这种合法性的判断应当以该具体行政行为作出时的相关事实为依据。虽然在涉及《商标法》第三十一条中在先权利的判断问题上，相关司法政策强调“如果在先权利在诉争商标核准注册时已不存在的，则不影响诉争商标的注册”，❶ 但这只是对既有事实的尊重。在司法实践过程中，无论是出于对司法效率的追求，还是出于对行政诉讼根本宗旨的尊重，都不应因为具体行政行为所依据的事实有可能发生变动，就中止案件的审理而主动等待相关事实的审查结果。因此，在商标授权确权行政案件审理过程中，当事人基于引证商标有可能被撤销而提出的中止审理申请，人民法院一般不应予以准许。

在赵坚诉商标评审委员会及维特健灵健康产品有限公司（以下简称维特公司）商标争议行政纠纷一案❷中，维特公司对康兆（香港）有限公司注册后转让给赵坚的第3344562号“医之选 Doctor’s Choice 及图”商标提出撤销注册申请。2009年9月28日，商标评审委员会作出第25465号裁定，对争议商标在部分商品上的注册予以撤销。2009年12月3日，赵坚以连续三年停止使用为由向商标局申请撤销引证商标的注册。2010年2月1日一审法院受理了赵坚针对第25465号裁定提起的行政诉讼。2010年3月16日，商标局对赵坚提出的撤销申请予以受理。2010年10月20日，一审法院判决维持了第25465号裁定。赵坚不服原审判决提起上诉。北京市高级人民法院于2010年12月13日受理了该案。2010年12月15日，赵坚以商标局已受理其针对引证商标提出的撤销申请为由，提交了中止诉讼申请书，请求二审法院中止对该案的审理。

北京市高级人民法院二审认为，赵坚以连续三年停止使用为由向商标局提

---

❶ 《最高人民法院关于审理商标授权确权行政案件若干问题的意见》第17条第2款。

❷ 参见北京市高级人民法院（2010）高行终字第1518号行政判决书和北京市第一中级人民法院（2010）一中知行初字第511号行政判决书。

出撤销引证商标的申请，虽然商标局已正式受理该申请，但《商标法实施条例》第四十条规定："依照商标法第四十四条、第四十五条的规定被撤销的注册商标，由商标局予以公告；该注册商标专用权自商标局的撤销决定作出之日起终止。"因此，在商标局作出撤销决定并发生法律效力前，引证商标仍然为有效的注册商标，故对赵坚关于中止该案审理的请求不予支持。

79. 关于商标争议案件审理范围的确定

商标争议行政纠纷案件的审理，一般应以当事人向商标评审委员会提出争议申请时提出的申请理由为准。商标评审委员会在审查时超出了该范围，即对当事人未主张的事由进行审查的，如果其超范围审查未影响审查结论，则应在纠正该错误的基础上维持被诉裁定。

在武汉市影霓时装有限责任公司（以下简称影霓公司）诉商标评审委员会、俞淇纲商标争议行政纠纷一案[1]中，针对俞淇纲注册在第25类服装等商品上的第3326767号"音儿"商标，武汉市大有工贸有限责任公司（以下简称大有公司）向商标评审委员会提出撤销争议商标的申请，理由为：俞淇纲注册争议商标是抄袭、复制大有公司的商标；大有公司是"影儿"商标专用权人，争议商标与"影儿"商标构成近似；大有公司与俞淇纲发生过多次纠纷及诉讼，俞淇纲明知大有公司商标，争议商标违反了《商标法》第二十八条的规定；俞淇纲恶意注册争议商标，且在实际使用中已经对大有公司正当行使权益造成了实际损害结果。在商标评审过程中，大有公司将引证商标转让给影霓公司，影霓公司承继了大有公司在商标评审程序中的地位。商标评审委员会认为，大有公司的争议理由不成立，争议商标未违反《商标法》第三十一条的规定，裁定争议商标予以维持。一审判决维持了该裁定。影霓公司上诉称商标评审委员会对《商标法》第三十一条的认定错误。

北京市高级人民法院二审认为，大有公司向商标评审委员会提出的商标争议裁定申请，并未明确主张适用《商标法》第三十一条的规定，故争议商标的注册是否违反了《商标法》第三十一条的规定，不在第34802号裁定的评审范围之内。虽然商标评审委员会及一审法院对《商标法》第三十一条的规定进行了评述，超出了大有公司争议裁定申请范围，确有不当，但这并不影响大有公司针对本案争议商标提出的商标争议申请的评审范围，在对被诉裁定是否合法进行审查时，仍应当以大有公司提出商标争议裁定申请书中的理由确定评审范围。

---

[1] 参见北京市高级人民法院（2011）高行终字第1283号行政判决书和北京市第一中级人民法院（2011）一中知行初字第1352号行政判决书。

80. 关于“以相同的事实和理由再次提出评审申请”的认定

就《商标法》第十三条第二款而言，如果当事人在两次商标评审程序中均提出争议商标的注册是对其驰名的同一引证商标的复制、模仿或者翻译，误导公众，致使其利益受损，则无论当事人用以证明其引证商标驰名的证据是否不同，均构成《商标法实施条例》第三十五条规定的“以相同的事实和理由再次提出评审申请”的情形。

在宝马股份公司（以下简称宝马公司）诉商标评审委员会、孙锦君商标争议行政纠纷一案[1]中，争议商标系孙锦君在第25类“雨靴”商品上注册的第1313506号“宝A8馬”商标。宝马公司于2009年3月31日以争议商标违反《商标法》第十三条第二款等规定为由，对争议商标提出撤销申请。2010年1月18日，商标评审委员会作出第1138号裁定，该裁定认为：德国宝马汽车公司曾经在2000年12月19日对争议商标提出撤销注册不当申请，商标评审委员会在2008年11月10日作出的第24588号裁定中认定，争议商标使用在指定商品或者服务上未构成现行《商标法》第十三条第二款所规定的复制、模仿或者翻译他人已经在中国注册的驰名商标，误导公众，致使商标注册人利益受损的情形，本案宝马公司已经构成以相同的事实和理由再次提出评审申请的情形，其争议理由亦不能成立，故裁定争议商标予以维持。一审法院维持了商标评审委员会的裁定。

北京市高级人民法院二审认为，虽然宝马公司在本案中提交的用以证明其商标驰名的证据与第24588号裁定中涉及的证据有所不同，但其所欲证明的事实仍为其商标驰名的事实，其理由也仍然是争议商标的注册违反了《商标法》第十三条第二款的规定，故宝马公司在本案中提出的撤销争议商标注册的申请与商标评审委员会作出第24588号裁定时所针对的申请，均是基于相同的事实和理由。因此，宝马公司在本案中再次提出争议商标的注册违反了《商标法》第十三条第二款规定的主张，违反了《商标法实施条例》第三十五条的规定，第1138号裁定和原审判决的相关认定并无不当。

81. 关于与商标转让行为是否具有法律上利害关系的认定

《行政诉讼法》第四十一条规定，提起行政诉讼的原告是认为具体行政行为侵犯其合法权益的公民、法人或者其他组织。《最高人民法院关于执行〈中华人民共和国行政诉讼法〉若干问题的解释》第十二条规定，与行政行为有法律上利害关系的公民、法人或其他组织对该行政行为不服的，可以依法提起

[1] 参见北京市高级人民法院（2011）高行终字第1414号行政判决书和北京市第一中级人民法院（2011）一中知行初字第139号行政判决书。

行政诉讼。第十三条规定，被诉的具体行政行为涉及其相邻权或者公平竞争权的公民、法人或其他组织可以依法提起行政诉讼。根据上述法律规定，只有与具体行政行为具有法律上利害关系的公民、法人或其他组织才具有提起行政诉讼的主体资格。在判断原告是否具有诉讼主体资格时，不宜将"法律上利害关系"界定得过于宽泛，应以直接利害关系为原则。

在高碑店市康泰箱包有限公司（以下简称康泰公司）与商标局、广州市博瑞尔皮具有限公司（以下简称博瑞尔公司）商标行政纠纷一案[1]中，涉案商标系河北省高碑店市白沟箱包集团（以下简称白沟箱包集团）1996 年 7 月 5 申请注册的第 1094162 号"森马 SENMA"商标，于 1997 年 9 月 7 日获准注册，核定使用在旅行袋、公文包、钱包等商品上，专用权期限至 2007 年 9 月 6 日。1997 年 11 月 14 日，白沟箱包集团更名为高碑店市白沟箱包（集团）有限公司（以下简称白沟箱包集团公司）。2004 年 12 月，白沟箱包集团公司被吊销营业执照。2007 年 11 月 16 日，康泰公司申请注册第 6383276 号"森马 SENMA"商标，2010 年 8 月 31 日，商标局以该商标与涉案商标近似为由，驳回其在"钱包、公文包、背包"等商品上的注册申请。2008 年 11 月 13 日，康泰公司申请注册第 7054372 号"森马 senma"商标，2010 年 9 月 7 日，商标局以该商标与涉案商标近似为由，驳回其在"钱包、公文包、背包"等商品上的注册申请。上述两申请商标已于 2010 年 11 月 30 日转让至高碑店市白沟森马皮具店名下。2009 年 4 月 23 日，商标局收到白沟箱包集团破产还债清算小组与康泰公司提交的商标转让申请书，请求将涉案商标转让至康泰公司名下，商标局于 2009 年 7 月 20 日核准了该转让申请。2009 年 4 月 17 日，白沟箱包集团公司清产核资领导小组成立。2009 年 6 月 3 日，白沟箱包集团公司清产核资领导小组和博瑞尔公司向商标局提交了涉案商标转让申请及相关证据。2009 年 8 月 7 日，商标局收到白沟箱包集团公司清产核资领导小组关于撤销涉案商标 2009 年 7 月 20 日转让给康泰公司的申请，并于 2009 年 8 月 16 日作出商标变字［2009］第 256 号《关于撤销核准第 1094162 号"森马 SENMA"商标转让决定的通知》，撤销了前述核准转让决定。2010 年 2 月 13 日，商标局核准涉案商标转让至博瑞尔公司名下。此外，2007 年 5 月 14 日，张艳波向商标局提交涉案商标续展申请。商标局在 2010 年 5 月 17 日作出的续展申请补正通知书中载明：涉案商标的现注册人名称为博瑞尔公司，请博瑞尔公司在补正通知书背面明确表述续展注册商标的意愿。2010 年 5 月 20 日，博瑞尔

[1] 参见北京市高级人民法院（2011）高行终字第 899 号行政裁定书和北京市第一中级人民法院（2011）一中知行初字第 275 号行政裁定书。

公司按照补正通知书要求明确表示同意办理续展申请并提交相关材料。2010年10月20日，商标局核准涉案商标续展注册。康泰公司诉称：康泰公司申请注册第6383276号、第7054372号“森马 SENMA”商标，被商标局以其与涉案商标构成同一种或类似商品上的近似商标为由驳回。康泰公司发现，涉案商标的原注册人白沟箱包集团因未办理企业年检于2004年12月依法吊销营业执照，并于2009年成立破产清算组，涉案商标的有效期至2007年9月6日。在涉案商标的续展申请期及宽展期内，白沟箱包集团并未办理相关的续展或宽展申请手续，该商标属于无效商标，不应被转让。商标局的违法转让行为导致康泰公司申请的两个“森马 SENMA”商标被驳回，故康泰公司请求撤销商标局作出的核准涉案商标转让的具体行政行为，一审法院裁定驳回其起诉。

北京市高级人民法院二审认为，康泰公司既非涉案商标的转让人，又非该商标的受让人，其与该商标亦无其他法律关系。涉案商标在类似商品上的申请注册时间早于康泰公司提出的第6383276号、第7054372号商标注册申请，根据《商标法》第二十八条的规定，申请注册的商标与他人在类似商品上已经注册的商标相近似的，由商标局驳回申请，故上述两商标注册申请被驳回并未涉及康泰公司的公平竞争权。康泰公司与商标局于2010年2月13日作出的核准涉案商标转让至博瑞尔公司名下的具体行政行为不具有法律上的利害关系，康泰公司不具有本案诉讼主体资格。

82. 关于在对被异议商标与引证商标是否构成使用在相同或者类似商品上的近似商标进行判断时应逐一考虑各个商品的认定

《商标法》规定了部分撤销商标的规定，故在进行近似性判断时，应针对相关商品或服务逐一进行审查，对于构成使用在相同或者类似商品上的近似商标的部分应不予注册或撤销注册，对于不构成使用在相同或者类似商品上的近似商标的部分应核准注册或维持注册。

在雅芳产品公司与商标评审委员会、福建亚通新材料科技股份有限公司（以下简称福建亚通新材料公司）商标异议复审行政纠纷一案[1]中，针对雅芳产品公司就福建亚通新材料公司经初审公告的第3219085号“ATON”商标提出的异议复审申请，商标评审委员会裁定被异议商标予以核准注册。一审法院认为，被异议商标指定使用于“美容院”与引证商标一核定使用于“各种化妆品”属于使用在相同或类似商品或服务上的近似商标，商标评审委员会认定被异议商标指定使用服务与引证商标核定使用商品或服务不属于类似商品或

[1] 参见北京市高级人民法院（2011）高行终字第584号行政判决书和北京市第一中级人民法院（2010）一中知行初字第2530号行政判决书。

服务及被异议商标与引证商标不属于近似商标的结论错误，故判决撤销被诉裁定。

北京市高级人民法院二审认为，被异议商标指定使用服务为医院、疗养院、休养院、护理（医务）、保健、美容院、按摩、动物饲养、园艺、卫生设施出租服务，在判断是否构成类似商品或者服务时应逐一考虑。虽然被异议商标指定服务中的“美容院”与引证商标核定使用商品中的“各种化妆品”、“化妆品”构成类似商品及服务，但被异议商标指定服务中的“医院、疗养院、休养院、护理（医务）、动物饲养、园艺、卫生设施出租”等服务与引证商标核定使用的商品或服务在性质上相差甚远，不会造成相关公众的混淆、误认，不属于类似商品及服务。因此，商标评审委员会认定被异议商标指定使用服务与引证商标核定使用商品或服务均未构成类似商品或服务有失偏颇。一审法院认定被异议商标在“美容院”服务上与引证商标一构成使用在相同或者类似商品上的近似商标正确，但被异议商标指定使用在“医院、疗养院、休养院、护理（医务）、动物饲养、园艺、卫生设施出租”等服务上与引证商标并未构成使用在相同或者类似商品上的近似商标，一审法院对此未予评述有误，但其判决结果正确，二审法院故维持了原审判决。

83. 关于引证商标不再成为申请商标的注册障碍时如商标评审委员会同意重新作出审查决定可以准许当事人撤诉的认定

《最高人民法院关于行政诉讼撤诉若干问题的规定》第二条规定：“被告改变被诉具体行政行为，原告申请撤诉，符合下列条件的，人民法院应当裁定准许：（一）申请撤诉是当事人真实意思表示；（二）被告改变被诉具体行政行为，不违反法律、法规的禁止性规定，不超越或者放弃职权，不损害公共利益和他人合法权益；（三）被告已经改变或者决定改变被诉具体行政行为，并书面告知人民法院；（四）第三人无异议。”第八条规定：“第二审或者再审期间行政机关改变被诉具体行政行为，当事人申请撤回上诉或者再审申请的，参照本规定。准许撤回上诉或者再审申请的裁定可以载明行政机关改变被诉具体行政行为的主要内容及履行情况，并可以根据案件具体情况，在裁定理由中明确被诉具体行政行为或者原裁判全部或者部分不再执行。”在商标驳回复审纠纷案件中，商标局和商标评审委员会均以申请商标与引证商标构成使用在相同或类似商品上的相同或近似商标为由驳回注册申请时，如果在诉讼中引证商标因期满未续展、依法转让给复审商标的申请人等事由已不再成为申请商标的注册障碍，且商标评审委员会也同意根据新出现的情况重新作出复审裁定，则可以通过当事人撤诉的方式处理。

在 A&F 商标股份有限公司（以下简称 A&F 公司）诉商标评审委员会商标

申请驳回复审行政纠纷一案[1]中，A&F公司申请注册申请商标，被商标局依据《商标法》第二十八条规定予以驳回。A&F公司向商标评审委员会申请复审。商标评审委员会认为：申请商标图形与引证商标一、三、四、六构成近似商标，申请商标指定使用的游泳衣商品与引证商标一核定使用的游泳衣商品属于同一种商品，申请商标指定使用的服装等商品与引证商标三核定使用的服装商品属于同一种或类似商品，申请商标指定使用的鞋、皮带等商品与引证商标四核定使用的皮鞋、皮带（服饰用）商品属于类似商品，申请商标指定使用的帽、袜等商品与引证商标六核定使用的帽、袜商品属于同一种或类似商品。商标评审委员会决定：申请商标指定使用在除手套、连指手套、围巾、领带之外的游泳衣等其余商品上的注册申请予以驳回。一审法院维持了被诉决定。

在北京市高级人民法院二审过程中，引证商标四和引证商标六因连续三年停止使用被商标局裁定撤销且均已发生法律效力；A&F公司亦主张其委托他人受让了引证商标三的注册商标专用权，现正在申请商标局核准转让过程中。基于以上情况，A&F公司请求对申请商标在相应指定商品上的注册申请予以重新审查。商标评审委员会对A&F公司关于引证商标三、四、六现状的陈述表示认可，同意收回第8257号决定并在考虑上述引证商标实际情况的基础上重新对申请商标的复审申请进行审理。A&F公司据此提出撤回上诉的申请。北京市高级人民法院二审认为，二审诉讼中申请商标与引证商标三、四、六之间不再存在商标权冲突，A&F公司请求就其申请商标重新作出驳回复审决定，商标评审委员会同意收回第8257号决定并重新对申请商标的复审申请进行审理。商标评审委员会的上述决定不违反法律、法规的禁止性规定，未超越或者放弃职权，也未损害公共利益和他人合法权益。A&F公司据此申请撤回上诉，系其真实意思表示，符合前述司法解释的规定，应予准许。鉴于商标评审委员会同意收回第8257号决定并重新对申请商标的复审申请进行审理，第8257号决定和原审判决可不再执行。

（三）知识产权民事案件程序

84. 关于因单位构成侵犯知识产权犯罪承担刑事责任的相关人员并非相关侵权诉讼适格被告的认定

在以侵犯注册商标专用权为由提起的民事诉讼中，起诉应当符合《民事诉讼法》第一百零八条规定的各项必备实质要件。其中起诉必须“有明确的被告”不仅指原告的起诉应指明具体的被告，而且还要求原告起诉时提出的

---

[1] 参见北京市高级人民法院（2011）高行终字第291号行政判决书和北京市第一中级人民法院（2010）一中知行初字第3409号行政判决书。

被告也应与原告提出的诉讼标的有直接的利害关系，是原告提出的诉讼标的的义务承担者。

在许杰与思科公司侵犯注册商标专用权纠纷案[1]中，许杰因销售假冒涉案商标的商品已被北京市海淀区人民法院（2009）海刑初字第1469号刑事判决（以下简称第1469号刑事判决）认定为犯罪。思科公司针对同一行为起诉许杰立即停止侵权并赔偿其经济损失100万元。一审法院认为，许杰在接受公安部门询问时，自认曾经在思科公司代理商处工作，辞职后以通达公司名义销售假冒思科品牌的产品，获利达人民币100多万元。第1469号刑事判决已经认定许杰利用通达公司销售假冒涉案商标的网络产品，并以销售假冒注册商标的商品罪判处许杰有期徒刑1年6个月及罚金人民币3万元。许杰销售明知是假冒思科公司注册商标的商品，侵犯了思科公司享有的涉案注册商标专用权。虽然许杰就其销售假冒注册商标的商品的行为已经承担刑事责任，但并不能据此免除其应当承担的民事赔偿责任。一审法院判决许杰立即停止销售侵犯思科公司涉案商标专用权商品的行为并赔偿思科公司经济损失人民币100万元。

北京市高级人民法院二审认为，思科公司起诉所指控的侵犯注册商标专用权的事实和相关证据，均指向通达公司。本案上诉人许杰虽为通达公司的股东，但与通达公司是两个独立的民事主体，故思科公司起诉许杰属于被告主体不适格之情形，不符合《民事诉讼法》第一百零八条的相关规定，依法应予驳回。第1469号刑事判决以销售假冒注册商标的商品罪判处通达公司、许杰、安庆宏、纪执东、徐元放承担刑事责任，该判决书已明确认定通达公司系单位犯罪行为，对许杰的刑事处罚是根据《中华人民共和国刑法》的相关规定，因其作为直接负责的主管人员在单位犯罪中所起的作用而作出的，不能据此即得出许杰是销售涉案侵权商品的行为主体的结论，更不能由此推论许杰即为相关民事诉讼的适格被告。二审法院遂撤销原审判决并裁定驳回思科技术公司的起诉。

---

[1] 参见北京市高级人民法院（2011）高民终字第75号民事裁定书和北京市第一中级人民法院（2010）一中民初字第7299号民事判决书。